Der lange Weg der Versöhnung

Geschichte und Struktur des Friedensprozesses im Nahen Osten

von

Stefan Laube

Tectum Verlag
Marburg 2003

erarbeitet vom 30. Juni 1997 bis 24. April 2001

Laube, Stefan:
Der lange Weg der Versöhnung.
Geschichte und Struktur des Friedensprozesses im Nahen Osten.
/ von Stefan Laube
- Marburg : Tectum Verlag, 2003
ISBN 978-3-8288-8461-8

Tectum Verlag
Marburg 2003

EINEM UMFASSENDEN UND DAUERHAFTEN FRIEDEN FÜR ALLE VÖLKER IM NAHEN OSTEN

ABKÜRZUNGEN

CIA	Central Intelligence Agency
DOP	Declaration of Principles
EU	Europäische Union
FLN	Front de Liberté National
f.	folgende
FP	Freie Presse
FTD	Financial Times Deutschland
Gen.	Genesis
IDF	Israel Defense Force
Jhd.	Jahrhundert
Jhtsd.	Jahrtausend
Jos	Josua
km	Kilometer
km²	Quadratkilometer
Kön.	Könige
KP	Kommunistische Partei
KSZNO	Konferenz für Sicherheit und Zusammen-
	arbeit im Nahen Osten
KZ	Konzentrationslager
MEMTTA	Middle East-Mediterranean Trappel ad
	Tourist Assoziation
MEZ	Mitteleuropäischer Zeit
NATO	North Atlantic Treaty Organization
n.Chr.	nach Christus
NO	Nordost
NS	Nationalsozialismus
NW	Nordwest
OPEC	Organization Petrol Exporting Countries
OSZE	Organisation für Sicherheit und
	Zusammenarbeit in Europa
PA	Palestine Authority
PFLP	Population Front of Liberation Palestine
PLO	Palestine Liberation Organization
SLA	Südlibanesische Armee
SOCAL	Standard Oil of California
SPW's	Schützenpanzerwagen
u.a.	unter anderem
UdSSR	Union der Sozialistischen Sowjetrepubliken
UN	United Nations
UNO	United Nations Organizations
USA	United States of Amerika
VAE	Vereinigte Arabische Emirate

v.Chr.	vor Christus
z.B.	zum Beispiel
Zit.	Zitiert

INHALTSVERZEICHNIS

8

12

I. EINLEITUNG

1. Untersuchungsgegenstand
In der Geschichte, in der Gegenwart und vermutlich auch in der
Zukunft ist der Nahe Osten (*Vorderer Orient*) ein Mysterium, ein
offenbar unumgängliches Kapitel abendländischer Kultur- und Politik-
faszination des beginnenden 21. Jahrhunderts. Zugleich ist die Region,
die *„Drehscheibe dreier Kontinente"*[1], seit über 100 Jahren Schauplatz eines nationalen Konflikts, der auf dem konkurrierenden Anspruch von Zionisten und Arabern auf ein und dasselbe Land mit
religiösen, biblischen Motiven basiert. Zwei Nationen, ein Land: Auf
diese Formel kann man die Konfliktstruktur eingangs griffig bringen.
Die Substrukturen näher zu beschreiben, ihre Wurzeln zu erkennen, ist
komplizierter und erfordert die Ergründung der religiösen und
nationalen Ursprünge des Konflikts.

„Der Nahost-Konflikt entstand erst zu Beginn des Jahrhunderts"[2],
schreiben Friedrich Schreiber und Michael Wolffsohn. Das ist korrekt,
beschränkt man den Blick auf die unmittelbaren Auswirkungen der
Entstehung der zionistischen Bewegung 1897 und der anschließenden
zionistischen Einwanderung einerseits sowie der Herausbildung der
arabischen Nationalstaaten als Folgewirkung andererseits. Dieser
Blickwinkel ist aber zu wenig, will man die Motive, die Hand-
lungsweise und die Folgen jener Spannungen verstehen, die sich bis in
die Gegenwart verfolgen lassen.

Der *Nahost-Konflikt* ist kein religiöser Konflikt, sehr wohl spielen
aber zwei Weltreligionen eine nicht zu unterschätzende Bedeutung,
werden mehr als nur instrumentalisiert für den nationalen Konflikt.
Dies liegt daran, daß die Wurzeln des Konflikts in den biblischen
Motiven zu suchen sind, die Ausformung nur national ist. Die Araber
lebten ebenso wie die Vorfahren der Juden, die Israeliten, im heutigen
Nahen Osten, an der Peripherie der drei alten Kontinente Europa,
Asien und Afrika, mit der besonderen naturellen und kulturellen
Prägung. Nur, wer auch die religiösen und kulturellen Grundlagen
hinterfragt, kann die nationalen Gegensätze von Juden und Arabern
verarbeiten.

Die historisch wie politisch nach 1945 etablierte *bipolare
Weltordnung*, die sich im *Ost-West-Konflikt* manifestierte, verschärfte

---

[1] Zit. nach: Hornung, Klaus: Krisenherd Naher Osten. Geschichte und Gegenwart
einer konfliktreichen Region, München 1993, S. 20.
[2] Zit. nach: Schreiber, Friedrich/Wolffsohn, Michael: Nahost. Geschichte und
Struktur des Konflikts, 4., aktualisierte Auflage, Opladen 1996, S. 424.

den *Nahost-Konflikt*. Der Ost-*West-Konflikt* bewirkte eine Internationalisierung des Gegensatzes, entwickelte zudem einen *Stellvertreterkonflikt* ungeahnten Ausmaßes. Erst nach der politischen Wende im Osten und dem Untergang der Sowjetunion ergab sich eine Chance, den arabisch-israelischen Widerspruch zu überwinden. Diese Phase der Entwicklung einer *friedlichen Koexistenz* wird mithin als *Nahost-Friedensprozeß* bezeichnet. Der Friedensprozeß im *Heiligen Land* ist ohne Existenz des *Nahost-Konflikts* nicht denkbar und stellt zugleich seine theoretische Grundkomponente dar. Der Konflikt im Nahen Osten beruht wiederum auf jahrhundertealten geschichtlichen Abläufen, deren Verständnis die nahöstliche *Mosaikstruktur* bedingt. Die Gegenwartsthematik im Nahen Osten bedarf freilich der umfassenden Auseinandersetzung mit Geschichte und Kultur des Raumes.

2. Beschäftigung mit der Materie

Der Autor beschäftigt sich seit etwa einem Jahrzehnt mit den geschichtlichen und politischen Ereignissen in der Nahostregion. Die Zeit der Erarbeitung dieser Publikation umfaßte den offiziellen Beginn der Forschungen im Juli 1997, die am 23. November 1998 abgeschlossen wurde. Den Forschungen liegen ca. eineinhalbjährige Vorarbeiten zugrunde, in der der Autor elf Arbeitspapiere zu den speziellen Aspekten des Rahmenthemas Naher Osten anfertigte. Sie setzten sich mit den geschichtlichen Handlungsabläufen, mit den Grundlagen der nahöstlichen Zeitgeschichte, den Konfliktstrukturen, den politischen Systemen Israels und der arabischen Länder, der Historie und Methodik des Friedensprozesses sowie mit dessen Lösungsmechanismen auseinander.

Ich entschied im Juni 1997, aus diesem Zyklus von Arbeitspapieren ein Manuskript zu verfassen und das Rahmenthema Naher Osten zu einer Kompaktanalyse zu erweitern. Am 23. November 1998 konnte ich die Manuskriptseiten binden lassen. In Diskussion mit verschiedenen Personen, u.a. Lehrkräften unserer Universität und Kommilitonen, kamen Vorschläge und Einwände zu dieser Arbeit. Sie betrafen die zu breit angelegte Themenstellung dieses Manuskripts ebenso wie den Umfang der Arbeit. Meine Überlegung, angrenzende regionale Konflikte, z.B. die Kurdenproblematik oder die Zypern-Krise, in den Kontext einfließen zu lassen, erschwerten die Focusierung auf den *Nahost-Konflikt*. Der Hauptteil über „*Die politischen Systeme der Region als Gradmesser der Konfliktentwicklung*" erschwerte diese Focusierung ebenfalls.

Im März 2000 entschied ich, das Manuskript als *„ursprüngliche Fassung"* zu deklarieren und im Sinne einer überschaubaren Publikation zu kürzen. Dies erforderte zugleich die Focusierung auf einen größeren Teilaspekt, den ich im *Nahost-Friedensprozeß* festsetzte.

3. Aufgabenstellung und thematischer Rahmen
Diese Publikation befaßt sich mit dem Friedensprozeß im Nahen Osten. Fast zehn Jahre nach seinem neuerlichen Beginn steht der Friedensprozeß im Nahen Osten an einem Wendepunkt. Noch nie in der Geschichte der Region bestand die Chance, den Übergang von der Kriegs- zur Friedensordnung, von der Kriegswirtschaft zur Friedens-ökonomie zu vollziehen.[3] Gleichzeitig wird erkennbar, daß Träume und Visionen nicht ohne Probleme ablaufen. Dies wird in der aktuellen Berichterstattung bei Berichten über Terroranschläge radikal-islamischer Gruppen oder bei Ausschreitungen jüdischer Siedler erkennbar. In diesem Zusammenhang ist von der Perversion einer von Krisen geschüttelten Region die Rede.

Doch die letzten Jahrzehnte seit dem historischen Friedensschluß von Camp David zwischen Israel und Ägypten 1978 veränderten die politische Landschaft des Nahen Ostens: Nicht mehr nur die Ausformungen des *Stellvertreterkonflikts im Kalten Krieg* standen nach dem Ende des *Ost-West-Konflikts* im Blickpunkt der Weltpolitik, sondern Formen der *Kooperation*, die als Pendant im Einklang zu denen der *Konfrontation* stehen. Die Friedenspolitik verdrängt Schritt für Schritt die Gewaltanwendung im Nahen Osten, die zigfaches Leid und Tausende Opfer fanden. Spätestens in den 70er Jahren wuchs aber die Einsicht, daß es in diesem Konflikt keine Sieger geben kann, daß die *Existenz* eines jüdischen Staates im Nahen Osten zur Realität geworden ist.

Der tiefgreifende *historische Transformationsprozeß* eröffnet neue Chancen, birgt aber auch weitere Risiken in einer sich veränderten internationalen Landschaft. Anstelle der *bipolaren weltpolitischen* Ordnung seit dem Zerfall des Ostblocks und dem Untergang der Sowjetunion Anfang der 90er Jahre bilden sich zunehmend *regionale Konfliktzonen* heraus, von denen der Nahe Osten und Nordafrika eine bildet. Doch der Bogen läßt sich noch weiter schlagen: Samuel P. Huntington behauptet in seinem Aufsatz *„The Clash of Civili-*

---

[3] Vgl. Peres, Shimon: Die Versöhnung. Der neue Nahe Osten, München 1996, S. 126-142.

sations?", *„Der Zusammenprall der Kulturen?"*[4], daß der nächste große Konflikt zwischen den Zivilisationen der Welt, zwischen Kulturen in verschiedenen Regionen der Erde ausgetragen wird. Diese Auseinandersetzung werde aber weniger zwischen den Religionen oder nationalen Konfliktparteien um Territorien ablaufen, sondern zwischen kulturell heterogenen Gruppen in einer Gesellschaft, z.B. zwischen Palästinensern und Haschemiten in Jordanien oder zwischen säkularen und orthodoxen Juden in Israel. Diese Tendenz wurde seit dem Rabin-Mord immer deutlicher, wie der jüdische Historiker Moshe Zimmermann feststellte: *„Die Schüsse, die den israelischen Ministerpräsidenten Yitzhak Rabin am Abend des 4. November 1995 tödlich trafen, signalisierten in Israel nicht nur das Ende der Regierung der MifligethaAwoda. Implizit verwiesen sie auch auf das Ende des klassischen Zionismus."*[5] Diese Tendenzen sind bei der Betrachtung der außenpolitischen Abläufe im Friedensprozeß zu berücksichtigen.

Besonders kompliziert für die *Konfliktstruktur-Analyse* ist das israelisch-palästinensische Verhältnis, das in unserer Publikation für den Friedensprozeß eine herausgehobene Stellung besitzt: *„Mit den Palästinensern etwas auszuhandeln, ist besonders vertrackt"*[6], so der ermordete Ministerpräsident Rabin 1994. *„Wir wollen eine neue Realität, ein friedliches Miteinander von zwei Einheiten erreichen, zwischen denen weiß Gott keine Liebe herrscht, sondern abgrundtiefer Haß. Obendrein sind beide Völker ineinander verschlungen. [...] Da muß eine Unmenge von Fragen geklärt werden: Sicherheit, Infrastruktur, Arbeitsplätze, Versorgung mit Wasser und Elektrizität".*[7]

Der Autor hat sich aufgrund des *thematischen Rahmens* für diese Publikation die folgenden Fragen gestellt:

I) Welche weltpolitischen und regionalen Rahmenbedingungen begünstigten die Aufnahme von Friedensverhandlungen zwischen dem jüdischen Staat und seinen arabischen Konfliktgegnern? Was bewog Israel zu Beginn der 90er Jahre zu weiteren Zugeständnissen an die arabische Seite, und wie war die Reaktion der Araber darauf?

---

[4] Vgl. dazu, Huntington, Samuel P.: The Clash of Civilisations?, in: Foreign Affairs, (1993) 4, S. 22-49.
[5] Vgl. dazu, Zimmermann, Moshe: Wende in Israel. Zwischen Nation und Religion, München 1996, S. 11.
[6] Zit. nach: „Wir stehen am Scheideweg". Israels Premierminister Yitzhak Rabin über die Chancen für den Friedensprozeß im Nahen Osten, in: DER SPIEGEL, (1994) 5, S. 126.
[7] Zit. nach: Ebd.

Wie entwickelte sich der Friedensprozeß in der Nahostregion von den frühen Ansätzen in den 70er Jahren bis zu den Ereignissen im Frühjahr 2001?

II) Unter welchen Umständen könnte die historisch einmalige Chance zur Beendigung des *Nahost-Konflikts* in Formen der *regionalen Kooperation* übergehen?

4. Methodischer Rahmen und Theorieansatz
Die vorliegende Arbeit basiert auf einem *horizontalen* und einem *vertikalen Strang*: der *Chronologie* der Ereignisse einerseits und der *Kooperationstheorie* andererseits.

Den *horizontalen Rahmen* bildet die Chronologie. Aus der Sicht des Politikwissenschaftlers werden die folgenden Fragen gestellt: Welche Begleitumstände existierten, und welche Schlüsse lassen sich aus ihr für die jeweils nächste Periode ziehen? Meiner Auffassung nach muß die Aufgabenstellung zwar klar formuliert sein, es sollen aber verschiedene Sichtweisen in die Argumentation einfließen. Analyse in dieser Publikation bedeutet, nach Gründen für die jeweiligen Ereignisse zu suchen und diese in Beziehung zu den einzelnen Akteuren zu setzen. Analyse und Vergleich von Komponenten, wie sie der Soziologie innewohnen, findet nicht statt. Dieser *horizontale Rahmen* steht in einem engem Zusammenhang mit dem *vertikalem Strang*, dem Theorieansatz. Ich entschied mich für die *Kooperationstheorie*, die Theorie des Internationalen Regimes.

Der Begriff des *Internationalen Regimes* bezeichnet institutionalisierte Formen, geregelte Arten multinationaler Kooperation. Es existieren andere Formen, z.B. Allianz, Ad-Hoc-Vereinbarung, Konföderation, Integration, durch reine Kooperationsstrukturen gebildete Verfahrensregeln oder Konventionen. Regime bilden eine besondere Form neben anderen. *Regimeanalyse* hat ihren Platz in einer Theorie internationaler Kooperation.[8] Sie ist dem Paradigma des *liberalen Institutionalismus* verpflichtet, der die Internationale Politik mit einer Art *skeptischem Optimismus* betrachtet: Er leugnet weder den Interessen-Egoismus in der Staatenwelt noch ihr Gewaltmonopol. Er sieht aber die Möglichkeit, dieses Potential zu bändigen, die Konflikte zwischen den Staaten einzuhegen.

---

[8] Vgl. dazu, Müller, Harald: Die Chance der Kooperation. Regime in den internationalen Beziehungen, Darmstadt 1993, S. 45/46.

In der Staatenwelt liegt auf dem *Frieden* stets der Schatten des *Krieges*. Dies resultiert aus dem Charakter des Staates: Der Territorialstaat stiftet durch sein Gewaltmonopol nach einem Frieden und fördert durch die Schaffung einer einheitlichen, effizienten Verwaltung und Staatsleitung die Mehrung des gesamtgesellschaftlichen Wohlstands. Zugleich konstituiert er die Subjekte zwischenstaatlichen Verkehrs, z.b. die Schaffung eines supranationalen Gewaltmonopols, die Bündelung der Gewaltressourcen und ihre Unterwerfung unter einen unitaren politischen Willen zum Zweck der Machtexpansion.[9]

CHRONOLOGIE =========➔**KOOPERATIONSTHEORIE**

Faktengerüst	*Krieg* und *Frieden* unter Berücksichtigung der *Kriegsursachen-* und *Friedensforschung*
h o r i z o n t a l	**v e r t i k a l**
(Zeithistorie) -----------------------➔	*(Internationales Regime)*

**Abbildung 1: Schema zum methodischen Vorgehen des Autors
(Quelle: Eigene Zusammenstellung)**

Diese Theorie, die Annahmen über die Konflikte entwickeln muß, schließt Harmonie zunächst aus und muß erst Widersprüche und Rätsel kooperativer Beziehungen in einer anarchischen Staatenwelt aufzeigen. Erst sekundär ist die Ausgestaltung mit der *Kriegsursachen- und Friedensforschung* möglich, mit den Ursprüngen internationalen Vertragsrechts und der Diplomatie. Dies untersucht der Autor am Beispiel des Nahen und Mittleren Ostens.

Konflikt[10] und *Kooperation* führen im Extrem zu zwei Zuständen, die allgemein als *Krieg* und *Frieden* bezeichnet werden. Im begrifflichen Teil der Publikation werden die Leser an Theorien herangeführt, die

---

[9] Vgl. dazu, Albrecht, Ulrich: Internationale Politik. Internationale Politik. Einführung in das System internationaler Herrschaft, München Wien 1986, S. 54/55. Vgl. auch, Lehmkuhl, Ursula: Theorien Internationaler Politik, Einführung und Texte, München Wien 1996, S. 225-227.
[10] Konflikt: Ein Zielkonflikt liegt vor, wenn zwei oder mehr Parteien (Organisationseinheiten) Zielzustände anstreben, die zwar innerhalb ihres jeweiligen potentiellen Verhaltensraumes liegen, sich jedoch gegenseitig ausschließen, bzw. nicht gleichzeitig erreichbar sind. Vgl. die Angaben in, Görres-Gesellschaft (Hrsg.): Staatslexikon. Recht-Wirtschaft-Gesellschaft in 5 Bde., 7., völlig neu bearbeitete Auflage, Bd. 4, Freiburg im Breisgau 1998, S. 1235.

letztlich wesentlich zur Beurteilung der Konfliktstruktur im Nahen Osten beitragen: Das ist einerseits die *Empirische Kriegsursachenforschung* in der Tradition von Wright, Rummel, Singer, Haas, Kende – im deutschen Sprachraum aufgearbeitet und erweitert von Gantzel, Wiede, Ruloff –, die für bestimmte Perioden und eine bestimmte Anzahl von Staaten eine Fülle meist statistisch nachgewiesener Zusammenhänge zwischen Konfliktverhalten und darauf bezogener Einflußgrößen, z.B. Allianzen, Verträge, Blöcke, erbrachte.

Diese relativ ahistorischen Datenreihen über Kriege und andere Konflikte wurden relativ beliebig über Raum und Zeit aufgebaut. Ausgeblendet sind geostrategische Überlegungen der *Clausewitzschen Kriegskunstlehre*. Die *Kritische Friedensforschung* in der Tradition von Galtung, Krippendorff oder Rittberger hat zunächst dazu beigetragen: erstens, den Problemkreis *Krieg und Frieden* zu erweitern und, zweitens, *Frieden* nicht nur als *Abwesenheit vom Krieg* zu definieren. *Krieg* beinhaltet neben Waffengewalt ein breit angelegtes Spektrum von Tatbeständen von der Vorbereitung bis zu eventuellen Waffenstillständen; zweitens, innergesellschaftliche Gegebenheiten als relevant für Konfliktverhalten zu erkennen; drittens, den *Gewaltbegriff* nicht nur auf physische Gewalt einzuschränken; viertens, zentrale Begriffskategorien wie 'negativer Frieden', 'positiver Frieden', 'strukturelle Gewalt', 'Lernpathologie', 'Abhängigkeit', 'Ausbeutung', 'Militarismus', 'Konflikt', in den Vordergrund zu stellen.

5. Forschungsstand
Die Quellen und die wissenschaftliche Sekundär-Literatur zum *Nahost-Konflikt* und seiner Lösung im *Nahost-Friedensprozeß* sind hochdifferenziert und von komplexer Natur zugleich. Es war bei der Vielzahl von Titeln deswegen erforderlich, eine Auswahl zu treffen, die den Kernbereich der Themenstellung – die Geschichte des *Nahost-Konflikts* und seine Lösungsansätze im *regionalen Friedensprozeß* – einschließen.

Ein *Forschungsdefizit* bei den historischen Darstellungen sind meiner Meinung nach darin zu sehen, daß die Erklärungsmuster aus der historischen Vorzeit – insbesondere die biblischen Ursprünge – zu wenig berücksichtigt werden. Sie sind aber emminent wichtig, um die nationalen Ansprüche auf das *Heilige Land* zu hinterfragen. So erheben etwa die Israelis *Judäa* und *Samaria* zu ihrem Lebensraum, was der arabischen Seite, speziell dem palästinensischen Volk, spätestens mit dem *Sechs-Tage-Krieg* 1967 das Land kostete.

Allerdings darf der Rückgriff auf den *Unabhängigkeitskrieg* von 1948/49 nicht unberücksichtigt bleiben, in dem die arabische Seite dem Staat Israel das *Existenzrecht* verweigerte.

Diese Linie versuchen Friedrich Schreiber und Michael Wolffsohn in ihrem mehrfach editierten Werk über die Geschichte und die Struktur des Konflikts im Nahen Osten nachzuzeichnen.[11] Dabei gehen sie vom Anspruch der Juden seit ihrer Einwanderung im 19. Jahrhundert aus, zeigen aber auch Argumente für die Belange der arabischen Bevölkerung auf. Die 4. Auflage ihrer Darstellung, kurz nach dem Mord an Ministerpräsident Yitzhak Rabin im November 1995 fertiggestellt, vertieft den sichtbar unauflösbaren Widerspruch zwischen *Krieg* und *Frieden, Diplomatie* und *Konflikt*. Friedrich Schreiber und Michael Wolffsohn beschreiben minutiös, manchmal aber zu schlaglichtartig die Geschichte und die Strukturen des *Nahost-Konfliktes* wie des beginnenden Friedensprozesses. Positiv zu vermerken ist das Bemühen um einen Überblickscharakter des Werkes, eher mißlungen erscheint die Genauigkeit der Analyse, die häufig zu sprunghaft ist. Besonders lobenswert an diesem Werk ist die Faktengenauigkeit der Publikation.

Hans Jendges Darstellung über den *Nahost-Konflikt*[12] ist vor allem eine sehr gute politiktheoretische Arbeit, die das Verständnis der Konfliktstrukturen ermöglicht. Sie ist jedoch eher für den historischen als den aktuellen Gebrauch in dieser Publikation geeignet, weil sie durch die weltgeschichtlichen Ereignisse (das Werk wurde vor dem Mauerfall 1989 geschrieben, der Autor) längst überholt ist. Dagegen verwendete ich das Handbuch des Nahen und Mittleren Ostens als Grundlagenliteratur zur Darstellung der Konfliktstrukturen.[13] Die in

---

[11] Vgl. Schreiber, Friedrich/Wolffsohn, Michael: Nahost. Geschichte und Struktur des Konflikts, 4., aktualisierte Auflage, München 1996.

[12] Vgl. Jendges, Hans: Der Nahost-Konflikt, Bonn 1968.

[13] Vgl. dazu die folgenden Aufsätze: Steinbach, Udo: Israelisch-arabischer Konfikt, in: Robert, Rüdiger/Steinbach, Udo (Hrsg.): Der Nahe und Mittlere Osten. Politik, Gesellschaft, Wirtschaft, Geschichte und Kultur, Bd. 1, Opladen 1988, S. 639-662; Hacke, Christian: Die Nah- und Mittelostpolitik der USA, in: Robert, Rüdiger/Steinbach, Udo (Hrsg.): Der Nahe und Mittlere Osten. Politik, Gesellschaft, Wirtschaft, Geschichte und Kultur, Bd. 1, Opladen 1988, S. 749-70; Knauerhase, Ramon: Öl - Grundlage der wirtschaftlichen Entwicklung, in: Robert, Rüdiger/Steinbach, Udo (Hrsg.): Der Nahe und Mittlere Osten. Politik, Gesellschaft, Wirtschaft, Geschichte und Kultur, Bd. 1, Opladen 1988, S. 329-50; Stewig, Reinhard: Natürliche und historisch-sozial-ökonomische Grundlagem der Raumstrukturen, in: Robert, Rüdiger/Steinbach, Udo (Hrsg.): Der Nahe und Mittlere Osten. Politik, Gesellschaft, Wirtschaft, Geschichte und Kultur, Bd. 1, Opladen 1988, S. 15-28.

dieser Publikation enthaltene, sehr präzise Begrifflichkeit ermöglicht einen sehr vortrefflichen Einstieg in das *Rahmenthema*.

In Ergänzung zu den Ausführungen von Jendges fügt sich der Exkurs von Bassam Tibi über die *Geschichte des Begriffs Naher Osten* sehr gut in den *Corpus* einer Vorstellung über diesen Nahen Osten ein. Er enthält die Grundaussage, daß *„durch die Kolonial- und später durch die Großmächte"*[14] entscheidend die Prägung der Region seit dem Ende des 18. Jahrhunderts vorangetrieben wurden. Der Nahe Osten sei ein *regionales Subsystem*, das sowohl in der arabischen als auch in der israelischen Prägung ähnliche Züge erkennen lasse. Diese Ansatzweise wird später noch zu deuten sein. Tibi resümiert: *„Der >Nahe Osten< ist das Produkt des Einfügens einer zivilisatorischen Region in ein weltlich bestimmtes internationales Regime"*.[15]

Durch die Vielschichtigkeit der Materie macht es sich außerdem erforderlich, eine sehr gemischte Auswahl an zeitgeschichtlichen und politikwissenschaftlichen Darstellungen[16] zu treffen. Auch die Verbindung zur speziellen Enzyklopädien und zum Periodikum zeigt den dringend notwendigen Dokumentationscharakter.[17]

Eine besondere Rolle nehmen die Memoirenliteratur und die Biographien ein. Die Darlegungen von Shimon Peres[18], die Rabin-Biographie Doron Arazis[19] und die Rabin-Biographie von Daniel Horrovitz[20] seien hier stellvertretend genannt. Shimon Peres, dem Architekt des Nahost-Friedensprozesses, gelang es auf wenigen Seiten, die *Vision*

---

[14] Zit. nach: Tibi, Bassam: Das arabische Staatensystem. Ein regionales Subsystem der Weltpo-litik, Mannheim 1996, S. 69.

[15] Zit. nach: Ebd.

[16] Vgl. dazu u.a. Avnery, Uri /Stein, Georg: Zwei Völker. Zwei Staaten. Gespräch über Israel und Palästina, Heidelberg 1995; Barth, Peter: Zeitbomben der Weltgeschichte. Nahost - die Folgen eines jahrhundertelangen Mißverständnisses, 2. Auflage, o.O. 1981; Vgl. Carmel, Axel: Palästina-Chronik in 2 Bde., Ulm 1978 bzw. 1983; Cohen, Aharon: Israel and the Arab World, London 1970; Vgl. Donner, Herbert: Geschichte des Volkes Israel und seiner arabischen Nachbarn in 2 Bde., Göttingen 1995; Endreß, Gerhard: Der Islam. Eine Einführung in seine Geschichte, München 1991; Vgl. Hornung, Klaus: Krisenherd Naher Osten. Geschichte und Gegenwart einer konfliktreichen Region, München 1993.

[17] Vgl. dazu u.a. Görres-Gesellschaft (Hrsg.): Staatslexikon. Die Staaten der Welt II, Bd. VII, Freiburg im Breisgau 1993, S. 683.

[18] Vgl. dazu, Peres, Shimon: Die Versöhnung. Der neue Nahe Osten, München 1996.

[19] Vgl. dazu, Arazi, Doron: Itzhak Rabin - Held von Krieg und Frieden. Biographie, 3. Auflage, Freiburg am Breisgau 1996.

[20] Vgl. dazu, Horovitz, David (Hrsg.): Yitzhak Rabin - Feldherr und Friedensstifter. Die Biographie, Berlin 1997.

des Neuen Nahen Ostens eindrucksvoll unter Beweis zu stellen. Vom Erfolg und der Richtigkeit seiner *Friedenspolitik* voll überzeugt, wird die *Memoirenliteratur* des früheren Ministerpräsidenten und Außenministers zum politischen Instrument und mahnenden Symbol zugleich umgewandelt. Allerdings geriet Peres zuweilen an die Grenzen seiner Überzeugungen, würde er die Visionen durch Realpolitik ergänzen.

Zu Peres' Visionen ein sowohl ergänzendes als auch ausgleichendes Werk ist die Rabin-Biographie des israelischen Historikers Doron Arazi, der realistisch wie perspektivisch das bewegte und abwechslungsreiche Leben des einstigen Premierministers aufs Papier bringt. Dabei wägt er Lob und Kritik an Rabin sorgfältig ab. Sein Resümee, wenngleich beeindruckend, erscheint mir als etwas zu euphorisch, ist es doch weit verfehlt, angesichts der Leistungen Rabins im Vergleich zu denen Peres' vom *„Mythos des Friedenshelden"* zu sprechen.

Schließlich sei noch auf vielfältige Artikel in wissenschaftlichen Zeitschriften verwiesen[21], die das äußere Geflecht auf aktuellstem Stand beschreiben. Die Lektüre diverser Zeitschriftenartikel ermöglicht eine permanente Aufbesserung des Forschungsstandes. Die Analysen Baumgartens, Ehrlichs und Lehmanns sind für die außenpolitischen Darstellungen und Einschätzungen unverzichtbar, sei es, weil sie die Friedensverträge werten (Baumgarten), sei es, da sie die Kopplung von Innen- und Außenpolitik vornehmen (Ehrlich), sei es, weil sie die Vorphase des Oslo-Prozesses detailliert beleuchten (Lehmann).

Die Quelleneditionen in den Standardwerken der politikwissenschaftlichen Zeitschriften ergänzen den aus der Sekundärliteratur gewonnenen differenzierten Charakter über den Friedensprozeß im Nahen Osten, resultierend aus seinen Wurzeln im *Nahost-Konflikt*. Die Friedensverträge beleuchten in diesem Zusammenhang die Kodifikation der politischen Ereignisse, sie ermöglichen in noch viel stärkerem einen Blick in die Zukunft. Vom politischen Willen beseelt, den *Nahost-Konflikt* zu lösen, waren Yitzhak Rabin, Shimon Peres und Yassir Arafat zu Beginn der 90er Jahre angetreten, aus dem historischen Vertragswerk von Camp David einen Lösungsansatz für

---

[21] Vgl. u.a. die folgenden politikwissenschaftlichen Aufsätze: Baumgarten, Helga: Das „Gaza-Jericho-Abkommen". Eine Zwischenbilanz des Friedensprozesses im Nahen Osten, in: Aus Politik und Zeitgeschichte, (1995) 11, S. 3-12; Ehrlich, Avishai: Der Friedensprozeß und die israelischen Wahlen, in: Sicherheit und Frieden, 14 (1996) 2, S. 80-85; Lehmann, Michael: Israel und der Friedensprozeß, in: KAS-Auslandsinformationen, (1991) 9, S. 40-47.

den Nahost-Konflikt zu finden, der sich in den *Osloer Verträgen* manifestierte. Mit dem Ziel, in Etappen zu einem dauerhaften Friedensschluß sowie zu gegenseitigem Vertrauen und Koexistenz zu gelangen, forcierten gegen Widerstände im eigenen Lager diesen Prozeß. Der Friedensschluß mit Jordanien, Israels Wunschpartner für den Ausgleich, komplettierte zu Mitte der 90er Jahre diesen Weg.

Die Konzeption ging zunächst auf, was sich in der Implementierung der Übergangsvereinbarungen mit den Palästinensern sowie der politischen und wirtschaftlichen Stimulierung widerspiegelte. Rabins Nachfolger Benjamin Netanyahu und Ehud Barak setzten den Prozeß fort, wenngleich mit unterschiedlicher Intensität. Nur mühsam kam der *Osloer Prozeß* ab Mitte der 90er Jahre voran, ehe er schließlich mit dem Ausbruch der *Al-Aksa-Intifada* im Herbst 2000 völlig zum Erliegen kam.

In der Zeitschrift Internationale Politik wurden seit dem Beginn des Friedensprozesses mit Sorgfalt Dokumente zur Entwicklung der Krisenregion abgedruckt, die 1997 in einer gekürzten Version verlegt worden waren.[22] Zugleich charakterisieren die aus den Dokumenten dieser Zeitschrift verarbeiteten Analysen die Komplexität der Nahost-Problematik. Ins Zentrum der Betrachtung rückt dabei die Frage der *Palästinensischen Finalität* als Kern des *Nahostkonflikts*. Die Autoren beschränken sich in ihrer Perspektive meist auf Einzelfragen des *Palästina-Konflikts*, die in ihrer Synthese aber die Komplexität des *Nahost-Konflikts* symbolisieren.[23] Die Natur des *Nahost-Konflikts* geht weit über den eines nationalen hinaus. Tief verwurzelte religiöse, soziale, ethnopolitische und kulturelle Motive entwickelten sich nach dem Ende des Zweiten Weltkriegs zu Feindbildern, die bis in die Gegenwart fortdauern und trotz der Existenz von Friedensverein-

---

[22] Vgl. dazu, Volle, Angelika/Weidenfeld, Werner (Hrsg.): Frieden im Nahen Osten?. Chancen, Gefahren, Perspektiven. Chancen, Gefahren, Perspektiven, Bonn 1997.
[23] Vgl. dazu u.a., Ben-Ami, Shlomo: Regionales Gleichgewicht. Der Friedensprozeß aus israelischer icht, in: Internationale Politik, 50 (1995) 7, S. 9-16; Gottstein Peter: Israel und die Palästinenser-Frage. Probleme und Perspektiven: Aus Politik und Zeitgeschichte, B 15/1990, S. 34-42; Hoch, Martin: Frieden im Nahen Osten nach dem Gaza-Jericho-Abkommen, in: Außenpolitik, 45 (1994) 3, S. 279-287; Hofmann, Sabine: Wirtschaftsentwicklung im Westjordanland und im Gazastreifen politischem Imperativ und wirtschaftlicher Realität, in: Aus Politik und Zeitgeschichte, B 39/1997, S. 28-38; Hottinger, Arnold: Wasser als Konfliktstoff. Eine Existenzfrage für Staaten des Nahen Ostens, in: Europa-Archiv, 46 (1992) 6, S. 230-239; Khalidi, Ahmad S.: Security in a final Middle East settlement - Some components of Palestinian national security, in: International Affairs, 71 (1995) 1, S. 1-18.

barungen an ihrem Gehalt nichts eingebüßt haben. Im Zusammenhang mit der Perzeption dieser dem *Nahost-Konflikt* innewohnenden Strukturen müssen politische mit historischen Motiven und sozioökonomischen Faktoren verbunden werden, erfordert die Betrachtung der politischen Prozesse auch die Auswertung von empirischem Material. Besonders in der Financial Times Deutschland (FTD) wird auf der Basis von umfangreichen, auch wissenschaftlichen, Recherchen ein Querschnitt durch die Entwicklung der Bevölkerungsstruktur in Einklang mit den notwendigen Indikatoren des politischen Systems und wichtigen ökonomischen Daten gebracht. Damit ergänzt sich die politische Silhouette um praktische Aspekte aus dem Leben der Bewohner in den Staaten des Nahen Ostens.

6. Aufbau

Die Publikation enthält insgesamt 13 Kapitel, einschließlich der Bibliographie, die sich wie eine erweiterte Chronologie in überschaubaren Zeiträumen aufbaut. Die Kapitel sind nachfolgend in der römischen Ziffernfolge aufgeführt.

Die Einleitung und der Schlußteil bilden den thematischen Rahmen. Die Abhandlung setzt mit einer begrifflichen Beschreibung der Region des Nahen Ostens ein: Was ist überhaupt unter dem Nahen Osten zu verstehen? Welche geographische und geopolitische Dimension steht hinter diesem Begriff Naher Osten? Welche Konfliktmuster exisitieren, und wie strukturieren diese Muster den *Nahost-Konflikt*? Welche Bezüge sind für die Geschichte des *Nahost-Konflikts* und des folgenden nahöstlichen Friedensprozesses von entscheidender Bedeutung? Inwiefern beeinflussen Ressourcen wie Wasser und Öl die politischen Prozesse in der Nahostregion? Das Kapitel hat systematischen Charakter.

Nach fünf Kriegen im Nahen Osten verdeutlichte sich für Israel im *Yom-Kippur-Krieg*, als Truppen der Ägypter und Syrer am höchsten jüdischen Feiertag über den *Sinai* und die *Golanhöhen* vordrangen und die israelische Armee um Tage zurückdrängten, die Notwendigkeit eines Friedensschlusses. Zwar konnte Israel die Eindringlinge abwehren, doch das Fiasko vom 6. Oktober saß lange Zeit sehr tief wie ein Schock in den Knochen der Tel Aviver Regierung. Es verdeutlichte, daß es endlich Friedensanstrengungen bedurfte, um die Isolation Israels in der arabischen Welt zu überwinden. 30 Jahre nach seiner Gründung gelang es Israel, durch den *historischen Gipfel von Camp David* einen *Rahmen* für den Frieden im gesamten Nahen Osten zu erarbeiten und innerhalb von sechs Monaten ein Friedensabkommen mit Ägypten auszuarbeiten. Obwohl nun in der arabischen

Welt isoliert, nutzte Anwar el-Sadat die Gunst der Stunde in der Phase der *Entspannungspolitik* in den 70er Jahren, den Konflikt mit Israel zu beenden und seinem Volk eine glücklichere Zukunft zu ermöglichen. Er und Israels Premier Menachem Begin erhielten dafür den Friedensnobelpreis, doch zu Beginn der 80er Jahre stockten die Friedensgespräche über die anderen arabisch-israelischen Konflikte. Anwar el-Sadat starb im Kugelhagel der islamischen Fundamentalisten in Ägypten, Israel bekämpfte die PLO Yassir Arafats im Libanon, die Palästinenser wehrten sich gegen die israelische Besatzung in Westbank und Gaza. Es bedurfte neuer Ideen, den *Nahost-Konflikt* zu beenden.

In diesem Zusammenhang eröffnete Michail Gorbatschows Politik von *Glasnost* und *Perestroika* Veränderungen im Denken der nahöstlichen Konfliktparteien. Zum Ende der 80er Jahre brach die *Erste Intifada*, der Volksaufstand in den von Israel besetzten Palästinensergebieten, aus. Erstmals erklärte sich PLO-Chef Arafat trotz der Ausrufung eines palästinensischen Pseudostaates prinzipiell zur Anerkennung der Existenzberechtigung Israels bereit. Die *Koordinaten* in der Nahostregion begannen sich zu verschieben, unter dramatischen Umständen begünstigten der Zerfall des Ostblocks 1989/90 und die Auflösung der Sowjetunion 1991 ein Umdenken im *Nahost-Konflikt*. Der *Zweite Golfkrieg* 1991 zementierte endgültig den *Status quo*: Die Araber erkannten, daß sie Israel militärisch nicht schlagen konnten, und Israel sah ein, daß die dauerhafte Besetzung arabischer Territorien keinen Frieden bringt. Saddam Hussein konnte Scud-Raketen auf israelische Städte abfeuern, ohne daß der jüdische Staat sich dagegen zu verteidigen vermochte.

Auch in Israel verstärkte sich – durch amerikanischen Druck begünstigt – die Ansicht, daß es an der Zeit sei, zweieinhalb Jahrzehnte nach dem historischen Sieg im *Sechs-Tage-Krieg* Frieden zu schließen. Nach der *Madrider Konferenz* im Oktober 1991 begannen intensive bi- und multilaterale Verhandlungen, die binnen weniger Jahre zu einem historischen Durchbruch führten. Mit Yitzhak Rabin stand ausgerechnet jener Mann für diese Politik der Aussöhnung mit den Arabern, der als Generalstabschef im *Sechs-Tage-Krieg* Israels siegreiche Armee angeführt hatte und diese Gebiete unter die Kontrolle des jüdischen Staates gebracht hatte. Durch die Formel *Land für Frieden* tauschte er diese Gebiete gegen Frieden mit den Arabern ein.

Das Kernstück dieses Friedensprozesses fand sich schon bald in der Lösung der *Palästinensischen Finalität*. Zwar brachte ein Ausgleich mit den *arabischen Frontstaaten* Ruhe und Stabilität, doch war für Israels vitale Interessen der Frieden mit den Palästinensern der entscheidende Faktor. In mehrmonatigen *Geheimverhandlungen* nahe der norwegischen Hauptstadt Oslo kamen sich Vertreter der israelischen Regierung und der immer noch offiziell als Terrororganisation verpönten PLO näher und einigten sich auf einen *Zeitplan für einen dauerhaften Frieden*. Israels Premier Rabin und PLO-Chef Arafat gaben sich auf dem Rasen des Weißen Hauses in Washington die Hand.

Durch eine *palästinensische Autonomie* im Gaza-Distrikt und in weiten Teilen des Westjordanlandes erfolgte eine funktional und territorial gestaffelte Übertragung der Verantwortlichkeiten in einer fünfjährigen Übergangszeit. Nach drei Jahren setzten Verhandlungen über die *Kernprobleme des bilateralen Status* ein, der in ein *permanentes Friedensabkommen* münden soll. Die ersten Fortschritte zwischen Israel und der PLO brachten dem jüdischen Staat 1994 die Anerkennung durch das Haschemitische Königreich Jordanien und einige Staaten in Nordafrika sowie in den Golfemiraten. Doch Anschläge radikalislamischer Terrorgruppen und der massive Widerstand der jüdischen Siedlerbewegung drohten den *nahöstlichen Friedenszug* zu entgleisen, stellten ihn aber zumindest auf's Abstellgleis.

Im November 1995 erschütterte dann ein ungeahntes Ereignis den Nahen Osten und die politische Kultur Israels: Der jüdische Rechtsextremist Yigal Amir streckte mit drei Schüssen Ministerpräsident Yitzhak Rabin nieder. Der Friedensprozeß im Nahen Osten stand auf des Messers Schneide. In dieser Situation erwies sich das gefestigte Verhältnis zwischen Israel und drei Partnern im arabischen Raum und der Wunsch der israelischen Bevölkerung nach Frieden als stärker. Trotz einer Terrorwelle islamischer Terroristen und der Kleinkrieg Israels gegen die *Hisbollah* im Frühjahr 1996 war der Friedenszug nunmehr durch nichts mehr aufzuhalten.

Rabins Nachfolger Benjamin Netanyahu bekannte sich zu den *Prinzipien von Oslo*, versetzte gegen den Widerstand eines Großteils seiner *Likud*-Partei der *eretz-Israel*-Ideologie den Todesstoß und schaffte an der Grenze zu Syrien und Libanon einen relativen Ausgleich. Gleichzeitig hielt Netanyahu am massiven *Ausbau der Siedlungen* in den palästinensischen Gebieten fest und war in zahlreiche Korruptionsskandale im Inneren des Landes verwickelt. Die zweite *Likud*-Periode von 1996 bis 1999 stärkte zudem ultraorthodoxe und religiöse Kräfte in der israelischen Gesellschaft und veränderte den traditionell *weltlichen Charakter* des jüdischen

Staates. Netanyahu stürzte im Januar 1999, nachdem er im Herbst 1998 in der herbstlichen Idylle des *Wye River* das entscheidende *Zwischenabkommen* mit den Palästinensern für die Vorbereitung des endgültigen Status geschlossen hatte. Der Tod des jordanischen Königs Hussein II. am 7. Februar 1999 rief Ängste und tiefe Trauer in Israel hervor. Der in der jüdischen Bevölkerung geliebte Haschemitenkönig hatte die Stabilität in der *Nahostregion* verkörpert.

Der nach der Wahlniederlage Benjamin Netanyahus im Mai 1999 gewählte neue Ministerpräsident Ehud Barak von der Arbeitspartei veränderte deutlich das Paradigma der israelischen Außenpolitik: wieder *wärmere Beziehungen* zu Ägypten, Jordanien und den Staaten der Golfregion und Nordafrikas sowie Vertragstreue gegenüber den Palästinensern. Im Zentrum stand ein Friedensschluß an der Nordgrenze des jüdischen Staates, womit Israel zu allen *Frontstaaten im Nahen Osten* – inklusive Syrien und Libanon – über diplomatische Beziehungen verfügte. In den Friedensgesprächen mit Syrien Anfang Januar 2000 in *Sheperdstown* verhandelten beide Seiten erstmals wieder substantiell. Zwar brachten die Gespräche keinen Durchbruch, verbesserten aber das politische Klima in der Gegend, das durch den Tod des syrischen Präsidenten Hafiz el-Assad neue Chancen eröffnete. Der Rückzug Israels aus dem Südlibanon schuf weitgehend Ruhe an der Nordgrenze, auch wenn kein Abkommen mit Syrien und Libanon zustandekam.

Der *Oslo-Friedensprozeß* blieb aber dennoch der Kern eines Dialogs in der Region. Er gewann deutlich an Tempo und Substanz, nachdem Barak und Palästinenserpräsident Arafat im September 1999 den *Zusatzvertrag von Sharm-el-Sheikh* geschlossen hatten. Nicht nur die am *Wye River* ausgehandelte Übergabe von 13 % der Westbank erfüllten Israelis und Palästinenser und wurde durch weitere kleinere Schritte aus dem *Übergangsabkommen* von 1995 ergänzt. Die Verhandlungen über den dauerhaften Status der Palästinensergebiete, die formell bereits am 5. Mai 1996 begannen und in der Ära Netanyahu fortgesetzt wurden, erreichten seit ihrem Beginn im Herbst 1999 so viel Substanz, daß nach der Erfüllung der ausstehenden Aspekte des Übergangsstatus im Frühjahr 2000 ab 11. Juli erneut in der historischen Kulisse von *Camp David* über den *Rahmen einer dauerhaften Friedensordnung* gesprochen wurde. Die Verhandlungen brachten aber keine greifbaren Resultate, so daß ein umfassendes *Nahost-Friedensabkommen* in weite Ferne gerückt ist. Durch die im September 2000 ausgebrochenen schweren Unruhen, der *Al-Aksa-Intifada*, verschärfte sich zudem der Grad der Spannungen insoweit, daß der Nahe Osten am Rande eines Krieges stand. Die neuen kriegerischen Auseinandersetzungen zwischen Israel und den Palästinensern bergen im Heiligen Land die Gefahr neuer Unruhen in sich, die noch ganz ungeahnte Folgewirkungen haben können. Der erhoffte Schwung für die festgefahrenen Friedensgespräche mit Syrien, die eine Vollendung des Friedensprozesses und damit die Beendigung des *Nahost-Konflikts* erwarten ließen, blieb aus.

Nach Diskussion der möglichen Szenarien für eine Beendigung des *Nahost-Konflikts* stellt sich die Frage, wie sich diese Region in ferner Zukunft weiterentwickeln läßt. Die Lösung der *Palästina-Frage* bildet den Kern der nahöstlichen Friedensarchitektur. Seit Januar 1992 verhandeln Israel und die arabischen Mächte über Bereiche einer *regionalen Zusammenarbeit*. Die *multilateralen Verhandlungen* befassen sich mit jenen Aspekten, die über das bilaterale Verhältnis hinausgehen. Vor allem die Wasserproblematik, die Sicherheitslage und die Bedrohung durch den islamischen Fundamentalismus sind nicht nur für Israel, sondern auch für die säkularen arabischen Regime eine immer größere Bedrohung. Selbst bei einer Beendigung des historischen *Nahost-Konflikts* muß die Region durch dauerhafte *kooperative Strukturen* gesichert werden. Ein Ansatzpunkt hierfür sind vertrauensbildende Schritte nach dem Vorbild der *KSZE-Schlußakte* von Helsinki, die aufgrund der multilateralen Gespräche in eine *regionale Plattform* – die *Konferenz für Sicherheit und Zusammenarbeit im Nahen Osten* (KSZNO) – münden können. Das *KSZNO-Modell* diskutiere ich im Einklang mit seinen Entwicklungschancen.

Damit schließt sich der Kreis, der mit der Behandlung der Ursprünge des *Nahost-Konflikts* begann und mit den Entwicklungen nach den israelischen Premierministerwahlen am 6. Februar 2001 endete.

II. TERMINOLOGIE.

1. Geographische und geopolitische Aspekte

Die Nahostregion umfaßt jenes Gebiet, das Geographen auch als *Vorderasien* bekannt ist. Die Grenzen *Vorderasiens* folgen in nur wenigen Fällen den von der Natur vorgegebenen Linien (Gebirgsketten, Flüsse), sprachlichen oder ethnischen Grenzen. Andererseits gehört Vorderasien zu den am dichtesten besiedelten Gebieten der Erde. Hier entstanden die ersten Ackerbaukulturen, die ersten Städte und mit Judentum, Islam und Christentum die drei großen monotheistischen Religionen der Welt.[24]

In *Vorderasien* liegen die größten Ölvorräte der Erde, und hier fanden in den letzten Jahren die meisten Kriege statt. Die Staaten Vorderasiens sind überwiegend jung, ihre Grenzen wurden erst in unserem Jahrhundert festgelegt und sind Ergebnisse kolonialer Einflußnahme. In *Vorderasien* sind zwei in ihren Naturausstattungen unterschiedliche Regionen vorhanden. Sie sind in sich wiederum völlig differenziert und weisen verschiedene Voraussetzungen für den siedelnden und den wirtschaftlichen Menschen auf:

Der Norden wird von der Faltengebirgsregion eingenommen, die sich von Kleinasien über Iran bis zum Hindukusch erstreckt. In den Gebirgen herrscht ein ähnliches Bauprinzip vor: Rändliche Gebirgszüge alpidischer Faltung (Tertiär) mit ausgeprägt vertikalem Formenwandel umschließen Beckenräume (inneranatolisches, inneriranisches Hochland), die aus starren, der Faltung widerstehenden Massen der Erdkruste aufgebaut sind. Hier herrscht ein horizontaler Formenwandel vor. Diese Beckenräume sind ausgesprochen niederschlagsarm und weisen große jahreszeitliche Schwankungen auf. Erst in Gebirgsnähe nehmen die Niederschläge zu, Wüsten und Wüstensteppen gehen in Steppenlandschaften über. Die gesamte Gebirgsregion ist heute eine der aktivsten Erdbebengebiete der Welt, ein Zeichen für die immer noch nicht abgeschlossene Phase der Gebirgsbildung.

Südlich an die Gebirgszone grenzt, durch eine an Erdöllagerstätten reiche Geosynklinale getrennt, die Arabische Tafel, ein Teil der alten Gondawanmasse. Sie ist in Schichtstufen- und Tafelländer gegliedert und wird weitgehend von Sand-, Kies- und Geröllwüsten eingenommen. Nur an ihrem Westrand ist sie zu Gebirgsländern angeho-

---

[24] Vgl. dazu, Stewig, Reinhard: Natürliche und historisch-sozial-ökonomische Grundlagen der Raumstruktur, in: Robert, Rüdiger/Steinbach, Udo (Hrsg.): Der Nahe und Mittlere Osten. Politik, Gesellschaft, Wirtschaft, Geschichte, Bd. 1, Opladen 1988, S. 15-28.

ben, die den großen vorderasiatisch-ostafrikanischen Grabenbruch be-
gleiten. Im Norden (*Levante*) liegt dieses Gebiet im Bereich medi-
terraner Winterregen, im Süden (Assir, Jemen) im Gebiet randtro-
pischer Sommerregen. Hier sind, ähnlich wie im nördlichen Gebirgs-
land, Ackerbaukulturen möglich. Die Bruchtektonik entlang dieses
Grabens hat sich bis in historische Zeiten hinein durch Vulkanismus
und vor allem durch Basaltlavaergüsse geäußert, die weite Teile der
Gebirge bedecken.[25]

Charakteristisch für die *Arabische Tafel* ist die schier endlose Wüste
und eine Trockenheit, die allenfalls von den Gebirgsrändern Ackerbau
auf der Basis von Niederschlägen zuläßt. Landwirtschaftliche Nutzung
ist hier einzig auf der Basis künstlicher Bewässerung möglich und
damit auf flächenmäßig eng begrenzte, disjunkt liegende Oasen
beschränkt. Hierzu zählen Flußoasen wie Mesopotamien, Quell- und
Brunnenoasen. Nur hier ist Bevölkerungskonzentration möglich
gewesen. Die ausgedehnten, wüsten- und steppenhaften Weiten waren
für die Menschen stets Hindernis oder Notbehelf. Nur der Zwang zur
Existenzsicherung hat zur Nutzung des lediglich stellenweise verbreiteten und episodisch auftretenden Futterangebotes veranlaßt und
zur Ausbildung des Kamelnomadentums geführt. Aus der Sicht dieser
Nomaden bot der Lebensraum der Seßhaften einen immer verlocken-
den Reichtum und besaß geradezu magische Anziehungskraft. Das
konkurrierende Neben- und kämpferische Gegeneinander von Nomaden und Seßhaften gehört deshalb zu den Grundmustern vorderasia-
tischer Geschichte. Es beeinflußte in starkem Maße die gegenüber
dem Abendland so differenzierte soziopolitische und sozioökono-
mische Entwicklung des Orients.[26]

Doch der Raum ist nicht nur ein topographischer Grundaspekt,
sondern auch ein fester Rahmen, innerhalb dessen sich der Wandel
von Geschichte und Politik vollzieht. Der Raum determiniert den
historisch-politischen Prozeß nicht, aber er setzt Bedingungen für das
geopolitische Handeln der Menschen. Orientierungsfähigkeit im
Raum – und darauf aufbauend – auch in der geschichtlichen Zeit ist
eine wesentliche Grundlage der Information und der Urteilsbildung.
Der mit einer Auflistung von Staaten abgegrenzte riesige Raum, der
vom Atlantischen Ozean bis zum Hochgebirge Zentralasiens reicht, ist
in seiner natürlichen Ausstattung durch eine Reihe von Gegensätzlich-
keiten gekennzeichnet: Zu ihnen zählen heiße, aber auch (im Winter)
sehr kalte Wüsten der Alten Welt (Sahara, Arabische und Persische

---

[25] Vgl. Ebd.
[26] Vgl. Ebd.

Wüsten, Wüste Thar). In diesem ariden Raum liegen die drei großen Stromoasen der Alten Welt (Nil, Euphrat/Tigris, Indus), die Bevölkerung ist äußerst ungleichmäßig verteilt. Der Nahe und Mittlere Osten besitzt weitere wichtige Funktionen: Er ist a) ein subtropischer Trockenraum; b) das Hauptverbreitungsgebiet des Islam; c) Rezeptionsraum des weltweiten Industrialisierungsprozesses gegen Ende des 18. und Anfang des 19. Jahrhunderts.[27]

Unter dem Begriff *Naher Osten* verstehen wir also einen Großraum, der schon seit Jahrtausenden die Funktion der Brücke und der *„Drehscheibe"* zwischen den drei Kontinenten der Alten Welt wahrnahm. Die deutsche Bezeichnung folgt den englischen Begriffen *Near and Middle East* und der französischen Namensgebung *Proche und Mogen Orient.* Die Blickrichtung geht dabei von Europa nach Osten, ist also europazentrisch, wie die älteren Bezeichnungen *„Orient"* und *"Morgenland-Gebiete",* in denen von Europa aus gesehen die Sonne aufgeht, während sie im Westen niedergeht (*Okzident, Abendland*). Die englischen und französischen Begriffe entstammen der Kolonialsprache. Den Kolonialgebieten im Nahen und Mittleren Osten schließen sich die im Fernen Osten (Ost- und Südostasien) an.[28]

Mit dieser Raumbezeichnung werden zwei geographische Teilgebiete zusammengefaßt – Nordafrika und Vorderasien –, die bei aller Differenzierung im einzelnen schon durch Gemeinsamkeiten in der physischen Geographie eine Einheit bilden: Die riesigen Wüsten, Halbwüsten und Steppen der nordafrikanischen Sahara, der Arabischen Halbinsel und des iranischen Hochlandes bilden den westlichen und den mittleren Teil des großen altweltlichen Trockengürtels, der sich vom Atlantik bis zur Mongolei erstreckt. In diesem Wüstengürtel sind mit dem Niltal und dem Euphrat-Tigris-Zweistromland zwei große Flußoasen eingelagert, in denen sich kulturhistorisch die ersten Hochkulturen Westasiens und Nordafrika entfalteten, die man auch als *„Geozentren der Menschheit"* bezeichnet: Ursprungsgebiete mehrerer bedeutender Hochkulturen (*"Alter Orient"*), des Städtewesens und despotisch regierter Großreiche sowie Innovationsräume der Kultur- und Wirtschaftsentfaltung der Menschheit.

---

[27] Vgl. dazu, Stewig, Reinhard: Natürliche und historisch-sozial-ökonomische Grundlagen der Raumstruktur, in: Robert, Rüdiger/Steinbach, Udo (Hrsg.): Der Nahe und Mittlere Osten. Politik, Gesellschaft, Wirtschaft, Geschichte, Bd. 1, Opladen 1988, S. 25.

[28] Vgl. zu diesen Ausführungen, Hornung, Klaus: Krisenherd Naher Osten. Geschichte und Gegenwart einer konfliktreichen Region, München 1993, S. 70.

Der *Vordere Orient* ist aber auch die *Wiege dreier montheistischer Religionen*, und er gewinnt seine kulturelle Einheit nicht zuletzt dadurch, daß er Hauptverbreitungsgebiet des Islam ist. Der *Vordere Orient* ist seit Jahrtausenden ein Raum der Gegensätze und der Konflikte. Am Schnittpunkt der *drei Kontinente der Alten Welt* gelegen, war er immer eine Region großer Völkerbewegungen, Durchzugsgebiet und Raum großer Reichsbildungen und ihrer Konfrontationen. Die Konflikte zwischen den Großreichen am Nil und dem Zweistromland – welche historisch noch ausgiebig erläutert werden sollen –, der Gegensatz zwischen den Wüstenbewohnern und den Bewohnern fruchtbarer Flußoasen und Küstengebiete ist nahezu naturgegeben.[29] Eine Art *Mosaikstruktur* kam aus Völkerbewegungen, Kriegen, Reichsbildungen und -untergängen hervor, welche heute noch im Irak, in Syrien und im Libanon sichtbar ist. Multipliziert wurde dieses Konfliktpotential zusätzlich durch den Einbruch des Westens, durch die strategische Bedeutung der Region.

Die *Kernregion der Arabischen Halbinsel* zwischen Rotem Meer und dem Arabisch-Persischen Golf ist Ausgangsraum der arabisch-islamischen Expansion mit Zentrum um Mekka-Medina im 7. Jahrtausend, mit der syrischen Wüste im Norden, den Wüsten Nefud und Nedehd im Zentrum sowie dem Hidschas-Gebirgsland am Roten Meer. Der sogenannte *Fruchtbare Halbmond* (*Fertile Crescent*) zwischen Mittelmeer und Zweistromland mit der Flußoase des Euphrat und des Tigris und den Winterregengebieten am Mittelmeer schließt sich an. Die Ölstaaten am Golf, zu denen unter diesem Gesichtspunkt als deren größter auch Saudi-Arabien zählt, sowie Iran/Persien als ethnisch und religiös andersartiger Nachbar und Gegner durch die Jahrtausende folgen dem: Die Iraner sind Indo-europäer und Schiiten im Unterschied zu den semitischen und den religiösen sunnitischen Arabern. Iran ist bereits zum Mittleren Osten zu zählen und bildet den Übergang zum weiteren, nichtarabischen *Mittleren Osten* (Pakistan, Afghanistan).[30]

Nach Westen bildet in Afrika das Nilland Ägypten geographisch wie ethnisch eine Sonderformation. Es ist zwar durch die arabisch-islamische Expansion ebenfalls vorwiegend arabisch-islamisch ge-prägt, diese Überschichtung beruht aber auf einer jahrtausendealten

---

[29] Vgl. Stewig, Reinhard: Natürliche und historisch-sozial-ökonomische Grundlagen der Raumstruktur, in: Robert, Rüdiger/Steinbach, Udo (Hrsg.): Der Nahe und Mittlere Osten. Politik, Gesellschaft, Wirtschaft, Geschichte, Bd. 1, Opladen 1988, S. 15-28.
[30] Vgl. Hornung, Klaus: Krisenherd Naher Osten. Geschichte und Gegenwart einer konfliktreichen Region, München 1993, S. 71.

arabischen Kultur und Vorgeschichte des Pharaonenreiches, so daß Ägypten ethnisch gemischter und auch weltoffener ist als die kern-arabischen Gebiete östlich der Sinai-Halbinsel: vorarabische, heute mehrheitlich christliche Kopten, Nubier aus dem Niltal, seit der hellenistischen Epoche auch Griechen und Levantiner, leben hier nebeneinander. Die Sonderrolle Ägyptens wird sowohl durch den jahrhundertealten machtpolitischen Gegensatz zu den Großreichen Mesopotamiens als auch durch die geopolitische Stellung zwischen Afrika und Asien determiniert.[31]

An Ägypten nach Westen schließt sich der sogenannte *Arabische Maghreb* (Westen) als Ergebnis der militärischen Expansion im 7. und 8. Jahrhundert an. Die arabisch-islamische Kulturdurchdringung – hier vor allem der vorarabischen *„berbischen"* Bevölkerung einschließlich römisch-europäischen Bestände – reicht bis nach Schwarzafrika hinein (Niger, Tschad, Nordnigeria). Zu den arabisch-islamischen Außenposten ist der Sudan zu rechnen, der tief in das tropische Afrika mit nichtarabischer Bevölkerung hineingreift – ebenso das islamische Eritrea und Somalia, die sich im Laufe der Geschichte stets im arabisch-islamischen Einflußbereich befanden.[32]

Einen weiteren Sonderraum bildet der heutige türkische Nationalstaat mit seiner nichtarabischen, aber dennoch islamischen Bevölkerung im Nahen Osten. Der türkisch-osmanische Bereich bildet heute die Grenze sowohl nach Europa als auch nach Asien wie zum euro-päischen Rußland und zum Kaukasus, wo die angrenzenden indoeuro-päischen Aserbaidshaner islamisch-schiitisch geprägt sind, während die Georgier und die Armenier aus der christlichen Tradition kommen. Sonderfälle sind schließlich auch die indoeuropäischen Kurden, die mit etwa 13 Millionen Menschen im Südosten der Türkei, im Nordosten des Irak und im Westen des Iran leben, aber keinen eigenen Staat besitzen sowie der Libanon mit seiner ethnischen und religiösen Mosaikstruktur als *Nahost im Kleinformat.*[33]

Unter dem politisch als *Nahen Osten* sich konstituierendem politi-schen Gebilde sind die sogenannten *Frontstaaten* zu verstehen, die eine stärkere geopolitische wie topographische Semantik besitzen. Sie werden nachfolgend kurz dargestellt werden:

Da existiert zunächst *Israel* mit einer Einwohnerzahl von 5,7 Millionen Menschen, davon 82 % Israelis und 18 % Palästinenser mit

---

[31] Vgl. Ebd.
[32] Vgl. Ebd.
[33] Vgl. Ebd.

israelischer Staatsangehörigkeit. Hauptstadt ist – nach israelischen Vorstellungen – Jerusalem mit etwa 500 000 Einwohnern (inklusive des arabischen Ostteils der Stadt). Da dies aber völkerrechtlich nicht anerkannt ist, nimmt Tel Aviv, Sitz des Verteidigungs- und des Verkehrsministeriums wie der großen Parteien, diese Aufgabe wahr, während sich Jerusalems Rolle auf die des Regierungssitzes beschränkt.

Die Auflistung setzt sich mit den besetzten, z.T. autonomen bzw. halbautonomen arabischen Gebieten fort, die Israel nach dem *Sechstagekrieg* 1967 okkupierte: Das *Westjordanland* (*hebr. Judäa und Samaria*) umfaßt ein 5633 km² großes Gebiet[34] östlich, nördlich und südlich Jerusalems, den arabischen Ostteil der Stadt eingeschlossen. Es handelt sich um ein zerklüftetes Bergland mit durchschnittlichen Höhen zwischen 600 und 800 m. Die vielen kurzen Wasserfälle, gespeist durch Regenfälle und mitunter auch durch Schneeschmelze, lassen im Kammgebiet, auf den westlichen Höhenrücken und vor allem in den Tälern, intensive Landwirtschaft zu. Angebaut werden Gemüse, Wein, Oliven und Getreide, in den südlichen Oasen auch Bananen, Datteln und Zitrusfrüchte. Die Ostteile des Berglandes, die zum Jordangraben und zum Toten Meer abfällt, sind dünner besiedelt. Hier herrscht Weidewirtschaft vor. 40 % der etwa 1,8 Millionen Westbank-Palästinenser leben in Städten, also im israelisch besetzten, arabischen Ostteil Jerusalems, in den voll autonomen Städten Dschenin, Tulkarem, Kalkilija, Bethlehem, Jericho, Nablus, Ramallah und Hebron sowie in 450 kleineren Städten und Ortschaften.[35]

Die Besiedlung und Entwicklung des 364 km² großen *Gazastreifens* (seit 1996: Distrikt Gaza), von denen 42 km²[36] für israelische Siedler reserviert sind, verlief wesentlich anders als in anderen Regionen im Nahen Osten. Schon vor Jahrtausenden war der Küstenstreifen bewohnt, der durch die *Via Maris*, Verbindungsstraße Ägyptens mit Vorderasien, verläuft. Die Natur hat für eine Ansiedlung günstige Bedingungen geschaffen. Zwischen den Sanddünen entlang der Küste und der steinigen Hügelküste im Osten eingebettet ist ein tiefer gelegener Landstreifen mit fruchtbarem Boden und ausreichend Grundwasser. Kulturen im ansonsten wüstenhaften Norden der Sinai-Halbinsel boten Voraussetzungen für den Anbau landwirtschaftlicher

---

[34] Vgl. die Angaben in: Fischer Weltalmanach 2001, Frankfurt am Main 2000, Sp. 387.
[35] Vgl. die Angaben in, Timm, Angelika und Klaus: Westbank und Gaza, Berlin 1986, S. 56.
[36] Vgl. Ebd.

Güter. Bekannt wurde der Gazadistrikt durch seine Zitrusfrüchte. Am wichtigsten Verkehrsweg waren drei Städte entstanden, Gaza, Khan Junis und Rafah, um die sich 15 kleinere und mittelgroße Dörfer scharten. Heute leben 570 000 Menschen in dem Gebiet, von denen sich früher ca. 400 000 Menschen in Flüchtlingslagern sammelten. Mit 1560 E/km² ist das 378 km² große Gaza eines der am dichtesten Gebiete der Erde.[37]

Die *Golanhöhen* sind ein zwischen Israel und Syrien gelegenes Gebiet, das 1967 vom jüdischen Staat besetzt und 1981 widerrechtlich annektiert worden waren. Es ist 1154 km² groß und hat 33 000 Einwohner, davon 16 400 Drusen und 14 400 israelische Siedler.[38] Ost-Jerusalem ist der arabische Teil der Stadt der drei monotheistischen Weltreligionen, an der sich der Konflikt zwischen Arabern und Israelis besonders eindrucksvoll dokumentiert. Der 1967 besetzte und 1980 annektierte *Ostteil Jerusalems* hat ca. 160 000 jüdische und ca. 210 000 palästinensische Einwohner (*Altstadt*).

Syrien war neben den Palästinensern der Hauptfeind Israels im Nahostkonflikt. Auf 185 180 km² besiedeln fast 14 Millionen Einwohnern[39], davon 89% syrische Araber, über 6 % Kurden, ferner Armenier und Tscherkessen, 350 000 Palästinenser und Nomaden das „*Zünglein an der Waage*" im Nahen Osten. Der *Libanon* – einst Perle des Nahen Ostens – umfaßt auf nur 10 452 km² 3,7 Millionen Menschen, unter ihnen 82,6 % Libanesen, 9,6 % Palästinenser, 4,9 % Armenier, 2,9 % Syrer, desweiteren Kurden.[40] Der Libanon ist im wesentlichen von Syrien abhängig. Das *Haschemitische Königreich Jordanien* ist eine künstliche Konstruktion nach dem Ende der britischen Mandatszeit und umfaßt den östlichen Teil des Jordanlandes. 97 740 km² groß und mit knapp vier Millionen Einwohnern eher dünn besiedelt, ist es vor allem dem am 7. Februar 1999 verstorbenen König Hussein II. zu verdanken, daß das Flächenland eine Art *Puffer* zwischen Israel einerseits sowie dem Irak und Iran andererseits bildet. Von den Einwohnern sind 99 % Araber, davon immerhin 60 % Palästinenser, desweiteren Minderheiten der Tscherkessen, Armenier, Türken und Kurden.[41]

---

[37] Vgl. Ebd.
[38] Vgl. die Angaben in: Der Fischer Weltalmanach 2001, Frankfurt am Main 2000, Sp. 389.
[39] Vgl. Ebd., Sp. 777.
[40] Vgl. Ebd., Sp. 493.
[41] Vgl. Ebd., Sp. 415.

Ägypten – bis 1952 unter König Faisal II. eine Monarchie – ist das wichtigste Bindeglied zwischen Vorderasien und dem Horn von Afrika. Sowohl die Schlüsselstellung im Nahen Osten als auch im mediterranen Teil Afrikas machen diesen Staat als Drehscheibe so unverzichtbar. Fast ausschließlich Ägypter leben im 997 739 km² großen nordafrikanischen Staat, aber auch 100 000 Palästinenser, 80 000 arabische Beduinen sowie kleinere Minderheiten der Nubier, Berber, Sudanesen, Griechen und Italiener.[42]

Der Raum zwischen Mauretanien im Westen und Pakistan im Osten war in prähistorischer Zeit eine mannigfaltige Kontakt- und Misch-zone zwischen Rassen, Sprachen, Kulturen und Religionen. Ihre Ver-breitung ist nicht deckungsgleich, sondern sich gegenseitig überlap-pend. Es ist daher angebracht, auch die sprachlichen und völkischen Minderheiten zu berücksichtigen.[43]

Sprachen aus den großen Sprachfamilien – aus der semitischen, aus der indo-europäischen und aus der türkischen – dominieren in der eingangs beschriebenen Region. Daneben existieren in Nordafrika größere Bevölkerungsgruppen mit afroasiatischen Sprachen, Splitter weiterer Sprachfamilen und Sprachreste lassen im Nahen und im Mittleren Osten und in Nordafrika ein buntes Mosaik an Sprach-enklaven entstehen. Semitische Völker drangen im 3. und 2. Jhtsd. v.Chr. nach Mesopotamien, Syrien und Palästina vor. Eine andere Welle brachte um 700 v.Chr. Semiten aus Südarabien zum gegenüberliegenden afrikanischen Kontinent. Infolge der arabisch-islamischen Expansion wurde Arabisch die bedeutendste Sprache in dieser Region.[44]

In der Gegenwart zerfällt Arabisch in fünf Hauptdialektgruppen, die sich wie folgt einteilen lassen: erstens, die Dialekte der Arabischen Halbinsel, wovon die irakischen, die syrisch-palästinensischen und die ägyptischen ebenso ausfallen wie die in diesem Raum verbreiteten Sprachen des Ost- und des Westaramäischen und des Neuägyptischen (Koptischen); zweitens, die Gruppe der maghrebischen Dialekte; drittens, Südarabisch, heute eine Minderheiten- oder Restsprache in Oman und Südjemen – sich gliedernd in die Dialekte Mehri, Shauri und Sogotri; viertens, Hebräisch, zur NW-Gruppe der semitischen

---

[42] Vgl. Ebd., Sp. 57/58.
[43] Vgl. dazu, Stewig, Reinhard: Natürliche und historisch-sozial-ökonomische Grundlagen der Raumstruktur, in: Robert, Rüdiger/Steinbach, Udo (Hrsg.): Der Nahe und Mittlere Osten. Politik, Gesellschaft, Wirtschaft, Geschichte, Bd. 1, Opladen 1988, S. 15-28.
[44] Vgl. Ebd.

Sprachfamilie gehörend, bis zum 19. Jhd. als Bibelsprache gebraucht, bevor es 1948 durch die neue Umgangssprache Iwrit ersetzt wurde; fünftens, Aramäisch, das als Reichs- und weitverbreitete Umgangssprache aus dem Nahen und Mittleren Osten und Nordafrika verschwunden ist.[45]

Die afroasiatischen Sprachen bilden eine eigene Gruppe. In ihr sind Sprachen mit größtenteils afrikanischen Komponenten zusammengefaßt. Dazu gehören die semitischen Sprachen Äthiopiens und Eritreas, das Amhara, Tigranya und Tigre, die kuschistischen Sprachen mit dem unter den Beja im NO des Sudan verbreiteten Bedauye, das ägyptische und die Berbersprachen. Durch die weiträumige Verbreitung zwischen Indien und Europa haben sich die einzelnen indoeuropäischen/-germanischen Sprachen auseinanderentwickelt: Erstens, der iranische Sprachzweig ist der älteste im Nahen und Mittleren Osten und Nordafrika bis heute vertretene Zweig der Satemsprachen. Zweitens: Der indoarische Zweig der Satemsprachen wurde von Völkern nach Nordwestindien und dem Punjab gebracht, die gegen Ende des 2. Jhtsds. v. Chr. vom Norden über die Pässe des Hindukusch eingedrungen waren. Drittens: Die Dard-Sprachen werden einer älteren, urtümlichen Gruppe des Indoarischen zugerechnet. Viertens: Armenisch bildet einen eigenen Zweig der Satemsprachen. Die Träger der Sprache sind wahrscheinlich im 6. Jhd. v.Chr. in das Gebiet um den Van-See eingewandert. Fünftens: Das Griechische gehört zu den Kentumsprachen der indoeuropäischen Sprachfamilie. Es wurde bereits Ende des 2./Anfang des 1. Jhtsds. v. Chr. durch die frühgriechischen Ostwanderungen an den Küsten Kleinasiens heimisch.[46]

2. Konfliktmuster im Nahen Osten

2.1. Definitionen
Der *Nahostkonflikt* – oder auch *Israelisch-Arabischer Konflikt* – ist der unterbrochene, wenn auch mit unterschiedlicher Schärfe geführte und ausgetragene Konflikt zwischen dem Staat Israel und den Arabern seit der neuerlichen Besiedlung Palästinas durch Juden, die seit 1920 zu Unruhen und Auseinandersetzungen zwischen der jüdischen und der arabischen Bevölkerung und seit der Gründung des Staates Israel am 14. Mai 1948 zu Kriegen zwischen Israel und den Frontstaaten des Nahen Ostens und damit dem gesamten arabischen Raum führte.[47] Der

---

[45] Vgl. Ebd.
[46] Vgl. Ebd.
[47] Vgl. Nahost-Konflikt, in: Die Große Bertelsmann Bibliothek in 15 Bde., Bd. 10, Gütersloh 1989, S. 278/79.

Nahost-Konflikt unterteilt sich in die folgenden Teilstrukturen bzw. Konfliktfelder: den *Palästina-Konflikt*, den *Libanon-Konflikt*, das Problem der Ressourcenknappheit als Konfliktursache an den Beispielen der Wasserknappheit und der Verteilung der Ölvorräte. Strukturen, die in der Tagespolitik nicht sofort ersichtlich sind, können bereits einige Jahre später zum Ausbruch neuer Gewalt führen, auch wenn es erst Jahrzehnte vorher noch als völlig irrelevant erschienen war. Aus der Analyse der Teilkonfikte ergibt sich in der Synthese das Gesamtbild des *Nahost-Konfikts*.

2.2. Der Palästina-Konflikt
Der *Israelisch-Arabische Konflikt* bezeichnet den gesamten Gegensatz in der hier besprochenen Region des Nahen und Mittleren Ostens und Nordafrikas. Die größten Gegner waren im damaligen britischen Mandatsgebiet Juden und Palästinenser – auch als *Palästina-Konflikt* bezeichnet.[48] Dieser *Palästina-Konflikt* begann mit der Einwanderung der Juden nach Palästina Ende des 19. Jhds., also mit dem Zusammenstoß der zionistischen Bewegung und der arabischen Bevölkerung Palästinas. Die Zionisten wollten möglichst viele Juden nach Palästina bringen und dort einen Nationalstaat für sie schaffen. Die Araber sahen darin eine Gefährdung ihrer Position oder gar Existenz im Land und stellten sich von Anfang an dagegen. Der zionistisch-palästinensische Konflikt weitete sich 1948 – mit der Gründung des Staates Israel – zu einem israelisch-arabischen aus und war somit erst durch das Eingreifen auswärtiger Mächte zustandegekommen.

Dieser Konflikt war nicht in der Region des Nahen Ostens entstanden, sondern von außen aufgezwungen: *„Ohne den europäischen Antisemitismus sind die Entstehung des Zionismus und sein allmähliches Fußfassen unter den Juden undenkbar".*[49] In Palästina realisieren konnte er sein Vorhaben der Staatsgründung erst unter dem Schutz der europäischen Mandatsherrschaft.

Der *Konflikt* ist also insofern ein mit prähistorischen Implikatoren ausgestattetes Faktum, das unter dem Eindruck des *Holocaust* wesentlich beschleunigt wurde. In insgesamt fünf Kriegen und in der *Ersten Intifada* waren die z.T. heimatlosen Palästinenser, nur in Flüchtlingslagern oder in Slums aufgewachsen, in Gewalt und Terror eingebunden, den beide Seiten zu verantworten hatten: die Palästinenser

[48] Vgl. Ebd.
[49] Zit. nach: Steinbach, Udo: Israelisch-arabischer Konflikt, in: Robert, Rüdiger/Steinbach, Udo: Handbuch Naher und Mittlerer Osten, Bd.1, Opladen 1988, S. 639.

bzw. die Araber, weil sie sich weigerten, den UNO-Teilungsplan von 1947 und die UNO-Resolutionen 242 und 338 anzuerkennen, Israel, weil es mit seiner *eretz-Israel*-Ideologie den Nährboden für derartige Terrorakte bereitete und sich seit 1967 wie ein Kolonialherr in einem Land aufführte, das es beanspruchte, ihm aber völkerrechtlich nicht zustand.

Der *Palästina-Konflikt* und mit ihm die Kriege im Nahen Osten veränderten das internationale Kräfteverhältnis: Mit dem *Sechs-Tage-Krieg* von 1967 *schien „die Einordnung Israels in die westliche Globalstrategie ihren Höhepunkt erreicht zu haben".*[50] Es stand Ägypten und Syrien, den Wortführern des Antiimperialismus und des *Panarabismus*, gegenüber und brachte ihm vernichtende Niederlagen. Das Ergebnis dieses Krieges, eine erhebliche Schwächung der arabischen Staaten und die israelische Besetzung ganz Restpalästinas sowie syrischer und ägyptischer Gebiete, verschob die Konfliktebene erneut. Die Auseinandersetzung mit den arabischen Staaten wurde nun stärker territorial.

Auf der anderen Seite war nun etwa die Hälfte der palästinensischen Bevölkerung unter israelischer Kontrolle. Mit den Guerillagruppen erlangte zum ersten Mal seit 1948 eine *„genuin palästinensische Bewegung"* starke Bedeutung. Aus ihr entstand 1968/69 die *Palästinensische Befreiungsbewegung (Palestine Liberation Organization – PLO)*.[51] Mit der Übernahme der Führung durch den Charismatiker Yassir Arafat 1974 und der Anerkennung der PLO als *„legitime Interessenvertreterin des palästinensischen Volkes"*[52] durch die Vereinten Nationen erreichte der Kampf um nationale Selbstbestimmung und Freiheit eine neue Qualität. Erstmals entstand eine Bewegung, die Israel Paroli bieten konnte und – bis 1983 vom Südlibanon und bis 1993 von Tunis aus – Widerstand gegen die Besatzungsherrschaft leistete.[53]

2.3. Der Libanon-Konflikt

Der *Libanon-Konflikt* ist eine Mischung innerer und äußerer Faktoren und wird – im Interesse des besseren begrifflichen Verständnisses – in zwei Einheiten zergliedert werden: Der in den Medien und in der

---

[50] Zit. nach: Ebd.
[51] Vgl. dazu, Sunderbrink, Ute: Die PLO in der Krise. Genese, Strukturmerkmale und Politikmuster der Palästinensischen Befreiungsbewegung und deren Herausforderung durch den politischen Islam in der Intifada, Hamburg 1993, S. 69/70.
[52] Zit. nach: Ebd., S. 134.
[53] Vgl. dazu, Flores, Alexander: Palästina-Konflikt, in: Nohlen, Dieter (Hrsg.): Lexikon der Politik, Bd. 6: Internationale Politik, München 1994, S. 396-405.

westlichen Öffentlichkeit häufig reflektierte Gegensatz zwischen dem Staat Israel und dem Libanon ist in Wirklichkeit nur durch den *israelisch-arabischen Konflikt* als den *Hyperkonflikt* greifbar. Tiefgreifende außenpolitische Gegensätze beider Staaten bestehen ebenso wenig wie Gebietsansprüche des jüdischen Staates gegenüber dem Libanon. Shimon Peres bemerkt in seinen Memoiren dazu treffend: *„Mit Libanon* (gemeint ist der Staat Libanon an sich, der Autor) *lebten wir in Frieden. Wir dachten überhaupt nicht, gegen Libanon zu kämpfen."*[54] Gleichwohl hat es die Geschichte der Internationalen Beziehungen im Nahen Osten erst ergeben, daß Libanon zu einem Gegner, wenn nicht gar Feind der Israelis wurde.

Denn in Libanon, *„dem Mosaik der Nahoststrukturen im Kleinen"*[55], spielten und spielen sich Auseinandersetzungen zwischen Volksgruppen ab, die diesen kleinen Staat in der Region zum Schauplatz der Kämpfe machten. Dies sei nur an zwei Beispielen verdeutlicht: Die Palästinenserorganisation PLO, damals noch eine Terrorgruppe, errichtete 1970 im Süden des Libanon einen Terrorstaat und beschoß den Norden Israels mit Artillerie, Raketen und Maschinengewehren. Immer wieder schossen die Israelis zurück, ehe sie 1982 zum Gegenschlag ausholten und Städte im Norden, u.a. die Hauptstadt Beirut sowie die Hafenstädte Sidon und Tripoli, angriffen. Die PLO wurde aus dem Libanon vertrieben, dennoch blieb die Bedrohung des Territoriums durch andere Gruppen.

Eine dieser Gruppen ist die pro-iranische *Hisbollah*-Miliz, die seit dem israelischen Rückzug auf die nur 30 km breite sogenannte *Sicherheitszone* im Südlibanon für die Vertreibung der Truppen und der sie unterstützenden SLA, kämpft. Auch nach den Großoffensive im März und April 1996 infolge der heftigen Attacken der *Hisbollah* mit Katjuscharaketen im Südlibanon und die Nadelstiche der israelischen wie der mit ihr verbündeten SLA konnte nichts daran ändern, daß diese Organisation mit wachsender Militärpräsenz der Israelis an Bedeutung gewann. Erst der Rückzug der israelischen Truppen aus dem Süden des Libanon Anfang Juni 2000 ließ auf eine Entspannung der militärischen und politischen Lage in der Grenzregion hoffen.

Das zweite, in der Forschungsliteratur in diesem Zusammenhang weniger rezipierte Konfliktgeflecht *„zeigt ein für plurale Gesell-*

---

[54] Zit. nach: Peres, Shimon: Die Versöhnung. Der Neue Nahe Osten, München 1996, S. 28.
[55] Zit. nach: Hornung, Klaus: Krisenherd Naher Osten. Geschichte und Gegenwart einer konfliktreichen Region, S. 135.

schaften typisches Konfliktmuster"[56]. Verschiedene politisch und sozial voneinander abgeschottete Gruppen, die sich weitgehend autonom in Religionsgemeinschaften konstituieren, haben sich im Gefolge einer sozialen Krise solange gegeneinander aufgerieben, so daß es zur Entstehung eines Konfliktpotentials und im Jahre 1975 schließlich zum Bürgerkrieg kam. Nach dem Ende des französischen Mandats im Jahre 1943 hatten sich die Mosaikgruppen, von denen die maronitischen Christen, die Sunniten, die Schiiten und die Drusen die größten sind, auf einen *Nationalpakt* geeinigt, auf dessen Grundlage die Parteien die Gestaltung der Staats- und Gesellschaftsordnung vollziehen wollten. Weil die Sunniten und vor allem die Schiiten sich gegen die Vorherrschaft der Christen, vor allem der Maroniten, wehrten, kam es zum Bürgerkrieg, der 1975 mit einem Terroranschlag der PLO auf einen mit Christen besetzten Bus begann und erst 1990/91 – nach dem noch zu beschreibenden Einfluß Syriens in der Region – endete.

Der Bürgerkrieg wurde weitgehend als Stellungskrieg in den Gebieten ausgetragen, in denen christliche und muslimische Zonen aneinandergrenzen, vor allem in der Hauptstadt Beirut, im Gebirge östlich Beiruts, und im Norden um die Hafenstadt Tripoli. Durch Beschuß von Raketen, Scharfschützen, durch Entführungen und einzelne Morde wurde zumeist die Zivilbevölkerung terrorisiert. War der Ausbruch zu Beginn der Feindseligkeiten noch von politischen, sozialen und soziokulturellen Problemen bestimmt, so reduzierte sich ab 1986 der Konflikt auf die Gegensätze der Religionsgemeinschaften. Zwei große Mächte im Nahen Osten mischten sich in den Libanon direkt ein: Israel, das mit seinem Feldzug die PLO vertreiben und die Christen stärken wollte, und Syrien, das durch die Unterstützung der palästinensisch-muslimisch-nationalen Koalition und seiner Intervention im Juni 1976 die Araber stärken wollte.

Seit 1989 gab es zwei konkurrierende Optionen für die Zukunft des Libanon: das *Abkommen von Ta'if*[57], das dem libanesischen Parlament 1989 von der Arabischen Liga oktroyiert wurde und 1991 aufgrund eines Kompromisses des Proporzes (Parität für die Muslime) sowie einer Schiedsrichterrolle für Syrien vorsieht.[58] Das Beharren des christlichen Übergangspräsidenten Michel Aoun, der die Beendigung

---

[56] Zit. nach: Flores, Alexander: Libanon-Konflikt, in: Nohlen, Dieter (Hrsg.): Lexikon der Politik, Bd. 6: Internationale Politik, München 1994, S. 280.
[57] Vgl. dazu, Eberlein, Klaus D.: Die Arabische Liga, Bd. III, Politische Geschichte der Staaten der Arabischen Liga, Frankfurt am Main 1993, S. 594-606.
[58] Vgl. dazu, Khoury, Abdel Theodor: Der Libanon am Ende des Jahres 1995, in: KAS-Auslandsinformationen, (1996) 5, S. 17-35.

der syrischen Hegemonie als Voraussetzung für jede Problemlösung bezeichnete und mit Billigung des neuen libanesischen Präsidenten Elias Hrawi im Oktober 1990 von syrischen Truppen überrannt wurde, verdeutlichte diesen Anspruch umso mehr.

Wenngleich sich die Situation seit der Wiederaufnahme des Friedensprozesses im Nahen Osten 1991 innenpolitisch entspannte, kann erst ein Friedensvertrag Israels mit Syrien und ein bilaterales Abkommen mit dem Libanon zu einer dauerhaften Ruhe an der Nordfront beitragen. Inwieweit der israelische Truppenrückzug aus dem Südlibanon zu Ruhe und Stabilität an der israelisch-libanesischen Grenze beitragen wird, bleibt abzuwarten.

2.4. Die Wasserknappheit im Nahen Osten

Das *kühle Naß* hat – anders als in unseren Breiten – den Stellenwert einer existenziellen Ressource.[59] Der Nahe Osten, hier im engeren Sinne über die vier Staaten im Jordanbecken Israel, Syrien, Libanon und die Westbank definiert, ist weltweit eines der Gebiete mit der größten Wasserknappheit. Zumindestens für Israel ist Wasser ein geographischer Faktor, der fast so lebensnotwendig ist wie die militärische Sicherheit. In den 50er und 60er Jahren führten die Bestrebungen Israels und Syriens zur Ableitung von Jordanwasser zu einer Eskalation, die den *Sechstagekrieg* mitauslösten.[60]

Israel besitzt zwei Hauptquellen für seine Wasserversorgung: zwei Untergrundspeicher zwischen dem Westjordanland und dem Mittelmeer und den Jordan, der in den See Genezareth mündet, das wichtigste Süßwasserreservoir mit etwa 60 % des gesamten Wasseraufkommens. Drei Quellflüsse und mehrere Bäche speisen den Oberlauf des Jordan. Nur der Dan entspringt auf israelischem Territorium. Der wichtigste Zufluß, der Histani, kommt von der libanesischen Seite des Hermon-Massivs, der Banias (oder Hermontach) aus den angrenzenden *Golanhöhen*.[61]

---

[59] Vgl. dazu, Beschorner, Natasha: Water and instability in the Middle East. An analysis of enviromental, economic and political factors influencing water management in the Jordan and nile basins and Tigris-Euphrat-Region, London 1992; Hornung, Klaus: Krisenherd Naher Osten. Geschichte und Gegenwart einer konfliktreichen Region, München 1993; Bravermann, Avishay: Wasser - Element des Friedens und des Konflikts, in: Internationale Politik, 50 (1995) 7, S. 51-60.

[60] Vgl. dazu, Lindholm, Helena: Water and the Arab-Israeli conflict, in: Ohlson, Leif: Hydropolitics. Conflicts over Water as a development constraint, London New York 1995, S. 29-54..

[61] Vgl. die Angaben in, Ebd.

Nur durch Dammbauten am Yarmuk könnten zusätzliche Wasser-mengen für die Anliegerstaaten gewonnen werden. Er entspringt in Syrien. Sein Mittel- und Unterlauf bilden die Grenze zwischen Syrien und Jordanien bzw. Israel, südlich des See Genezareth mündet er in den Jordan. Allein schon diese Faktendichte zeigt den hochexplosiven Charakter der Problematik, der wohl nur in einer Gesamtlösung, in einem Gesamtpaket zu finden sein wird. In diesem Zusammenhang ist darauf zu verweisen, daß Syrien bei Jordan- und Yarmukwasser durch seine *„Upstream-Lage"* einen geographischen Vorteil besitzt, beim Euphratstrom, der in der Türkei entspringt, durch seine *„Downstream-Lage"* benachteiligt ist.[62]

2.5. Das Öl-Problem

Das Vorkommen an Erdöl war seit Jahrhunderten bekannt. Schon der griechische Geschichtsschreiber Herodes berichtet darüber. In den Tempeln der persischen Zarathustra-Religion brannten Feuer, die mit ausströmendem Erdgas genährt wurden.[63] Durch die Verwendung der Öllampen fand dieses Problem grundsätzlich Anwendung. Mit der Industriellen Revolution im 18. und 19. Jahrhundert änderte sich die Verwendung. Erste Erdölbohrungen fanden 1850 in Pennsylvannia statt, bald darauf in Texas und Louisiana. Um 1880 war Lampenöl der viertwichtigste Exportartikel der USA, und dessen Monopolist wurde die Standard Oil of California and New Jersey. Mit der Erfin-dung des Verbrennungsmotors in den 80er Jahren des 19. Jahrhunderts begann um die Jahrhunderwende auch das Ölzeitalter: 1901 erhielt der britische Unternehmer Wiliam d'Arcy die erste Konzession in Persien, denn die britische Kriegsflotte brauchte öl als Treibstoff, während deutsche Linienschiffe noch immer mit Kohle geheizt wurden und darum langsamer waren.[64]

Die *Ölfrage* war ein wichtiger Punkt beim russisch-englischen Interes-sensausgleich im Jahre 1907. Nachdem kurz vor dem Ersten Welt-krieg die erste Raffinerie im Golf von Abadan gebaut worden war, wurde 1927 das erste große Ölfeld der Welt mit 96 km Länge bei Kirkuk in Betrieb genommen. Durch die von den Königen und Scheichs der orientalischen Reiche erteilten Genehmigungen bildeten

---

[62] Vgl. auch, Bravermann, Avishay: Wasser - Element des Friedens und des Konflikts, in: Internationale Politik, 50 (1995) 7, S. 54.

[63] Vgl. dazu, Knauerhase, Ramon: Öl - Grundlage der wirtschaftlichen Entwicklung, in: Robert, Rüdiger/Steinbach, Udo (Hrsg.): Der Nahe und Mittlere Osten. Politik, Gesellschaft, Wirtschaft, Geschichte, Bd. 1, Opladen 1988, S. 329-50.

[64] Vgl. Hornung, Klaus: Krisenherd Naher Osten. Geschichte und Gegenwart einer konfliktreichen Region, München 1993, S. 78 f.

sich bis 1940 mehrere Ölgesellschaften heraus, u.a. die amerikanische *Standard Oil of California (SOCAL)* Rockefellers und das niederländisch-britische Unternehmen *Royal Dutch Shell.* Nach dem Zweiten Weltkrieg traten die italienische Staatsfirma sowie zwei französische Gesellschaften dazu. Diese durch moderne Kommunikationsmittel betriebene Aufteilung der Ölressource übertrug sich auf den arabischen Raum: Mit dem Interesse, die Verteilung der Ölreserven zu koordinieren, gründeten 125 Staaten Vorderasiens, Lateinamerikas, Afrikas und Südostasiens die OPEC.

Dennoch machte sich ein *Verteilungskonflikt* im Nahen und im Mittleren Osten breit, was nicht zuletzt mit der sozioökonomischen Entwicklung zusammenhängt. Das ist an den folgenden Faktoren zu erklären: erstens, an einem überdurchschnittlichen Bevölkerungswachstum – die gesamtarabische Bevölkerung hat sich von 1930 bis 1980 von 53 auf 162 Millionen Menschen mehr als verdreifacht. 1985 betrug die Bevölkerung bereits rund 194 Millionen. Die Wachstumsrate stieg weiter an: Sie betrug zwischen 1930 und 1980 2,2 % und ist 1980-85 3,24 % gestiegen – verglichen mit dem Weltdurchschnitt von 1,7 %, dem Entwicklungsländerdurchschnitt von 2,0 % und dem Durchschnitt der entwickelten Industrieländer von 0,6 %.[65]

Zweitens, kommt eine ungünstige regionale Verteilung hinzu. Mehr als die Hälfte der gesamtarabischen Bevölkerung – 115 von 194 Millionen – konzentriert sich auf vier kapitalarme Länder: Ägypten (47 Millionen), Marokko (24 Millionen), Algerien (22 Millionen), Sudan (22 Millionen). Demgegenüber sind die reichen Golfstaaten relativ dünn besiedelt. Drittens: Diese ungleiche Verteilung von Bevölkerung und Kapital hat bereits seit den 70er Jahren zu einer verstärkten Wanderung qualifizierter und unqualifizierter Arbeitskräfte von den bevölkerungsreichen in die Ölexportländer geführt. Viertens: Ein weiteres Problem ist der hohe Grad an brachliegender Arbeitskraft im arabischen Raum, wo nur 51,5 % der Gesamtbevölkerung arbeiten im Vergleich zu 67 % in den Industrieländern. Fünftens: Schließlich ist das Ausbildungsniveau infolge großer Defizite im Bildungs- und Erziehungsbereich sehr niedrig. Dies führt u.a. zu einer hohen Analphabetenrate im Nahen Osten.[66]

Diese wenigen Beispiele verdeutlichen die Wichtigkeit der Ware Öl für die Region. Denn der *Zweite Golfkrieg* wurde im wesentlichen durch die Angst vor Verlusten im Ölgeschäft geführt. Insofern ist Öl

---

[65] Vgl. Ebd., S. 80 f.
[66] Vgl. Ebd.

zwar kein unmittelbares, aber ein schleichender und tiefschürfender Konfliktpotential.

3. Der Nahe Osten und die Krieg-Frieden-Problematik

Der *Konflikt im Nahen Osten* ist eine zeithistorisch bestimmte Auseinandersetzung zwischen den Israelis (Juden) einerseits und den Arabern andererseits. Dies bedingt auch, daß die konflikttheoretischen Komponenten *Krieg* und *Frieden* auf diese Region angewandt werden können. Zunächst sei ausgeführt, wie die Begriffe *Krieg* und *Frieden* definiert sind, bevor eine spezifische Darstellung für den Nahen Osten erfolgt.

„Der Krieg ist ein Kampf mit Waffen, geführt zu dem Zwecke, dem Gegner den Willlen des eigenen Gemeinwesens oder der eigenen Klasse oder Partei aufzuzwingen. Spricht man vom Krieg schlechthin, so meint man nur den Krieg zwischen zwei Gemeinwesen"[67], der weitverbreitet als Bürgerkrieg bezeichnet wird. Dieses sehr theoretisch anmutende Plazedere versteht man in den Internationalen Beziehungen etwas anders, als *„ein im Völkerrecht organisierter, mit Waffengewalt ausgetragener Machtkonflikt zwischen Völkerrechtssubjekten"*.[68] Grundsätzlich wird in der Wissenschaft und in der Forschung zwischen dem Bürgerkrieg und den bewaffneten zwischenstaatlichen Auseinandersetzungen unterschieden.

Unter *Frieden* versteht man allgemein einen Zustand, in dem Leben und Freiheit der Mitglieder einer Gesellschaft geschützt sind. Zugleich ist *Frieden* ein *„Zustand ungebrochener Rechtsordnung und der Gewaltlosigkeit, der innerhalb der Gemeinschaft von Rechtssubjekten (= innerer Frieden) wie auch zwischen solchen Gemeinschaften (= äußerer Friede, z.B. zwischen Staaten) bestehende Zustand eines geordneten Miteinanders, in dem beim Ausgleich bestehender Interessengegensätze auf Gewaltanwendung verzichtet wird"*.[69]

Frieden war in historisch überblickbarer Zeit in keiner Gesellschaft *„naturhaft"* gegeben. Es wurde und wird vielmehr geschaffen und gesichert kraft politischen Zusammenschlusses und herrschaftlicher Organisation der Gesellschaft. So entstehen homogene *Frieden*sräume und *Frieden*szeiten. *Frieden*sräume werden traditionell durch Abgrenzung gesichert, Friedenszeiten durch Vereinbarungen, Verträge, eine übergreifende *pax* befestigt und religiös-symbolisch umkleidet.

---

[67] Zit. nach: Görres-Gesellschaft (Hrsg.): Staatslexikon, Bd. III, Freiburg im Breisgau 1993, S. 703.
[68] Zit. nach: Ebd.
[69] Zit. nach: Ebd., S. 745.

Als *Frieden* werden alle Maßnahmen bezeichnet, die der Aufrecht-
erhaltung und Sicherung des *Friedens* zwischen Staaten und in der
Welt dienen, wie Entspannungspolitik, das Bemühen um Abrüstung,
Gründung internationaler Organisationen, bilaterale und multilaterale
*Friedens*verträge und andere völkerrechtlich verbindliche Verein-
barungen sowie die friedliche Schlichtung von Streitigkeiten vor dem
Internationalen Gerichtshof in Den Haag.[70]

Bei einer räumlich so engen Struktur wie im Nahen Osten liegen auch
zwei Zustände bzw. Prozesse wie *Krieg* und *Frieden* sehr dicht
beieinander. Zwei Religionen und verschiedene Nationen kämpfen
politisch, militärisch und ideologisch um ein Stück *Land*, das noch
nicht einmal richtig erschlossen ist in all seinen Teilen, das so viele
Reichtümer besitzt, daß es angebracht wäre, es gemeinsam zu nutzen.
Doch die Mentalitäten der Araber wie der Israelis sind denen der
Westeuropäer und Amerikaner völlig verschieden. Nicht von vorn-
herein werden Konflikte friedlich gelöst, sondern dem eskalierenden
Potential überlassen. Damit wird auch deutlich, daß es in diesem
Sinne kein System, kein Regime gibt – wie im Völkerrecht – das eine
vermittelnde Funktion besitzt.

Wenn fünf Mal in über 50 Jahren *Kriege* ausbrechen, so ist dies nicht
nur ein Zeichen für mangelnden *Frieden*swillen, sondern die Frage
nach den wie auch immer sichtbaren Ängsten, nach einem großen
gegenseitigen Mißtrauen an sich und in den anderen. Die Perzeption
der Gegensätze ist eine durch die Quadratur des Kreises bedingte
Situation. Es soll weder Israelis noch Arabern einseitig die Schuld am
Ausbruch der Gewalt nach der Auflösung der Mandatsherrschaft und
der Gründung des Staates Israel 1948 gegeben werden.

Da aber Juden und Araber gleichermaßen dem jeweils anderen Unrecht zufügten und auch die arabischen Staaten des Nahen und
Mittleren Ostens sich nicht sonderlich mochten und mögen, müssen
Krieg und *Frieden*, müssen die Konflikte generell differenziert
werden. Da existiert einerseits der *Israelisch-Arabische Konflikt*, da
firmiert andererseits der Streit um die Ressourcen. Zwar kann der
Krieg mit einem Waffenstillstand oder einem Friedensvertrag beendet
werden, ein Frieden kann jedoch nicht nur als vertraglich fixiertes
Papier gesehen werden, sondern auch als ein von den Ideen der
Versöhnung und der Verständigung getragener Zustand.

---

[70] Vgl. dazu, Senghaas, Dieter: Hexagon-Variationen. Zivilisierte Konflikt-
bearbeitung trotz Fundamentalpolitisierung, in: Ropert, Norbert/Debiel, Thomas:
Friedliche Konfliktbearbeitung in der Staaten- und Gesellschaftswelt, Bonn 1995,
S. 37-54.

Im Nahen Osten gilt nur partiell dieser *Frieden*, im Grunde bedarf es dazu auch einer längeren Phase der Verständigung unter den Menschen. Wie kompliziert dies ist, zeigen schon die Schwierigkeiten beim Zusammenwachsen beider deutscher Staaten. Dies wird deutlich, wenn man Ausdrücke wie Ossi und Wessi, Alte und Neue Bundesländer, hüben und drüben hört. Schon an diesem Exempel klassifiziert sich die Kluft zweier zeitlich getrennter Gruppen eines Kultur- und Sprachraumes. Nun kann man sich vorstellen, wie beinahe unmöglich es ist, daß völlig verschiedene Kulturen in einem noch dazu so engem Raum wie im Nahen Osten in Einklang miteinander zu bringen.

Deshalb wird es in den nächsten Jahren vermutlich der einzig gängige Weg sein, eine Art *Kalten Frieden* zu installieren, der auf ein Nebeneinander mit begrenzter *Kooperation* in den Bereichen Ökonomie, Ökologie, Soziales und Tourismus hinausläuft. Denn für einen *Warmen Frieden* mit wirklicher Versöhnung ist es in der Postära des *Kalten Krieges* noch zu früh. Erst eine oder gar mehrere Generationen später kann dieser Weg umgesetzt werden.

III. 'VOM KRIEG ZUM FRIEDEN' – DIE GRUNDLEGUNG DES FRIEDENSPROZESSES IM NAHEN OSTEN NACH DEM YOM-KIPPUR-KRIEG BIS ZUM CAMP-DAVID-PROZESS (1973/1974-1979).

1. Ursprünge des nahöstlichen Friedensgedankens in den frühen 70er Jahren

Nach dem *Yom-Kippur-Krieg* 1973 nahm sowohl auf Seiten der Araber als auch bei den Israelis die Einsicht zu, daß keine der beiden Seiten den *Nahostkonflikt* würde auf Dauer durch Krieg und Gewalt gewinnen können. Demzufolge mußten beide Seiten nach gangbaren Wegen suchen, die auf eine Überwindung der ungeheuren militärischen Perversion im Rahmen des *Ost-West-Gegensatzes* hinauslief. Freilich war es schwer, weil weder Israel noch die arabischen Konfliktparteien den ersten Schritt unternehmen wollten. Doch nach dem überraschenden Tod des ägyptischen Präsidenten Gamal Abd el-Nasser 1970 verstand sein Nachfolger Anwar el-Sadat die Zeichen der Zeit und veränderte grundsätzlich das *Koordinatensystem im Nahen Osten.* Voraussetzung war insbesondere, daß durch den *Yom-Kippur-Krieg* 1973 die arabische Schmach des *Sechs-Tage-Krieges* wettgemacht worden war und Israel trotz seines militärischen Sieges im Oktoberkrieg 1973 einsehen mußte, daß der Besitz von Territorien allein noch keine Befriedung der Region darstellte. Auch bei der jüngeren Garde der israelischen Politiker in der Sozialdemokratie nahm die Einsicht zu, daß nach Wegen gesucht werden müsse, um langfristig die Existenz des jüdischen Staates zu sichern.[71]

Die erste Friedeninitiative ging vom israelischen Außenminister Yigael Allon aus. Kernpunkt der *Allon-Initiative*, die 1974/75 vom damaligen Premierminister Yitzhak Rabin unterstützt wurde, war eine Autonomieregelung für die Palästinenser unter dem Ausschluß der Palästinensischen Befreiungsorganisation PLO. „*Vertreter aus den besetzten Gebieten"* Westbank und Gazastreifen sollten bei einem israelischen Rückzug aus arabischen Bevölkerungszentren die Verantwortung für die Geschicke der Palästinenser übernehmen und Wahlen zu einer Selbstverwaltungsbehörde in den Gebieten organisieren. Diese solle zunächst für eine Übergangsperiode von fünf Jahren amtieren und dann mit Israel über den dauerhaften Status des Westjordanlandes und des Gazadistriktes verhandeln. Israel war bereit – bis auf wesentliche Sicherheitszonen – weite Teile der besetzten Gebiete zu räumen.[72]

---

[71] Vgl. dazu, Schreiber, Friedrich/Wolffsohn, Michael: Nahost. Geschichte und Struktur des Konflikts, 4. aktualisierte Auflage, Opladen 1996, S. 227-239.
[72] Vgl. Ebd.

Die israelisch-palästinensischen Verhandlungen könnten aber nur in enger Abstimmung mit den *arabischen Nationalstaaten* stattfinden, mit denen Israel zuvor Frieden schließen müsse, ehe die palästinensische Frage gelöst werden könne. Schon in dem *Allon-Plan* werden gegenüber Ägypten, Syrien, Jordanien und dem Libanon Konzessionen in Territorialfragen angedeutet, sofern die betreffenden Staaten zu umfassenden Sicherheitskonzessionen und einem *Kooperationsfrieden* bereit seien. Der Ausschluß der PLO aus dem Verhandlungsprozeß entsprach weitgehend einem Konsens in der israelischen Bevölkerung und den politischen Parteien, wonach man nicht mit *„Terroristen"* verhandeln könne. Doch genau dieser Ausschluß war der entscheidende Haken am *Allon-Plan*: Solange die größte und einflußreichste säkulare Bewegung in den besetzten Gebieten keinem Konsens zustimmen könne, werde es auch keinen wahren Frieden geben.[73]

Ganz entscheidenden Anteil an der Suche nach einer nahöstlichen Friedenslösung hatten die Vereinigten Staaten, deren Außenminister Henry Kissinger nach dem *Yom-Kippur-Krieg* an den Eckpfeilern eines Friedenskonzepts bastelte. In Ansprache mit der Sowjetunion erarbeitete Kissinger ein *Sechs-Punkte-Papier*, das den Rahmen für einen dauerhaften Waffenstillstand und eine militärische Truppenentflechtung bildete. Entscheidende politische Bedeutung hatte die Entscheidung el-Sadats, die sowjetischen Militär- und Wirtschaftsexperten aus Ägypten auszuweisen und einer *militärischen Pufferzone* auf dem Sinai unter amerikanischer Schirmherrschaft zuzustimmen.[74]

Anfang Januar 1974 begann unter amerikanischer Vermittlung eine komplizierte Truppenentflechtung zwischen Israel und Ägypten sowie Israel und Syrien. Sie zog sich über ein Vierteljahr hin und war von Konferenzen der politischen und militärischen Eliten verbunden. Während die USA mit den Folgen des *„Watergate-Skandals"* zu kämpfen hatte, agierte der erfahrene Henry Kissinger bei der Erarbeitung des zweiten Truppenentflechtungsabkommens erfolgreich. Nachdem zunächst beide Seiten bei der Pendeldiplomatie Kissingers Widerstand leisteten, sollte dem erfahrenen Diplomaten am 1. September die Aushandlung des *zweiten Truppenentflechtungsabkommens* gelingen. Die dritte Phase des *„frühen Friedensprozesses"* war abgeschlossen. Entscheidend war auf Seiten der Konfliktparteien die Einsicht, ein arabisch-israelischer Frieden könne nur schrittweise realisiert werden.[75]

---

[73] Vgl. Ebd.
[74] Vgl. Ebd.
[75] Vgl. Ebd.

2. Begin-Plan und Sadat-Besuch

Mitte der 70er Jahre schien ein Durchbruch der arabischen Einheitsfront gegen Israel dennoch zunächst ausgeschlossen. Doch schon bald
sollte die *Allon-Initiative* im *Begin-Plan* münden, der die Friedens-
und Sicherheitsinteressen Israels weiter verfeinerte. Mit dem Amtsantritt der neuen israelischen Regierung unter Ministerpräsident
Menachem Begin (*Likud*-Block) wurde zwar der unversöhnliche Kurs
gegenüber den Palästinensern verschärft, Kompromisse mit den
arabischen Nachbarländern – vor allem Ägypten – aber unter
bestimmten Bedingungen gefördert. Der israelische Ministerpräsident
legte schon bald ein überarbeitetes Konzept der *Allon-Initiative* vor,
die eine palästinensische Autonomie und Friedensverhandlungen mit
den arabischen Nachbarstaaten vorgesehen habe.

Auch Begin befürwortete eine Selbstverwaltung der *„Araber von eretz
Israel"*, doch wesentlich eingeschränkter als im *Allon-Plan* vorgesehen. So sollten sich die israelischen Truppen nur aus den palästinensischen Bevölkerungszentren zurückziehen und die restlichen
Truppen in Westbank und Gaza verbleiben. Die Verhandlungen über
die Übergangsperiode sollten mit den arabischen Nachbarstaaten, und
nicht mit Palästinenservertretern geführt werden. Erst nach der Wahl
der judäischen und samarischen Palästinenservertreter in der Interims-
phase sollte deren Beteiligung möglich sein. Im Verhältnis zu den
arabischen Nachbarstaaten übernahm Begin jedoch die vollen Beschlüsse der *Allon-Initiative*.

Lexikon: *eretz-Israel (Großisrael)*
Diese Anschauung besagt, daß Israel Gebiete vom Mittelmeer bis zum
Westufer des Jordan umfaßt, also auch die Palästinensergebiete
Westjordanland und Gazadistrikt. Dagegen sind der *Sinai*, die *Golanhöhen* und die *Sicherheitszone* im Südlibanon nur aus sicherheitspolitischen Gründen besetzt worden. *Eretz-Israel* ist ein Haupthindernis für den *Nahost-Friedensprozeß*.[76]

Ein weiterer Aspekt verschlechterte jedoch die Beziehungen Israels zu
seinen arabischen Feinden: Begin und sein Landwirtschaftsminister
Ariel Sharon begannen schon bald nach der Regierungsübernahme der
Konservativen mit einem nicht nur sicherheitspolitische, sondern auch
ideologisch begründeten Bau jüdischer Siedlungen in den besetzten
arabischen Gebieten. Damit sollte schrittweise ein *Großisrael* vom
Mittelmeer zum östlichen Jordan errichtet werden. Der Siedlungsbau

---

[76] Zit. nach: Schoeps, Julius H. (Hrsg.): Neues Lexikon des Judentums,
Gütersloh/München 1998, S. 638.

sollte und soll noch heute die Beziehungen zu den arabischen Staaten ungewöhnlich belasten. Doch die *Begin-Initiative* hatte auch ihre positiven Seiten: Sie war die erste glaubwürdige Möglichkeit eines umfassenden Friedens im Nahen Osten und bereitete das Ereignis vor, das schon bald für Furore in der Welt- und in der Regionalpolitik sorgen sollte.

Mit dem spektakulären Besuch *Anwar el-Sadats* am 20. November 1977 in Israel wurde zwar gestärktes arabisches Selbstbewußtsein demonstriert, gleichzeitig aber die Friedensabsichten im Zuge der Entspannungspolitik der 70er Jahre gefördert. Der Besuch Sadats markierte den von Israel schon lange erhofften Bruch innerhalb der arabischen Ablehnungsfront und kann zugleich als die Geburtsstunde des frühen Friedens- und Verhandlungsprozesses im Nahen Osten betrachtet werden. In seiner Rede vor der Knesset sandte der ägyptische Staatschef vor den laufenden Kameras der Welt eine klare Botschaft an das israelische Volk und an die Völker der arabischen Welt: *„Möge uns allen Frieden nach dem Willen Gottes beschert sein. Friede uns allen, für die arabischen Länder und für Israel [...] Ich komme heute zu Ihnen, um von einer festen Basis aus eine neue Form des Lebens zu gestalten und Frieden herbeizuführen".*[77]

Der Besuch des ägyptischen Präsidenten im Herzen des zionistischen Feindes bildete den Auftakt zu jenem legendären Treffen, das der neue amerikanische Präsident Jimmy Carter nach zahlreichen Vermittlungsbemühungen im September 1978 auf seinem Sommersitz *Camp David* abhielt und das dem bilateralen Friedensprozeß zwischen Israel und Ägypten seinen Namen geben sollte.

3. Der Camp-David-Prozeß zwischen Israel und Ägypten

3.1. Die Camp David Accords

3.1.1. Grundstruktur
Zum Abschluß eines bilateralen Friedensvertrages kam es 1979 auf der Basis der unter der Verhandlungsführung der USA im Jahre 1978 abgeschlossenen multi- wie bilateralen *Camp-David-Accords*. Dem Abschluß dieses Vertragswerkes waren schwierige Verhandlungen vorausgegangen, in deren Verlauf die USA eine Änderung ihrer Nahostpolitik androhten, falls Israel nicht zu Konzessionen bereit sei.

---

[77] Zit. nach: Rede des ägyptischen Präsidenten Anwar el-Sadat vor der israelischen Knesset am 20. November 1977, in: Sadat, Anwar el: Unterwegs zur Gerechtigkeit. Die Geschichte meines Lebens, Gütersloh 1979, S. 381.

53

Für viele kompromißbereite Israelis zeigte der Abschluß *des Camp-David-Vertrages* und der ihm vorausgegangene Prozeß, daß es bei Friedensbereitschaft auf arabischer Seite und öffentlichem Druck der Bevölkerung auf die eigene Regierung zu einem Konsens kommen kann.[78]

Die Bedeutung des *Camp-David-Vertrages* liegt zum einen in der bloßen Tatsache eines Friedensschlusses zwischen dem Staat Israel und einem arabischen Land – noch dazu dem bevölkerungsreichsten und einflußreichsten in der arabischen Welt. Zum anderen erkannte die israelische Regierung die *„legitimen Interessen des palästinensischen Volkes und seine gerechtfertigten Bedürfnisse"* an. Die Nachteile bestehen jedoch in der Gegensätzlichkeit von völkerrechtlichem Status der Palästinenser bei Ablehnung jeder politischen Betätigung der PLO und der ihr nahestehenden Gruppen. Die Verträge beziehen sich mehrfach auf die UNO-Resolution 242.

Lexikon: Die UNO-Resolutionen zum Nahost-Konflikt
Der Konflikt zwischen Juden und Palästinensern war immer wieder von Entschließungen der Vereinten Nationen begleitet:
UN-Resolution 181. 1947 beschloß die UNO die Teilung Palästinas. Damit begannen die bewaffneten Auseinandersetzungen zwischen Juden und Arabern.
UN-Resolution 194. 1948 verabschiedete die UN die Resolution 194, die die Rückkehr der palästinensischen Flüchtlinge regeln sollte und die Internationalisierung Jerusalems verlangt. Die Palästinenser beziehen sich bei ihren Forderungen nach einem Rückkehrrecht auf diese Entschließung, die auch eine Entschädigung für Flüchtlinge fordert.
UNO-Resolution 242. Die Resolution wurde nach dem *Sechs-Tage-Krieg* 1967 verabschiedet. Eine umstrittene Formulierung fordert den Rückzug Israels aus (den) besetzten Gebieten. Während sich die Palästinenser an die offizielle französische Fassung hielten, die *„von den Gebieten"* sprach, beziehen sich Israel und die USA auf die englische Übersetzung, die den Rückzug *„aus Gebieten"* fordert.
UN-Resolution 338. Sie verlangte des *Yom-Kippur-Krieges* 1973 die vollständige Erfüllung der Resolution 242.
UN-Resolution 465. Sie verurteilte die jüdische Besiedlung des Westjordanlandes und des Gaza-Distrikts als illegal.[79]

---

[78] Vgl. Büren, Rainer: Ein palästinensischer Teilstaat?. Zur internen, regionalen und internationalen Dimension der Palästina-Frage, Baden Baden 1982, S. 23-27.
[79] Zit. nach: Timm, Angelika und Klaus: Westbank und Gaza, Berlin 1988, S. 46-49.

Die Aufgabe, den Basisdissens zwischen beiden regionalen Akteuren auszuräumen, übernahm der amerikanische Präsident Jimmy Carter auf einer fast dreiwöchigen Klausur auf dem amerikanischen Präsidentensitz Camp David mit Präsident el-Sadat und Ministerpräsident Begin im September 1978. Das zum Abschluß der Klausur von den drei Politikern am 17. September unterzeichnete Vertragswerk besteht aus zwei Vereinbarungen und einem begleitenden Briefwechsel: Die erste Vereinbarung mit dem Titel *„Ein Rahmen für den Frieden im Nahen Osten, vereinbart in Camp David"* fixiert in einer Präambel die Grundzüge einer Friedenssuche und enthält dann drei Teile: Im Hauptteil (Teil A) werden Regelungen für Verhandlungen in den besetzten Palästinensergebieten Gaza und Westbank vorgestellt. In den beiden folgenden und kürzer gefaßten Teilen geht es um die Relation Ägypten-Israel (Teil B) und um *„damit zusammenhängende Grundsätze"* (Teil C): Ägypten und Israel vereinbaren einen Gewaltverzicht und den Abschluß eines bilateralen Friedensvertrages, der auch für Friedensverträge zwischen Israel einerseits und Jordanien, Syrien und Libanon andererseits als *„Richtschnur"* dienen sollte.[80]

Die zweite Vereinbarung mit dem Titel *„Ein Rahmen für den Abschluß eines Friedensvertrages zwischen Ägypten und Israel"* beinhaltet im wesentlichen eine Vereinbarung des Rückzugs der israelischen Truppen aus dem Sinai und die Rückgabe des Territoriums an Ägypten, wofür Ägypten und Israel im Gegenzug normale Beziehungen herstellen. Der begleitende Briefwechsel beinhaltet einseitige Absichts- und Verpflichtungserklärungen, Rechtsvorbehalte und definitorische Klarstellungen.

3.1.2. Systematik

Untersucht man das *Vertragswerk von Camp David* daraufhin, ob es gelang, den Basisdissens zwischen Ägypten und Israel in den vier Grundsatzproblemen *Status quo* oder *Status quo ante* 1967 in der Besatzungsfrage, Vorgaben zur politischen Finalität der *Palästinafrage*, Natur des ägyptisch-israelischen Friedens und Natur der Verbindung beider Materien, auszuräumen, so kann der Beobachter von einem begrenzten Teilerfolg sprechen.

Insgesamt fünf Mal nimmt das *Rahmenwerk von Camp David* Bezug auf die UNO-Sicherheitsratsresolution 242. Die Präambel der ersten Vereinbarung verwendet die Formulierung *„Die anerkannte Basis für*

---

[80] Vgl. Büren, Rainer: Ein palästinensischer Teilstaat?. Zur internen, regionalen und internationalen Dimension der Palästina-Frage, Baden Baden 1982, S. 204-14.

eine friedliche Lösung des Konflikts zwischen Israel und seinen Nachbarn ist die Entschließung Nr. 242 des Sicherheitsrates der Vereinten Nationen in allen ihren Teilen". An drei anderen Stellen der ersten Vereinbarung wird hieran angeknüpft, einmal mit derselben Formulierung *„in allen ihren Teilen"* und zweimal mit dem Ausdruck *„alle Bestimmungen und Grundsätze der Entschließung Nr. 242"*. Die zweite Vereinbarung erklärt, *„alle Grundsätze"* von Sicherheitsrats-resolution 242 *„finden auf die Beilegung des Streitfalls zwischen Israel und Ägypten Anwendung"*.[81]

Zum unverzichtbaren Bestandteil der Resolution 242 gehören die beiden Grundsätze *„Inadmissibily of the acquisition of territory by war"* und *„Withdrawal of Israeli armed forces from territories occupied in the recent conflict"*. Gleich, ob man sich im letzterem Fall auf die alle besetzten Gebiete umfassende französische und spanische Textversion oder auf die weniger deutliche englische Version bezieht, so folgt doch aus der Synopse beider Prinzipien, daß sich das *Rahmenwerk von Camp David* für eine grundsätzliche Wiederher-stellung des *Status quo ante* im Hinblick auf die im *Sechs-Tage-Krieg* 1967 von Israel besetzten ägyptischen, jordanischen, syrischen und – ab 1985 – libanesischen Gebiete entscheidet. Ganz im Gegensatz dazu stehen die Entscheidungen zu den palästinensischen Gebieten West-bank und Gaza, wo das Problem defiziler ist und wo sich die Israelis – im Gegensatz zu den ägyptischen, jordanischen, syrischen und libanesischen Territorien – weitgehend mit dem *Begin-Plan* durch-setzen konnten.[82]

Weitaus komplizierter als in der Frage der ägyptischen, jordanischen, syrischen und libanesischen Territorien verhält sich das *Rahmenwerk von Camp David* bezüglich der *Palästinafrage*, der eigentlichen Kernfrage des israelisch-arabischen Konflikts. Das *Rahmenwerk* trifft die Grundsatzentscheidung, neben der Resolution 242 auch eine politische Dimension des *Palästinaproblems* zur Grundlage des Verhandlungs- und Friedensprozesses zu machen. Allgemein wird nämlich erklärt, *„daß der Frieden, soll er von Dauer sein, all jene einbegreifen muß, die von dem Konflikt auf das Tiefste betroffen sind"*. In Erfüllung dieser Forderung spricht das Rahmenwerk von *„den legitimen Rechten des palästinensischen Volkes und"* – noch weitergehend – *„seinen rechtmäßigen Forderungen"* sowie davon, daß *„die Palästinenser an der Entscheidung über ihre eigene Zukunft beteiligt sind"*. Mit dieser Formulierung sind die Angehörigen der

---

[81] Zit. nach: Ebd.
[82] Zit. nach: Ebd.

palästinensischen *Diaspora* ebenso gemeint wie die arabischen Bewohner des einstigen Mandatsgebietes Palästina. Das *Rahmenwerk* sieht „*Verhandlungen zur Regelung des palästinensischen Problems in allen seinen Aspekten"* vor, mit denen el-Sadat in seinem Sechs-Punkte-Plan u.a. auch die Möglichkeit nationaler und eigenstaatlicher Selbstbestimmung umfassen wollte.[83]

Zwar wird ausdrücklich jeder Hinweis auf ein Selbstbestimmungs-recht der Palästinenser in nationalstaatlicher Begrifflichkeit im *Rahmenwerk* sorgsam vermieden, doch der Grundsatz der Beteiligung der Palästinenser innerhalb und außerhalb des früheren Mandatsgebietes betont ausdrücklich den prozeduralen Aspekt des Selbstbestim-mungsrechts. Hinsichtlich der *politischen Finalität* der *Palästinafrage* trifft damit das *Rahmenwerk von Camp David* eine auf den folgenden vier Elementen beruhende Grundsatzentscheidung: erstens, Verwirk-lichung der UN-Sicherheitsratsresolution 242 in allen ihren Teilen; zweitens, Regelung des palästinensischen Problems in allen ihren Teilen; drittens, auf der Basis der legitimen Rechte und rechtmäßigen Forderungen des palästinensischen Volkes; viertens, unter Beteiligung der Palästinenser an der Entscheidung über die eigene Zukunft.

Das würde letztlich unter anderem konkret bedeuten: grundsätzliche Räumung des Westjordanlandes und des Gazastreifens (in Rückgriff auf den *Allon-Plan*, S.L.); der Einschluß der Diaspora; keine Pläklu-sion palästinensischer Eigenstaatlichkeit, sondern Beschränkung auf die Autonomie (wieder unter Rückgriff auf den *Allon-Plan*, der Autor); keine Pläklusion der PLO (auch wenn diese kein einziges Mal im *Rahmenwerk* erwähnt wird, der Autor).

Das *Rahmenwerk* sieht einen dreistufigen Friedensprozeß in Bezug auf die *Palästinafrage* vor, der in Teilen – ausgenommen die Vertretung der Palästinenser – noch heute in den *Osloer Verträgen* wiederzufinden ist: In einer ersten Phase sollen Ägypten, Israel und Jordanien, aber keine palästinensischen Vertreter, Einzelregelungen für die Übergangsperiode vereinbaren. In einer zweiten Phase soll eine Einigung über das Verfahren zur Errichtung der zu wählenden Selbstverwaltungsbehörde und ihre Befugnisse erreicht werden. Mit der Frage nach den Befugnissen in exekutiver wie legislativer Hinsicht wird bereits eine Weiche in Richtung staatliche oder nicht-staatliche Finalität gestellt. Formal beteiligt an dieser Phase sind wie-derum nur Ägypten, Jordanien und Israel. Die Delegationen Ägyptens und Jordaniens können jedoch auch Palästinenser aus den besetzten

---

[83] Vgl. Ebd.

Gebieten einschließen. In dieser zweiten Phase sollen die israelischen Besatzungsstreitkräfte teilweise zurückgezogen werden. Ein anderer Teil soll jedoch in Westbank und Gaza verbleiben und dort „*auf namhaft gemachte Sicherheitsstandorte*" redisloziert werden. Israelische und jordanische Truppen sollen gemeinsam durch Patrouillen und Kontrollen „*die Sicherheit der Grenzen gewährleisten*". Weiterhin soll „*eine starke örtliche Polizeitruppe*" (der Palästinenser, der Autor) aufgestellt werden.[84]

Erst nachdem die Selbstverwaltungsbehörde gewählt worden ist, beginnt eine fünfjährige Übergangsperiode und damit eine dritte Phase. In diesen fünf Jahren soll der endgültige Status des Westjordanlandes und des Gazadistrikts in Verhandlungen festgelegt und ein Friedensvertrag zwischen Israel und Jordanien abgeschlossen werden. Beteiligt sind an dieser Phase formell vier Parteien: Äypten, Israel, Jordanien und die gewählten palästinensischen Vertreter. In dem eigens zu bildenden Ausschuß „*verhandeln und befinden*" Vertreter dieser vier Parteien über den endgültigen Status der beiden Gebiete, während ein zweiter Ausschuß aus Vertretern Israels, Jordaniens und der Palästinenser einen Friedensvertrag zwischen Israel und Jordanien aushandelt.[85]

In der territorialen Problematik der *Palästinafrage* erklärt sich die Begin-Regierung entsprechend des *Begin-Plans* nur bereit, die UN-Resolution 242 im Rahmen eines in den „*Ergänzenden Zusätzen*" des Briefwechsels enthaltenen Spezialplans umzusetzen. Dies bedeute nicht mehr, daß die israelischen Truppen aus den Wohngebieten der Palästinenser abziehen würden, sondern lediglich, „*Streitkräfte umzugruppieren, sie aus den arabischen Wohnbezirken näher an die Grenzen oder anderswohin zu verlegen, doch auf jeden Fall innerhalb der Westbank und des Gazasteifens zu belassen*".[86] Diese spezielle Erklärung erlaubt nicht nur einen Fortbestand der israelischen Militärpräsenz in den besetzten Gebieten, sondern auch eine Erweiterung der israelischen zivilen Siedlungen im palästinensischen Restterritorium.

Der Siedlungsstreit hatte lange Zeit den *Camp-David-Verhandlungsprozeß* belastet. Erst als sich der israelische Ministerpräsident bereit erklärte, für die Dauer der Verhandlungen über das seperate israelisch-ägyptische Friedensabkommen auf den Bau neuer Siedlungen zu

---

[84] Vgl. Ebd.
[85] Vgl. Ebd.
[86] Zit. nach: Israel Ministry of Foreign Affairs: Camp David Accords, September 17, 1978, S. 3. (*http://www.israel.de*).

verzichten, erklärte sich Ägyptens Staatschef in inhaltlicher wie in funktionaler Hinsicht zu Kompromissen bereit. Das Siedlungsmoratorium betraf jedoch keinesfalls die folgenden gesamtarabischen Verhandlungen über die palästinensische Autonomie in Westbank und Gaza.

Damit hatte Israel einen Punktsieg errungen: Es konnte weiter Siedlungen errichten und fand trotzdem einen Friedenspartner unter den Arabern. Doch die Palästinenser blieben weitgehend auf der Strecke. Zwar wurden ihnen im *Rahmenwerk* weitgehende politische Rechte zugesichert, doch einer echten politischen Vertretung waren sie weit entfernt. Jedem im Nahen Osten und in den USA war jetzt klar, daß die *„gewählten Vertreter"* ohne die Zustimmung der PLO zu keinen ernsthaften Verhandlungen mit den Israelis gelangen konnten, geschweige denn, daß die arabischen Nationalstaaten jemals in Vertretung der Palästinenser entscheiden konnten, was für diese am besten sei. Die ablehnende Haltung Jordaniens – Israels *„Wunschpartner"* auf einen Frieden – und Syriens bewies, daß sie weiterhin die PLO, und nicht sich selbst als Interessenvertreter der Palästinenser betrachteten. Dennoch war die Autonomieregelung für Camp David der erste greifbare Ansatz für die Palästinenser, in Grenzen zu einer Selbstverwaltung zu gelangen. Daß es noch weitere 15 Jahre bis zu einer tatsächlichen israelisch-palästinensischen Einigung vergehen würden und dies letztlich nur mit der PLO und Yassir Arafat gelingen konnte, widerlegte einerseits den Palästina-Teil des *Camp-David-Werkes*, klassifiziert ihn aber – betrachtet man die *Osloer Verträge* – als einen noch heute aktuellen Ansatz.

Ganz im Gegensatz zu der sehr defizilen *Palästinafrage* sind die Vereinbarungen im Rahmenwerk zur *bilateralen Relation* sehr klar und eindeutig. Im wesentlichen wurde der Tausch von *Land gegen Frieden* vereinbart: Israel verpflichtete sich, seine Truppen aus der Sinai-Halbinsel zurückzuziehen und das Gebiet wieder *„der vollen Ausübung der ägyptischen Souveränität"* zu unterstellen. Ägypten sagte zu, einen Friedensvertrag mit Israel zu unterzeichnen, den Kriegszustand zu beenden und darüber hinaus *„normale Beziehungen"* mit Israel herzustellen. Diese *„normalen Beziehungen"* werden im Rahmenwerk sehr extensiv ausgelegt. Sie sollen nämlich *„die volle Anerkennung einschließlich der Aufnahme diplomatischer, wirtschaftlicher und kultureller Beziehungen, die Aufhebung des Wirtschaftsboykottes und der Freizügigkeit von Waren und Menschen und gegenseitige Gewährleistung der Rechtssicherheit für alle Bürger* *einschließen".*[87] Israelische Schiffe erhalten das Recht zur freien und ungehinderten Durchfahrt durch den Suezkanal, den Golf von Suez, die Straße von Tiran und den Golf von Aqaba. Damit wäre das lang erstrebte Ziel der ungehinderten direkten Seeverbindung zwischen den israelischen Häfen am Mittelmeer und am Roten Meer erreicht.

Die bilateralen Festlegungen des *Rahmenwerkes* sind trotz der Rückgabe des Sinai durch Israel ein Vorteil für den jüdischen Staat, denn das beachtliche Ungleichgewicht wird durch die *„normalen Beziehungen"* zum Ausdruck gebracht. El-Sadat gab mit der vollen Anerkennung Israels unter den Bedingungen der fortgesetzten Teilbesetzung des Sinai seine wichtigste Trumpfkarte aus der Hand. War die völkerrechtliche Anerkennung einmal vollzogen, konnte sie auch nicht wieder rückgängig gemacht werden. Israel hatte also – ohne viel dazu tun zu müssen und ohne, daß die *Palästinafrage* auch nur in Ansätzen geklärt war – einen Friedenspartner in der arabischen Welt gefunden, während Ägypten, einst unter Nasser der Eckpfeiler israelfeindlicher Politik, im Arabischen Raum isoliert war. Der historische Schritt der Aussöhnung mit Israel kostete el-Sadat am 6. Oktober 1981 das Leben. Sein Nachfolger Mohammed Hosni Mubarak setzte die Aussöhnungs- und Verständigungspolitik mit Israel zögerlich fort und erreichte bis 1989 erreichte eine Wiederanerkennung Ägyptens in der Arabischen Welt.

3.1.3. Die Geburtsfehler des Rahmenwerks von Camp David

Das *Rahmenwerk* (*Camp David Accords*) enthält kein faktisches Junktim, sondern eine genau entgegengesetzte Regelung: Zuerst – und zwar bereits drei Monate nach der Unterzeichnung des *Rahmenwerkes* – soll ein ägyptisch-israelischer Seperatfriedensvertrag geschlossen werden. Erst danach und ohne Fixierung eines Zeitpunktes sollen Verhandlungen über das palästinensische Restterritorium geführt werden. Das *Rahmenwerk* vereinbart, nachdem Israel zum Frieden mit Ägypten gefunden hat, insoweit letztlich den Tausch von Substanz gegen Hoffnung. Angesichts der konsistenten und geschickten israelischen Verhandlungsführung unter dem sozialdemokratischen Außenminister Moshe Dayan in Camp David schien es zudem fraglich, ob die Hoffnung auf eine Lösung des *Palästinaproblems* zu diesem Zeitpunkt berechtigt war.[88]

---

[87] Zit. nach: Ebd.
[88] Vgl. Büren, Rainer: Ein palästinensischer Teilstaat?. Zur internen, regionalen und internationalen Dimension der Palästina-Frage, Baden Baden 1982, S. 217/18.

Die *Klausur von Camp David* – in der Geschichte der Konflikt-
bewältigung sollten nur noch Dayton, Oslo und Wye Plantanion
ebenso erfolgreich sein – leitete, obwohl bezüglich des Einsatzes der
Teilnehmer beeindruckend, eine Fehldynamik ein, was an den folgenden Gründen zu erkennen ist:

Erstens: Wichtige und problem-adäquate Grundsatzentscheidungen
wurden widersprüchlich in problem-inadäquater Weise spezifiziert.

Zweitens: Die beiden Komplexe ägyptisch-israelische Relation und
Palästinensische Finalität wurden nicht miteinander verbunden, sondern durch den Verzicht auf ein rechtliches oder zumindestens faktisches Junktim voneinander abgekoppelt.

Drittens: Zwischen den klaren Regelungen zwischen der ägyptisch-
israelischen Relation einerseits und den widersprüchlichen Vereinbarungen zur *Palästinensischen Finalität* andererseits besteht ein
grundlegendes Ungleichgewicht.

Viertens: Die prioritäre Behandlung der ägyptisch-israelischen Relation führt zur Vorab-Konsumption des entscheidenden Anreizes zur
Einigung in der Frage der *Palästinensischen Finalität*.

Fünftens: Der Status des palästinensischen Restterritoriums ist akut in
Frage gestellt, da weitere Annexionen und Siedlungen nicht präklu-
riert werden.

Sechstens: Die palästinensische Veto-Position wird nicht abgebaut,
sondern potenziert durch den Ausschluß der palästinensischen
Diaspora und durch die Ablehnung einer noch nicht einmal für den
späteren Verhandlungsprozeß vorgesehenen formellen Rolle für die
PLO.

Siebtens: Die Jordanien angebotene Rolle ist nicht attraktiv genug, da
der Teil des *Rahmenwerks* für das Westjordanland und den Gaza-
distrikt keine konkrete Rückkehr zum *Status quo ante* 1967 vorsieht.[89]

Diese *sieben Geburtsfehler* verhinderten, daß die *im Rahmenwerk von
Camp David* in Gang gesetzte Folgedynamik problem-adäquat
gesteuert werden kann. Das zeigte sich bei den Versuchen zur
Ausfüllung des *Rahmenwerkes* in den Folgemonaten: Zur ägyptisch-
israelischen Relation begannen die Folgeverhandlungen im Oktober

---

[89] Vgl. Ebd.

1978, sie wurden im März 1979 mit der Unterzeichnung des im *Rahmenwerk* vereinbarten Friedensvertrages abgeschlossen. Die Folgeverhandlungen zur *Palästinensischen Finalität* begannen im Mai 1979, sie kollabierten im Mai 1980 und wurden nach dem israelischen Libanonfeldzug im Juni 1982 abgebrochen.

3.2. Der bilaterale Friedensvertrag

Der am 26. März 1979 vor dem Weißen Haus von Washington unterzeichnete bilaterale Friedensvertrag ist im Unterschied zu dem *trilateralen Rahmenwerk von Camp David* ein seperates Abkommen, zu dessen Abschluß Präsident Carter allerdings die entscheidende Hilfe gab. Das zum Teil sehr detaillierte Vertragswerk besteht aus insgesamt sechs Teilen, von denen die drei ersten drei Teile durch den amerikanischen Präsidenten mit dessen Unterschrift *„bezeugt"* wurden:

(1) ein neun Artikel umfassenden Vertrag;
(2) drei Anhängen zum Vertrag: Anhang I ist ein Protokoll bezüglich des israelischen Abzuges und der Sicherheitsabmachungen mit einer Anlage *„Organisation Bewegungen im Sinai"*. Anhang II besteht aus drei Landkarten, die die einzelnen Phasen des israelischen Truppenrückzuges aus dem Sinai verdeutlichen. Anhang III ist ein *„Protokoll bezüglich der Beziehungen zwischen den Vertragsparteien"*;
(3) einem *„Vereinbarten Protokoll"* (*Agreed Minutes*), das zu vier Artikeln des
Vertragstextes und zu den Anhängen I und III Stellung nimmt;
(4) einem begleitenden Briefwechsel;
(5) einem *„Memorandum of Agreement"* zwischen den USA und Israel;
(6) einem amerikanisch-israelischen *„Memorandum of Agreement on Oil"*.[90]

Dieser komplizierte Aufbau des Vertragswerkes reflektiert die Schwierigkeiten, die es in der bilateralen Relation und den weiteren Teilbereichen zu überwinden galt.

Im Bereich der *bilateralen Relation* verwirklichen Israel und Ägypten die im *Rahmenwerk von Camp David* getroffenen Vereinbarungen hinsichtlich eines nicht nur negativen, sondern tendenziell auch positiven Friedens. Sie beenden den Kriegszustand zwischen sich (Art. I, Absatz 1 des Vertrages), erkennen sich völkerrechtlich an

---

[90] Vgl. das Dokument in: Israel Ministry of Foreign Affairs: Peace Treaty between Israel and Egypt, March 26, 1979, (*http://www.israel.de*).

(Artikel III, Absatz 1) und vereinbaren, diplomatische und konsularische Beziehungen aufzunehmen (Artikel III, Absatz 3 und Artikel I des Anhangs III). Israel verpflichtet sich, sowohl seine Truppen wie seine Siedler innerhalb von drei Jahren nach Austausch der Ratifikationsurkunden phasenweise aus dem Sinai zurückzuziehen und das Gebiet des Sinai wieder ägyptischer Souveränität zu unterstellen (Artikel I, Absatz 2 und Artikel I, Absatz I des Anhangs I).[91]

Bereits neun Monate nach dem Austausch von Ratifikationsurkunden zum Abschluß eines nur partiellen israelischen Rückzuges auf eine *Interim-Linie* sollen Botschafter ausgetauscht werden (Artikel I des Anhangs III und Absatz 3a des Anhangs I). Die dann zu schaffenden Beziehungen werden nicht mehr nur – wie noch im *Rahmenwerk* – als *„normal"*, sondern gleichermaßen auch als *„freundschaftlich"* bezeichnet (Artikel I, Absatz 3 des Vertrages).[92] Nach diesem *Interim-Abzug* sollen Verhandlungen über die Konkretisierung der vereinbarten Kooperation auf den Gebieten Handel, Wirtschaft, Kultur, Freizügigkeit, Straßen-, Eisenbahn- und Luftverkehr sowie Nachrichtenverbindungen aufgenommen werden (Artikel II-IV des Anhangs III). Der ungehinderten Schiffahrt zwischen dem Mittelmeer und dem Roten Meer mißt Israel hingegen eine so hohe Bedeutung zu, daß die diesbezügliche Vereinbarung bereits zum Zeitpunkt des Austauschs der Ratifikationsurkunden des Vertrages in Kraft tritt (Artikel V des Vertrages und Artikel VI, Absatz 7 letzter Satz des Anhangs III). Die hierdurch angestrebten *„normalen wirtschaftlichen Beziehungen"*[93] sollen auch *„normale kommerzielle Ölverkäufe von Ägypten an Israel einschließen".*[94] Im Ergebnis werden somit – wie im *Camp-Davider Rahmenwerk* vereinbart – die unwiderrufliche Vorableistung in der Anerkennungsfrage und die Vereinbarung eines tendenziell positiven Friedens durch das Versprechen einer vollständigen Räumung des besetzten ägyptischen Territoriums honoriert. Dies führte zu einer beachtlichen Verbesserung der bilateralen Relation.

Nicht nur im Sektor der bilateralen Relation, sondern auch darüber hinaus für den Nahen Osten hat der ägyptisch-israelische Friedensvertrag eine entscheidende Bedeutung. Die Möglichkeit eines anti-israelischen Bündnisses wird durch Artikel 9 des Paktes ausge-

---

[91] Vgl. Büren, Rainer: Ein palästinensischer Teilstaat?. Zur internen, regionalen und internationalen Dimension der Palästina-Frage, Baden Baden 1982, S. 219/20.

[92] Zit. nach: Israel Ministry of Foreign Affairs: Peace Treaty between Israel and Egypt, March 26, 1979, S. 2. (*http://www.israel.de*).

[93] Zit. nach: Ebd., S. 3.

[94] Zit. nach: Ebd.

schlossen: *„Jede der vertragsschließenden Parteien verpflichtet sich, kein im Gegensatz zu diesem Pakt stehendes internationales Abkommen abzuschließen. Sie verpflichten sich ebenfalls, in ihren internationalen Beziehungen keine mit diesen Zielen unvereinbare Haltung einzunehmen".*[95]

Desweiteren enthält das Abkommen in Artikel III, Absatz 2 ein umfassendes Gewaltverbot und partiell auch ein Interventionsverbot. Es erfaßt die Fälle direkter Gewalt militärischer und nicht-militärischer Art mit physischen und nicht-physischen Mitteln und Fälle indirekter Gewalt, seien sie militärischer oder nicht-militärischer Art. *„Jede Vertragspartei garantiert, daß keine kriegerischen Handlungen oder Drohungen, Feindseligkeiten oder Gewalt von ihrem Territorium aus gegen die Bevölkerung, die Bürger oder das Eigentum der anderen Vertragspartei verursacht oder begangen werden, weder von ihrer Kontrolle unterstehenden Streitkräften noch von irgendwelchen anderen auf ihrem Territorium stationierten Streitkräften. Jede Vertragspartei verpflichtet sich außerdem, sich der Organisation, Anstiftung, Aufwiegelung, Unterstützung kriegerischer Aktionen oder Drohungen, Feindseligkeiten, Subversion oder Gewaltanwendung gegen die andere Vertragspartei oder der Beteiligung daran überall zu enthalten und garantiert, daß jeder Täter solcher Handlungen vor Gericht gestellt wird".*

Für den Fall eines Streites konnte sich Israel in Artikel VI, Absatz 5 des Vertrages durchsetzen: *„Gemäß Artikel 103 der Charta der Vereinten Nationen werden im Falle eines Konfliktes zwischen den von den Vertragsparteien nach dem gegenwärtigen Vertrag übernommenen Verpflichtungen die Verpflichtungen gemäß dieses Vertrages bindend und zu erfüllen sein".*[96] Im vereinbarten Protokoll (*Agreed Minutes*) wird neben der israelischen auch die ägyptische Position festgeschrieben: *„Die Vertragsparteien sind übereingekommen, daß es keine Zusicherung gibt, daß dieser Vertrag über anderen Verträgen oder das Abkommen steht oder daß andere Verträge oder Abkommen über diesem Vertrag stehen".*[97] Auf israelischen Wunsch wurde zwar noch einmal hinzugefügt: *„Das Vorausgehende ist nicht so zu interpretieren, als laufe es den Bestimmungen des Artikels VI, Absatz 5 entgegen"*[98], jedoch beseitigt das nicht die widersprüchlichen Standpunkte beider Vertragspartner. Wegen der grundsätzlichen Gleichrangigkeit völkerrechtlicher Verträge sind

---

[95] Zit. nach: Ebd., S. 4.
[96] Zit. nach: Ebd., S. 3.
[97] Zit. nach: Ebd., S. 19.
[98] Zit. nach: Ebd.

deshalb der israelisch-ägyptische und die vorher geschlossenen ägyptisch-arabischen Verteidigungsabkommen uneingeschränkt nebeneinander gültig.[99]

Durchsetzen konnte sich desweiteren Israel in der Frage der *Koppelungsproblematik*, wonach unabhängig von der *bilateralen Relation* die Verhandlungen über die palästinensische Autonomie laufen sollen. Im *„Vereinbarten Protokoll"* werden die Verhandlungen über *die Palästinensische Finalität* endgültig von der der bilateralen Relation getrennt, obwohl Bestimmungen der bilateralen Relation dem *Rahmenwerk* nicht widersprechen dürfen. Einen Monat nach Abschluß der *bilateralen Relation* sollen die Verhandlungen über die *Palästinensische Finalität* beginnen, die binnen eines Jahres abgeschlossen sein sollen. Da jedoch an dieser Stelle bereits die hohe Widersprüchlichkeit deutlich wurde, steht in dem Abkommen keine Passage für den Fall des Scheiterns dieser Gespräche. Wiederum wurde also auf eine konsequente, problem-adäquate Lösung verzichtet.[100]

3.3. Auswirkungen der bilateralen Relation

Die bilaterale Relation der ägyptisch-israelischen Vertragswerke lief zunächst problemlos an, solange es sich um bilaterale Beziehungen handelte. Kam allerdings die Frage der *Palästinensischen Finalität* auf, so erstarrten die Fronten beider Staaten. Schon im Mai 1979 begannen die Gespräche über die Umsetzung der politischen und wirtschaftlichen Beziehungen gemäß der *Rahmenabkommen*. Prinzipiell mußte Ägypten größere Zugeständnisse machen, während Israel mehr nahm als es gab. Dies setzte sich fort, bis der Sadat-Nachfolger Mubarak die wirtschaftlichen Beziehungen zu Israel zugunsten einer ägyptisch-arabischen Kooperation weitgehend einfror.

Dennoch wurden die politischen Absprachen zwischen Ägypten und Israel umgesetzt. Bereits im Juli 1979 nahmen beide Staaten volle diplomatische, konsularische und wirtschaftliche Beziehungen auf. Israel zog sich vertragsgemäß bis Juni 1982 vom Sinai zurück und riß auch die bereits errichteten Siedlungen ab. Die Entscheidung traf Begin selbst und rief damit im rechtszionistischen und orthodoxen Lager massiven Widerstand hervor. Doch dies war für ihn der Preis des Friedens mit Ägypten. Allerdings blieb es zwischen Israel und Ägypten immer ein *Kalter Frieden*, ein Frieden zweier Partner, die

---

[99] Vgl. dazu, Eberlein, Klaus D.: Die Arabische Liga, Bd. III, Politische Geschichte der Staaten der Arabischen Liga, Frankfurt am Main 1993, S. 193-221.
[100] Vgl. Büren, Rainer: Ein palästinensischer Teilstaat?. Zur internen, regionalen und internationalen Dimension der Palästina-Frage, Baden Baden 1982, S. 222/23.

sich weitgehend auf Distanz halten wollten. In den Jahren der Stagnation unter dem Begin-Nachfolger Yitzhak Shamir kamen die Beziehungen fast vollständig zum Erliegen – trotz formeller Fortsetzung der *Kooperation*. Sie verbesserten sich erst wieder nach der Anerkennung der PLO und dem Abschluß der *Osloer Verträge* über eine *palästinensische Autonomie*. In der Gegenwart handelt es sich bei Ägypten und Israel um zwei Friedenspartner, die zwei Eckpfeiler der Kooperation im Nahen Osten sind, aber sich auf Distanz halten. Die *Wärme* der Camp-David-Gespräche mit Begin und Sadat ist unter Mubarak einer *moderaten Kälte* gewichen.

IV. STAGNATION UND INTIFADA – DIE 80ER JAHRE IM NAHEN OSTEN.

1. Stagnation im nahöstlichen Friedensprozeß

Entsprechend der *Camp-David-Vereinbarungen* begannen Ägypten und Israel im Mai 1979 Gespräche über die *Palästinensische Finalität* – über die Köpfe der Palästinenser hinweg und ohne Jordanien, das den Schulterschluß der beiden Friedenspartner vor allem wegen des Ausschlusses der PLO nicht mittrug. Der Schwung der ersten Monate nach dem Abschluß der *Camp David Accords* und des bilateralen Friedensvertrages verflog jedoch bald, als sich herausstellte, daß Israel wieder voll auf seinen Siedlungsbau in den besetzten Gebiete setzte, die *Finalität in der Territorialfrage* schon längst zu seinen Gunsten als entschieden ansah und Kompromisse bei der Wahl der palästinensischen Körperschaft ablehnte.

Zu Beginn des Jahres 1980 schloß Ministerpräsident Begin kategorisch einen Abzug aus Westbank und Gaza ab und erließ stattdessen ein Gesetz, das die dauernde israelische Obersouveränität über Jerusalem vorsah und den Ostteil der Stadt mit arabischer Bevölkerungsmehrheit annektierte. Desweiteren wollte er die Okkupation des Westjordanlandes und des Gazadistrikts beibehalten und allenfalls eine begrenzte Autonomieregelung, die *local authorithy*, zulassen. Dagegen hielt Ägypten dauerhaft an einem Palästinenserstaat fest, forderte die Einbeziehung der PLO in den Verhandlungsprozeß, was Begin kategorisch ausschloß und forderte eine legislative wie exekutive Körperschaft für die Palästinenser. Als die Verhandlungen ab Mai 1980 wegen der starren israelischen Position stagnierten, unterbrach Sadat sie. Sein Nachfolger Mubarak brach sie im Juli 1982 wegen der israelischen Offensive im Libanon ganz ab.[101]

Die Jahre der Stagnation von 1982 bis 1990 in den israelisch-arabischen Beziehungen verschlechterten nicht nur die israelisch-ägyptischen Beziehungen, sondern zunehmend auch das Verhältnis zu den USA. Die Amerikaner forderten endlich eine Lösung der *Palästinafrage* und wollten dies über die *„jordanische Option"* lösen. Dies strebten auch die Israelis an, die den Palästinensern zwar ein erweitertes Autonomieangebot als im *Shamir-Plan* von 1984 unterbreiteten, für die jedoch ein Friedensschluß mit Jordanien im Mittelpunkt stand. Erst unter der Beteiligung der Arbeitsparteipolitiker Rabin und Peres gelangten Fortschritte im Nahen Osten: Rabin setzte

---

[101] Vgl. dazu, Schreiber, Friedrich/Wolffsohn, Michael: Nahost. Geschichte und Struktur des Konflikts, 4. aktualisierte Auflage, Opladen 1996, S. S. 301-13.

in der israelischen Friedensinitiative von 1989 eine nochmals erweiterte palästinensische Selbstverwaltung auf der Grundlage des *Rahmenwerkes von Camp David* – freilich unter dem Ausschluß der PLO – durch, nach der es zunächst eine fünfjährige Übergangsperiode geben solle und anschließend Verhandlungen über den dauerhaften Status der Gebiete beginnen würden. Peres erarbeitete im Mai 1988 das *„Londoner Dokument"* mit König Hussein II. von Jordanien, das jedoch von Premier Shamir verworfen wurde.[102]

Die Uneinsichtigkeit der *Likud*-geführten Regierung (1984-90 in einer Großen Koalition der nationalen Verantwortung mit der Arbeitspartei, der Autor) hatte gravierende Auswirkungen: Die PLO und ihre Splitterorganisationen, die 1970 vom jordanischen König vertrieben worden war, agierte vom Südlibanon aus und verübte ab 1981 vermehrt Anschläge mit Bomben und Raketen auf den Norden Israels, die Katjuscha-Attacken sind den Bewohnern der Kibbuze von Kirjat Schmona u.a. Orten wohl noch immer in bleibender Erinnerung. Zudem verübten die Gruppen von Yassir Arafats *El-Fatah* und der radikalen Splittergruppen für ein unabhängiges Palästina von Westjordanland und Gazastreifen aus immer heftigere Bombenanschläge.[103]

Der neue Terror nach der Phase der Entspannungspolitik der 70er Jahre stand im Einklang mit der Stagnation in der Weltpolitik. Eine neue Aufrüstungsdebatte erfaßte das gespannte *Ost-West-Verhältnis*, die sowjetische Aufrüstung zog den *NATO-Doppelbeschluß* nach sich, und die relativ entspannte Situation infolge der *Ostverträge* der Bundesrepublik Deutschland und der *KSZE-Abmachungen* von 1975 wich einer neuen Konfrontation. Dies hatte einen verschärften Terror im Nahen Osten und die Phase der Stagnation zur Folge. Die israelisch-ägyptischen Beziehungen sollten die einzigen Kontakte sein, die der israelischen Führung im Rahmen des Friedensprozesses blieben. Und die Stagnation war von militärischer Gewalt begleitet.[104]

2. Die Erste Intifada (1987-1993) und ihre Auswirkungen
Dem Libanonkrieg 1982/83 folgte die *Erste Intifada*. Der zunächst wegen seiner angeblichen Nichtigkeit unterschätzte palästinensische Volksaufstand bezog sich vorwiegend auf die Befreiung einer an koloniale Zeiten erinnernde Besatzungsherrschaft der Israelis und die damit verbundene schlechte soziale Stellung der Palästinenser im Gaza-Streifen, im Westjordanland und in Ostjerusalem.

---

[102] Vgl. Ebd., S. 320.
[103] Vgl. Ebd.
[104] Vgl. Ebd.

Lexikon: Erste Intifada

Begriff. *Intifada* (arab. 'abschütteln'). Bezeichnung für den Volks-
aufstand der Palästinenser in den von Israel besetzten Gebieten.
Beschreibung. Mit der Ersten *Intifada* – dem Aufstand von 1987 –
wehrten sich die Palästinenser gegen die Besetzung durch Israel.
Rund sieben Jahre dauerte der blutige Aufstand, der erst durch die
Unterzeichnung der *Osloer Verträge* zwischen Israel und der PLO im
August/September 1993 beendet wurde. Hoffnung keimte auf, als sich
der damalige israelische Ministerpräsident Yitzhak Rabin und PLO-
Chef Yassir Arafat am 13. September 1993 die Hand gaben. Es
folgten insgesamt 13 Folgevereinbarungen, die bis zur Gegenwart den
Grundstein für die Friedenspolitik legten. 13 Jahre später wurde von
der zweiten, der sog. *Al-Aksa-Intifada*, gesprochen. Sie begann am 28.
September, als die Unruhen im Nahen Osten wieder aufflammten.[105]

Die Israelis behandelten die Palästinenser ja nicht einmal wie ein
eigenes Volk oder eine eigene Volksgruppe, sondern wie *„arabische
Einwohner von Groß-israel"*. Dennoch ist es aus systempolitischer
Sicht interessant, daß keine israelische Regierung, selbst und gerade
nicht die des national-konservativen *Likud*-Blocks, eine Annexion von
Westjordanland und Gaza-Streifen vornahm, sondern sie lediglich
okkupierte. Die *Erste Intifada*, für die Palästinenser *die „Mutter aller
Schlachten"*, sollte sie sich als Befreiungskampf in der Zeit des *Ost-
West-Konflikts* erweisen, der im Denken der Israelis zum Beginn der
Aufgabe ihrer *Großisrael-Ideologie* führte und sie später zu Zu-
geständnissen zwingen sollte. Die *jordanische Option* wurde bald *ad
absurdum* geführt.[106]

Was war geschehen? Die Unruhen brachen am 9. Dezember 1987 aus,
als am israelischen Grenzkontrollpunkt Eres zum Gaza-Streifen vier in
Israel arbeitende Palästinenser bei einem Autounfall starben. Die
Unruhen weiteten sich über den gesamten Gaza-Streifen und über
Teile des Westjordanlandes aus, nachdem zuvor ein israelischer
Geschäftsmann getötet worden war. Der palästinensische *David* gegen
den israelischen *Goliath* – dies war das aus der biblische Motiv für die
kommenden sechs Jahre auf palästinensische Stein- und Molotow-
cocktail-Würfe antworteten israelisches Militär und die Bereitschaftspolizei mit brutaler Gewalt. Hunderte Palästinenser und Dutzende

---

[105] Zit. nach: Timm, Angelika und Klaus: Westbank und Gaza, Berlin 1988, S. 3-
4.
[106] Vgl. Schreiber, Friedrich/Wolffsohn, Michael: Nahost. Geschichte und
Struktur des Konflikts, 4. aktualisierte Auflage, S. 313/14.

jüdische Soldaten und Grenzpolizisten mußten für diesen Wahnsinn mit ihrem Leben bezahlen.[107]

Zunächst nur durch Zwischenfälle in den okkupierten arabischen Gebieten ausgelöst, weiteten sich die Demonstrationen zum Volksaufstand gegen die Besatzungsherrschaft aus, die für die Israelis kaum noch kontrollierbar waren. Erst 1992 beruhigte sich die Situation, als der PLO die Situation außer Kontrolle geriet und sie den Israelis – auch auf dem Verhandlungswege – mit Beschwichtigungsaufrufen entgegenkam. Eine besonders unrühmliche Rolle soll der damalige Verteidigungsminister, der rechte Sozialdemokrat Yitzhak Rabin gespielt haben, als er seinen Soldaten befahl, *„den Palästinensern alle Knochen zu brechen"*. Jener Verteidigungsminister von einst sollte fünf Jahre später zu jenem Politiker konvertieren, der mit seinem Erzfeind, Yassir Arafat, Frieden schloß.[108]

Begleitet wurden die sich nur mit Molotowcocktails und Steinen gegen die bewaffneten Besatzer wehrenden Palästinenser durch eine zunehmende Militarisierung des Aufruhrs. Die PLO, die einige Wochen nach dem Ausbruch der Unruhen die Führung des Volksaufstandes übernahm, verlor die Kontrolle über die Extremisten von *Hamas* und *Dschihad* zunehmend. Diese Gruppen begnügten sich nicht mehr mit Steinen oder Brandsätzen, sondern sie wehrten sich mit automatischen Waffen und Sprengsätzen gegen die *„Kolonialherren moderner Prägung"*.[109]

Der Aufruf zum zivilen Ungehorsam konnte aus materiellen Gründen und wegen des Gegendrucks der Besatzungsmacht nur teilweise durchgesetzt werden. Diese wollte die Entstehung pseudostaatlicher Strukturen unter der Führung des PLO-inszinierten Volkskomitees verhindern. Im Jahre 1988 hatten der PLO-Nationalrat und das PLO-Exekutivkomitee den *„Staat Palästina"* ausgerufen und Yassir Arafat zu dessen ersten Präsidenten berufen. Diese Erklärung mutierte aber bald schon zum Papiertiger, weil es dafür weder eine rechtliche noch eine politische Lösung gab und die israelische Besatzung in den dafür vorgesehenen Gebieten fortdauerte. Doch auch die israelischen Versuche, eine alternative Sozialstruktur aufzubauen, waren trotz rigoroser Zwangsmaßnahmen der Armee und Bereitschaftspolizei erfolglos, vor allem im Bildungssektor. So hatte die israelische Militärregierung

---

[107] Vgl. Ebd.
[108] Vgl. Timm, Angelika und Klaus: Westbank und Gaza, Berlin 1988, S. 24-27.
[109] Vgl. Ebd.

nicht nur die Universitäten, sondern auch die Schulen als „*Nester der Gewalt*" geschlossen.[110]

Eine zusätzliche Abfuhr für die Israelis und ihre *jordanische Option* erteilte der Haschemiten-König: Hussein II. erklärte am 31. Juli 1987 feierlich die Beendigung aller verfassungsrechtlichen und politischen Bande zwischen Ostufer (Jordanien) und Westufer (Westbank). Er verzichtete auf alle Souveränitätsrechte gegenüber dem Westjordanland, die seit der Besetzung und Annexion dieses Gebiets durch seinen Großvater, König Abdallah I., in den Jahren 1948/49 bestanden. Damit brach der Eckpfeiler der amerikanischen und der israelischen Nahostpolitik der Regierungen Reagan und Bush, die das *Palästinaproblem* im Rahmen einer *jordanisch-palästinensischen Konföderation* lösen wollte, zusammen. Infolge dieser neuen Entwicklung, welche durch die Sturheit des damaligen Ministerpräsidenten Shamir begünstigt worden war, setzte ein langsames, aber dafür allgemeines Umdenken ein. Das Ausmaß des Aufstands ließ sich für Israel militärisch und polizeilich in Grenzen halten. Doch die Stärkung der Friedensbewegung und der internationale Druck, den sich der jüdische Staat zunehmend ausgesetzt sah, zwang selbst den unflexibel reagierenden *Likud* unter Yitzhak Shamir dazu, allmählich auf die wirklich einflußreichen Palästinenservertreter zuzugehen und die *jordanische Option* ad acta zu legen.[111]

In der *Ersten Intifada* ist einer der Katalysatoren des *Nahost-Friedensprozesses* zu sehen. Dies ist wie folgt zu begründen: Ein Gebiet, in dem die eigene Bevölkerung nicht über die demographische Mehrheit verfügt, kann nicht auf Dauer von einer fremden Besatzungsmacht gehalten werden. Denn die dortige Bevölkerung besitzt im Sinne des Völkerrechts die Option auf Selbstbestimmung, auf die autonome Wahrnehmung ihrer Interessen und Souveränität. Die Wiegerung Israels, die Palästinenser als eigene Gruppe, geschweige denn als eigene Nation anzuerkennen, hat den Nahen Osten über Jahrzehnte in ein Pulverfaß verwandelt: Kein Volk und keine Nation hat aber das Recht, eine andere Nation oder ein anderes Volk zu unterdrücken und ihm das Recht auf die Wahrung der eigenen Interessen zu verwehren.[112]

Zwar haben die arabischen Staaten 1948/49 mit den Angriff auf den noch jungen jüdischen Staat in eklatanter Weise Völkerrecht ge-

---

[110] Vgl. Ebd., S. 27-30.
[111] Vgl. Schreiber, Friedrich/Wolffsohn, Michael: Nahost. Geschichte und Struktur des Konflikts, 4. aktualisierte Auflage, Opalden 1996, S. 320.
[112] Vgl. Timm, Angelika und Klaus: Westbank und Gaza, Berlin 1988, S. 33/34.

brochen und damit das Selbstbestimmungsrecht des jüdischen Volkes verletzt. Doch seit der Besetzung der arabischen Gebiete 1967 hat Israel sich in einer ähnlichen Weise verhalten.

Die *Erste Intifada* war weniger eine langfristig vorbereitete Aktion der Palästinenser als ein spontaner Ausbruch nach Jahrzehnten der Demütigung und der Unterdrückung. Deshalb muß, von den Terroranschlägen radikaler Palästinensergruppen wie *Hamas* und *Dschihad* abgesehen, Verständnis für den palästinensischen Aufschrei gezeigt werden. Allerdings hätte die *Erste Intifada* verhindert werden können, wenn Israels damaliger Premier Shamir mehr Bereitschaft zu Kompromissen gezeigt hätte. Zu bezweifeln ist jedoch, ob ohne Beteiligung der PLO ein Verhandlungsprozeß überhaupt zustande-gekommen wäre oder eine begrenzte Autonomie unter jordanischer Hoheit Erfolg gehabt hätte. Wohl eher nicht. Die *Erste Intifada* allein reichte aber nicht aus, um eine grundlegende Veränderung der Strukturen in der Nahostregion herbeizuführen, dazu bedurfte es der Veränderung der internationalen Rahmenbedingungen und der zunehmenden Einsicht in der israelischen Politik.[113]

---

[113] Vgl. Ebd.

V. DAS ENDE DES KALTEN KRIEGES IM NAHEN OSTEN (1989-1991)

1. Weltpolitische Rahmenbedingungen

Die Reformpolitik des sowjetischen Partei- und Staatschefs Michail S. Gorbatschow ab Mitte der 80er Jahre führte auch zu einer Veränderung des Denkens im Nahen Osten. Die neue sowjetische Führung hatte verstanden, daß die jahrzehntelange Konfrontation mit dem Westen kein Resultat brachte, sondern stattdessen die Gefahr in sich barg, daß der *Kalte Krieg* sich zu einem atomaren und konventionellen Abenteuer ausweitete und deshalb Abhilfe geschaffen werden mußte. Das seit etwa einem Jahrzehnt andauernde Wettrüsten zwischen *Ost* und *West* hatte der sowjetischen Volkswirtschaft so massiv geschadet, daß der frische Wind der Reformpolitik aus dem Kreml zu einer sehr weitreichenden Veränderung im politischen Denken führte. Unter dem Eindruck des sich auflösenden *Ost-West-Gegensatzes* war auch der ideologische und weltpolitische Hauptgrund weggefallen, der über fast vier Jahrzehnte eine Einigung zwischen dem jüdischen Staat einerseits und – von Ägypten abgesehen – den arabischen Partnerstaaten andererseits beigetragen hatte. Die USA und die UdSSR dachten im Rahmen einer gemeinsamen *Schirmherrschaft* an eine Wiederbelebung des *Nahostdialogs*, wobei die Sowjetunion die Führungsrolle der Vereinigten Staaten anerkannte.[114]

2. Regionale Friedensinitiativen

Israel hatte bereits durch seine *Friedensinitiative* aus dem Jahre 1989[115] den seit dem *Rahmenwerk von Camp David* unterbrochenen Weg der Aussöhnung wiederaufleben lassen. Die von der Großen Koalition in Israel mit den Spitzenpolitikern Shamir, Peres und Rabin erarbeitete Vorlage trug wesentlich die Handschrift der sozialdemokratischen Arbeitspartei. Im Rahmen der mit Ägypten praktizierten Lösung bot Israel den arabischen Nationalstaaten Jordanien, Libanon und Syrien das Prinzip *„Land gegen Frieden"* an. In der *Palästinafrage* als dem Kernproblem des *Nahost-Konflikts* bewegte sich der jüdische Staat aber nur wenig. Zwar wurde das Angebot der Selbstverwaltung (Autonomie) an die Palästinenser erneuert, Verhandlungen mit der PLO schloß aber selbst die Arbeitspartei aus. Damit vergab sich Israel eine ganz entscheidende Chance, denn nur die PLO verfügte wohl über genügend Einfluß, um langfristig einen Frieden in den Gebieten Westbank und Gaza herzustellen. Zudem erwies sich die *jordanische Option* an-

---

[114] Vgl. dazu, Schreiber, Friedrich/Wolffsohn, Michael: Nahost. Geschichte und Struktur des Konflikts, 4. aktualisierte Auflage, Opalden 1996, S. 328-30.
[115] Vgl. das Dokument in, Israel Ministry of Foreign Affairs: Israel's Peace Initiative, May 14, 1989, (*http://www.israel.de*).

gesichts des Verzichts von König Hussein II. auf Rechtsansprüche in der Westbank als Trugschluß.[116]

Weitere Gründe veranlaßten den konservativen Premier Shamir, seine bis dato starre Haltung zu einer Wiederbelebung des Nahostdialoges zu überdenken: Zum einen grasierte immer mehr die Einsicht in der israelischen Öffentlichkeit hoch, daß man die *Palästinafrage* als das Kernproblem des arabisch-israelischen Konfliktes endlich durch eine überzeugende Alternative lösen müsse und nur so zu einem Ausgleich mit den arabischen Nachbarn im Nahen Osten kommen könne. Zum anderen zeigte der *Zweite Golfkrieg*, daß der Besitz von Territorium allein noch keine Gewähr für Frieden und Sicherheit sei. Überdies mußte, so vor allem die Einsicht Rabins und Peres', etwas gegen den wachsenden Einfluß des islamischen Fundamentalismus im Iran und den aggressiven Expansionismus im Irak durch eine säkulare israelisch-arabische Front getan werden, denn Fundamentalismus und Expansionismus bedrohten nicht nur Israel, sondern zunehmend auch die säkularen arabischen Regime der nahöstlichen *Frontstaaten*.[117]

In einem ersten Schritt beschlossen Ägypten und Israel die Wiederaufnahme der seit 1982 unterbrochenen Gespräche über die *Palästinensische Finalität*, wozu das *Camp-David-Rahmenwerk* als Ausgangspunkt diente. Allerdings brachten diese Gespräche nur wenige Fortschritte. Ihr Stattfinden allein war schon ein Erfolg. Erfolgreicher zeigte sich die Friedensinitiative von US-Außenminister James Baker, die sich aus zwei Kerngedanken zusammensetzte: a) der Durchführung einer *Nahost-Friedenskonferenz* unter Schirmherrschaft der USA und der UdSSR zur Eröffnung des neuen *Friedensdialoges*; b) neuen bi- und multilateralen Einzelgesprächen zur Etablierung einer dauerhaften Friedensordnung im Nahen Osten.[118]Nachdem Ägypten, Jordanien und die palästinensischen Vertreter, Syrien und Libanon und – unter Vorbehalt – auch die PLO dieser Initiative zugestimmt hatten, willigte schließlich auch Shamir ein, mit der amerikanischen Drohung im Hintergrund, bei einem Scheitern der Initiative die Militärhilfe einzustellen. Doch Shamir setzte zwei Bedingungen durch: Die PLO durfte nicht am Verhandlungstisch vertreten sein. Außerdem sollen keine palästinensischen Vertreter aus Ostjerusalem vertreten sein. Die Palästinenser sollten in einer gemeinsamen Delegation mit Jordanien vertreten sein.[119] Somit kam der *Friedenszug* im Nahen Osten nach bald 10-jähriger Unterbrechung wieder in Fahrt. Bevor es jedoch dazu kam, mußte zunächst die *Golfregion* befriedet werden.

---

[116] Vgl. dazu, Schreiber, Friedrich/Wolffsohn, Michael: Nahost. Geschichte und Struktur des Konflikts, 4. aktualisierte Auflage, Opalden 1996, S. 350/51.
[117] Vgl. Ebd.
[118] Vgl. Ebd.
[119] Vgl. Ebd., S. 352.

VII. VON MADRID BIS OSLO II – DER BEGINN DES FRIEDENSPROZESSES IM NAHEN OSTEN (1991-1995)

1. Die Friedenskonferenz von Madrid

Vom 30. Oktober bis 1. November 1991 kamen Vertreter Israels, der Palästinenser, Ägyptens, Jordaniens, Syriens und des Libanon unter der Schirmherrschaft der Vereinigten Staaten von Amerika und der Sowjetunion zur *„Konferenz über die Schaffung und Etablierung von Frieden im Nahen und Mittleren Osten und Nordafrika"* in Madrid zusammen. In mehreren Ansprachen erklärten die Beteiligten ihren festen Willen, den Dialog wiederaufzunehmen und zu einem Friedensprozeß in der Region zu gelangen.[120]

Trotzdem waren die Spannungen der über 40-jährigen israelisch-arabischen Konfrontation noch voll zu spüren. Besonders der israelische Ministerpräsident Shamir zeigte sich sehr reserviert gegenüber den teilnehmenden arabischen Außenministern und den Vertretern der Palästinenser. Schon bald sollte sich herausstellen, daß – im Gegensatz zu Shamirs Erwartungen – die PLO in Tunis den Palästinenservertretern Anweisungen über die Verhandlungsführung gab und somit es gerade der Likud war, der, im Gegensatz zu Peres' *„Londoner Dokument"* die Palästinenserorganisation in den Verhandlungsprozeß einband. Gleichwohl war der israelische Regierungschef bemüht, die eigens unterstützte *Friedensinitiative* rasch zum Stillstand zu bringen.[121]

Die Konferenz verabschiedete *Leitlinien* für die weiteren Verhandlungen, zu denen auch ein Brief des amerikanischen Außenministers James Baker und seines sowjetischen Amtskollegen Boris Pankow gehörte. Die Vereinbarungen, die die beteiligten Vertreter am 2. November unterzeichneten, sahen vor:

Erstens: Es werden im Rahmen des Nahost-Friedensprozesses Verhandlungen auf *bilateraler Ebene* zwischen Israel-Jordanien/Palästinensern, Israel-Syrien und Israel-Libanon aufgenommen. Die Verhandlungspartner verpflichten sich, im Rahmen dieser Ge-

---

[120] Vgl. dazu, Hubel, Helmut: Das Ende des Kalte Kriegs im Orient. Die USA, die Sowjetunion und die Konflikte in Afghanistan, am Golf und im Nahen Osten, 1979-1991, München 1995, S. 120-26.
[121] Vgl. dazu, Schreiber, Friedrich/Wolffsohn, Michael: Nahost. Geschichte und Struktur des Konflikts, 4. aktualisierte Auflage, Opalden 1996, S. 356.

spräche zu konstruktiven Ergebnissen zu gelangen und eine dauerhafte Friedensordnung anzustreben.[122]

Zweitens: Es werden die *multilateralen Foren* Abrüstung, Flüchtlinge, Umwelt, Wasser und Wirtschaftsentwicklung gebildet. Diese Foren tragen zur Etablierung einer zukünftigen Regionalgemeinschaft bei.

Drittens: Das Prinzip *„Land für Frieden"* wird als Grundlage des Aussöhnungsprozesses betrachtet. Dieses Prinzip soll erreichen, daß Israel *Frieden* und *Sicherheit* durch die Anerkennung der UN-Resolution 242 und die Rückgabe besetzter Gebiete an die Araber erreicht. In einem Begleitschreiben Bakers wird ausdrücklich betont, daß jegliche demographische Veränderungen in den besetzten Gebieten untersagt ist und dies nicht zur politischen Stabilität und zu *Frieden* beiträgt.

Viertens: Im Interesse der Förderung der Friedensgespräche unternehmen weder Israelis noch Araber einseitige Schritte, die den Status der Beziehungen gefährden könnten.[123]

Durch Terroranschläge und den jüdischen Siedlungsbau in den besetzten Gebieten behindert, geriet insbesondere das vierte Prinzip bald zur Farce. Doch sie waren weiterhin wichtig für eine stabile regionale Friedensordnung. Nunmehr konnten die Detailgespräche beginnen.

2. Neue bi- und multilaterale Verhandlungen
Unmittelbar nach der Unterzeichnung der Leitlinien des *Nahost-Friedensprozesses* in Madrid begannen die Gespräche zu deren Umsetzung – der Kern der Friedensbemühungen. Zunächst trafen sich die Delegationen in Madrid, um einen *Fahrplan für die Verhandlungen* abzustecken. Die substantiellen Verhandlungen fanden ab Dezember 1991 in Washington statt. Während der ersten drei Verhandlungsrunden bis März 1992 wurde deutlich, daß unter der *Likud*-geführten Regierung Shamir keine Einigung in Sicht war. Die Gespräche traten – auf Shamirs persönliche Weisung – auf der Stelle. Es war schon ein Erfolg, daß entsprechend des *Camp Davider Rahmenwerkes* überhaupt Friedensverhandlungen in Gang kamen.[124]

---

[122] Vgl. dazu, Eberlein, Klaus D.: Die Arabische Liga, Bd. III, Politische Geschichte der Staaten der Arabischen Liga, Frankfurt am Main 1993, S. 607-82.
[123] Vgl. Ebd. Vgl. dazu, Israel Ministry of Foreign Affairs: Letter to Invitation to Madrid Peace Conference, October 30, 1991, (*http://www.israel.de*).
[124] Vgl. dazu, Schreiber, Friedrich/Wolffsohn, Michael: Nahost. Geschichte und Struktur des Konflikts, 4. aktualisierte Auflage, Opalden 1996, S. 357.

Erst ab April 1992 konnten sich wenigstens Jordanier und Israelis sowie Libanesen und Israelis etwas annähern. Doch besonders die Gespräche mit den Palästinensern steckten in der Sackgasse, und auch
die Gespräche mit Syrien kollabierten, da sich der *Likud*-Regierungs-
chef weigerte, über eine Rückgabe der *Golanhöhen* zu verhandeln.

Parallel zu den bilateralen Verhandlungen begannen in Januar 1992 in
Moskau die *multilateralen Gespräche*. Erwähnt sei an dieser Stelle
nur, daß sie zu den Gebieten Abrüstung, Flüchtlinge, Umwelt, Wasser
und Wirtschaftsfragen stattfanden. Diese bis dahin 70 Gesprächsrunden dienten vor allem der Zukunft der *regionalen Kooperation* in
zentralen Politikfeldern mit dem Ziel, ähnlich der Organisation für
Sicherheit und Zusammenarbeit in Europa (OSZE) für den Nahen
Osten ein Forum zu etablieren. Die weiteren multilateralen Treffen
fanden in wechselnden Hauptstädten Amerikas, Asiens und Europas
statt. Sie ermöglichten es der PLO, ihre bisherige Kulissenrolle zu
verlassen und mit Erfolg in den Vordergrund zu treten.[125]

Für kurzfristige Erfolge im Nahen Osten bedurfte es jedoch an
Erfolgen im *bilateralen Trakt* des *Nahostdialogs*. Und zu diesen war
die amtierende konservative Regierung Shamir nicht bereit. Stattdessen unternahm sie alles, die Verhandlungen, insbesondere über
eine *Autonomieregelung* für die Palästinenser, ins Leere laufen zu
lassen. Die Verhandlungen wurden im März 1992 wegen offen-
sichtlicher Erfolglosigkeit eingestellt. Zunächst mußte sich ein grund-
legender Wandel in der israelischen Innenpolitik vollziehen.

3. Folgen des Regierungswechsels in Israel 1992 für den nahöstlichen Friedensprozeß

3.1. Die Knessetwahlen 1992
Ein unbeschreiblicher Jubel herrschte bei der Wahlkampfkundgebung
der israelischen Arbeitspartei, als deren Führer Yitzhak Rabin, im
Februar 1992 zum zweiten Mal in dieses Amt gewählt, den Triumph
der *MifligethaAwoda* verkündete. 15 Jahre mußte die sozialdemokratische Partei Israels bis zu diesem 23. Juni warten, ehe sie wieder an
die Macht kam.[126]

Gerade jener Yitzhak Rabin hatte zu Beginn des Jahres 1977 durch
seinen Rücktritt, infolge von Korruptionsvorwürfen gegen seine Frau

---

[125] Vgl. Ebd.
[126] Vgl. dazu, Horrovitz, David von (Hrsg.): Yitzhak Rabin - Feldherr und
Friedensstifter. Die Biographie, Berlin 1987, S. 140 f.

Leah, das Ende der fast 30 Jahre währenden Herrschaft der *Awoda* eingeläutet. Jetzt hat er diese schwere Niederlage durch seinen persönlichen Triumph wieder wettmachen können. Sein Kollege und Rivale Shimon Peres war es, trotz der kurzen Ministerpräsidentenschaft von 1984 bis 1986 in der Großen Koalition mit dem *Likud*-Block, nie überzeugend gelungen, das Erscheinungsbild der traditionellen, aus der alten *Mapam* hervorgehenden *Awoda* zu verbessern. Vor allem das für Israel so wichtige wie prägende Sicherheitsproblem trauen die Einwohner des jüdischen Staates eher dem *Likud* als der Arbeitspartei zu, da die *Awoda* eher in die Nähe der Friedensbewegung wie des linksliberalen *Meretz*-Blocks gebracht wird. Der konservative Sozialdemokrat Rabin gewann nunmehr mit seiner kompromißbereiten, wenngleich sicherheitspolitisch ausgerichteten *Friedensplattform*, indem er an seine Zeit als Generalstabschef und Verteidigungsminister (1984-90) erinnerte und damit dem national-konservativen *Likud*, zu dieser Zeit vom immer starrsinnigeren Ministerpräsidenten Yitzhak Shamir geführt, massiv Stimmen abnahm. Ebenso konnte er die Mehrheit der russisch-sowjetischen Neueinwanderer für sich gewinnen und damit das Stimmenpolster der *Awoda* deutlich aufbessern.[127]

Die Arbeitspartei konnte 34,6 % für sich verbuchen und 44 der 120 Knesset-Mandate erringen. Demgegenüber sackte der Shamir-geführte *Likud* auf 24,9 % der Stimmen 1992 ab und verfügte nur noch über 32 Mandate, der herbste Verlust seit über 30 Jahren. Deutlich zugelegt hatte der *Meretz*-Block mit Shulamit Aloni und Yossi Sarid an der Spitze. Er kam auf 9,6 % und 12 Mandate. Am deutlichsten legten die religiös-orthodoxen Parteien zu, die 5,0 % und sechs Mandate (Nationalreligiöse Partei), 4,9 % und sechs Mandate (*Schas*) sowie 3,3 % und vier Mandate (*Thora*-Front) auf sich vereinigten. Stabil hielten sich die rechtszionistischen Parteien und Gruppierungen sowie die linken, arabisch-israelischen Parteien. *Zomet* kam auf 6,4 % und acht Sitze. *Moledet* erreichte 2,4 % und drei Mandate. Die von den Kommunisten beherrschte *Chadasch* konnte 2,4 % und drei Abgeordnetenplätze besetzen, die Arabische Demokratische Partei 1,6 % und zwei Plätze in der Knesset.[128]

Damit hatten Arbeitspartei und der gerade erst neugegründete *Meretz* zwar nicht die absolute Mehrheit, aber doch gemeinsam mit den arabisch-israelischen Parteien und der kommunistisch geführten *Chadasch* unter Meir Villner eine „*Blockmehrheit*", die eine *Likud*-

---

[127] Vgl. Ebd., S. 142/43.
[128] Vgl. die Resultate in, Wolffsohn, Michael/Bokovay, Douglas: Israel. Grundwissen-Länderkunde. Geschichte-Politik-Gesellschaft-Wirtschaft (1882-1996), 5. erweiterte und überar-beitete Auflage, Opladen 1996, S. 97.

geführte Koalition ausschloß. Rabin gab sich siegessicher, obwohl er noch am Wahlabend eher zögerlich auf die Wahlergebnisse reagiert hatte. Programmatisch setzte er auf eine Neubelebung der israelischen Wirtschaft, die sich durch die kurzsichtige und unglaublich arrogante Politik des *Likud*-Blocks unter seinem Vorgänger Yitzhak Shamir sich in einem tiefen Tal befand.[129]

3.2. Die veränderte Haltung Rabins in der Friedenspolitik

Bedingt wurde dieser Aufschwung, der auch zu einer versöhnlicheren Haltung der gesellschaftlichen Kräfte in Israel beigetragen würde, durch einen Neuanfang in der Friedenspolitik, dem Kernproblem einer jeden israelischen Regierung. Rabins Konzept war klar: Die Arbeitspartei hat in der Regierung die Aufgabe, die Balance zwischen den kleineren rechten und linken Parteien, zwischen zionistischen und religiösen Parteien zu vertreten. Der *Meretz-Block* stellte die treibende Kraft hinter der israelischen Friedensbewegung und dem 1978/79 in Camp David initiierten und 1991 in Madrid fortgesetzten Nahost-Friedensprozeß dar verleihen. Als Gegengewicht zu *Meretz* sollte *Zomet*, eine rechtszionistische Partei unter Ex-Generalsabchef des Libanonkrieges 1982, Rafael Eitan, wirken. Dieses Konzept scheiterte, die Verhandlungen verliefen im Sande. Vor allem in der Frage von Konzessionen an die Araber gab sich *Zomet* wenig konzessionsbereit. Somit blieb Rabin, um die absolute Mehrheit der Stimmen zu sichern, nichts anderes übrig, als die sephardisch-orthodoxe *Schas* in sein Kabinett zu holen, um der *„falkischen"* Wählerschaft wenigstens ein Trostpflaster zu sichern.[130]

Nichtsdestotrotz hielt Rabin am eingeschlagenen Friedenskurs fest und sprach sich in seiner Regierungserklärung für die Beschleunigung und Intensivierung der Gespräche mit den arabischen Nachbarstaaten aus. Binnen eines Jahres solle eine Einigung mit ihnen erfolgen. Mit Jordanien, Syrien und dem Libanon könnten durch größere Konzessionen schon bald unterschriftsreife Friedensabkommen ausgehandelt werden, die dann für die israelische Innenpolitik, besonders auch die israelische Wirtschaft, von eminenter Wichtigkeit wären. Die *Palästinafrage* solle zwar auch neu verhandelt werden, auf der Agenda stehe sie aber an allerletzter Stelle. Denn der *Friede mit den arabischen Nationalstaaten* habe Vorrang für den Ex-Generalstabschef des *Sechs-Tage-Krieges* von 1967, und nicht die Frage der *Palästinensischen Finalität*.[131]

---

[129] Vgl. Ebd., S. 361.
[130] Vgl. Ebd..
[131] Vgl. Ebd.

Zwar unterbreitete Rabin den Palästinensern ein neues Autonomie-angebot, weit über die Vorstellungen seines *Likud*-Vorgängers Shamir ging es aber auch nicht hinaus. Gemäß der von ihm mitgeprägten *Friedensinitiative* von 1989 lehnte er Verhandlungen mit der PLO und insbesondere die Erweiterung des Autonomieangebots von 1989 strikt ab. Stattdessen bestellte er schon bald neue Verhandlungsführer für die Gespräche mit Jordanien, Syrien und dem Libanon, die bilateralen Verhandlungen mit den Palästinenser-Vertretern überließ er seinem Stellvertreter und Außenminister Shimon Peres, weil er diesem eh keine greifbare Lösung zutraute. Peres, der ewige Intrigant, galt nach dem Rabin-Erfolg bei der Knessetwahl als *„Auslaufmodell"*, während Rabintreue *„Partei-Falken"* an Zulauf gewannen.[132]

Obwohl die Gespräche mit Syrern, Libanesen und Jordaniern durch Rabins Kompromißbereitschaft dynamischer als unter dem *Likud* verliefen, blieb dem israelischen Premier der große Durchbruch verwehrt. Stattdessen erwies sich schon bald der als *„Auslaufmodell"* nur noch wenig beachtete Shimon Peres als Retter in der Not und versetze durch seine Fixierung auf die *Palästinarfrage* in ungeahnter Weise dem Friedensprozeß entscheidende Impulse. Und dies war der einzig gangbare Weg, denn besonders die syrisch-libanesische Ver-handlungsschiene kam schon bald zum Erliegen. Erst als bezüglich der *Palästinafrage* im Nahen Osten konkrete Bewegung eintrat, war die binnen weniger Wochen erarbeitete Grundsatzerklärung mit dem Wunsch-Friedenspartner Jordanien umsetzungsfähig. Dem *„ewigen Intriganten"* Peres, der in aller Stille die Fäden zu seiner Lebens-leistung knüpfte, sollte es gelingen, Rabin auf seine Seite zu bringen und durch die geheime Friedensverhandlung mit dem Erzfeind PLO dem Staat Israel ungeahnten Wohlstand zu bringen.[133]

4. Der Osloer Friedensprozeß von seinen Anfängen bis 1995

4.1. Gedankengut und Weg zum Osloer Friedensprozeß

Das *Kernstück* einer Aussöhnung im Nahen Osten, wenn auch nicht der Hauptknackpunkt, war von Beginn an eine Übereinkunft zwischen Israel und den Palästinensern. 20 Jahre waren seit dem *Allon-Plan* vergangen, und auch die neue Kompromißbereitschaft der Rabin-Regierung hatte bei den Friedensgesprächen in Washington noch keinen spürbaren Fortschritt gebracht. Die im August 1992 in Washington wiederaufgenommenen Friedensgespräche rissen ab, als

---

[132] Vgl. dazu, Horrovitz, David von (Hrsg.): Yitzhak Rabin - Feldherr und Friedensstifter. Die Biographie, Belin 1987, S. 147.
[133] Vgl. Ebd., S. 148/49.

Israel im Dezember 1992 aus Vergeltung für einen grausamen Mord an einem jüdischen Offizier 450 Aktivisten der Terrororganisation *Hamas* in den Südlibanon abschob und aushungern ließ. *Hamas* und *Dschihad* antworteten mit der größten arabischen Welle von Bombenanschlägen seit zehn Jahren, die arabischen Nachbarstaaten brachen die Verhandlungen mit Israel umgehend ab.

Lexikon: *Dschihad Islamia*
Dschihad Islamia (*Islamischer Heiliger Krieg*) ist eine 1993 gegründete fundamentalistische Palästinenserorganisation, welche die Gründung eines palästinensischen Staates und die Vernichtung Israels zum Ziel hat. Sie steht unter der Führung Ramadan Abdallah Shallas, operiert von Syrien aus und wird vom Iran finanziell unterstützt. Sie verübte bis Ende 1998 zahlreiche Anschläge in Israel, ist aber durch die Ermordung ihres Anführers Shakaki durch den *Mossad* nur noch eingeschränkt handlungsfähig. Wie die *Hamas*, so boykottierte auch *Dschihad* die Wahlen in den palästinensischen Gebieten und will den „*Heiligen Krieg*" gegen Israel „*bis zum jüngsten Tag*" fortsetzen.[134]

Lexikon: Die *Hamas*
Die *Hamas* wurde 1967 als religiös-soziale Palästinenserorganisation gegründet. Militant wurde sie erst nach dem Ausbruch der *Intifada* in den von Israel besetzten Gebieten Ende 1987. Sie wird vor allem vom Iran unterstützt. Ihr Ziel ist ein islamischer Palästinenserstaat „*vom Mittelmeer bis zum Jordan*" unter Ablehnung der zwischen Israel und der Palästinenserregierung Arafat geschlossenen Abkommen. Jeglichen Verzicht auf den heiligen Boden betrachtet sie als Verstoß gegen ihren Glauben. Ihr geistiger Führer ist Scheich Jassin, der seit 1989 in Israel inhaftiert ist, erkrankte schwer und wurde 1997 von Israel auf freien Fuß gesetzt.
Die radikalislamische Palästinenserorganisation kämpft mit allen Mitteln gegen Israel und für die Schaffung eines palästinensischen Staates. „*Hamas*" ist eine Abkürzung und steht für „*Bewegung des Islamischen Widerstands*". Die 1987 gegründete Organisation besteht aus einer humanitären Hilfsorganisation, einem politischen Arm und einem militärischen Arm, *Essedim e-Kassam*. Die *Hamas* ruft die Palästinenser zum „*Heiligen Krieg*" auf. „*Jeder Jude*" sei eine „*Zielscheibe*" und solle „*getötet werden*". Der *Nahost-Konflikt* sei eine Auseinandersetzung zwischen Arabern und Israelis, nicht zwischen „*Islam und Judentum*".[135]

---

[134] Zit. nach: Schreiber, Friedrich/Wolffsohn, Michael: Nahost. Geschichte und Struktur des Konflikts, 4. aktualisierte Auflage, Opalden 1996, S. 403.
[135] Zit. nach: Ebd.

Immer stärker spürten die Matadoren der Arbeitspartei, Rabin und Peres, daß kein Weg mehr an der säkularen PLO vorbei führte, wie groß auch die Vorbehalte gegen sie waren. Als die Verhandlungen im Frühjahr 1993 erneut kollabierte und auch das neue Autonomieangebot der Israelis keinen spürbaren Fortschritte brachten, entschloß sich Shimon Peres nach Rücksprache mit Yitzhak Rabin, am Rande der Londoner *multilateralen Wirtschaftstagung*, einen *Geheimkanal* zur PLO zu öffnen, der seit drei Monaten in London und Oslo auf privater Basis bereits erfolgreich funktionierte.[136] Der *Geist von Oslo* wurde zum Tenor der weiteren Geschehnisse im Nahen Osten und sollte den arg ramponierten Friedensprozeß ungeahnten Auftrieb geben.

Seit 1990 hatte das junge norwegische Diplomatenpärchen Terje Rod Larsen und Mona Juul in den besetzten Gebieten geforscht, um eine wissenschaftliche Arbeit über deren Sozialstruktur und das Leben der Palästinenser herauszubringen. Dabei stießen sie auf Professor Yair Hirschfeld und Professor Ron Pundak von der israelischen Küsten-Universität Haifa. Diese kämpften seit langen in der israelischen Friedensbewegung für einen *israelisch-arabischen Ausgleich*. Auf der anderen Seite bekamen sie Kontakt mit dem PLO-Finanzminister Ahmed Korei genannt *Abu Ala*. Um ihre Studie vollenden zu können, mußten sie beide Seiten vereinen und zusammenbringen. Am Rande dieser wissenschaftlichen Kontakte kam es im Dezember 1992 zu einem geheimen Treffen Hirschfelds mit *Abu Ala*, als die israelische Regierung einen formellen Siedlungsstopp in den besetzten Gebieten erlassen und das Kontaktverbot zur PLO aufgehoben hatte. Nach erfolgreichem Abschluß der Studie und dem positiven Verlauf des ersten Kontaktgesprächs informierte Hirschfeld seinen Freund, den israelischen Vize-Außenminister und Peres-Intimus, Jossi Beilin, über den Kontakt, dieser berichtete wiederum sofort Peres, der ein geheimes Treffen in Oslo-Borreguard bei *Sarpsborg* gestattete.[137]

Dort trafen sich – in der norwegischen Idylle – Anfang Januar – Hirschfeld, Pundak und *Abu Ala* informell. Larsen, Abteilungsleiter im norwegischen Außenministerium, hatte den heimlichen Kontakt als Seminar deklariert, damit die Presse dem nicht auf die Spur kam. Zum Abschluß dieses positiv verlaufenden Kontaktes wurde das *Sarps-burger Dokument* verabschiedet. Es beinhaltete erste Grundzüge der palästinensischen Selbst-Verwaltung wie der Sicherheitsverantwor-tung. Während sich die Teilnehmer in Sicherheitsfragen nur sehr lang-

---

[136] Vgl. Ebd., S. 366.

[137] Vgl. Corbin, Jane: Riskante Annäherung. Die Geheimverhandlungen zwischen den Israelis und der PLO in Norwegen, München 1994, S. 21/22.

sam aufeinander zubewegten, konnten sie sich auf die Formel *Gaza and Jericho first* – zuerst Autonomie im Gazadistrikt und in der Westjordanstadt Jericho – und über die Agenda für die *Endstatusverhandlungen* im Rahmen der Übergangsperiode von fünf Jahren schnell einigen.[138]

Auf der Grundlage des *Sarpsborger Dokumentes* verliefen das zweite und dritte Treffen im Februar so gut – beide Seiten waren sich im defizilen Bereich der Sicherheitskooperation und der Frage des Umfanges der palästinensischen Autonomie nähergekommen –, daß Außenminister Peres und PLO-Chef Arafat erstmals detaillierter mit Entwürfen vertraut gemacht wurden. Peres informierte Ministerpräsident Rabin, der wiederum grünes Licht für die Fortsetzung des Dialogs gab, ohne an einen bevorstehenden Erfolg zu glauben, allerdings in Ermangelung einer Alternative den *back chanell* genehmigte. Auch Arafat gab *Abu Ala* freie Hand bei der Ausarbeitung einer *Grundsatzerklärung*. Im März und April wurden zudem die Kontakte Rabins und Arafats über den ägyptischen Außenminister Amre Moussa genutzt, um Fortschritte zu erzielen. Desweiteren wurde Washington nicht mehr im unklaren gelassen. Nachdem sich die informellen Delegationen auf einen weiteren, ernsthafteren Entwurf verständigt hatten, unterbrachen sie die Beratungen für eine Denkpause und zur Abstimmung mit den politischen Führungen.[139]

Die PLO verlangte Anfang Mai von Israel endlich ein deutliches Zeichen, um an die Ernsthaftigkeit des *back chanell* glauben zu können, z.B. durch die Entsendung eines offiziellen Regierungsvertreters, der Kabinettsvollmachten besaß. Nach Peres' Abstimmung mit Rabin wurden Uri Savir, der neue Generaldirektor des israelischen Außenministers, und der Rabin-nahe Rechtsanwalt Joel Singer mit der Delegationsleitung betraut. Die PLO beließ *Abu Ala*, berief aber den jungen KP-Funktionär aus dem Gaza-Streifen, Hassan Ashfur, und Mahmus al-Korish, in die Abordnung. Von nun an begannen ernsthafte und stressige Verhandlungen – regierungsoffiziell. Nach einer stundenlangen Befragung *Abu Alas* durch Singer – im persönlichen Auftrag Yitzhak Rabins – schienen die Gespräche fast zu platzen, doch schon bald gewöhnten sich auch Singer und Savir an den *Geist von Oslo*, der seit Januar 1993 herrschte. In mehrwöchigen, intensiven Gesprächen erarbeiteten beide Delegationen einen juristisch präziseren Vertragstext für die *Grundsatzerklärung*, der jedoch noch 16 Streitpunkte beinhaltete – acht in Sicherheitsfragen, acht in Fragen

---

[138] Vgl. Ebd., S. 24.
[139] Vgl. Ebd., S. 100/01.

der Autonomie. Nach Rücksprache mit den Führungen in Jerusalem und Tunis wurden sie binnen drei Wochen ausgeräumt oder abgemildert. Im Juni und Juli – als die Verhandlungen zu versanden drohten – schaltete sich der norwegische Außenminister Johan Jürgen Holst persönlich ein und nutzte den Besuch von Shimon Peres aus, um die Verhandlungen erfolgreich zum Abschluß zu bringen. Nachdem sich die Teilnehmer bis auf wenige Punkte geeinigt hatten, begann der *Politkrimi á la Nahost* – das Feilschen in der Region. Dies sollte in Oslo und von höchster Stelle aus geschehen.[140]

Außenminister Holst wandte das Scheitern der Osloer Initiative durch *telefonische Schlußverhandlungen* zwischen Außenminister Peres und der PLO-Führung in Tunis ab. Erstmals sprach Peres persönlich mit Yassir Arafat und seinem neuen „*Außenminister"* Abu Mazen alias *Mahmud Abbas* über den Norweger Holst. Besonders die Frage der *Sicherheitskooperation* und die *Jerusalem-Problematik* verhinderten noch einen Erfolg. Auch die Form und der Umfang der gegenseitigen Anerkennung blieben umstritten. Die PLO verlangte Garantien dafür, daß ein Friedensprozeß nicht schon nach *Gaza und Jericho first* beendet war. Israel seinerseits beharrte auf umfassenden Sicherheitsgarantien. Nach diesen mehrstündigen Verhandlungen wurde jedoch Einigkeit in allen noch strittigen Punkten gefunden, und der Deal war perfekt: Am 20. August – Peres' 70. Geburtstag – wurde die *Grundsatzerklärung*, ein 23-seitiges Papier, in Oslo-Sarpsborg von den Unterhändlern im Beisein von Peres und Abu Mazen paraphiert. Damit stand der gegenseitigen Anerkennung und der feierlichen Unterzeichnung in Washington nichts mehr im Wege.

4.2. Anerkennungs- und Grundsatzabkommen

4.2.1. Der historische Briefwechsel
Der erste Schritt zur Aufnahme beiderseitiger israelisch-palästinensischer Beziehungen war das am 9./10. September 1993 ausgehandelte *Anerkennungsabkommen*, das in einem dreiseitigen *Briefwechsel* vollzogen wurde.

In seinem ersten Schreiben sicherte der PLO-Vorsitzende Yassir Arafat am 9. September dem Staat Israel formell ein Existenzrecht zu: „*Die PLO erkennt das Recht des Staates Israel auf Existenz in Frieden und Sicherheit an"*.[141] Weiter heißt es: „*Die PLO nimmt die*

---

[140] Vgl. Ebd.

[141] Zit. nach: Schreiben des PLO-Vorsitzenden, Yasser Arafat, an den israelischen Ministerpräsidenten, Yitzhak Rabin, vom 9. September 1993, in: Europa-Archiv, (1993) 24, S. D 525.

Resolutionen 242 und 338 des UNO-Sicherheitsrates an. Die PLO verpflichtet sich auf den Nahostfriedensprozeß und auf die friedliche Lösung des Konfliktes zwischen den beiden Parteien und erklärt, daß alle ausstehenden Fragen über den dauerhaften Status in Verhandlungen gelöst werden. Die PLO betrachtet die Unterzeichnung der Prinzipienerklärung als historisches Ereignis, das eine neue Epoche friedlicher Koexistenz, ohne Terror und alle Art von Gewalt, die Frieden und Stabilität gefährden, einleitet. Die PLO verzichtet entsprechend auf Terror und jede andere Art von Gewalt. Sie übernimmt die Verantwortung dafür, daß alle PLO-Gruppen und alle Angehörigen der PLO diese Vereinbarung einhalten. Sie verhindert Übertretungen und ergreift disziplinarische Maßnahmen gegen Personen, die dagegen verstoßen. In Anbetracht einer neuen Ära, der Unterzeichnung der Prinzipienerklärung und der Annahme der Resolutionen 242 und 338 des UN-Sicherheitsrates, erklärt die PLO, daß die Artikel der PLO-Charta, die Israel das Recht auf Existenz absprechen sowie die Bestimmungen der Charta, die nicht mit den Bestimmungen dieses Schreibens übereinstimmen, nicht mehr angewendet werden und nicht länger gültig sind. Die PLO verpflichtet sich, den Palästinensischen Nationalrat die erforderlichen Änderungen der PLO-Charta zwecks offizieller Billigung vorzulegen".[142]

Im zweiten Schreiben Arafats an den norwegischen Außenminister Holst beglaubigt Arafat diese Prinzipien und fügte hinzu, daß die PLO alle Bewohner des Gazadistrikts und des Westjordanlands zum Verzicht auf Gewalt und Aufruhr sowie zum friedlichen Miteinander mit dem Staat Israel aufruft.[143] Als Reaktion auf diese Briefe unterzeichnete der israelische Ministerpräsident Rabin am 10. September das folgende Dokument: *„Herr Vorsitzender, in Beantwortung Ihres Schreibens vom 9. September 1993 möchte ich hiermit bestätigen, daß die israelische Regierung angesichts der in Ihrem Schreiben bestätigten PLO-Verpflichtungen beschlossen hat, die PLO als Vertretung des palästinensischen Volkes anzuerkennen und Verhandlungen mit der PLO im Rahmen des Nahost-Friedensprozesses aufzunehmen"*.[144]

Außenminister Holst tauschte die Schreiben persönlich und unterstrich damit den hohen Stellenwert, den sie einnehmen. In seiner am 30. August veröffentlichten Erklärung heißt es: *„Unsere Absicht war es*

---

[142] Zit. nach: Ebd.
[143] Vgl. Ebd.
[144] Zit. nach: Schreiben des israelischen Ministerpräsidenten Yitzhak Rabin, an den PLO-Vorsitzenden, Yasser Arafat, vom 10. September 1993, in: Europa-Archiv, (1993) 24, S. D 526.

nicht, eine Alternative zu den bestehenden Verhandlungen in Washington zu schaffen, sondern einen Kanal im Hintergrund zu öffnen, der die offiziellen Verhandlungen fördert und neue Energien liefert [...]. Der Besuch von Außenminister Warren Christopher und des Sondergesandten Dennis Ross in der Region beförderte die Geheimverhandlungen und brachten ein neues Klima zutage. Die Amerikaner unterstützten das Abkommen und sorgten dafür, daß es zustandekommen konnte".[145]

Der Briefwechsel ist wohl noch bedeutender als die erarbeitete *Grundsatzerklärung*. Sie präjudiziert die gegenseitige Anerkennung, die Respektierung der bereits im *Rahmenwerk von Camp David* festgeschriebenen Prinzipien, verzichtet auf Gewalt und Terror nach über 100 Jahren und machte den Weg frei für die chancenreichsten Verhandlungen seit 1980 über die Frage der *Palästinensischen Finalität*. Die einsitige Terrororganisation PLO hatte der Gewalt und dem Terror abgeschworen, anerkannte Israels Recht auf sichere Grenzen und verpflichtete sich zur Abänderung ihres heiligsten Dokumentes, der PLO-Charta von 1964. Obwohl die Erklärung bei Syrern und Libanesen, aber auch Iranern und Irakern auf Kritik stieß, ebnete sie schon bald den Weg für einen israelisch-jordanischen Friedensschluß.

4.2.2. Die Washingtoner Grundsatzerklärung

Bereits am 13. September 1993 konnten der israelische Außenminister Shimon Peres und das für die Außen- und Israelbeziehungen bei der Palästinensischen Befreiungsbewegung zuständige Exekutivmitglied Abu Mazen die vereinbarte *Grundsatzerklärung* unterzeichnen. Die insgesamt sechs Dokumente beschreiben die Prinzipien und Schritte, die zu einer friedlichen Beilegung des Konfliktes führen sollen.

Im einzelnen besteht das *Osloer Rahmenwerk* aus den folgenden Dokumenten:

(1) einer Prinzipienerklärung über vorübergehende Selbstverwaltung;
(2) einem Memorandum;
(3) vier Zusatzvereinbarungen (Anhängen) über: I: Art und Bedingungen der Wahlen, II: das Protokoll über den Rückzug der israelischen Verteidigungsstreitkräfte aus dem Gaza-Streifen und Jericho, III: das Protokoll über israelisch-palästinensische Zusammen-

---

[145] Die Ausführungen Holsts sind zit. nach: Mantzke, Martin: Das Gaza-Jericho-Abkommen vom September 1993. Der Friedensprozeß im Nahen Osten, in: Volle, Angelika/Weidenfeld, werner: Frieden im Nahen Osten?. Chancen, Risiken, Perspektiven, Bonn 1997, S. 162.

arbeit bei Wirtschafts- und Entwicklungsprogrammen, IV: das Protokoll über israelisch-palästinensische Zusammenarbeit in regionalen Entwicklungsprogrammen;
(4) einer Niederschrift zur Prinzipienerklärung.[146]

In der Präambel des Abkommens heißt es, daß Israel und die PLO gegenseitig ihre *„legitimen und politischen Rechte"*[147] anerkennen. Nach Jahrzehnten der Konfrontation und des Konflikts wolle man ein Leben in *friedlicher Koexistenz* und in gegenseitiger Würde und Sicherheit verwirklichen und eine gerechte, dauerhafte und umfassende Friedensregelung bei Wahrung der historischen Aussöhnung finden.

Lexikon: *Friedliche Koexistenz*
Dieser Begriff wurde von W.I. Lenin theoretisch begründet und tauchte als Grundprinzip der Außenpolitik der 70er Jahre öfters auf. Er wurde zu einem Anker der vertrauens- und sicherheitsbildenden Maßnahmen, die am 1. August 1975 in die Unterzeichnung der Schlußakte der Konferenz für Sicherheit und Zusammenarbeit in Europa (KSZE) in Helsinki mündete. Mit der Einsicht in die Notwendigkeit, auf einem hohen technischen Entwicklungsniveau einen atomaren Krieg zu verhindern, beinhaltete *friedliche Koexistenz* die folgenden Grundprinzipien:

1. gegenseitige Achtung der territorialen Integrität und Souveränität;
2. gegenseitige Nichtangriffsverpflichtung;
3. Nichteinmischung in die inneren Angelegenheiten eines anderen Staates;
4. Anerkennung der Gleichberechtigung und des gegenseitigen Vorteils auf den Gebieten Handel und Kultur;
5. Klärung strittiger Fragen durch Verhandlungen;
6. Anerkennung der Möglichkeit des friedlichen Nebeneinanders.
Die KSZE-Prinzipien flossen in den 80er Jahren in den Grundstock der Prinzipien der Vereinten Nationen ein.[148]

Israel und die PLO verpflichteten sich, alle bestehenden Probleme mit friedlichen Mitteln und ohne Gewaltanwendung zu lösen. Ziel der

---

[146] Vgl. das Dokument in: Abkommen zwischen Israel und der Palästinensischen Befreiungsbewegung über befristete Selbstverwaltung, unterzeichnet in Washington am 13. September 1993, in: Europa-Archiv, (1993) 24, S. D 526-D 535.
[147] Zit. nach: Ebd., S. D 527.
[148] Zit. nach: Bibliographisches Institut Leipzig (Hrsg.): Enzyklopädie der Weltgeschichte, Leipzig 1967, S. 847/48.

anstehenden Verhandlungen sei die Wahl einer Interimsbehörde der Palästinenser in Westbank und Gazadistrikt, die für einen Zeitraum von fünf Jahren gewählt wird und in Übereinstimmung mit den UNO-Resolutionen 242 und 338 in Verhandlungen über den dauerhaften Status mündet.[149]

Die fünfjährige Übergangsperiode beginnt mit dem Rückzug der israelischen Truppen aus dem Gaza-Streifen und Jericho. Dies ist die *erste Stufe* des Friedensprozesses. Die *zweite Stufe* ist geteilt: Zunächst werden den Palästinensern vorbereitend zivile Befugnisse im Westjordanland übertragen, bevor sich die israelische Armee aus den Ballungszentren und 450 Ortschaften abzieht. Dann folgen Wahlen zur Selbstverwaltungsbehörde im Westjordanland, im Gazadistrikt und in Ostjerusalem. Über die zweite Phase wird ein Interimsabkommen (*Oslo II*) geschlossen. Das Interimsabkommen wird die Struktur des Rats, die Zahl seiner Mitglieder sowie die Übertragung von Befugnissen und Zuständigkeiten von der israelischen militärischen und Zivilverwaltung an den Rat genau bestimmen. Dazu gehören sowohl exekutive als auch legislative und jurisdiktionelle Befugnisse.[150]

Abschließend werden in einer *dritten Phase* Gespräche über einen dauerhaften Status aufgenommen. Sie beginnen spätestens drei Jahre nach dem Einsetzen der Interimsperiode und enthalten die Themen Jerusalem, Flüchtlinge, Siedlungen, Sicherheitsregelungen, Grenzen, Beziehungen zu und Zusammenarbeit mit anderen Nachbarn sowie andere Fragen gemeinsamen Interesses. Beide Parteien verpflichten sich, in den Interimsgesprächen keine *unilateralen Schritte* zu unternehmen, die den dauerhaften Status vorwegnehmen oder beeinflussen könnten.[151]

---

[149] Vgl. Abkommen zwischen Israel und der Palästinensischen Befreiungsbewegung über befristete Selbstverwaltung, unterzeichnet in Washington am 13. September 1993, in: Europa-Archiv, (1993) 24, S. D 527.
[150] Vgl. Ebd., S. D 527-529.
[151] Vgl. Ebd., S. D 528.

Verhandlungen mit den Palästinensern

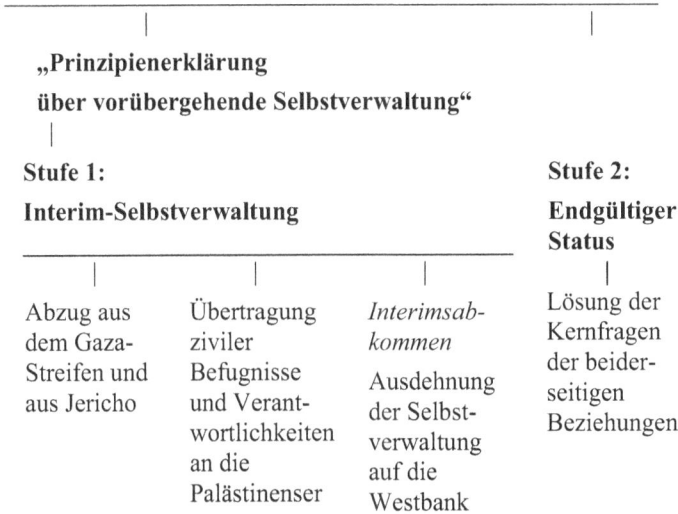

„Prinzipienerklärung über vorübergehende Selbstverwaltung"	

Stufe 1: Interim-Selbstverwaltung			**Stufe 2:** Endgültiger Status
Abzug aus dem Gaza-Streifen und aus Jericho	Übertragung ziviler Befugnisse und Verantwortlichkeiten an die Palästinenser	*Interimsab-kommen* Ausdehnung der Selbst-verwaltung auf die Westbank	Lösung der Kernfragen der beider-seitigen Beziehungen

Abbildung 2: Diagramm über die Planungen für den israelisch-palästinensischen Friedensprozeß (Quelle: Eigene Zusammenstellung, nach der Vorlage in: http://www.israel.de).

Die öffentliche Ordnung und Sicherheit der Palästinenser in den autonomen Gebieten stellt eine dem Rat bzw. bis zu dessen Einsetzung der *Exekutivbehörde* zu unterstellende Polizeitruppe sicher, die von Israel die entsprechenden Befugnisse und Verantwortlichkeiten erhält. Für die äußere Verteidigung, die Außenpolitik, die Sicherung der Außengrenzen, die Sicherheit der israelischen Bürger und die Sicherung der nach wie vor bestehenbleibenden Siedlungen ist Israel weiterhin zuständig.[152]

Zur Förderung der gemeinsamen Beziehungen wird eine wechselseitige Zusammenarbeit in den Bereichen Handel, Wirtschaft, Sozialpolitik, Kultur, Tourismus, Landwirtschaft, Entwicklungshilfe und Telekommunikation sowie Infrastruktur vereinbart. Dazu werden ein Verbindungsausschuß – *Gemeinsamer Lenkungsausschuß* – sowie gemeinsame Kommissionen mit Ägypten und Jordanien zuständig sein. Es ist zudem vorgesehen, einen *Nahost-Entwicklungs-fond*, eine Entwicklungsbank, einen *Agrarentwicklungsplan*, einen *regionalen*

---

[152] Vgl. Ebd., S. D 529.

Entwicklungsplan für Tourismus, Verkehr und Telekommunikation sowie einen *Regionalplan* für die Übertragung, Verteilung und Nutzung von Gas-, Öl- und anderen Energiquellen einzurichten. Obwohl die Konfliktparteien zentrale Forderungen wie ein Palästinenserstaat, der Fortbestand der Siedlungen, die Jerusalem-Frage und die Flüchtlingsfrage auf die Verhandlungen über den endgültigen Status verschoben wurden, wurde in der *Grundsatzerklärung* doch ein wesentlicher politisch-ökonomischer Fortschritt und die Errichtung der Autonomie erreicht.

Nach dem symbolischen Höhepunkt, dem Händedruck zwischen Rabin und Arafat auf dem Rasen des Weißen Hauses, und der Ratifizierung durch die Parlamente begann die Umsetzung der ersten Schritte des Grundsatzabkommens. Widerstand gegen die Räumung des Gaza-Streifens und der Stadt Jericho kam besonders von der israelischen Opposition. *Likud*-Chef Benjamin Netanyahu verteufelte die Rabin-Politik und bezeichnete sie als *„Verrat"* an der *„jüdischen Sache"*. Der Prozeß werde scheitern und zu einem deutlichen Anstieg von Gewalt und Terror im Nahen Osten beitragen, sprich zu einer *Spirale der Gewalt* führen. Trotz der Weisung Netanyahus, gegen den Vertrag zu stimmen, enthielten sich drei *Likud*-Abgeordnete der Stimme.[153]

Rabin und Peres verteidigten ihren historischen Schritt mit der Argumentation, dem Frieden nach fünf blutigen und verlustreichen Kriegen in der Region eine Chance zu geben. Die PLO habe dem Terror abgeschworen, nun müsse die Selbstverwaltungsbehörde zeigen, daß sie in der Lage sei, dem Terror Einhalt zu gebieten, wenn nicht, werde der weitere Verhandlungsprozeß sofort abgebrochen. Doch auch im palästinensischen Lager deutete sich der erste Widerstand an. *Hamas* und *Dschihad* lehnten das *Osloer Rahmenwerk* ab und kündigten an, den aufkeimenden Friedensprozeß in der Region durch Gewalten beenden zu wollen. Die Abmachung, *„eine reine Mogelpackung"*, bedeute den *„Ausverkauf"* der Palästinenser. Nun mußten die friedenswilligen Kräfte beider Seiten beweisen, daß sie in der Lage waren, dem *Frieden* eine Chance zu geben.

4.3. Das 'Gaza-Jericho-Abkommen'
4.3.1. Der steinige Weg zum 'Gaza-Jericho-Abkommen'
Im Oktober 1993 begannen die Gespräche über die *erste Phase* des Osloer Friedensprozesses, die Autonomie des Gaza-Distriktes und der

---

[153] Vgl. zu den Ansichten Netanyahus zu Beginn des Friedensprozesses, Netanyahu, Benjamin: Der neue Terror. Wie die demokratischen Staaten den Terrorismus bekämpfen können, München 1996, S. 121-47.

Stadt Jericho. Schon bald wurde deutlich, daß Israel und der PLO wegen der Detailliertheit der Problematik der vereinbarte Zeitraum von drei Monaten nicht reichen würde und sich damit auch die in neun Monaten geplanten palästinensischen Wahlen verzögern würden. Im Januar 1994 schlossen Israel und die PLO-Führung einen Vertrag über die gemeinsame Überwachung der Grenzübergänge vom Gazadistrikt und von Jericho nach Jordanien und nach Ägypten. Die bis dahin umstrittene Größe des autonomen Gebiets um Jericho legten die Größe des autonomen Gebiets um Jericho auf 55 km²[154] zurück.

Zusätzlich belastete eine Serie von Gewaltakten das Gesprächsklima. Was war geschehen? Am 25. Februar 1994 hatte der jüdische Extremist Baruch Goldstein in einer Moschee der Westjordan-Stadt Hebron auf betende Araber geschossen und 29 von ihnen getötet. Goldstein wurde in der Moschee von aufgebrachten Palästinensern getötet. Der Anschlag ging auf das Konto eines Sympathisanten der jüdisch-extremistischen Bewegungen *Kach und Kahane Chai*, die die Regierung tags darauf verbot und auf die Tätigkeit in diesen Extremistengruppen hohe Gefängnisstrafen androhte.

Lexikon: Jüdischer Extremismus
Nicht minder gefährlich als die islamistischen Terrorgruppen sind die jüdischen Extremisten, die sich seit dem *Sechs-Tage-Krieg* von 1967 vor allem unter den jüdischen Siedlern im Gazadistrikt und im Westjordanland, aber auch innerhalb der israelischen Rechten nach dem israelischen Libanonfeldzug von 1982 herausbildeten. Einen weiteren Fundus für jüdische Extremisten bilden die orthodoxen Splittergruppen in Israel. Den Nährboden für das Aufkommen extremistischer Strömungen bereiteten die israelischen Regierungen von der Arbeitspartei unter Levi Eschkol, 1967/68 bis zur *Likud*-Regierung Benjamin Netanyahus im Jahre 1998.

Mit der völkerrechtswidrigen Besiedlung der arabischen Gebiete – im Sprachgebrauch der Juden *Judäa und Samaria* genannt – legten sie die Grundlage für die Siedlerbewegung *Gusch Emunin*, eine militant-jüdische Extremistenorganisation, die Jagd auf Palästinenser machte. Aus ihr gingen – nach Bekanntwerden der Tempelbergverschwörung und dem darauffolgenden Verbot – die Bewegungen *Kach* und *Kachane Kach* hervor, die jegliche Verständigung mit den Arabern ablehnten und ein *Großisrael* (*eretz Israel*) forderten. Desweiteren sei an dieser Stelle die Partei *Moledet* (*Vaterland*) genannt, die mit ihren

---

[154] Vgl. die Angaben in: Harenberg Länderlexikon '94/95, S. 196.

Mandaten in der Knesset meist die konservativen *Likud*-Regierungen stützte.[155]

Durch das Attentat Goldsteins in Hebron unterbrach die PLO-Führung die Gespräche bis April. Viel tragischer als die Gesprächspause war die Reaktion der islamistischen Gruppen, die das Attentat auslöste. Allein von April bis Oktober 1994 starben bei Selbstmordanschlägen von *Hamas* und *Dschihad* 37 Menschen, etwa 200 wurden verletzt. Zeitgleich nahmen die Provokationen der jüdischen Siedler und der sie stützenden Gruppierungen zu. Doch dann konnte durch Vermittlung von US-Präsident Bill Clinton, Ägyptens Staatschef Hosni Mubarak und Jordaniens König Hussein II. ein Kompromiß gefunden werden, der in letzter Minute fast durch die Weigerung Yassir Arafats verhindert worden wäre. Nachdem sich die israelischen Truppen im Mai aus Gaza und im Juni aus Jericho zurückgezogen hatten, errichtete die PLO im Juli ihre Selbstverwaltungsbehörde und übernahm damit nach 27 Jahren israelischer Besatzung die ersten okkupierten Gebiete. Im Juli 1994 kehrte Arafat aus dem Exil in Tunis zurück und verlegte den Hauptsitz der PLO zu dem der palästinensischen Selbstverwaltungsbehörde nach Gaza.

4.3.2. Grundsätze und Systematik des 'Gaza-Jericho-Abkommens'
Das 'Gaza-Jericho-Abkommen' unterzeichneten am 4. Mai 1994 in Kairo von Ministerpräsident Rabin und PLO-Chef Arafat – durch Gegenparaphen der Präsidenten Mubarak (Ägypten) und Clinton (USA) sowie König Hussein II.

Das Vertragswerk setzt sich wie folgt zusammen:
(1) einem Grundvertrag aus 16 Artikeln;
(2) vier Anhängen: I: Abzug der israelischen Truppen aus Gaza und Jericho und
Sicherheitsfragen, II: zivilen Angelegenheiten, III: rechtlichen Angelegenheiten, IV: wirtschaftlichen Beziehungen;
(3) einem Briefwechsel Rabin-Arafat über die weitere gegenseitige Anerkennung;
(4) sechs Karten zum Gazadistrikt und der Stadt Jericho.[156]

Gemäß des Sicherheitskonzeptes für den Gazadistrikt und das Gebiet Jericho wurden diese Territorien von einer israelischen „*Sicherheits-*

---

[155] Zit. nach: Mittlemann, Alan: Jüdischer Fundamentalimsus. Religion, Politik und die Transformation des Zionismus, in: KAS-Auslandsinformationen, (1996) 9, S. 35 f.
[156] Vgl. das Dokument in: Agreement o the Gaza Strip and the Jericho Area, May 4, 1994, in: (*http://www.israel.de*).

hülle" umgeben sein. Die „*Hülle"* soll die Sicherheit vor äußeren Bedrohungen entlang der Grenze gewährleisten. Die Verantwortung für die innere Sicherheit ist zwischen Israel und den Palästinensern aufgeteilt. Während Israel für die Siedlungen und für die Israelis zuständig bleibt, ist die Palästinenserpolizei nunmehr für die innere Sicherheit der Palästinenser und die öffentliche Ordnung in beiden Gebieten verantwortlich.[157]

Der *Sicherheits- und Abzugs-Anhang* umfaßt grundlegende Bestimmungen für die weiteren bilateralen Beziehungen: Als Teil der Vereinbarung müssen die israelischen Verteidigungsstreitkräfte aus dem Gazadistrikt und dem Gebiet um Jericho in Zusammenarbeit mit dem neuzuschaffenden Ausschuß für Koordination und Kooperation abgezogen werden. Die israelischen Verteidigungskräfte werden in spezielle Gebiete wie die Militärzone entlang der ägyptischen Grenze oder in die israelischen Siedlungen verlegt, um den Sicherheitsaufgaben gemäß des Abkommens gerecht zu werden. Das Abkommen schließt Regelungen zum Schutz der israelischen Siedlungen und der Siedlungsblöcke im Gazadistrikt ein. Die israelische Armee wird zum Schutz des Blocks Patrouillen entlang des Zauns und um den gesamten Block unternehmen. Ein Teil des palästinensischen Landes, das die Siedlungen umgibt, bleibt unter israelischer Sicherheitsverantwortung und unterliegt einigen Einschränkungen hinsichtlich Baumaßnahmen.

Israel hat die operationale Befugnis für die Sicherheit von Israelis, die auf den Hauptstraßen zwischen den Siedlungen und den angrenzenden Gebieten reisen. Israel behält an allen Übergangsstellen die Kontrolle und Aufsicht über die Einreise von Personen und Fahrzeugen sowie die Einfuhr von Waffen. Bei Israel verbleibt die Kontrolle zur Sicherheit in der Luft und zur See. Israel wird tagsüber den sicheren Transit des palästinensischen Personen- und Güterverkehres zwischen den Gaza-Distrikt und dem Gebiet um Jericho garantieren. Die palästinensische Polizei wird unter der Aufsicht der palästinensischen Behörden eingesetzt und ist für die innere Sicherheit und die öffentliche Ordnung zuständig. Sie wird in Gaza und Jericho 9000 Polizisten umfassen, von denen 7000 von außerhalb der Gebiete kommen können. Etwa 5000 palästinensische Gefangene, die nicht an anti-israelischen Terroranschlägen mit tödlichem Ausgang beteiligt waren, werden freigelassen. Die Rechtsprechung der palästinensischen Rechtsbehörde erstreckt sich auf alle Angelegenheiten, die – wie in den Abkommen beschrieben – unter ihre territoriale, funktionale und

---

[157] Vgl. Ebd., S. 3.

personelle Hoheit fallen. Sie erstreckt sich nicht auf israelische Bürger, israelische Siedlungen oder alle Verantwortungsbereiche, die den Palästinensern nicht übertragen wurden, z.b. die äußere Sicherheit.[158]

Gemäß des Abkommens werden Israel und die palästinensische Behörde ihre Einfuhrbestimmungen des Imports und der Zölle ähnlich gestalten. Die palästinensische Behörde kann darüber hinaus beiderseitig zu vereinbarende Güter zu Zöllen, die von den in Israel geltenden abwichen, importieren. Sie kann auch in begrenzter Menge Güter aus arabischen Staaten einführen. Für Güter, die in den Selbstverwaltungsgebieten produziert werden, wird es freien Warenverkehr geben. Landwirtschaftliche Güter aus den Autonomiegebieten können frei nach Israel eingeführt werden, mit Ausnahme von Gurken, Tomaten, Kartoffeln, Eiern und Geflügel, für die Importquoten gelten. Touristen können sich frei zwischen Israel und den palästinensischen Autonomiegebieten bewegen. Das Leitprinzip im Bereich der Arbeit besteht darin, Arbeitskräften beider Seiten Freizügigkeit zu ermöglichen. Die Rechte der in Israel beschäftigten Palästinenser bleiben bestehen, bis die palästinensische Behörde ein eigenes System der sozialen Sicherung geschaffen hat.[159]

Mit dem 'Gaza-Jericho-Abkommen' wurde erstmalig ein detailiertes Ausführungsprotokoll der Grundsatzerklärung geschaffen. Der Friedensprozeß konnte in seine erste entscheidende Phase treten. Auch die Verhandlungen mit den arabischen Nachbarstaaten erreichten nun wieder substantielle Fortschritte. Vor allem mit Jordanien stand noch im gleichen Jahr ein Friedensabkommen an. Leider wurden die mühsamen Fortschritte immer wieder durch Terroranschläge blockiert. Im Spätsommer und Herbst 1994 sabotierten die palästinensischen Terrorakte einerseits und der Widerstand der jüdischen Siedlerverbände andererseits den ohnehin schwierigen israelisch-palästinensischen Gesprächsprozeß. Nach der Entführung des israelischen Soldaten Nachschon Wachsmann und dem gescheiterten Befreiungsversuch durch israelische Spezialeinheiten sowie eine neuen Terrorwelle von *Hamas* und *Dschihad* kamen die Verhandlungen vollständig zum Stillstand. Es schien, als ob Gazadistrikt und Jericho die einzigen Gebiete bleiben sollten, die die Palästinenser je kontrollieren würden.[160]

Premier Yitzhak Rabin forderte von PLO-Chef Yassir Arafat umfassendere Sicherheitsabmachungen und ein sofortiges Ende des Terrors. In dieser Situation zeigten sich Ägypten und Israels neuer Friedens-

---

[158] Vgl. Ebd., S. 4.
[159] Vgl. Ebd., S. 5.
[160] Vgl. Ebd., S. 6.

partner Jordanien als Retter in der Not, indem sie begannen, zwischen Israel und der PLO verhandeln. Arafat begann nun endlich mit einer umfassenden und vor allem wirkungsvollen Terrorbekämpfung. Rabin und Peres wurden vom Inlandsgeheimdienst *Schin Beith* über Arafats Anstrengungen informiert. Die israelische Regierung ging entschiedener gegen die jüdischen Extremisten vor. Der *nahöstliche Friedenszug* drohte nun nicht mehr zu entgleisen, sondern kam wieder in Gang. Auf dieser Basis begann die weitere Umsetzung der *Osloer Grundsatzerklärung* in der in mehrere Schritte gegliederten zweiten Phase des Friedensprozesses.

4.3.3. Die Zweite Osloer Erklärung

Zum ersten Jahrestag der Unterzeichnung des Osloer Grundsatzabkommens bestand zunächst Grund zum Feiern: Der israelische Außenminister Shimon Peres und Palästinenserpräsident Yassir Arafat trafen am 12. und 13. September in Oslo zusammen, um den historischen Handschlag von Yitzhak Rabin und Yassir Arafat im Rosengarten des Weißen Hauses zu feiern.[161]

Dabei kam es zur Unterzeichnung der *Zweiten Osloer Erklärung*, deren wichtigsten Ziele geradezu wie ein Jahrhundertwerk anmuteten: Die Prinzipienerklärung und das *Grundsatzabkomen* waren vollständig zu implementieren. Die Sicherheitslage in Israel und in den Palästinensergebieten galt es zu verbessern. Arafat und Peres riefen die Geberstaaten zur Übernahme der palästinensischen Verwaltungskosten auf. Die kontroversen Fragen des *Palästina-Konflikts* wurden ausgeklammert und auf die *Endstatusgespräche* vertagt. Dagegen galt es, die noch offenen Fragen zur Sicherheitslage, zur Finanzierung der Autonomieverwaltung und zur Erweiterung der Autonomie auf das Westjordanland in der folgenden Gesprächsrunde zu klären.[162]

4.3.4. Siedlungsbau unter der Regierung Rabin/Peres

Trotz des international allgemein gewürdigten und im Herbst 1994 feierlich mit der Verleihung des Friedensnobelpreises an Rabin, Peres und Arafat gefestigten *Oslo-Friedensprozesses* hatte die Friedenspolitik der Regierung Rabin-Peres auch ihre Schattenseiten: Die Rabin/Peres-Regierung sorgte für eine deutliche Forcierung des Siedlungsbaus in den Palästinensergebieten, in einer Intensität, die noch keine israelische Regierung zuvor auf diese Weise betrieben hatte. In der Westbank, dem *Kernland* von *eretz Israel (Großisrael)*,

---

[161] Vgl. dazu, Bundesministerium für auswärtige Angelegenheiten der Republik Österreich (Hrsg.): Jahrbuch der österreichischen Außenpolitik. Außenpolitischer Bericht 1994, Wien 1995, S. 150/51.
[162] Vgl. Ebd.

verschärfte der Ausbau der bereits bestehenden Wohnanlagen trotz eines von ihr selbst 1992 erlassenen *Siedlungsstopps*. Die Zahl der Siedler stieg von 112 000 (1992) auf über 150 000[163] an.

Beachtung fand dieser Aspekt kaum, denn die Haupttraktanden der Weltpolitik kümmerten sich größtenteils um die Erfolge in der Friedenspolitik, übersahen aber, daß der *Siedlungsstopp* nicht den Ausbau bereits existierender Wohnkomplexe vorsah und überdies der Großraum Jerusalem von dieser Regelung ausgenommen war. Rabins Sicherheitsminister Moshe Schahal brachte es bereits einen Tag nach der Unterzeichnung der Grundsatzerklärung auf den Punkt, in dem er äußerte: *„Was bisher nicht legal war, ist nunmehr legitim. Die DOP* (Grundsatzerklärung, der Autor) *garantiert den ungestörten Ausbau der Siedlungsanlagen in Judäa und Samaria".*[164] Wie tragisch, daß ausgerechnet ein Angehöriger der sozialdemokratisch geführten Regierung des jüdischen Staates eine solche Auffassung vertrat. Den Verhandlungen über die Übergabe der zivilen Befugnisse in der Westbank erbrachten diese Auffassung keine Nachteile. In einem ersten Schritt tasteten sich Israel und die PLO auf die Autonomie Westjordaniens vor.

4.4. Die Abkommen über die vorzeitige Übertragung von Befugnissen und Verantwortlichkeiten

4.4.1. Grundsätze und Systematik
Israel und die PLO verständigten sich auf zwei Abkommen, die die palästinensische Autonomie in zivilen Aufgaben und Verantwortlichkeiten regelten und in entscheidendem Maße erweiterten:

a) das Protokoll von Erez vom 29. August 1994[165];
b) der Vertrag über die schrittweise und vorbereitende Übertragung von Befugnissen und Verantwortlichkeiten vor dem Interimsabkommen vom 27. August 1995.[166]

Die Verträge sind jeweils nach einem *Rahmenwerk* mit Anhängen zum jeweiligen Fachgebiet versehen. Mit diesen beiden Verträgen wird *die zweite palästinensische Autonomiephase* eingeleitet.

---

[163] Die Angaben sind entnommen: Paech, Norman: Das verlorene Territorium des palästinensischen Staates. Israels Siedlungspolitik nach dem Oslo-Abkommen, in: Blätter für deutsche und internationale Politik, (1996) 10, S. 1260.
[164] Zit. nach: Ebd.
[165] Vgl. das Dokument in, Israel Ministry of Foreign Affairs: Agreement on Preparatory transfer and of powers and responsibilities, August 29, 1994 (*http://www.israel.org*).
[166] Vgl. das Dokument in: Israel Ministry of Foreign Affairs: Protocol on further transfer of powers and responsibilities, August 27, 1995 (*http:/www.israel.org*).

In den von *Abu Ala* (Palästinensische Behörde) und Israels Finanzminister Avraham Schochat unterzeichneten *Erez-Abkommen* geht die
Verantwortung von Israel auf die Palästinenserbehörde in 13 Bereichen über:

1. Erziehung und Kultur;
2. Gesundheitswesen;
3. Tourismus;
4. direkte Besteuerung;
5. indirekte Besteuerung;
6. Arbeit und Sozialordnung;
7. Handel und Industrie;
8. Erdöl- und Erdgasversorgung;
9. Versicherungsangelegenheiten;
10. Post und Telekommunikation;
11. Bauwesen und Infrastruktur;
12. Kommunale Angelegenheiten;
13. Landwirtschaft.

Die funktionale Ausgestaltung[167] dieser Autonomie soll an einigen
ausgewählten Beispielen verdeutlicht werden: Die Palästinenser
übernehmen die Verantwortung für die höhere Bildung und Spezial-
schulen, für kulturelle und pädagogische Aus- und Fortbildungsmaß-
nahmen, Institute und Programme für private und sonstige öffentliche
sowie pädagogische und kulturelle Maßnahmen und Einrichtungen.
Die Übertragung von Kompetenzen im Bereich Bildung und Kultur
erfolgte, um es der Palästinensischen Behörde zu ermöglichen, ihre
Planung zu Beginn des neuen Schuljahres in Kraft zu setzen.

Die Palästinenser erhalten desweiteren die Vollmacht über öffentliche
und private Organisationen und Einrichtungen, einschließlich wohl-
tätiger Vereine sowie ehrenamtlicher und gemeinnütziger Organisationen. Die Regelung, Zulassung, Einstufung, Überwachung und Entwicklung der Tourismusindustrie gehört ebenfalls zum Zuständig-
keitsbereich der Palästinenserbehörde. Die Verträge sehen die Übertragung von Befugnissen im Bereich der direkten Besteuerung vor.
Die Palästinensische Behörde wird eine Finanzverwaltung zur Erhe-
bung der Einkommenssteuer aufbauen. Die Vermögenssteuer wird
von Israel erhoben und an die Palästinensische Behörde weitergeleitet.

---

[167] Die Übernahme von Verwaltungssektoren durch die Autonomieregierung
klassifizieren Friedrich Schreiber und Michael Wolffsohn als „Early Empower-
ment". Sie bilden in funktionaler Hinsicht den Übergang zu den Verhandlungen
über die zweite Autonomiephase. Vgl. Schreiber, Friedrich/Wolffsohn, Michael:
Nahost. Geschichte und Struktur des Konflikts, 4., aktualisierte Auflage, Opladen
1996, S. 368.

Es wurde vereinbart, der palästinensischen Behörde den Bereich der indirekten Besteuerung (Mehrwertsteuer) zu übertragen, um einen ausgeglichenen Haushalt zu gewährleisten. Auf lokale Erzeugnisse wird im Westjordanland – außer in den Siedlungen und den Militärbasen – Mehrwertsteuer erhoben. Dieser Bereich wurde ergänzt, um den Ausfall an Steuereinnahmen während des palästinensischen Besteuerungsystems auszugleichen.[168]

Das *Abkommen vom 27. August 1995* beinhaltete nicht nur die inhaltliche Erweiterung der Befugnisse der Palästinensischen Exekutivbehörde, sondern auch die funktionale Erweiterung der Zivilverwaltung auf das Westjordanland. Die PLO-geführte Behörde verfügte damit über alle inneren Zivilbefugnisse, die ein staatliches Gemeinwesen inne hat. Sie hatte z.B. das Recht, selbst Steuern zu erheben (wie nach deutschem Verständnis die Mehrwertsteuer, der Autor), eigene Briefmarken zu drucken oder Ertragsquoten für die landwirtschaftliche Nutzung festzusetzen.[169]

Der Abschluß der Verträge zur Übertragung der Zivilverwaltung belebte den durch palästinensischen Terror und den Widerstand der Siedlerverbände ins Schleudern geratenen Friedensprozeß wieder. Israelis und Palästinenser setzten nach einer fast halbjährlichen Pause wieder den in Oslo eingeschlagenen Weg fortsetzen. In der angespannten Situation der Jahreswende 1994/95 brachte – wie so oft im nahöstlichen Friedenspoker – ein Gipfeltreffen den letzten Impuls für die anstehenden großen Verhandlungsrunden der zweiten Phase.

4.4.2. Die Kairoer Erklärung

Zu diesem Gipfeltreffen im Februar 1995, dem ersten der Spitzenpolitiker aus Israel und seiner Friedenspartner aus Ägypten, Jordanien und den palästinensischen Gebieten, hatte der ägyptische Staatschef Mubarak geladen. Dem stockenden Friedensprozeß im Nahen Osten sollten wieder neue Impulse verliehen werden. Außerdem galt es, den verzögerten israelisch-palästinensischen Verhandlungen über das zweite Autonomieabkommen für die Westbank und den Gazadistrikt neuen Auftrieb zu geben.[170]

---

[168] Vgl. dazu, Botschaft des Staates Israel in der Bundesrepublik Deutschland (Hrsg.): Abkommen über die vorbereitende Übertagung von Kompetenzen und Verantwortung vom 29. August 1994. Hauptpunkte, Bonn 1994, (*http://www.israel.de*).
[169] Vgl. Ebd.
[170] Vgl. dazu das Dokument in: Kommunique über das Gipfeltreffen zwischen dem ägyptischen Staatspräsidenten, Hosni Mubarak, König Hussein von Jordanien, dem israelischen Ministerpräsidenten, Yitzhak Rabin, und dem PLO-Vorsitzenden, Yasser Arafat, am 2. Februar 1995 in Kairo, in: Internationale Politik, 50 (1995) 7, S. 109/10.

Die Beteiligten – Israels Ministerpräsident Yitzhak Rabin und Außenminister Shimon Peres, Jordaniens König Hussein II., Ägyptens Präsident Hosni Mubarak und der PLO-Vorsitzende Yassir Arafat verabschiedeten eine *Deklaration*, die für das laufende Jahr 1995 zentrale Bedeutung hatte: Die beteiligten Parteien verpflichteten sich zu Frieden, Stabilität und einer Konsolidierung des Friedensprozesses im Nahen Osten. Sie sahen den *Friedensprozeß* als für die politische Stabilität im Nahen Osten emminent wichtig an. Sie betonten ihre Gesamtverantwortung für *Frieden* und *Stabilität* in der Region. Israel und die arabischen Akteure verurteilten jede Form des Terrorismus und erklärten sich zu seiner wirksamen Bekämpfung bereit. Sie bekundeten das Recht Israels wie der arabischen Parteien auf Frieden und Stabilität in der Region des Nahen Ostens. Die Beteiligten bekundeten ihr Interesse an der erfolgreichen Fortführung der *Verhandlungen über die multilateralen Aspekte*, besonders zu den Aspekten Wasser, Terrorismusbekämpfung und wirtschaftliche Entwicklung in der Region. Dazu sollen weitere Arbeitsgruppen gebildet werden, die die Beschlüsse des *Kairoer Gipfels* anschließend umsetzen. Jordanien und Israel sowie Ägypten und Israel bekundeten den Willen, ihre bilateralen Beziehungen im Geiste der unterzeichneten Verträge und der beschlossenen Programme zu intensivieren.[171] Die Verhandlungen zur Ausgestaltung der bilateralen Beziehungen seien in Arbeitsgruppen zu intensivieren.

Israel und die PLO beschlossen, die Verhandlungen über das seit Herbst 1994 ausstehende *Übergangsabkommen* wiederaufzunehmen und besonders die Aspekte Land, *Sicherheit* und wirtschaftliche Beziehungen in den Unterausschüssen des *Gemeinsamen Lenkungsausschusses* zu intensivieren. Dazu sollen weitere Arbeitsgruppen beitragen. *Der Geist von Kairo* inspirierte besonders die Erzfeinde Israel und PLO, auf ihrem *Weg von Oslo* weiterzugehen und den verstrichenen Zeitplan dennoch zu realisieren. Denn wie hatte Yitzhak Rabin einst erklärt: *„Es gibt keine heiligen, in Stein gemeißelte Daten".*

4.5. Das Interimsabkommen und der Beginn seiner Umsetzung

4.5.1. Grundsätze

Die Verhandlungen über das Interimsabkommen – die *zweite Phase* des *israelisch-palästinensischen Dialogs* – hatten bereits im Juni 1994

---

[171] Vgl. das Dokument in: Kommunique über das Gipfeltreffen zwischen dem ägyptischen Staatspräsidenten, Hosni Mubarak, König Hussein von Jordanien, dem israelischen Ministerpräsidenten, Yitzhak Rabin, und dem PLO-Vorsitzenden, Yasser Arafat, am 2. Februar 1995 in Kairo, in: Internationale Politik, 52 (1997) 7, S. 109/110.

begonnen – unmittelbar im Anschluß an die Unterzeichnung des 'Gaza-Jericho-Abkommens'. Doch führten Terroranschläge israelischer und palästinensischer Terroristen und unüberbrückbare Streitigkeiten der Verhandlungspartner schon im Herbst 1994 zu einer Krise und zur Stagnation des Verhandlungsprozesses. Besonders die fortgesetzten *Hamas*-Terrorakte ließen bei Premier Rabin Zweifel aufkommen, ob der eingeschlagene Weg der richtige sei. Er forderte von Yassir Arafat mehr als nur Lippenbekenntnisse, er wolle erst konkrete *Anti-Terror-Maßnahmen* sehen, bevor es weitere Fortschritte geben könne. Arafat verwies stets auf das Selbstbestimmungsrecht des palästinensischen Volkes.

Als Arafat dieser Aufforderung jedoch nachkam und der Kairoer Gipfel Fortschritte mit den arabischen Nachbarstaaten erbrachte, gab Rabin Peres grünes Licht, die Autonomievereinbarung für die Westbank auszuhandeln. Nach Grundsatzeinigungen im Juli und August 1995 verständigten sich Peres und Arafat auf ein 400 Seiten starkes Papier, das sie am 22. September im ägyptischen Taba paraphierten und der Presse vorlegten. Nach der Ratifikation durch die Kabinette unterzeichneten Ministerpräsident Rabin und Palästinenserführer Arafat das *Übergangsabkommen* am 28. September 1995 im Weißen Haus in Washington. Es löste strukturell und jurisdiktionell die Grundsatzerklärung und die übrigen Vereinbarungen ab und bildete die rechtliche Grundlage für die Übergangsphase bis zum Abschluß eines *dauerhaften Friedensabkommens*.

Das Abkommen setzt sich wie folgt zusammen:
(1) dem Rahmenabkommen mit sechs Kapiteln und 70 Artikeln;
(2) sieben Anhängen: I: Rückzug und Sicherheitsfragen; II: Wahlen; III: Zivile Aufgaben; IV: Öffentliche Aufgaben; V: Wirtschaftsfragen; VI: Israelisch-palästinensische Zusammenarbeit; VII: Freilassung palästinensischer Gefangener;
(3) neun Karten zum Westjordanland und zum Gazadistrikt.[172]

Organisatorisch gab das *Übergangsabkommen* eine Vierteilung der *zweiten Phase* des Autonomieprozesses vor:
a) Durchführung der ersten Umgruppierungsphase der israelischen Truppen aus den Ballungszentren und 450 Ortschaften der Westbank;
b) Durchführung von Wahlen für eine palästinensische Volksvertretung und Beschluß der gewählten palästinensischen Körper-

---

[172] Vgl. das Dokument in: Interimsabkommen zwischen Israel und der Palästinensischen Befreiungsbewegung (PLO), unterzeichnet am 28. September 1995 in Washington (Zusammenfasung und Hauptpunkte), in: Internationale Politik, 52 (1997) 8, S. 80-85.

schaft, israelfeindliche Passagen aus der Palästinensischen National-charta zu streichen; Verabschiedung eines umfassenden Plans zur Terrorbekämpfung;

c) Abzug der israelischen Truppen aus den arabischen Vierteln von Hebron;

d) Durchführung der weiteren Truppenumgruppierung in den länd-lichen Gebieten der Westbank in drei Phasen und Aufnahme von Verhandlungen über den dauerhaften Status der Palästinensergebiete.

Das Interimsabkommen erweiterte die palästinensische Autonomie, die bisher nur im Gazadistrikt und im Gebiet Jericho galt, auf das gesamte Westjordanland. Ausgenommen waren die jüdischen Sied-lungen und die israelischen Militärbasen.

Die israelische Armee in der Westbank wird umgruppiert und zieht sich in einem noch festzulegendem Zeitraum aus dem Westjordanland zurück. Israel mußte vor den Palästinensischen Wahlen seine Streit-kräfte aus den *Ballungszentren* Dschenin, Tulkarem, Kalkilija, Nab-lus, Ramallah, Bethlehem, einigen Vororten Hebrons sowie 450 Städ-ten und Dörfern abziehen. Dies sind 27 % der Westbank. Israel behielt die Verantwortung über die *„globale Sicherheit"* der Region, die Außenpolitik, die Sicherheit der Außengrenzen sowie die Kontrolle über die jüdischen Siedlungen und die Militärbasen.[173]

Nach den Wahlen zum Autonomierat wird sich Israel aus der Stadt Hebron zurückziehen – sechs Monate nach Inkrafttreten des Interimsvertrages. Für Hebron wurde ein Kompromiß gefunden, dem in der dritten Teilphase der zweiten Periode ein Abkommen folgen soll. Vorgesehen war im Grundsatz ein israelischer Truppenrückzug in mehreren Phasen. Israelische Truppen fühlten sich in Hebron nur noch für die Sicherheit der 450 Siedler zuständig. Dafür waren gemeinsame Patrouillen vorgesehen. Israel bewachte jüdischen Häuser und die zu ihnen führenden Straßen. Innerhalb von sechs Monaten wird eine Umgehungsstraße für die Siedler errichtet. Eine vorübergehende internationale Präsenz war vorgesehen.

Nach den Wahlen zum Rat und dem Truppenrückzug aus Hebron wird sich Israel in drei weiteren Phasen binnen 18 Monaten aus weiteren Gebieten der Westbank zurückziehen. Der Umfang der Umgruppie-rung muß noch ausgehandelt werden. Das Westjordanland wird in drei Zonen aufgeteilt, von der je eine von Israel und den Palästinensern und eine gemeinsam kontrolliert wird: Unter Zone A sind die großen

---

[173] Vgl. Ebd., S. 81.

Städte unter palästinensischer Verwaltung mit gemeinsamen Patrouillen auf bestimmten Straßen zu verstehen, unter Zone B die kleineren Städte und 450 Ortschaften mit 68 % palästinensischer Bevölkerung unter gemeinsamer Verwaltung und unter Zone C die strategisch wichtigen Militärbasen, Grenzanlagen, Sicherheitszonen, die jüdischen Siedlungen und das unbesiedelte Land unter israelischer Kontrolle.[174]

Im Laufe der zweiten Autonomiephase und der weiteren Umgruppierungen werden innerhalb dieser Zonen Verschiebungen auftreten. Die Befugnisse der israelischen Zivilverwaltung werden – mit Ausnahme der Zuständigkeit für Außenpolitik und äußerer Sicherheit – weitgehend auf die Palästinenserbehörden übertragen. Dies betrifft vor allem die Wirtschaftslenkung, das Gesundheitswesen, die Kultur und den Tourismus, Steuerpolitik, Kommunalverwaltung, Außenwirtschaftsbeziehungen u.a. bereits in den vorbereitenden Abkommen geregelten Sektoren. Mit Inkrafttreten dieses *Interimsvertrages* gilt ein *provisorisches Autonomiestatut*, auf das sich die Palästinenser in Übereinstimmung mit der Autonomiebehörde einigen müssen.

Im Westjordanland, im Gazadistrikt und in Ostjerusalem wird ein Palästinensischer Rat von allen Palästinensern ab 18 Jahren gewählt. Dieser Palästinenserrat mit 88 Mitgliedern und sein Vorsitzender, der *Ra'es*, werden direkt bestimmt. Sein Mandat läuft am 4. Mai 1999 ab, an dem Tag, an dem formell die *Autonomie-Interimsphase* endet. Aus dem Rat geht eine palästinensische Regierung hervor. Die Wahlen finden 22 Tage nach dem Abschluß der ersten Umgruppierungsphase aus den Ballungszentren und den 450 Ortschaften statt. Bis zu den Wahlen und der Konstituierung des Rates nimmt die Exekutivbehörde für den Gazadistrikt und das Gebiet Jericho dessen Aufgaben kommissarisch wahr. Der Kompromiß des *Gemeinsamen Lenkungsausschusses* sieht vor, daß die Exekutivorgane als „*Ministerien*" und dessen Vorsitzender als „*Präsident*" bezeichnet werden. Palästinenser aus Jerusalem können durch Briefwahl teilnehmen, wenn sie einen doppelten Wohnsitz haben. Internationale Beobachter überwachen den Urnengang. Kandidaten für den Rat dürfen keine rassistischen Ansichten vertreten oder sich antidemokratisch verhalten. Alle Bürger, die seit mindestens drei Jahren in der Region leben, haben Anspruch auf die Bürgerrechte sowie das aktive und passive Wahlrecht.

Die palästinensische Polizei – insgesamt 40 000 Mann – wird mit der inneren Sicherheit und der öffentlichen Ordnung in den von Israel

---

[174] Vgl. Ebd., S. 81.

verlassenen Zonen beauftragt. Es werden 25 Polizeidienststellen geschaffen. Die Patrouillen der Palästinenser müssen mit Israel koordiniert oder gemeinsam durchgeführt werden. Die Polizei kann die Per-
sonalien der Israelis kontrollieren, sie aber keinesfalls festnehmen
oder festhalten. Damit wird es in Gaza und Westbank – weiter als
„untrennbare Einheit" verstanden werden – insgesamt knapp 50 000
Polizisten der Palästinenser tätig sein. Die Polizisten müssen sich als
die einzige Sicherheitsbehörde der Autonomiebehörde gegen Gewalt
und Terror äußern, das Tragen und den Besitz von Waffen durch
Zivilisten unterbinden und Personen, die Gewalt- und Terrorakte verüben, verfolgen und verhaften.

Die israelische Armee und Israelis dürfen sich weiterhin frei in Westbank und Gaza bewegen. Israelis dürfen sich im Gebiet A jedoch nur
mit palästinensischer Zustimmung und unter palästinensischer Beglei-
tung, bewegen. Es wird in polizeilicher, jurisdiktioneller und legislativer Hinsicht Rechtshilfe zwischen Israel und der Autonomiebehörde
hergestellt. Dies regelt die entsprechende Anlage des Abkommens.
Die Verantwortung über religiöse Stätten in Westbank und Gaza-
distrikt wird der palästinensischen Seite übertragen. Im Gebiet C wird
diese allmählich mit den weiteren Umgruppierungen übertragen, mit
Ausnahme der die *Verhandlungen über den Dauerstatus* betreffenden
Fragen. Beide Seiten achten und schützen die Rechte der Juden,
Christen, Muslime, Samaritaner und verpflichten sich, die heiligen
Stätten zu schützen, freien Zugang zu gewähren und die freie
Religionsausübung zu garantieren. Das Abkommen ermöglicht den
freien Zugang und die freie Religionsausübung an den heiligen Stätten
und legt die Zugangsregelungen für heilige Stätten in den Gebieten A
und B fest. Bezüglich Rachels Grab in Bethlehem und Josefs Grab in
Nablus sind Sonderregelungen enthalten, die freien Zugang und freie
Religionsausübung gewährleisten.

Das Abkommen legt fest, daß Israel und der entstehende Rat ihre
Aufgaben und Verantwortlichkeiten unter Beachtung der internationalen Normen im Bereich der Menschenrechte wahrnehmen und sich
von der Verpflichtung leiten lassen, ihre Mitmenschen zu respektieren
und Einschüchterung zu vermeiden. Israel beteiligt die Palästinenser
künftig an den *Wasserrechten* des Jordan. Für die nächsten fünf Jahre
werde der jüdische Staat in den Autonomiegebieten 28 Millionen m³
Wasser zur Verfügung stellen. Eine darüber hinausgehende Steigerung
wird von der verfügbaren Gesamtmenge abhängig gemacht. Zu deren
Verwaltung wird ein *Gemeinsames Wasserkomitee* gegründet. Endgültige Regelungen erfolgen im Rahmen der *abschließenden Gespräche*. Zur Überwachung des Wasserkomitees wird ein Oberaus-

schuß unter der Leitung der USA eingesetzt, der u.a. unkontrollierte Bohrtätigkeiten und die Durchsetzung von Normen regeln soll.

Israel läßt in mehreren Phasen weitere 6000 *palästinensische Gefangene* frei. Dies gilt für 1500 Personen kurz nach der Unterzeichnung, weitere 2000 vor der palästinensischen Wahl und den Rest während der weiteren Umgruppierungsphasen. Binnen zwei Monaten nach der Konstituierung des Autonomierates verpflichtet sich die Behörde, die *PLO-Charta* abzuändern, die zur Vernichtung Israels aufruft. Leitet die Autonomiebehörde diese Veränderung nicht wenigstens grundsätzlich ein, ist Israel zur Aussetzung der Umgruppierungen berechtigt. In erweiterter Form verpflichten sich Israel und die Palästinenser zur Zusammenarbeit im Wirtschaftsbereich. Dies betrifft die *Kooperation* in Industrie, Handel, Landwirtschaft, Wissenschaft, Bildung, Umweltschutz u.ä. Dazu werden weitere Einzelvereinbarungen getroffen.

4.5.2. Systematik

Das *Interimsabkommen* stellt in territorialer wie in funktionaler Hinsicht eine Erweiterung der bisherigen palästinensischen Selbstverwaltung dar.

Zum einen wird sich das bisher rein auf den Gaza-Distrikt und die Westbank-Stadt Jericho beschränkte Territorium weit mehr als 27 % erweitern, womit die Palästinenser einmal größtenteils unter Verwaltung einer arabischen Autonomieregierung unterliegen und Yassir Arafats Regierung in Etappen genügend Raum für die Umsetzung seines Traums vom Staat Palästina hat. Zum anderen erhalten die Palästinenser eine vollständig zivile Verwaltung übertragen und haben eigene Kompetenzen im Bereich der inneren Sicherheit und der territorialen Integrität. Die sehr fein differenzierte und gestaffelte Ausgestaltung der beiderseitigen Funktionen im Westbank durch seine zonale Aufteilung birgt aber auch Gefahren in sich: Indem das Kernland eines möglichen künftigen Palästinenserstaates in 450 Einzelgebiete wie ein *„Leopardenfell"* geteilt wird, entsteht ein *Flickenteppich*, den es zu regieren sich als sehr kompliziert erweisen dürfte. Besonders in der langfristigen Konzeption eines *dauerhaften Status* wäre es wichtiger gewesen, nicht kleine, zusammenhanglose Inseln, sondern logisch aufgebaute homogene Territorial-Strukturen zu etablieren. Doch als Haupthindernis erwiesen sich wieder einmal die *jüdischen Siedlungen* in der Westbank, die sich wie ein *Stachel* ins territoriale Fleisch der Araber spießen. Sie im *Übergangsstatus* aufzugeben, wäre innenpolitisch auch für eine von der Arbeitspartei angeführte Koalition in Israel unmöglich gewesen.

Dennoch bot der *Übergangsvertrag* trotz allem eine glänzende Basis für die Fortsetzung des in Oslo eingeleiteten Friedensprozesses. Mit Rabin und Peres waren erstmals israelische Politiker bereit, auf größere Teile von *eretz Israel* (*Großisrael*) zu verzichten. Den politischen „*Todesstoß*", den dieses *Rahmenwerk* der Ideologie von *eretz Israel* versetzte, bekundete Rabin bereits in seiner Regierungserklärung zur Ratifikation des Abkommens in der Knesset. „*Diese* (die Ideologie, der Autor) *könnt ihr vergessen*", rief er der national-konservativen Opposition zu, die seit Wochen damit begonnen hatte, mit Massenprotesten und der politischen Organisation ihrer Siedlerschergen Unruhe zu stiften. Und die Abstimmung in der Knesset mit 61:59 Stimmen fiel für die Regierungskoalition auch denkbar knapp aus. Es sollte der letzte große Triumph des Yitzhak Rabin sein, denn die Folgen seiner Entscheidung, *Heiliges Land* an die Palästinenser zurückzugeben, sollte dem Leben des Yitzhak Rabin unversehens ein Ende setzen. Die ersten Schritte des *Übergangs-abkommens* vollzogen sich jedoch bereits kurz nach dem Tode des Ministerpräsidenten. Er schaffte es, nicht nur mit den Palästinensern, sondern auch im Friedensdialog mit den arabischen Nationalstaaten entscheidend voranzukommen.

5. Der Friedensprozeß zwischen Israel und Jordanien

5.1. Die 'Common Agenda'
Schon seit langem hatten Israel und sein östlicher Nachbarstaat Jordanien ihre grundlegenden Differenzen beigelegt. Schon 1968 bot der damalige Premierminister Levi Eschkol König Hussein II. eine Verhandlungslösung an, die auf der Rückgabe von 98 % der West-bank im Tausch gegen *Sicherheit* und *Frieden* beruhte. Doch der Haschemitenherrscher schlug das Angebot aus Jerusalem aus, um die „*legitimen Rechte der Palästinenser*" zu gewährleisten. Obwohl sich Hussein im sog. *Schwarzen September* 1970 mit PLO-Chef Yassir Arafat überworfen und diesen aus Jordanien vertrieben hatte, so stellte er doch nie in Frage, daß ein *israelisch-palästinensischer Ausgleich* nur unter dem Einschluß der PLO möglich sei. Der sog. *Hussein-Plan* zur Schaffung einer Konföderation autonomer Regionen der West-bank mit dem Königreich Jordanien wurde sowohl von der PLO als auch von Israel verworfen.

Lexikon: Der *Schwarze September* 1970
Das Grundproblem besteht darin, daß die Palästinenser in Jordanien mit 60 % die Bevölkerungsmehrheit stellen, während nur 19 % Haschemiten und Beduinen leben.

Ein Versuch der seit dem Sechs-Tage-Krieg 1967 agierenden palästinensischen Terrorgruppe PFLP, durch die Entführung von vier Verkehrsmaschinen nach Jordanien und Kairo die Verwirklichung des Plans des amerikanischen Außenministers William Rogers (Wiederherstellung des Waffenstillstands und Aufnahme von Verhandlungen durch den UNO-Bevöllmächtigten Gunnar Jaring gemäß der Sicherheitsratsresolution 242 mit sowjetischer Zustimmung) zu stören, veranlaßt Jordaniens König Hussein II., die Macht der *Fedajin*-Organisation im Haschemitenreich endgültig zu zerschlagen.

Es entsteht ein erbitterter Bürgerkrieg (*Schwarzer September*), in dessen Folge die Hussein treu ergebenen Streitkräfte und Beduinenverbände ein Massaker an den Arafat-Einheiten anrichten. Syrien interveniert zugunsten der Palästinenser, die USA deuten an, zugunsten Hussein II. eingreifen zu wollen. Schließlich vermittelt Ägyptens Präsident Gamal Abd El Nasser einen Waffenstillstand, dessen Folgeabkommen Arafats PLO einen privilegierten Status zusichert.

Ein Vergeltungsangriff jordanischer Streitkräfte auf Stützpunkte im Norden des Landes beendet endgültig die PLO-Präsenz im Königreich. Aus Rache ermordete die *Fedajin* 1972 Jordaniens Premierminister Wasfi al-Tall.[175]

Solange Israel die PLO nicht anerkenne, könne es keinen förmlichen Frieden mit Jordanien geben. Allerdings beteiligten sich die Haschemiten, die mit einer Palästinensermehrheit im Königreich zu kämpfen haben, nicht mehr am *Yom-Kippur-Krieg*. Stattdessen vertrat König Hussein eine neutrale Haltung, die er bis zum Golfkrieg 1991 beibehielt. Im stillschweigenden Einvernehmen mit Israel wurden die Beziehungen zum jüdischen Staat schrittweise normalisiert. Insgeheim trafen sich der König und jeder israelische Ministerpräsident seit 1953 zu Geheimgesprächen. Sein stillschweigender Ausgleichskurs mit Israel brachte König Hussein nicht nur Kritik im eigenen Land, sondern auch in der arabischen Welt ein. Dies störte ihn allerdings wenig, da er sich im Unterschied zu Ägypten an die Absprache hielt, vorerst nicht mit Israel zu paktieren.

Doch nach dem überraschenden *Osloer Abkommen* zwischen Israel und der PLO war die arabische Ablehnungsfront gegen den jüdischen Staat zum zweiten Mal durchbrochen. Die gegenseitige Anerkennung Israels und der PLO nutzte der Haschemitenherrscher, um nach Jahren des Wartens auf den Friedenszug aufzuspringen. Bereits einen Tag nach dem Abschluß des israelisch-palästinensischen Grundsatzab-

---

[175] Zit. nach: Berger, Johannes/Büttner, Friedemann/Spuler, Bertold: Nahost-Ploetz. Geschichte der arabisch-islamischen Welt zum Nachschlagen, Würzburg 1987, S. 127.

kommens unterzeichneten Kronprinz Hassan und der israelische Außenminister Shimon Peres in Washington eine *Gemeinsame Sub-Agenda* ('*Common Agenda*') als Fahrplan für die Verhandlungen zu einem Friedensschluß, die jetzt beschleunigt werden konnten. Ziel dieser Verhandlungen sollte es sein, unter Rückgriff auf das *Camp-David-Rahmenwerk* Frieden zu stiften. Entsprechend der *Madrider Initiative* und *des Rahmenwerkes von Camp David* solle der Frieden zwischen Israel und den arabischen Staaten und zwischen Israel und den Palästinensern hergestellt sein. Beide Seiten lassen sich von den Sicherheitsratsresolutionen 242 und 338 leiten, *„in allen ihren Teilen"*.[176]

In Übereinstimmung mit beiderseitigen Sicherheitsinteressen soll der Terrorismus in all seinen Formen bekämpft werden, die konventionellen und nicht-konventionellen Waffen unter gegenseitige Kontrolle gebracht werden, ein *beiderseitiger Verteidigungspakt* geschlossen werden und *die multilaterale Gruppe zur Rüstungskontrolle und Regionalen Sicherheit* gefördert werden. Stabilität und *Frieden* zwischen beiden Staaten sollen auf der Grundlage des Friedens, der gegenseitigen Achtung und des Vertrauens gefördert werden. In der komplizierten *Wasserfrage* wurden umfassende Verhandlungen und eine detaillierte Aufteilung der Wasservorräte vereinbart. Es werden sichere Grenzen geschaffen werden, wobei einige 1967 unter israelische Kontrolle gekommene jordanische Gebiete zurückgegeben werden sollen. Beide Parteien einigen sich über eine völkerrechtlich gültige Grenze. Es werden außerdem Felder der bilateralen *Kooperation* benannt: Wasser, Energie und Umwelt, Demographie, Arbeit, Gesundheit, Erziehung, Drogenkontrolle, Luft- und Landtransport, Kommunikation, Industrie, Wirtschaft und Handel, einschließlich des Tourismus.[177]

Schon diese einfache Agenda beweist, daß der *israelisch-jordanische Frieden* viel tiefer und *wärmer* sein würde als je der israelisch-ägyptische. Sowohl Israel als auch Jordanien hatten die Konföderationsidee der *jordanischen Option* aus den 80er Jahren endgültig ad acta gelegt. Doch noch mußten zahlreiche Streitpunkte aus dem Weg geräumt werden. Auch wollte König Hussein zunächst die ersten Schritte der palästinensischen Autonomie abwarten, ehe er den Friedensvertrag unterschreiben würde.

---

[176] Zit. nach: Israelisch-jordanische Agenda, unterzeichnet am 14. September 1993 in Washington, in: Volle, Angelika/Weidenfeld, Werner (Hrsg.): Frieden im Nahen Osten?. Chancen, Gefahren, Perspektiven, Bonn 1997, S. 183.
[177] Vgl. Ebd.

5.2. Die Erklärung von Washington

Die Zeit für den endgültigen israelisch-jordanischen Frieden reifte heran, als Israels Ministerpräsident Rabin und PLO-Chef Arafat am 4. Mai 1994 das Abkommen zur Implementierung der Autonomie im Gazadistrikt und im Gebiet Jericho unterzeichnet hatten und sich Israel aus diesen Gebieten zurückgezogen hatte und die Palästinenserbehörde ihre Arbeit im Juli aufgenommen hatte, stand den Verhandlungen beider Länder nichts mehr im Wege.

Im Unterschied zum *Camp-David-Prozeß*, den die USA zwischen Israel und Ägypten initiiert hatten, wurde die Weltmacht bei dem *Pakt Jerusalem-Amman* nicht gebraucht. Ministerpräsident Rabin und König Hussein, der an *der Gaza-Jericho-Zeremonie* teilgenommen und den Frieden mit initiiert hatte, besaßen ein so gutes, auch persönliches Verhältnis, zueinander, daß sie allein mit den bilateralen Streitpunkten fertig wurden. Am 25. Juli 1994 konnte nach nur dreiwöchigen Gesprächen und einem Geheimtreffen Rabin/Peres-Hussein in Washington feierlich die Prinzipienerklärung zwischen dem israelischen Ministerpräsidenten und dem Haschemitenkönig unterschrieben werden.

Sie ist – im Gegensatz zu den komplizierten *Osloer* und *Camp Davider Vertragswerken* – ein einfaches und *übersichtliches Kompendium*, das die folgenden Prinzipien des Friedens enthält: Jordanien und Israel streben die Herbeiführung eines gerechten, dauerhaften und umfassenden Friedens in der Nahostregion an und wollen ein Friedensabkommen abschließen.[178] Beide Länder respektieren die Resolutionen 242 und 338 des UNO-Sicherheitsrates unter Berücksichtigung von Freiheit, *Frieden* und Gerechtigkeit. Israel respektiert die besondere Rolle Jordaniens hinsichtlich der moslemischen *Heiligen Stätten* in Jerusalem. Der Rolle Jordaniens soll bei den Verhandlungen über die *Palästinensische Finalität* ein hoher Stellenwert eingeräumt werden. Beide Länder anerkennen ihr Recht und ihre Pflicht, miteinander sowie mit allen Staaten innerhalb sicherer und anerkannter Grenzen friedlich zusammenzuleben. Beide Länder haben den Wunsch, gegenseitige gutnachbarschaftliche Beziehungen der Zusammenarbeit zu entwickeln, um dauerhafte Sicherheit zu gewährleisten und die Androhung und den Einsatz von Gewalt zwischen ihnen zu verhindern. Deshalb wird der Kriegszustand zwischen Israel und Jordanien für beendet erklärt.

---

[178] Das Dokument ist enthalten in: Washingtoner Erklärung über das Treffen zwischen König Hussein von Jordanien, dem israelischen Ministerpräsidenten, Yitzhak Rabin, und dem amerikanischen Präsidenten, Bill Clinton, am 25. Juli 1994, in: Internationale Politik, 52 (1995) 7, S. 78-81.

Keine Seite bedroht die andere Seite mit der Anwendung von Gewalt, den Einsatz von Waffen oder anderen Mitteln, und beide Seiten wenden Bedrohungen der Sicherheit ab, die aus terroristischen Aktivitäten jeglicher Art herrühren. Dies gilt besonders für den Drogenschmuggel. Beide Seiten verpflichten sich, die Teilagenden zu den Themen Grenzen, territoriale Angelegenheiten, Sicherheit, Wasser, Energie, Umwelt und *das Jordantal-Graben* in weiteren Verhandlungen zu einem Friedensvertrag umzuformulieren. Die Regierungschefs beider Länder werden sich regelmäßig, mindestens halbjährlich, treffen. Es besteht grundsätzliche Reisefreiheit für Bürger aus Drittstaaten zwischen Israel, Jordanien und den autonomen Gebieten der Palästinenser. Beide Seiten eröffnen zwei neue Grenzübergänge eröffnet sowie bauen Telefonverbindungen zwischen den beiden Staaten auf. Das Ziel sind Vereinbarungen über die Entwicklung solider Handelsbeziehungen und die Aufhebung aller Embargos im Rahmen *regionaler Pläne.*

Die Erklärung von Washington leitete den Frieden Israels mit dem zweiten *arabischen Frontstaat* im Nahen Osten und dem dritten Konfliktpartner nach Ägypten und der PLO ein. Das Dokument enthält einfache und ganz klare Äußerungen zur *bilateralen Relation*, ohne mit dem Verweis auf die Sicherheitsratsresolutionen 242 und 338 den Gesamtcharakter des Friedensprozesses außer acht zu lassen.

Israel hatte nicht nur einen weiteren Friedenspartner im Nahen Osten gefunden, sondern gewann einen Partner und Freund durch die Preisgabe nur marginalen Territoriums hinzu. Schließlich hatte es auch keine historischen Ansprüche auf das kleine jordanische Grenzgebiet. Für die Rabin/Peres-Regierung war der Friedensschluß nach dem historischen Durchbruch mit der PLO der vielleicht bedeutendste und unkomplizierteste – bezüglich der geringfügigen Opposition im eigenen Lande – in der zweiten Regierungsperiode des Yitzhak Rabin.[179]

5.3. Der bilaterale Friedensvertrag

5.3.1. Grundsätze
Unmittelbar nach der Unterzeichnung der *Erklärung von Washington* verhandelten Israel und Jordanien fieberhaft weiter an dem bilateralen Friedensvertrag. Nur geringe Probleme traten auf, aber die neue

---

[179] Zur Erläuterung: Yitzhak Rabin hatte bereits von 1974 bis 1976 als Nachfolger der legendären Golda Meir als sozialdemokratischer Ministerpräsident Israels amtiert. In seine Amtszeit fielen sowohl die legendäre Befreiung von Entebbe (Befreiung in Uganda festgehaltener israelischer Bürger nach einer Flugzeugentüfhrung) und die ersten Schritte zum Frieden mit Ägypten.

palästinensische Terrorwelle im Juli und August 1994 überschattete die Gespräche. Nichtsdestotrotz wurden die Verhandlungen fortgesetzt und Mitte Oktober 1994 erfolgreich zum Abschluß gebracht. Die abschließenden Beratungen führten Yitzhak Rabin und König Hussein persönlich bei einem Vier-Augen-Treffen im Königspalast zu Amman, als sie *„auf allen Vieren"* am Boden saßen, Karten und Luftaufnahmen der Grenzen wälzten und Wort für Wort, Satz für Satz mit Kronprinz Hassan und Außenminister Peres die letzten Feinheiten aushandelten.

Nach der Paraphierung des Abkommens am 14. Oktober war es dann endlich so weit: Der Friedensvertrag wurde am 26. Oktober in der Awawiwüste in En Avrona von den Ministerpräsidenten Rabin und al-Madschali im Beisein von König Hussein, Außenminister Peres, Ägyptens Präsident Mubarak, US-Präsident Clinton und Rußlands Außenminister Andrej Kosyrew feierlich unterzeichnet. Anders als bei der *kalten Stimmung* von *Camp David* und in den Folgejahren belastete nicht mehr die teilgelöste *Palästinafrage* die Versammlung der Staats- und Regierungschefs, sondern es herrschte eine feierliche und frendschaftliche Atmosphäre.

Das Friedensabkommen war ein für nahöstliche Verhältnisse überschaubares Papier, das sich wie folgt zusammensetzt:

(1) ein Grundlagentext mit 29 Artikeln;
(2) fünf Anlagen: I – Grenzfragen; II – Angelegenheiten im Zusammenhang mit Wasser; III – Kampf gegen Verbrechen und Drogen; IV – Umwelt; V – Verfahren für die Grenzübergangsstellen zwischen Israel und Jordanien.
(3) einem *„Vereinbarten Protokoll"* (*Agreed Minutes*).[180]

Israel und Jordanien verpflichten sich, die Souveränität, territoriale Integrität und politische Unabhängigkeit der jeweils anderen Seite anzuerkennen. Sie respektieren das Recht der jeweils anderen Seite auf ein Leben in anerkannten Grenzen. Sie entwickeln gleichberechtigte und gutnachbarschaftliche Beziehungen. Es werden volle diplomatische, konsularische, wirtschaftliche, soziale und kulturelle Beziehungen aufgenommen. Bis November 1994 werden Botschafter und mit ihnen die Ratifikationsurkunden ausgetauscht. Die Regierungschefs treffen mindestens halbjährlich zusammen.

---

[180] Vgl. das Dokument in: Friedensvertrag zwischen dem Staat Israel und dem Haschemitischen Königreich Jordanien, unterzeichnet in Ein Avrona am 26. Oktober 1994, in: Internationale Politik, 52 (1995) 7, S. 86-109.

Es wird eine *gemeinsame regionale Arbeitsgruppe* mit Ägypten und den Palästinensern eingesetzt. Außerdem plädieren beide Seiten für die *multilateralen Gespräche* ein, die zur Rückkehr der Flüchtlinge führen sollen. Das Prinzip „*Land gegen Frieden*" wird anerkannt: Jordanien erhält ein 380 km² großes Grenzgebiet südlich des Toten Meeres zurück, das 1967 erobert hatte. Jordanien verpachtet dafür zwei Agrargebiete an Israel. „*Angesichts dieses Ziels* (des Lebens in Sicherheit, der Autor) *würdigen die Vertragsparteien die Leistungen der Europäischen Union bei der Verwirklichung der Konferenz für Sicherheit und Zusammenarbeit in Europa (KSZE) und verpflichten sich zur Schaffung einer Konferenz für Sicherheit und Zusammenarbeit im Nahen Osten (KSZNO)*"[181] (Artikel 4, Absatz 1b).

Beide Seiten verpflichten sich zum Kampf gegen den Terrorismus. Sie schließen gemeinsame Kommissionen für militärische und Sicherheitsfragen und ein *Militärbündnis*. Im Kriegsfall wird Israel Jordanien militärisch verteidigen und umgekehrt. Israel hat ein Mitspracherecht beim Abschluß von außenpolitischen Bündnissen Jordaniens, die Israels Sicherheit berühren. Israel anerkennt die besondere Rolle des Haschemitischen Königreichs für die *Heiligen Stätten des Islam* in Jerusalem. Sie sollen in einem *dauerhaften Friedensvertrag* mit den Palästinensern besiegelt werden.

Es besteht Reisefreiheit zwischen beiden Staaten. Israel und Jordanien legen die Zusammenarbeit auf dem Gebiet des Tourismus fest, u.a. den Bau eines Freizeitparkes in Wadi el-Araba an der internationalen Grenze beider Staaten. Beide Staaten werden noch 1994 zwei Grenzübergänge, einen internationalen Flugkorridor sowie Telefon- und Elektrizitätsnetze eröffnen. Die Nachbarhäfen Akaba und Eilat werden zu einem Großhafen im Roten Meer ausgebaut. Beide Seiten erkennen die legitimen Rechte an den Flüssen Jarmuk und Jordan sowie am unterirdischen Wasservorkommen des Araba an. In *Wasserprojekte* werden 250 Millionen US-$ investiert. Im Jahre 2010 sollen 18 Millionen Menschen über ausreichend Wasser verfügen.

Die wirtschaftlichen Beziehungen werden ausgebaut. Gleichzeitig setzt sich Jordanien für die Aufhebung des arabischen Boykotts gegen Israel ein. Israel unterstützt Jordanien bei der Tilgung seiner Auslandsschulden. Geplant waren bis zum Jahr 2000 50 *Joint-ventures* mit einem Kapital von 2,2 Milliarden US-$. Wegen der geringen Löhne werden israelische Unternehmen nach Jordanien verlegt. Israel will arabische Länder über Jordanien mit hochwertigen Gütern belie-

---

[181] Zit. nach: Ebd., S. 88.

fern. Der jordanische Dinar wird als Zahlungsmittel im Westjordanland und im Gazadistrikt eingeführt.

Die Vertragsparteien verpflichteten sich, die Streitigkeiten friedlich
und nur mit politischen Mitteln beizulegen. Einigen sich der jüdische
Staat und das Haschemitische Königreich nicht, wollen sie einen –
wie auch immer gearteten – *internationalen Schiedsspruch* akzeptieren.

5.3.2. Systematik
Der Friedensschluß zwischen dem Haschemitischen Königreich und
Israel gehört zweifellos zu einem *Eckpfeiler* in den israelisch-
arabischen Beziehungen und dem beginnenden *Normalisierungs-
prozeß*. Die gegenseitige Anerkennung war die schon lange fällige
und notwendige Konsequenz aus der Annäherung Israels mit Ägyptern und vor allem den Palästinensern. Gleichwohl war der Friedensvertrag ein Zeugnis noch engerer *Kooperation* als mit den anderen
beiden anderen *Friedenspartnern*. Die wirtschaftliche, finanzielle,
kulturelle, soziale und zwischenmenschliche Zusammenarbeit funktioniert mittlerweile wie in einem eingespielten Team.

Nicht nur *Koexistenz*, sondern auch eine Art *Symbiose* charakterisiert
die bilateralen Beziehungen – ohne die *Palästinensische Finalität*
außer acht zu lassen. Gerade in dieser Frage ist Jordanien über die
Jahre auch zu einem *Mittler* zwischen Israel und der PA geworden.
Für die Stabilität in der Nahostregion und die *regionale Kooperation*
ist dieser *Eckpfeiler* von unschätzbarem Wert. Gleichzeitig war es ein
Friedensschluß, der beiderseits weitgehend unumstritten war. Dies
zeichnet ihn – durch seine größere Nähe als zu Ägypten – aus, und
dies wird ihn auch für die Zukunft prägen.

5.4. Folgen der bilateralen Kooperation
Zu beachten bleibt allerdings bei aller Freude und Zufriedenheit der
beiden Vertragspartner immer, wie sich die *Friedensdividende*
entwickelt und wie die Reaktionen auf den politischen Prozeß sind.
Dies ist in Israel weitgehend unumstritten. Selbst der *Likud*-Block
stimmte dem bilateralen Friedensvertrag nahezu geschlossen zu.

In Jordanien formierten sich dagegen fundamentalistische und
islamistische Kräfte, die zu einer Bedrohung für den säkularen
Haschemiten-Herrscher Hussein II. werden könnten. Auch die wirtschaftlichen Früchte des Friedensschlusses konnte der Monarch bis
dato nur sehr bedingt ernten. So stiegen sowohl die Auslandsschulden
des Königreiches als auch die Arbeitslosigkeit – besonders unter den

Palästinensern. Auch der gewünschte Erfolg bei den *Joint-ventures* ist nicht eingetreten. Als einziger Erfolg im ökonomischen Sektor bleibt zu verbuchen, daß der Außenhandelsumsatz mit 10,6 Milliarden US-$ in den letzten Jahren deutlich angestiegen ist. Der Bau des Industrieparks in der *Awawi-Wüste*, dem Ort des Friedensschlusses, und die Einweihung des *Hafens Akaba-Eilat* trugen dazu nicht unwesentlich bei. Probleme bereitete insbesondere, daß Israel nicht oder nur sehr zögerlich die im Friedensabkommen vorgesehenen Wassermengen an Jordanien abführte. In bilateralen Gesprächen konnte dieser Dissenz allerdings beigelegt werden.

Zunehmend wurde der politische Prozeß zum *Gradmesser der Entwicklung*. Dieser funktioniert prächtig. Die Entwicklung hatte auch Auswirkungen auf das israelisch-palästinensische Verhältnis und das jordanisch-palästinensische Verhältnis. Die Beziehungen Israels zur Autonomiebehörde Yassir Arafats entkrampften sich zusehens, und auch die Kontakte Jordaniens zum westjordanischen Nachbarn sind – anders als beispielsweise *im Schwarzen September* 1970 – besser geworden. König Hussein war nicht vorzeitig aus der *anti-arabischen Front* gegen Israel ausgeschert, sondern wartete ab, bis Arafat diesen Schritt selbst vollzog. Insofern erwies sich der kleine Haschemiten-Herrscher als ein kluger Stratege.

6. Die israelisch-syrischen Friedensgespräche
Ganz im Gegensatz zu Jordaniens König Hussein war der syrische Präsident Hafiz el-Assad weit weniger an einem schnellen Friedensschluß mit Israel interessiert, weshalb auch der Verhandlungsprozeß mit dem Libanon zum Erliegen kam.

In den Jahren bis zum Beginn der Madrider Friedenskonferenz 1991 lehnte Assad – obwohl er eine pro-westliche Haltung im *Zweiten Golfkrieg* eingenommen hatte – territoriale Kompromisse mit Israel stets ab. Stattdessen pochte er – vermutlich auf die Nachfolge Nassers stierend – auf *die arabische Einheitsfront* gegen Israel. Sein Feindbild milderte sich erst etwas ab, als er begriff, daß Frieden nur mit Kompromissen möglich war. Deshalb unterstützte er die *amerikanische Friedensinitiative* 1991 im Zuge des *Zweiten Golfkrieges*, die ihn schließlich 1991/92 erstmals mit Israel an den Verhandlungstisch brachte. Im Januar 1992 begannen Verhandlungen zwischen Syrien und Israel, bei denen es durchaus Fortschritte gab, sofern zwischen beiden Staaten Annäherungen gefunden wurden. Beide Seiten fürchteten Überraschungsangriffe des Gegners über die höchst umstrittenen *Golanhöhen*.

Lexikon: Hauptaspekte der israelisch-syrischen Friedensgespräche
Bei den Verhandlungen zwischen Israel und Syrien müssen u.a. die folgenden Streitpunkte gelöst werden:
Grenzen: Als Schlüssel zum Friedensschluß gilt der israelische Abzug von den 1967 eroberten *Golanhöhen.*
Diplomatie: Israel will eine Normalisierung der Beziehungen – mit offenen Grenzen, den Austausch von Botschaftern, engen Wirtschaftsbeziehungen sowie direkten sozialem, kulturellem und humanitärem Austausch. Fraglich ist, ob Syrien vollen diplomatischen Beziehungen zustimmen wird.
Sicherheitsregelungen: Israel fordert eine vollständige Entmilitarisierung des *Golan,* die Aufstellung von *UN-Friedenstruppen* und den Verbleib von Warnstationen auf dem *Hermon-Massiv.* Syrien lehnt dies als Zeichen israelischer Besetzung ab.
Südlibanon: Israel will seine Truppen als ersten Schritt eines Friedensabkommens aus der sogenannten *Sicherheitszone* abziehen. Syrien will den Libanon-Abzug mit den Abzug von den *Golanhöhen* verbinden. Einem Abzug soll ein bilateraler Friedensvertrag zwischen Israel und dem Libanon folgen.
Zeitplan: Israel fordert einen Zeitraum von etwa drei Jahren für den Abzugsprozeß und will jede Abzugsphase mit der Umsetzung syrischer Verpflichtungen verknüpfen. Syrien stimmt einem phasenweisen Abzug zu, fordert aber einen kürzeren Zeitraum.
Wasserressourcen: Beide Staaten wollen die Kontrolle über die *Jordan-Quelle,* sind aber dazu bereit, das Wasser zu teilen. Möglicherweise soll die Verteilung unter die Kontrolle der USA gestellt werden. Einen syrischen Zugang zum See Genezareth lehnt Israel allerdings ab.[182]

Die Kontrolle über den *Golan* bedeutet jedoch auch die Verfügungsgewalt über große *Wasserressourcen.* Israel bezieht ca. 50 % des Wassers zur Nutzbarmachung seiner Trockengebiete aus der umstrittenen Region. Wasser vom Ausland zu beziehen, wäre mit hohen materiellen Kosten verbunden. Zudem will Israel das Wasser aus den *Banyas-Quellen* nutzen, die den See Genezareth und den Jordan speisen. Ein weiteres Problem sind die jüdischen Siedler dieses Gebietes. Sie lehnen eine Räumung ihrer Gebiete ab und drohten mit Gewalt.

Lexikon: Libanon
Der Libanon kann als Modell oder *verkleinertes Abbild* der Nahostregion betrachtet werden. In dem schmalen Gebiet zwischen dem

---

[182] Zit. nach: n-tv-Text vom 15.12.1999, S. 165-87.

Mittelmeer und den Gebirgsketten des Libanon und Antilibanon ist die ethnische und religiöse *Mosaikstruktur* besonders ausgeprägt, die der Region insgesamt ihren Konfliktcharakter verleiht, waren diese Gebirgslandschaften doch schon seit Jahrhunderten Rückzugs und Schutzgebiete bedrohter Minderheiten aus der näheren und der weiteren Umgebung. Zu den rassischen und religiösen Gegensätzen traten seit dem Ende des Zweiten Weltkrieges zunehmend auch soziale und ökonomische Spannungen.

Nachdem der neue Ministerpräsident Rabin im Mai 1992 Konzessionen über den *Golan* angedeutet hatte, aber umfassende Sicherheitsgarantien und normale, freundschaftliche Beziehungen gefordert hatte, erreichten die Verhandlungen 1993/94 erste Fortschritte. Die Akteure konnten sich weitgehend auf ein Positionspapier einigen, das einen Friedensvertrag für den Fall vorsah, daß es zu spürbaren Fortschritten in den Beziehungen kommt. Ein Gipfeltreffen US-Präsident Clintons mit Assad und ein Geheimtreffen von Israels Außenminister Peres mit dem syrischen Verteidigungsminister Mustafa Tlass brachten wieder Bewegung in die Verhandlungen. Sie wurden jedoch ausgesetzt, als sich Syrien nicht eindeutig von palästinensichen Selbstmordanschlägen Ende 1994/Anfang 1995 distanziert hatte.

Bei den unter der Schirmherrschaft der USA stattfindenden, mehrfach unterbrochenen israelisch-syrischen Expertengesprächen wurde am 24. Mai 1995 eine *Rahmenübereinkunft über Sicherheitsaspekte* des israelischen Abzuges von den 1967 besetzten *Golanhöhen* vereinbart, wo 12 600 Israelis in 31 Siedlungen leben. Kurz darauf wurden die Verhandlungen wegen des Streits um die *Golanhöhen* abgebrochen. Se sollten erst wieder an Substanz gewinnen, als nach dem Mord an Ministerpräsident Rabin der *nahöstliche Friedenszug* in einem ungewöhnlich hohem Tempo voranpreschte.

VI. DER RABIN-MORD – ZÄSUR IM FRIEDENSPROZESS (1995/96)

1. Der Mord an Premier Yitzhak Rabin

Am 4. November 1995, gegen 23.00 Uhr MEZ, geschah es: Der 27-jährige jüdische Student Yigil Amir, ein fanatischer Gegner des Friedensprozesses im Nahen Osten, feuerte drei Schüsse auf Israels Ministerpräsidenten Yitzhak Rabin ab. Der Premier brach zusammen und erlag trotz sofortiger Notoperation seinen schweren Verletzungen im Staatskrankenhaus der Stadt. Wenige Stunden zuvor hatten sich 150 000 Menschen im Stadtzentrum Tel Avis versammelt, um auf einer Kundgebung der regierenden Arbeitspartei für *Frieden* und *Aussöhnung* mit den Palästinensern und den arabischen Nachbarländern zu werben. Rabin und Außenminister Shimon Peres hatten für diesen Prozeß plädiert, der zu diesem Zeitpunkt von über 80 % der Israelis befürwortet wurde: *„Der kurz darauf von den Sicherheitskräften verhaftete Student erklärte, er habe 'im Auftrag Gottes' gehandelt".*[183] Der Leichnam des ermordeten Premiers wurde in einem Trauerzug nach Jerusalem überführt und im Parlament aufgebahrt.

350 000 Menschen versammelten sich vor dem Parlament, um Abschied von Rabin zu nehmen. Bis zum Abend zogen 150 000 Israelis mit Blumen und Kränzen am Sarg vorbei. Rabin wurde am 6. November auf dem Herzl-Friedhof in Jerusalem beigesetzt. Ca. 2000 Staatsgäste aus aller Welt waren zu der Beisetzung erschienen. Mit Trauer und Entsetzen hatten Politiker der meisten Staaten auf Rabins Ermordung reagiert. Bundespräsident Roman Herzog, Bundesratspräsident Johannes Rau, Bundestagspräsidentin Rita Süßmuth, Kanzler Helmut Kohl und Außenminister Klaus Kinkel drückten ihre Trauer aus und würdigten die Leistungen Rabins. Vor der Botschaft Israels in Bonn hatten trauernde Bürger Kerzen angezündet.

Die ersten Reaktionen aus der arabischen und islamischen Welt waren geteilt. Kommentare aus Libyen, Syrien und dem Iran zeugten zum Teil von Freude, Erleichterung, aber auch Reserviertheit. Die libysche Nachrichtenagentur JANA und die iranische Nachrichtenagentur IRNA bezeichneten Rabin als Terroristen. Verschiedene Palästinensergruppen gaben ihrer Befriedigung Ausdruck. Im Libanon feierten pro-iranische Milizen das Attentat mit Freudenschüssen. Dagegen sagten Palästinenserpräsident Yassir Arafat, Ägyptens Staatschef Hosni Mubarak und Jordaniens König Hussein II., mit Rabin hätten

---

[183] Zit. nach: Horovitz, Daniel von (Hrsg.): Yitzhak Rabin - Feldherr und Friedensstifter. Die Biographie, Berlin 1996, S. 9.

sie auch einen „*Freund*" verloren. Radikale Palästinensergruppen drohten Arafat mit der Ermordung. US-Präsident Bill Clinton bezeichnete Rabin als „*Märtyrer des Friedens*".

Die letzten Worte, die Rabin auf jener legendären Friedensdemonstration in Tel Aviv sprach, waren bezeichnend für die neue Situation, in der sich Israel seit dem Beginn des Friedensprozesses befand: „*Diese Regierung, der ich die Ehre habe, mit einem Freund, Außenminister Shimon Peres, vorzustehen, hat sich entschlossen, dem Frieden eine Chance zu geben, einem Frieden, der die meisten Probleme des Staates Israel lösen wird. Ich war 27 Jahre lang ein Mann des Militärs. Ich habe Krieg geführt, solange es keine Chance auf Frieden gab. Ich glaube, jetzt gibt es eine Chance, eine große Chance, und wir müssen sie nutzen für diejenigen, die heute gekommen sind und für die, die nicht gekommen sind – und davon gibt es viele. Ich habe immer geglaubt, daß die Mehrheit des Volkes den Frieden will und bereit ist, die Chance für Frieden wahrzunehmen.*

Indem ihr zu dieser Demonstration gekommen seid, beweist ihr, daß die Menschen den Frieden wirklich wollen und Gewalt ablehnen. Gewalt zerstört die Grundlage der israelischen Demokratie. Sie sollte verurteilt, ausradiert und isoliert werden. Gewalt ist nicht der Weg des israelischen Staates. Hier herrscht Demokratie. Zwar sind Dispute möglich, gelöst werden müssen diese aber durch demokratische Wahlen. Frieden ist nicht allein das Thema von Predigten, sondern der Wunsch des jüdischen Volkes. Es gibt aber Feinde des Volkes, die uns angreifen, um den Frieden zu torpedieren. Ich möchte Euch sagen: Wir haben unter den Palästinensern einen Partner für den Frieden gefunden – die PLO, die einst der Feind war, jedoch dem Terrorismus abgeschworen hat. Ohne Friedenspartner gibt es keinen Frieden. Auch mit Syrien wird es eine Möglichkeit geben, Frieden zu schließen.

Diese Versammlung muß der israelischen Bevölkerung, den Juden in der ganzen Welt und vielen in der westlichen Welt sowie anderswo deutlich machen, daß die Menschen in Israel Frieden wollen und den Frieden unterstützen. Danke".[184]

Rabin hatte genau den Ton angeschnitten, den die Masse erwartete. Sein leidenschaftliches Plädoyer für einen umfassenden Frieden im Nahen Osten zeigte, wie tief die Wandlung des einstigen Generalstabschef des *Sechs-Tage-Krieges* durch die Ereignisse der letzten

---

[184] Zit. nach: Arazi, Doron: Itzhak Rabin - Held von Krieg und Frieden. Biographie, 3. Auflage, Freiburg in Breisgau 1996, S. 169 f.

Jahre war. Er konvertierte vom legendären Militär an der Spitze der israelischen Streitkräfte zum *Mythos des Friedenslagers*. Am Schluß soll seine Friedensüberzeugung tiefer gewesen sein als jemals die von Shimon Peres. Hatte er immer eindringlich vor Friedensfeinden in der islamischen Welt gewarnt, konnte oder wollte sein Vorstellungsvermögen nicht ausreichen, daß auch ein Jude in der Lage sein konnte, infolge seines extremistischen Umfeldes den Ministerpräsidenten des eigenen Volkes zu töten. Und der Brudermord sollte die schweigende Masse endlich wachrütteln. Denn hinter dem Attentäter Yigil Amir stehen zahlreiche rechte extremistische Gruppierungen aus dem rechtszionistichen und dem Siedlerlager, denen besonders ein Frieden mit den Palästinensern ein Dorn im Auge war und die seit Wochen fanatisch gegen Rabins Friedenskurs protestiert hatten. Doch das durchschossene Blatt, auf dem das *„Lied des Friedens"* abgedruckt war, ist mit *„teurem Blut"* befleckt. Rabins Tod, der zwar von einigen islamischen Fundamentalistenregimen in Teheran, Tripolis und Bagdad begrüßt worden war, aber weltweit wie auch in der säkularen arabischen Welt auf Entsetzen und Bestürzung stieß, sollte den Friedensprozeß durch die Ermordung seines Hauptmatadoren ein Ende bereiten. Kurioserweise erreichte Yigil Amir in den folgenden Monaten und Jahren genau das Gegenteil.[185]

Aber der Riß ging sehr tief durch die israelische Gesellschaft und stellte eine sehr gefährliche Entwicklung im jüdischen Staat dar. Denn der *Brudermord*, bekanntermaßen ein biblisches Motiv, entzauberte den Mythos vom unangreifbaren und heiligen Volk. Aus niederen Motiven, nur wegen der Rückgabe des sog. *Heiligen Landes*, verübte ein fanatischer Jude einen Mord, der vergleichbar war mit dem Mord an Ägyptens Präsident Anwar el-Sadat am 6. Oktober 1981, der auch von Leuten des eigenen Volkes verübt wurde. Rabin, der Hardliner von einst, war für einen gerechten und dauerhaften Frieden mit den Arabern gestorben. Welche Tragik. Doch in dem Mord an Israels Premierminister sollte auch ein Hoffnungsschimmer stecken.

2. Innenpolitische Entwicklungen in Israel nach dem Rabin-Mord
Nach der Ermordung von Premierminister Yitzhak Rabin trat das israelische Kabinett sofort zu Sondersitzungen zusammen. Erwartungsgemäß beriefen die Minister der sozialliberalen Koalition Rabins Stellvertreter, Außenminister Shimon Peres, übergangsweise zum Ministerpräsidenten. In einer Rede betonte Peres, *„Rabins Testament"*, der Friedensprozeß, werde fortgesetzt. Peres gilt Kennern der

---

[185] Vgl. zur Problematik des politischen Mordes, Uthmann, Jörg V.: Attentat - Mord mit gutem Gewissen. Von Julius Caesar bis Jitzhak Rabin, Berlin 1996.

politischen Szene als die treibende Kraft hinter der Friedenspolitik der regierenden Arbeitspartei. Er war der Mann, der die Konzeptionen entwickelte und die Visionen formulierte. Jahrzehntelang stand er im Schatten des großen Yitzhak Rabin als Außen- und Verteidigungsminister. Obwohl ihm wie Rabin der soldatische Hintergrund fehlte, war Peres ein erfahrener Diplomat und bereits zweimal – 1977 und 1984-86 – israelischer Ministerpräsident.

Der Mord an Rabin erschütterte das gesamte israelische Volk tief. Daß ein religiöser Jude den Premierminister Israels aus politischen Gründen ermorden konnte, hielten die meisten Juden jahrelang für ausgeschlossen. Die Rechte verlor massiv an Unterstützung, die sie bis zu diesem schrecklichen Ereignis erhalten hatte. Hatten vor der Rabin-Ermordung noch 40 % für rechte und religiöse Parteien gestimmt, so sank dieser Anteil nunmehr massiv. Die Rechte wurde für das Klima verantwortlich gemacht, das dazu beigetragen hatte, eine solche Tat überhaupt erst möglich zu machen. Dem *Likud*-Vorsitzenden Benjamin Netanyahu wurde vorgeworfen, dieser rechten Agitation nicht entschlossen genug entgegengetreten zu sein, sondern sie toleriert und geschürt zu haben. Dies änderte sich genauso schnell, als palästinensische Terroristen einige Monate später mit massiven Bombenanschlägen den *Friedenszug* aus dem Gleis zu bringen versuchten. Doch bis dahin sollte der mittlerweile national wie international geschätzte *Osloer Friedenszug* erst einmal kräftig nach vorn gebracht werden.

3. Die Umsetzung der ersten Schritte des Interimsabkommens zwischen Israel und der PLO

3.1. Israelischer Truppenrückzug aus den Ballungszentren
Bereits am 22. Oktober 1995 setzten der israelische Außenminister Shimon Peres und Palästinenserführer Yassir Arafat bei einem Treffen am Grenzkontrollpunkt Eres die erste Phase der Implementierung des *Interimsabkommens* in Kraft. In dem *Umsetzungsprotokoll* wurde eingangs gemäß Kapitel 1, Artikel I, Absatz 1 des Interimsabkommens betont, daß Israel die gestaffelten Befugnisse und Verantwortlichkeiten der aufzulösenden israelischen Militär- und Zivilverwaltung auf die Übergangsverwaltung der Palästinenser überträgt, bis ein palästinensischer Legislativ- und Exekutivrat gewählt wird. Gemäß Kapitel 2, Artikel X, Absatz 1 des Abkommens wird der Anhang I in Kraft gesetzt, der eine Umgruppierung in der ersten Phase aus bewohnten Gebieten der Palästinenser vorsieht – aus Städten, Orten, Dörfern, Flüchtlingslagern und Siedlungen. Die erste Phase ist bis 22 Tage vor den Wahlen zum Nationalrat abzuschließen. Beide Seiten sehen im Gaza-Distrikt und in der Westbank weiterhin eine territoriale Einheit,

deren Status und Integrität in der Übergangsperiode unverändert bleiben (Artikel XI/1). Israel übergibt in der Zone C weitere zivile Befugnisse an die PA (Artikel XI/2,c).

Das Umsetzungsprotokoll beinhaltete detailierte Regelungen mit einem Zeitplan. Israel übergab ab dem 23. Oktober 1995 Orte in der Nähe von Dschenin, Hebron und Ramallah, am 13. November 1995 die Stadt Dschenin im Norden, am 10. Dezember die Stadt Tulkarem im Nordwesten, am 12. Dezember die Stadt Nablus, größtes Ballungszentrum in der Westbank, am 16. Dezember die Westbankstadt Kalkilija am 21. Dezember Bethlehem im Süden der Westbank. Zusätzlich zog der jüdische Staat am 26. Dezember seine Truppen aus den vier Dörfern Daharija, Dichara, Nuba und Jasta in der Nähe Hebrons ab. Außerdem räumte das Militär weitere Ortschaften um Bethlehem, Kalkilija und Tulkarem.

Als letztes Ballungszentrum der Westbank mußte Israel am 27. Dezember 1995 die Stadt Ramallah in der Westbank, 20 Kilometer von Jerusalem entfernt, der palästinensischen Verwaltung übertragen. Sie war für Yassir Arafat deshalb so wichtig, weil sie *vor den Toren* Jerusalems lag und damit einen weiteren Schritt auf dem Weg zum Palästinenserstaat symbolisierte. Neben Gaza-Stadt war Ramallah ab Februar 1996 die *provisorische Verwaltungs-Hauptstadt* der Palästinensischen Autonomiebehörde. Die Stadt Hebron im Süden der Westbank wird sechs Monate nach der Unterzeichnung des Interimsabkommens geräumt. Dazu wurde wegen der Heterogenität der Problematik ein gesondertes Abkommen anvisiert.

Lexikon: Bethlehem
Bethlehem (*arab. Bayt Lahm*) ist mit 45 000 Einwohnern die drittgrößte Stadt der Westbank und nur acht Kilometer von Jerusalem entfernt. Nach der Überlieferung ist Bethlehem die Heimat Davids und Geburtsort von Jesus. Schon vor der Salbung Davids durch Samuel war Bethlehem der Platz, in dessen Überlieferung Rahel starb und begraben wurde. Hier spielte sich die Liebesgeschichte Rut und Boas ab, später sagte der Prophet Micha die Geburt des Messias in Bethlehem voraus.
Von der Bevölkerung Bethlehems sind ca. 60 % Moslems und etwa 40 % Christen mit verschiedenster Glaubensrichtung (u.a. griechischorthodox, katholisch und armenisch). Einige Kilometer südlich von Bethlehem liegt Kefar Etzion, eine 1943 durch religiöse Zionisten er-

richtete, 1948 im Unabhängigkeitskrieg von Arabern zerstörte und nach 1967 neugegründete Gruppe von sieben jüdischen Siedlungen.[186]

Die Umgruppierung des israelischen Militärs in den Ballungszentren und 450 größeren Ortschaften des Westjordanlandes verlief reibungslos. Lediglich infolge des Mordes an Ministerpräsident Rabin setzte die Regierung in Jerusalem den Rückzug für zwei Tage aus. Der Rückzug nach 28 Jahren der Besatzung bereitete die ersten freien Wahlen in der palästinensischen Geschichte vor.

3.2. Palästinensische Wahlen, Chartaänderung der PLO und Terrorbekämpfung

3.2.1. Wahlen in den Palästinensergebieten
Nach Abschluß des Abzugs der israelischen Streitkräfte aus den Ballungszentren der Westbank bereiteten die Palästinenser den Wahlkampf in den autonomen Gebieten vor, der nach Aussagen ausländischer Beobachter relativ kurz war. Der amtierende israelische Ministerpräsident Peres und Palästinenserpräsident Arafat setzten als Ergebnis ihres Treffens vom 4. Januar 1996 per Akklamation den israelisch-palästinensischen Wahlvertrag in Kraft.

Der Leiter der EU-Beobachtergruppe, Carl Lindbom, rügte die kurze Dauer des Wahlkampfes. Der frühere schwedische Justizminister bemängelte, daß die Frist für den Wahlkampf, der am 5. Januar begann, willkürlich und ohne Begründung gekürzt wurde. Kritik gab es auch an der Verteilung der Wahlmandate. Kritik kam desweiteren von verschiedenen UN-Organisationen und anderen Wahlbeobachtern. Rund 7000 Beobachter aus 11 Ländern nehmen an der Überwachung teil, darunter der frühere US-Präsident Jimmy Carter und seine Frau Rosalyn und die ehemalige polnische Ministerpräsidentin Hanna Suchocka. Der *Palästinensische Rat* ist Gesetzgebungs- und Regierungsorgan zugleich. Er soll die provisorische *Selbstverwaltungsbehörde* ablösen. Der Ratsvorstand besteht aus 13 Mitgliedern – neun Angehörigen aus dem Rat und vier Politikern, die der Präsident selbst beruft. Der Rat, der seinen Sitz in Gaza-Stadt haben wird, übernahm die Befugnis für die Verwaltungsbehörde und war auch für die öffentliche Ordnung zuständig.

Hauptthema des Wahlkampfes war die *Wirtschaftsförderung*. Um die 82 Sitze im Palästinenserrat bewarben sich 677 Kandidaten, darunter

---

[186] Zit. nach: Schoeps, Julius H. (Hrsg.): Neues Lexikon des Judentums, Gütersloh/München 1996, S. 126.

nur 28 Frauen. Einzige ernsthafte Gegnerin von PLO-Chef Arafat war die 72jährige Sozialarbeiterin Samitha Khalil, die für den unwahrscheinlichen Fall eines Wahlsieges eine Aussetzung des *Übergangsabkommens* und Neuverhandlungen mit Israel über Gefangenenfreilassungen erreichen wollte. Doch dazu kam es gar nicht: Yassir Arafat wurde mit 87,1 % der Stimmen zum ersten palästinensischen Präsidenten gewählt, auf seine Gegenkandidatin Khalil entfielen 9,6 %. Im Autonomierat, dem Parlament der Palästinenser in den Gebieten Westbank und Gaza sowie – nominell in Ostjerusalem –, verfügt Arafats *El-Fatah*, noch vier Jahre vorher eine Terrorgruppe, über 50 von 82 Sitzen. 32 Unabhängige waren desweiteren vertreten, darunter sieben islamische Abgeordnete.

Am 1. Februar und am 22. Februar 1996 beriet Übergangspremier Peres mit dem neugewählten palästinensischen Präsidenten Arafat die weitere Umsetzung des *Übergangsabkommens*. Als Ergebnis der Begegnung sagte Arafat Peres zu, daß die Palästinensische Nationalcharta spätestens zwei Monate nach der Konstituierung des Palästinensischen Nationalrates Mitte Februar geändert werde. Außerdem vereinbarten beide Politiker die Vorbereitung einer *Anti-Terror-Charta*, um gegen fortgesetzte Terroranschläge in Israel wirksame Gegenmaßnahmen zu beschließen. Nur auf dieser Grundlage, so Peres nach der massiven Terrorwelle der *Hamas* in israelischen Städten seit Jahren, sei die weitere Umsetzung der israelischen Verpflichtungen aus dem *Übergangsabkommen* denkbar.

3.2.2. Änderung der PLO-Charta

Auf Forderung der israelischen Regierung leitete das neugewählte palästinensische Parlament am 16. April 1996 die Änderung der *Palästinensischen Nationalcharta*, der PLO-Charta von 1964, ein. Danach setzte der Autonomierat einen Ausschuß ein, der folgende Passagen aus dem Palästinensischen Nationalabkommen tilgen soll:

Lexikon: Israelfeindliche Passagen der PLO-Charta
- *„Palästina in den Grenzen des ehemaligen britischen Mandats ist eine unteilbare territoriale Einheit".*
- *„Juden, die vor dem Beginn der zionistischen Invasion regulär in Palästina gelebt haben, werden als Palästinenser betrachtet".*
- *„Der bewaffnete Kampf ist der einzige Weg zur Befreiung Palästinas".*
- *„Die Befreiung Palästinas ist nationale Pflicht".*
- *„Die Teilung Palästinas 1947 und die Gründung Israels sind illegal".*

- *„Das arabische Volk der Palästinenser lehnt alle Vorschläge ab, die das palästinensische Problem von der Tagesordnung streichen oder internationalisieren wollen".*
- *„Die Balfour-Deklaration von 1917 und alle mit ihr verbundenen Ansprüche sind null und nichtig".*
- *„Der Zionismus ist eine politische Bewegung, die organisch mit dem internationalen Imperialismus verbunden ist und im Widerspruch zu Befreiung und progressiven Bewegungen in der Welt steht".*[187]

Zu Ende geführt wurde diese Chartaänderung jedoch nicht, auch wenn sie Shimon Peres die Entscheidung vom 16. April als *„historischen Durchbruch und ideologische Revolution"* lobte. Der mit übergroßer Mehrheit im Autonomieparlament gefaßte Beschluß ermöglichte es jedoch, daß Israel und die palästinensische Führung nach den dramatischen Entwicklung infolge der *Hamas*-Terrorwelle überhaupt wieder ins Gespräch kamen. Für Shimon Peres war es aber wichtiger, daß die Palästinenser ihren Verpflichtungen zur intensiven Bekämpfung des Terrorismus nachkamen. Die Realität des *Alten Nahen Ostens* sollte die Hoffnung auf einen schnellen Frieden überdecken.

3.2.3. Gewalt und Gegenwalt im Nahen Osten und die Folgen für den Oslo-Friedensprozeß
Ende Februar und Anfang März 1996 explodierten innerhalb von neun Tagen vier Bomben durch Selbstmordattentäter in Jerusalem, Aschkelon und Tel Aviv, bei denen 68 Menschen ermordet und über 200 verletzt wurden. Die außer Kontrolle geratenen Selbstmordkiller der *Essedim-el-Kassam*-Brigaden, des militärischen Arms der *Hamas*, lösten einen Schock in der israelischen Bevölkerung aus. Die Bombenanschläge veränderten schlagartig das politische Klima im Lande. Der schon sicher geglaubte Wahlsieg von Shimon Peres schwand dahin. Der Architekt des *Osloer Friedensprozesses* stand dem Geschehen weitgehend hilflos gegenüber, als ihn Tausende Israelis niederschrien und härtere Maßnahmen gegen die Gewalt forderten.[188]

Peres ließ sich davon nicht beirren: Er bekundete sein Festhalten an den *Osloer Verträgen* gegenüber Yassir Arafat, setzte jedoch die wietere Umsetzung des *Übergangsabkommens* aus. Zudem wurden die palästinensischen Gebiete ex- und intern abgeriegelt sowie eine hochspezialisierte *Anti-Terror-Einheit* gebildet, die in den von Israel noch

---

[187] Zit. nach: Israel Ministry of Foreign Affairs: The Palestinian National Charter, July 17, 1968, (*http://www.israel.de*).
[188] Vgl. dazu, Wahlers, Gerhard/Senkyr, Jan: Israel nach den Wahlen - Likud-Chef Netanyahu neuer Premierminister, in: KAS-Auslandsinformationen, (1996) 6, S. 20 f.

besetzten Gebieten Durchsuchungen und Verhaftungen durchführte.
An den Haltestellen der wichtigsten Buslinien im Kernland postierte
die Regierung bewaffnete Soldaten, 4500 Freiwillige bewachten die
jüdischen Siedlungen hinter der *Grünen Linie*. Zudem forcierte Peres
das schon von Rabin entworfene Konzept einer *physischen Trennung
von Israelis und Palästinensern*.[189]

In Vorbereitung auf die Mai-Wahlen wollte Peres dem Anspruch der
Israelis auf *Sicherheit in Frieden* gerecht werden. Entlang der 350 km
langen Grenze zwischen Israel und dem Westjordanland wurde ein
Grenzzaun errichtet. An 18 Grenzübergängen war der Warenverkehr
geplant. Die 29 km lange Strecke zwischen Kalkilija und Tulkarem
wurde mit einem Elektrozaun versehen. Der Rest sollte durch eine
2 km breite *Pufferzone* getrennt werden, die von 500 Grenzsoldaten
mit Jeeps und Helikoptern kontrolliert wurde. Ein elektronisches
Warnverfahren schützte die israelische Grenze vor Eindringlingen.[190]

Diese Maßnahmen und dem ganz auf *Sicherheit* umgestellten Wahlkampf versuchte Peres jedoch durch weitere Friedensmaßnahmen zu
untermauern: So begannen am 5./6. Mai formal die *Gespräche über
den endgültigen Status* der palästinensischen Gebiete. Der Abzug aus
Hebron setzte Peres hingegen aus und verschob ihn bis nach den
Knessetwahlen. Während der Interimspremier im Wahlkampf stärker
auf *Sicherheit* setzte, sprach der sich wieder im Aufwind befindliche
Oppositionsführer Netanyahu ständig vom *Frieden*.

Den arg bedrängten Shimon Peres kamen in dieser Situation die palästinensische Führung unter Yassir Arafat wie auch die friedenswilligen Staaten des Nahen Ostens entgegen. Die Palästinenser reagierten und führten die in den *Osloer Verträgen* für die zweite Phase
des *Interimsabkommens* vorgesehenen verstärkten *Anti-Terror-Maßnahmen* durch. In den von ihnen kontrollierten Gebieten unternahmen
die Palästinenserpolizei und die palästinensischen Geheimdienste
massive Hausdurchsuchungen, beschlagnahmten Waffen, setzten Personen fest und verurteilten in Schnellverfahren etwa 2000 Extremisten
zu langjährigen Haftstrafen.

Gleichzeitig wurde unter der Vermittlung der Vereinigten Staaten eine
Anti-Terror-Konferenz im ägyptischen Sharm-el-Sheikh einberufen,
die mit einem Schulterschluß der Israelis, der Araber, der Amerikaner,
der Russen und der anderen internationalen Organisationen führte. In

---

[189] Vgl. Ebd.
[190] Vgl. Ebd.

der *Anti-Terror*-Charta von *Sharm-el-Sheikh* sprach sich die *Konferenz der Friedensstifter* dafür aus, den Friedensprozeß im Nahen Osten mit ganzer Entschlossenheit zu unterstützen. Sie unterstrichen, daß sie sämtliche Terrorakte in allen ihren schädlichen Erscheinungsformen entschieden verurteilen, ganz unabhängig, welche Motive dahinterstehen und wer die Urheber sind. Dies gelte insbesondere für die jüngsten Terroranschläge in Israel.[191]

Sie gehen davon aus, daß diese Aktionen im Widerspruch zu den moralischen und geistigen Werten aller Nationen der Region stehen. Die Teilnehmer bekräftigten ihre Entschlossenheit, sich diesen Aktionen mit äußerster Entschiedenheit zu widersetzen und baten alle die Regierung dringend, sich in dieser Verurteilung und in der Haltung gegenüber Terroristen anzuschließen. Um diese Ziele zu erreichen, beschlossen die Anwesenden, die israelisch-palästinensischen Abkommen zu unterstützen, für die Fortsetzung des Verhandlungsprozesses zu sorgen, ihm politische und wirtschaftliche Unterstützung zukommen zu lassen, um die Sicherheit beider Parteien zu konsolidieren, während gleichzeitig den drängenden Problemen der Palästinenser besondere Aufmerksamkeit gewidmet werden soll. Es würden *koordinierte Bemühungen* gefördert, um Terroristen auf bilateraler, regionaler und internationaler Ebene Einhalt zu gebieten und zu garantieren, daß die Täter, die für solche Akte verantwortlich sind, vor Gericht kommen. Außerdem sollen die Anstrengungen unterstützt werden, die alle Parteien unternehmen, um zu verhindern, daß ihr Staatsgebiet für Terrorakte mißbraucht wird, daß Terroristen Waffen für Aktionen erhalten und dafür finanzielle Mittel bekommen.[192]

Die beteiligten Staaten wollten die größten Anstrengungen unternehmen, um die Quellen festzustellen, aus denen sich diese Gruppen finanzieren, und zusammenarbeiten, um diesen Zustrom von Finanzmitteln Einhalt zu gebieten und um den Parteien, die Maßnahmen gegen diese Gruppen ergreifen, welche Gewalt und Terrorismus zur Bedrohung von Frieden, Sicherheit und Stabilität einsetzen, Ausbildungsmöglichkeiten, Ausrüstung und andere Formen der Unterstützung zur Verfügung zu stellen. Sie bilden eine Arbeitsgruppe, die allen Teilnehmern des Gipfels offensteht, um Empfehlungen für die besten Methoden zur Verwirklichung der Punkte dieser Erklärung vorzubereiten und den Konferenzteilnehmern innerhalb von 30 Tagen

---

[191] Vgl. das Dokument in: Abschlußerklärung des Anti-Terror-Gipfels vom 13. März 1996 in Scharm-el-Scheich, in: Internationale Politik, 51 (1996) 2, S. 80-83.
[192] Vgl. Ebd.

einen Bericht vorzulegen. Dann seien die Regierungen angehalten, den *Maßnahmenkatalog* in einzelne Schritte umzusetzen.[193]

Doch selbst als Yassir Arafats Autonomiebehörde und die *arabischen Frontstaaten* im Nahen Osten sofort mit einschneidenden Maßnahmen zur Bekämpfung des Terrorismus begannen, schwand ein erneuter Wahlsieg der Arbeitspartei in Israel dahin, sollte ein Regierungs-wechsel im jüdischen Staat auch zu Veränderungen in der *Friedens-politik* führen.

4. Neue israelisch-syrische Friedensgespräche und Krieg gegen die Hisbollah

4.1. Neuer Anlauf zum israelisch-syrischen Friedensschluß

Nach monatelanger Funkstille zwischen Tel Aviv und Damaskus kam der *bilaterale Friedensdialog* erst wieder in Gang, als am Rande der Trauerfeierlichkeiten für Yitzhak Rabin der israelische Interims-premier Shimon Peres, der ägyptische Präsident Hosni Mubarak, Palästinenserpräsident Yassir Arafat, Jordaniens König Hussein II. und US-Außenminister Warren Christopher zusammentrafen, um über die Fortsetzung des Friedensprozesses zu verhandeln. Auf der darauf-folgenden Nahostmission Christophers konnte endlich die Wiederauf-nahme direkter israelisch-syrischer Verhandlungen vereinbart werden.

Am 27. Dezember 1995 begann die erste, dreitägige Gesprächsrunde zwischen israelischen und syrischen Experten am Wye River im US-Bundesstaat Maryland. Obwohl das Gesprächsklima nach dieser langen Gesprächspause entspannt war, so steckte der Teufel doch im Detail. Syrien verlangte erneut den umfassenden und schnellst-möglichen Abzug vom *Golan* und eine Beteiligung an den Wasser-rechten des *Golan*. Israel wollte darüber erst verhandeln, wenn vorher diplomatische Beziehungen vereinbart und breitgefächerte Sicher-heitsmaßnahmen beschlossen worden waren.

Bei der zweiten Gesprächsrunde vom 3. bis 7. Januar 1996 erschienen die Differenzen noch deutlicher, auch wenn Fortschritte in Einzel-fragen deutlich wurden. Israel bot als Kompromißangebot eine Zu-sammenarbeit mit Syrien im touristischen und wirtschaftlichen Be-reich an. Die Beratungen wurden vom 17. bis 30. Januar, vom 18. bis 23. Februar und vom 1. bis 9. März fortgesetzt. Als sich Syrien nicht klar von den Terrorakten der palästinensischen *Hamas* distanzierte, brach Israel die Gespräche am 10. März ab. Trotz der Bemühungen

---

[193] Vgl. Ebd.

Christophers hatte es zwei Monate vor den israelischen Parlamentswahlen offenbar ohnehin keinen Sinn mehr, in den Gesprächen noch
auf einen Durchbruch zu hoffen.

Eine *Prinzipienerklärung* hatte sich Shimon Peres wenigstens vor dem
Urnengang in Israel am 29. Mai 1996 erhofft. Darin hätten die Aufnahme diplomatischer und konsularischer Beziehungen, Wirtschafts-,
Kultur- und Tourismuskontakte, der schrittweise Abzug Israels vom
Golan, umfassende Sicherheitsgarantien für Israel und die Stationie-
rung internationaler Truppen sowie ein weiterer Zeitplan für Ge-
spräche über ein *bilaterales Friedensabkommen* enthalten sein kön-
nen. In der Diskussion war auch ein *Gipfeltreffen Peres-Assad*, um
den Prozeß voranzutreiben. Doch die Syrer hatten das Vertrauen in die
Gespräche mit Israel selbst unter einem alten Friedensaktivisten wie
Shimon Peres verloren. Die Führung in Damaskus wartete die Parlamentswahlen in Israel ab und setzte über den Hebel der *Hisbollah* im
Südlibanon darauf, Tel Aviv unter Druck zu setzen – mit ungeahnten
Folgen für den nahöstlichen Friedensprozeß.

4.2. Krieg gegen die Hisbollah
Wegen der anhaltenden Provokationen der *Hisbollah* reagierte Israel
auf die Raketenattacken im Südlibanon übergewohnt hart. Die *Partei
Gottes* hatte seit Ende Februar und Anfang März 1996 dutzende Katjuscha-Raketen auf den Norden Israels abgefeuert. Israel reagierte
darauf mit Artilleriefeuer und Luftangriffen reagiert.

Lexikon: Die Hisbollah
Die *Hisbollah* (*Partei Gottes*) wurde 1982 während der israelischen
Invasion im Libanon als radikale Partei und militärische Organisation
islamischer Fundamentalisten gegründet. Ihr Ziel ist ein islamischer
Gottesstaat im Libanon nach iranischem Vorbild und die Vernichtung
des Staates Israel.[194]
Anführer der *Hisbollah* ist seit 1992 Scheich Nasrallah. Die Zahl der
Mitglieder wird auf 4000 geschätzt. Finanziert wird die *Hisbollah*
durch den Iran. Dieser stellt nicht nur Waffen, Sprengstoff und
logistische Unterstützung zur Verfügung, sondern finanziert auch
Krankenhäuser und Schulen für die arme schiitische Bevölkerung.[195]

---

[194] Vgl. die Angaben und den zeitgeschichtlichen Hintergrund in: Berger,
Johannes/Büttner, Friedemann/Spuler, Bertold: Nahost-Ploetz. Geschichte der
arabisch.islamischen welt zum Nachschlagen, Würzburg 1987, S. 124.
[195] Vgl. die Angaben in: Aktuell '97. Das Lexikon der Gegenwart, Dortmund
1996, S. 186.

Lexikon: Der Südlibanon

Israel war 1978 nach einem Anschlag auf den Norden seines Landes im Libanon einmarschiert. Nach dem Libanonkrieg 1982/83 zogen sich die Truppen in den Grenzstreifen *„Sicherheitszone"* zurück. Neben israelischen Soldaten war dort die Hilfsmiliz Südlibanesische Armee (SLA) im Einsatz. Die UNO forderte bereits seit dem Einmarsch den Rückzug Israels. Eine 4500 Mann starke Blauhelm-Truppe mit Soldaten, u.a. aus Nepal, Ghana uns Finnland, soll seitdem für Frieden sorgen, ist aber faktisch auf humanitäre Aufgaben beschränkt. In den 63 Orten lebten zuletzt etwa 80.000 Menschen, 60 % von ihnen sind schiitische Moslems. Infolge der israelischen Besatzungsherrschaft wurde 1982 die radikal-islamische *Hisbollah*-Miliz auf Betreiben des Iran gegründet. Mit Unterstützung Syriens und der libanesischen Regierung kämpft sie gegen Israel. Nordisrael wurde häufig mit Raketen beschossen, Selbstmordattentäter verübten Anschläge. Die Hisbollah selbst sieht sich als *Speerspitze* der islamischen Bewegung und hat starken Rückhalt in der libanesischen Regierung.[196]

Nachdem Ende März die Übergriffe der arabischen Terroristen auf Kirjat Schmona u.a. Städte im Norden des jüdischen Staates zugenommen hatten, befahl der geschäftsführende israelische Premier Peres der Armee seines Landes, die Operation *„Früchte des Zorns"* gegen die *Hisbollah* einzuleiten. Ab 11. April 1996 beschoß die israelische Armee rund um die Uhr die von ihnen besetzte *Sicherheitszone* im Südlibanon, aber auch Städte und Landstriche außerhalb dieses Areals. Die Luftwaffe bombardierte die Hafenstädte Tyros und Sidon und sogar die Hauptstadt Beirut. Die Marine nahm vermutete Stellungen in der Nähe Beiruts unter Feuer.

Die größte Militäroperation seit dem Ende des Libanonkrieges 1982/83 forderte nach vorläufigen Angaben der libanesischen Regierung 176 Tote und 90 Verletzte. Das schlimmste Massaker richteten die Israelis in der Nähe der Stadt Kanaa an, als Kampfflugzeuge einen Stützpunkt der Vereinten Nationen bombardierten. Dabei töten sie nach Angaben der UNO 101 Menschen und verletzten 40. Doch die *Hisbollah*-Stellungen wurden nicht getroffen. Ganz im Gegenteil: Die Islamistengruppe wurde stärker als zuvor und konnte sich bei der Bevölkerung im Libanon einer größeren Beliebtheit erfreuen als je zuvor.

Peres hatte mit der Militäraktion eine Doppelstrategie verfolgt: Einerseits sollten die *Hisbollah*-Kämpfer ausgeschalten, andererseits die

---

[196] Zit. nach: Der Fischer Weltalmanach 2001, Frankfurt am Main 2000, Sp. 497/98.

Friedensverhandlungen wieder in Gang gebracht werden. Doch damit ging der Interimspremier ein großes Risiko ein. Bei israelischen Toten der Militäraktion hätte die Bevölkerung Peres dafür verantwortlich gemacht und ihn Ende Mai nicht direkt gewählt. Doch das Gelingen der Aktion dürfte Peres innenpolitisch dennoch nicht gestärkt haben. Denn Erfolg war ihm nicht beschieden.

In zahlreichen Vermittlungsversuchen der USA, Frankreichs, Rußlands und der EU wurde eine *Waffenruhe* ausgehandelt. Die wichtigsten Vereinbarungen waren in einem Abkommen, der *Ceasefire Understanding*, festgehalten. Die Militärattacke Israels im Libanon dokumentierte den signifikanten Zusammenhang zwischen Frieden und *Sicherheit* im Nahen Osten: Die Araber können Israel nicht ungestraft provozieren, aber Israel kann auch nicht wahllos eingreifen. Der *Status quo* im Nahen Osten kann nur in Friedensgesprächen verändert werden, ohne sich der Gefahr auszusetzen, einen *Status ante quo* zu riskieren. Die von US-Außenminister Warren Christopher und seinen französischen und russischen Amtskollegen Hervé de Charette und Jewgeni I. Primakow ausgehandelte Vereinbarung – *Ceasefire Understanding* – zwischen Israel, Libanon und Syrien enthält die folgenden Absprachen: Erstens, stellt die *Hisbollah* ihre Raketenangriffe auf Israel ein und zieht sich aus den Wohngebieten in Südlibanon zurück. Zweitens, beendet Israel seine Militäroperation *„Früchte des Zorns"* am 26. April 1996, 0.00 Uhr. Drittens, dürfen Israel und die *Hisbollah* zur Selbstverteidigung schießen. Viertens, bilden Israel, die USA, Frankreich, Libanon, Syrien und der UNO-Generalsekretär eine *Militärkommission*, die die Einhaltung des Waffenstillstandes überwacht. Über Aufgaben, Struktur und Arbeitsweise der Kommission wird binnen vier Wochen nach der Waffenruhe beschlossen.

Das mühsam ausgehandelte Abkommen bot einen eher brüchigen Ansatz zur Beendigung der Spannungen im Libanon. Der neuerliche Angriff der *Hisbollah* auf israelische Einrichtungen in der *Sicherheitszone* und der Vergeltungsschlag der Israels und ihrer SLA verdeutlichte diese Problematik. Die Vereinbarung wurde nur sehr zögerlich umgesetzt. Die gemeinsame Kommission kam zwar zusammen, Scharmützel an der Grenze und in der *Sicherheitszone* konnte sie gleichwohl nicht abwenden.

Doch mit der *Waffenstillstandsvereinbarung* vom 26. April 1996 bot sich wenigstens die Möglichkeit, vor den für den 29. Mai angesetzten israelischen Parlaments- und Premierminister-Wahlen, die Situation etwas zu entspannen. Die bevorstehende Niederlage von Shimon Peres und seiner Arbeitspartei konnte dies freilich nicht verhindern.

VII. VON OSLO II BIS WYE-I – FORTSETZUNG DES NAHOST-FRIEDENS-PROZESSES UNTER BENJAMIN NETANYAHU (1996-1999)

1. Die Folgen des Regierungswechsel in Israel 1996 für den nahöstlichen Friedensprozeß

1.1. Die Knessetwahlen 1996

Am Abend des 29. Mai 1996 herrschte erneut Jubel in Israel, diesmal aber auf der anderen Seite der politischen Parteienlandschaft: Der *Likud*-Vorsitzende Benjamin Netanyahu hatte gerade einen knappen, aber für viele im In- und Ausland überraschenden Wahlsieg eingefahren und war Nachfolger des einige Monate zuvor ermordeten sozialdemokratischen Ministerpräsidenten Yitzhak Rabin geworden. Dagegen Bilder der Resignation auf der Seite des Friedenslagers: Rabins einstiger Stellvertreter, Interimspremier Shimon Peres, fehlten nur einige tausend Stimmen zur Wahl. Am 29. Mai 1996 wählten die Israelis ein neues Parlament und einen neuen Ministerpräsidenten, zum ersten Mal in einem Plebiszit. Die vorgezogenen Wahlen waren nach dem tödlichen Attentat auf Ministerpräsident Yitzhak Rabin am 4. November 1995 nötig geworden. Das *Verdikt* der Wähler wurde insbesondere für Rabins politisches Vermächtnis, den Friedensprozeß zwischen Israelis und Arabern, als entscheidend bezeichnet.[197]

Die Wahlen fanden in einem Klima der Verunsicherung statt: Eine Serie blutiger Selbstmord-Attentate palästinensischer Fanatiker hatte die Stimmen nach einem härteren Kurs in der Frage der *Palästinensischen Finalität* wieder erstarken lassen. Im Mittelpunkt des Interesses stand die Wahl des neuen Minsterpräsidenten. Zur Wahl standen der Shimon Peres, der Übergangs-Regierungschef von der *MfligethaAwoda*, und Benjamin Netanyahu, der Chef des konservativen *Likud*-Blocks. Beide Politiker verkörperten grundsätzlich verschiedene Politikkonzepte: Peres stand für die Fortsetzung des von ihm und Yitzhak Rabin eingeleiteten Friedensprozesses. Netanyahu wollte dagegen mit seinen nationalen Zielen lediglich das bisher Erreichte anerkennen und nur wenige Zugeständnisse an die Araber zulassen. Bei ihm war das *Sicherheit*s-bedürfnis der Israelis das zentrale Wahlanliegen.

Shimon Peres, der die Anwartschaft der Arbeitspartei auf die Regierung verteidigen mußte, setzte in seiner Wahlkampagne vor allem auf

---

[197] Vgl. dazu, Zimmermann, Moshe: Festungsmentalität und Verfolgungswahn. Die israelische Gesellschaft und der Friedensprozeß, in: Internationale Politik, 53 (1998) 4, S. 49-56.

den *„Rabin-Effekt"* und beschwor die Zukunft des *„Neuen Nahen Ostens"*. Er agierte angesichts der zunehmenden palästinensischen Terrorwelle aber eher unglücklich. Mit der *„Strafaktion"* gegen die *Hisbollah*-Miliz im Südlibanon wollte auch er beweisen, daß er zu einer harten Hand fähig sei. Nach dem Beschuß des libanesischen Flüchtlingslagers in Kanaa, der 110 Todesopfer forderte, hagelte es heftig Kritik, u.a. vom amerikanischen Partner.

Likud-Chef Benjamin Netanyahu wollte von Peres' *„Neuen Nahen Osten"* nicht viel wissen; er plädierte stattdessen für eine Verbindung der *Friedenspolitik* mit der alten *Politik der Stärke* aus den 80er Jahren. Er befürwortete zwar eine Ausweitung der palästinensischen Autonomie, hielt aber nichts von der Idee eines Palästinenserstaates. Im Fall eines Wahlsieges wollte er die israelischen Siedler im Westjordanland und im Distrikt Gaza *„stärken"*. Eine Rückgabe der *Golanhöhen* an Syrien schloß er weitgehend aus. Netanyahu profitierte allerdings vom Altersbonus: Mit 46 Jahren wollte er den 26 Jahre älteren Peres ablösen und Israels jüngster Regierungschef werden. Dieses Ziel setzte er auch durch.

Bei den Wahlen zur Knesset spielte das Abschneiden der kleineren Gruppierungen eine entscheidende Rolle. Das neue Prozedere mit den zwei getrennten Wahlen war eingeführt worden, um die Abhängigkeit der Premierminister von der schwierigen Parteienlandschaft zu verringern. Nun bestand aber die Option auf eine *Cohabitation*, bei der der Regierungschef nicht mehr auf eine Mehrheit im Parlament zählen kann.

Insgesamt bewarben sich 31 Parteien und Gruppierungen für die 120 Sitze in der Knesset. Demgegenüber waren in der 13. Knesset (1992-96) nur 13 Parteien vertreten. Für ein Mandat war ein Wähleranteil von 1,5 % (*Sperrklausel*) erforderlich. Die große Unbekannte waren die über 600 000 Einwanderer aus der früheren UdSSR, die sich zum großen Teil in der Partei des Ex-Dissidenten Nathan Scharanski gesammelt hatten.

Am 29. Mai 1996 stimmten bei einer Wahlbeteiligung von 79,3 % der 1.501.023 Wähler (50,4 %) für Benjamin Netanyahu als neuen Premierminister. Der provisorische Amtsinhaber Shimon Peres erzielte 1,471.566 Stimmen (49,5 %). Der Vorsprung, der Netanyahu zum Sieg verhalf, war äußerst gering – knapp 30. 000 Stimmen bei 3,9 Millionen Wahlberechtigten. Unter den jüdischen Wählern war der Abstand zwischen Netanyahu und Peres jedoch gar nicht so gering, wie die Zahlen des Endergebnisses es ausdrückten. Läßt man die

Stimmen der arabischen Israeli beiseite – etwa 18 % der Bevölkerung, von denen nur 5,2 % für Netanyahu stimmten – so wird klar, daß sich eine deutliche Mehrheit der Juden gegen Peres aussprach, laut offizieller Wahlstatistik mit 55,5 zu 44,4 %.[198]

Auf die *MifligethaAwoda* entfielen bei den Wahlen zur Knesset 26,8 %, das sind 34 Mandate. Der rechtsgerichtete *Likud*-Block kam auf 25,1 % und 32 Sitze. Damit verfügten die beiden großen Parteien zusammen in Israel über 66 Sitze, gerade fünf mehr als für die absolute Mehrheit erforderlich. Entscheidend für den hauchdünnen Wahlsieg Netanyahus waren schließlich zwei Faktoren: Der Wegfall von 17. 000 ungültigen Stimmen der arabischen Israeli, die Peres bei der Auszählung fehlten, und der Aufruf führender Rabbiner an ihre religiösen Wähler, für Netanyahu zu stimmen. Der Tradition nach haben es die Religiösen bisher vermieden, offen für einen säkularen Kandidaten zu stimmen.

Die Wahlergebnisse zeigten einen starken Rückgang der Stimmen für die beiden großen Parteien, Arbeitspartei und *Likud*-Block, andererseits einen deutlichen Zugewinn der Mandate für die religiösen Parteien. Gegenüber 1992 verlor die Arbeitspartei 10 Sitze, der *Likud* acht. Die vier religiösen Parteien (*National-Religiöse* Partei 7,8 % und neun Sitze; *Schas* 8,5 % und 10 Sitze; *Thora-Degel* 3,2 % und vier Sitze) und rechten Kleinparteien gewannen sieben Sitze und verfügten insgesamt über 25 Abgeordnete in der Knesset (statt bisher 18). Neu vertreten waren die russische Immigrantenpartei *Israel B'Aliya* unter Nathan Scharanski, die 5,7 % und sieben Mandate erzielte sowie die Partei *Dritter Weg*, eine Rechtsabspaltung der Arbeitspartei mit einem Programm gegen einen Abzug von den *Golanhöhen*, mit 3,1 % und vier Abgeordneten.[199]

Der drastische Stimmenverlust war insbesondere für den *Likud* sehr schmerzlich, bedenkt man, daß fast ein Drittel der *Likud*-Mandate entsprechend der Koalitionsvereinbarung an die Bündnispartner *Gesher* und *Zomet* (Parteienbündnis seit Februar 1996, der Autor) gingen. Dies bedeutete, daß sich zahlreiche prominente *Likud*-Politiker nicht für einen Knessetsitz qualifizieren konnten. Eine teilweise Kompensation soll mit einer Regelung herbeigeführt werden, wonach die auf einen Ministerposten berufenen *Likud*-Abgeordneten

---

[198] Die Angaben sind entnommen: Wolffsohn. Michael/Bokovay, Douglas: Israel. Grundwissen-Länderkunde. Geschichte-Politik-Gesellschaft-Wirtschaft (1882-1996), 5. erweiterte und überarbeitete Auflage, Opladen 1996, S. 97.
[199] Vgl. Ebd.

ihr Mandat niederlegen sollen, so daß weitere Kandidaten der *Likud*-Liste auf die freigewordenen Knesset-Sitze nachrücken konnten.

Für die Arbeitspartei war der Verlust von zehn Sitzen und der Übergang in die Opposition ein schwerer Rückschlag. Bereits kurz nach Verkündung der Wahlergebnisse kamen gegenseitige Beschuldigungen innerhalb der Parteiführung auf, wer für die verheerende Wahlniederlage die Verantwortung trage. Der Parteivorsitzende und Außenminister Ehud Barak, ein *Ziehsohn* Yitzhak Rabins, beschuldigte Interimspremier Peres der Wahlniederlage, obwohl Barak den Wahlkampf selbst geführt hatte. Peres warf Barak wiederum vor, mit seinem *Falken*-Kurs als Nummer zwei der Regierung dem im Vergleich zu 1992 relativ friedenswilligen *Likud* kein Konzept des Friedensprozesses der Arbeitspartei gegenübergestellt zu haben. Zu den klaren Verlierern gehört auch das linksliberale *Meretz*-Bündnis, das nur noch mit neun (bisher 12) Abgeordneten in der 14. Knesset vertreten sein wird.

Eine unerhört hohe Stimmenquote erzielten die religiösen Parteien: *Schas* erhöhte ihre Vertretung in der Knesset von sechs auf zehn Sitze. Die europäische, ultraorthodoxe Vereinigte *Thora-Liste* blieb bei vier Mandaten. Einen Zuwachs von sechs auf neun Sitze konnte sich die Nationalreligiöse Partei zuschreiben. Auch die arabischen Parteien verzeichneten einen Stimmenzuwachs, der mit der hohen Wahlbeteiligung der arabischen Minderheit (77 % gegenüber 60 % 1992) zu erklären war.

Lexikon: Religiöses Leben in Israel
Tendenz. Der Einfluß der Religion in Israel ist in den letzten fünf Jahren deutlich gestiegen. Rund ein Drittel der Israelis gaben 1996 an, religiös-orthodox zu sein, nur noch knapp 50 % betrachtete sich als nicht-religiös. In den ersten beiden Jahrzehnten des Staates Israel betrug dieses Verhältnis 30:70 %.
Grundposition. Für die strenge Orthodoxie kann nur allein *Gott* die Juden der Welt aus der *Diaspora* in das *Gelobte Land* zurückführen, daß die Zionisten in diesen Vorgang eingreifen wollen, sieht die Orthodoxie als Gotteslästerung an. Die extrem orthodox-religiösen Parteien sind daher anti-zionistisch. Vor allem die zionistische *Nationalreligiöse Partei* (NRP) und das *Thora-Judentum* streben eine Stärkung der religiösen Institutionen an, deren alleinige Zuständigkeit nicht angetastet werden konnte. Privilegien wie eine Befreiung vom Wehrdienst, ein Ausbau des Schulsystems, der staatlichen religiösen Schulen und Subventionen für andere religiöse Schulen stellen eine Belastung der Beziehungen zu den weltlichen Schulen dar.

Einfluß auf die Politik. Der große Einfluß der religiösen Parteien auf die Regierungsbildung sicherte, daß dieser Zweig des Judentums bestehen blieb und immer stärker wurde. Hinzu traten die national-religiösen Siedlungsfanatiker aus der *Gusch-Emunin*-Bewegung, die mit der *eretz-Israel*-Ideologie über Jahrzehnte eine Aussöhnung mit den arabischen Nachbarn verhinderte. Häufig provozierten die religiösen Parteien Regierungskrisen bis in die 90er Jahre hinein.[200]

Als bisher unbekannte Kraft etablierte sich mit sieben Sitzen die Partei der russischen Einwanderer, *Israel B'Aliya*, die von dem früheren sowjetischen Dissidenten Nathan Scharanski geführt wird. Ihr Ziel ist vor allem die bessere Integration der über 600. 000 Einwanderer aus den Ländern der ehemaligen Sowjetunion. Schließlich war der „*Dritte Weg"* erstmals in der Knesset vertreten. Diese Rechtsabspaltung der Arbeitspartei unter dem *Golan*-Bewohner und früheren General des *Yom-Kippur-Krieges*, Avigdor Kahalani, ist zwar den Palästinensern gegenüber kompromißbereit, lehnte jedoch die Preisgabe des *Golan* und seine Rückgabe an Syrien ab.

Der Regierungswechsel in Israel setzte eine Entwicklung fort, die mit dem Wahlsieg des *Likud*-Blocks über die Arbeitspartei im Mai 1977 begonnen hatte und die nur kurz – durch die Verkrustung der *Likud*-Regierung Shamirs und die ungewöhnliche integrative Fähigkeit Yitzhak Rabins – unterbrochen wurde.[201] Der Tod Rabins war nicht nur das Ende der Regierung der Arbeitspartei, sondern auch das Ende der Ägide der seit Mitte der 70er Jahre amtierenden Politiker in der israelischen Politik. Shimon Peres war nicht gleichzeitig in der Lage, neben seiner Rolle auch die des *Mr. Security* Rabins zu übernehmen. Obwohl als Staatsmann und Visionär hochgeachtet, konnte er nicht dem *Sicherheit*sbedürfnis der Israelis entsprechen, ohne den *Friedens*-prozeß zu gefährden.

Die Berufung des früheren Generalstabschefs Ehud Barak zum Außenminister – anstatt zum Verteidigungsminister – war keine glückliche Wahl. Während das *Tandem Rabin-Peres* reibungslos funktionierte, benahm sich Barak als Politiker im Gewand des Militärs, der mit seinem Auftreten als Chef der Diplomatie nicht nur die Araber abschreckte. Dagegen schien der wie *Phönix aus der Asche* aufgestiegene *Likud*-Chef Netanyahu ein besseres Konzept vorzulegen: Mit der Anerkennung des *Osloer Verträge* mit der PLO sowie

---

[200] Zit. nach: Schoeps, Julius H. (Hrsg.): Neues Lexikon des Judentums, Gütersloh/München 1998, S. 702.
[201] Vgl. dazu, Zimmermann, Moshe: Wende in Israel. Zwischen Nation und Religion, Berlin 1996, S. 70 f.

der konsequenten Fortsetzung der Friedensverträge mit Ägypten und Jordanien und einem umfassenden Sicherheitskonzept kam der flexibel agierende Mitt-Vierziger dem israelischen Bedürfnis nach *Frieden in Sicherheit*, dem neuen Schlagwort nach den Wahlen, nach. Ihm gelang die Meisterleistung der Reorganisation des seit der Wahlniederlage 1992 zerstrittenen *Likud* und ein moderateres Auftreten als der selbst in Kreisen der Sozialdemokratie umstrittene Barak, der glücklos versuchte, sein großes Vorbild Yitzhak Rabin zu imitieren.

Zudem beging Shimon Peres – übertrieben in die Rolle Rabins schlüpfend – den Fehler, den Libanon wegen vergleichsweise *„harmloser"* *Hisbollah*-Angriffe zu bekriegen und unbeabsichtigt Hunderte Araber zu töten. Dies kostete ihm – mehr noch als die Stimmen der Israelis wegen der *Hamas*-Terroranschläge – die Stimmen der verärgerten arabischen Israelis, die überraschend hoch für den *Friedenssicherheitler* Netanyahu stimmten oder sich der Stimme enthielten. Nach ersten Äußerungen Netanyahus war zu erwarten, daß auch unter seiner Regierung der Friedensprozeß mit den Palästinensern fortgesetzt würde.

In den folgenden Koalitionsverhandlungen befürwortete der neue Premierminister Benjamin Netanyahu von Beginn an die Bildung einer Koalitionsregierung, die sich auf kleinere Parteien stützte. Eine Große Koalition mit der Arbeitspartei, die gerade für den *Oslo*-Friedensprozeß mit den Palästinensern wichtig gewesen wäre, verweigerte er sich. Damit schloß er einen *nationalen Konsens*, den Shimon Peres befürwortet hatte, kategorisch aus. Neben den *„Likud-Anhängseln"* *Zomet* und *Gesher*, durch ihre Vorsitzenden Rafael Eitan (Landwirtschaft und Umwelt) und David Levy (Äußeres) als stellvertretende Premierminister vertreten, holte er die folgenden Parteien ins Kabinett: die Partei der russischen Einwanderer (*Israel B'Aliya*) unter Nathan Scharanski, die Partei des *Dritten Weges* unter Avigdor Kahalani sowie die Parteien der *Nationalreligiösen*, des *Thora*-Judentums und die *Schas*, die sich wie so häufig in den letzten Jahren in Israel als das *„Zünglein an der Waage"* erwiesen.

Insbesondere die Einbeziehung der religiös-orthodoxen Parteien und der Partei der russischen Einwanderer ließ nichts Gutes für die bevorstehende Regierungsperiode erwarten. Die Reaktionen in der arabischen Welt und auch in den Vereinigten Staaten war gedämpft optimistisch (Jordanien, USA), über skeptisch (Ägypten) bis hin zu pessimistisch (Palästinenser, Syrien und Libanon). Zwar deuteten die ersten Äußerungen Netanyahus auf einen härteren Kurs in der *Frie-*

denspolitik hin. Eine Vorverurteilung des neuen Premiers wurde allerdings vermieden.

1.2. Veränderungen im Friedensprozeß unter der neuen Likud-Regierung

Mit der Knessetwahl vom 29. Mai 1996 vollzog sich zwar ein *Paradigmenwechsel* in der israelischen Innenpolitik, der auf das Parteiengefüge zahlreiche, z.T. katastrophale Auswirkungen haben sollte, jedoch bezüglich des Friedensprozesses mit den Arabern keine gravierenderen Verschlechterungen als schon unter Rabin und Peres auslösen sollte.

Der *Likud*-Block veränderte schon bald nach der Ermordung von Premierminister Yitzhak Rabin am 4. November 1995 seine Haltung zum *Nahost-Friedensprozeß*: Unter dem Schock der Ereignisse und der Gefahr der Eskalation innerhalb Israels setzte sich Benjamin Netanyahu für Veränderungen ein. Zwar sollte der *Siedlungsbau* in den Palästinensergebieten und Ostjerusalem formell wiederaufgenommen werden, aber in den Beziehungen zur arabischen Welt ließ sich der *Likud* künftig von den folgenden neuen Prinzipien leiten: Die seit Jahrzehnten gefestigten Beziehungen zu Ägypten und der 1994 von Yitzhak Rabin durchgesetzte Frieden mit Jordanien sollten ausgebaut werden.

Die *Osloer Verträge* mit den Palästinensern, der *Kern* des gesamten Nahost-Friedensprozesses, werden anerkannt und nach Geist und Buchstaben umgesetzt. Dem Prinzip *pacta sunt servanda* folgend, würden die Regelungen der *Übergangsvereinbarungen* eingehalten, was nach Netanyahus pragmatischer Lesart eine Nachbesserung jedoch nicht ausschloß. Aufgrund des infolge der Terroranschläge angespannten Klimas in den israelisch-arabischen Beziehungen sollten die Verhandlungen über den *dauerhaften Status* beschleunigt werden und parallel zum Übergangsprozeß laufen. Ein Eingreifen in die unter voller palästinensischer Verwaltung stehenden Territorien wurde ausgeschlossen, in der unter gemischter Verwaltung stehenden Gebiete sollten sich die israelischen Aktivitäten auf die nötige Wahrnehmung der Sicherheitsverantwortung beschränken.

Weniger kompromißbereit zeigte sich Netanyahu gegenüber den Syrern: Zwar sollten die Friedensverhandlungen mit Damaskus und seinem *Vasallen* Beirut wiederaufgenommen werden, aber von einer Rückgabe des *Golan*, die Rabin in den letzten Monaten seiner Amtszeit angeblich noch zugesichert haben soll, sprach Netanyahu nicht mehr. Stattdessen hätte Syriens Präsident Hafiz el-Assad zu

akzeptieren, daß Verhandlungen ohne Vorbedingungen wiederaufzunehmen seien. Die im Südlibanon von Israel beanspruchte Sicherheitszone sei zu räumen, jedoch nicht gemäß der Sicherheitsrats-
Resolution 242 bedingungslos, sondern nur bei Sicherheitsgarantien
der libanesischen Regierung. An der Ausweitung des Nahost-Friedensprozesses auf die Golfstaaten und Nordafrika zeigte sich Netanyahu, auch aus verständlichen ökonomischen Erwägungen, interessiert, jedoch nur, wenn die neuen Friedenspartner an der Bekämpfung
der von Saddam Husseins Regime ausgehenden Gefahr mitwirken
würden und wenn sie bereit seien, dem *Islamischen Fundamentalismus* energisch entgegenzutreten.[202]

Lexikon: Fundamentalismus
Fundamentalismus ist eine *„Bezeichnung für religiöse [...] und
politische Positionen, die sich durch das Festhalten an einer 'reinen
Lehre' auszeichnen.“*[203]
Unter *Fundamentalismus* versteht man die Änderung etwas Grundsätzlichen, etwas Tiefgehenden. Wer an dem Fundament rüttelt, stellt
das politische System, die Staats- und Gesellschaftsordnung oder das
Zusammenleben im internationalen System an sich in Frage. Der Fundamentalismus ist keine rein islamische Bewegung, läßt sich aber wegen seiner Ausnutzung durch den Islam in ihr besonders gut fest-
machen. Aus diesen Überlegungen kann man nun folgendes fest-
stellen:
- Der Fundamentalismus ist keine rein moderne Entwicklung, sondern
seine Wurzeln reichen bis ins Mittelalter zurück.
- Der Fundamentalismus kann auf keinen Fall mit Konservatismus
gleichgesetzt werden.
- Fundamentalismus lehnt den Säkularismus zur Gänze ab.
- Es gibt einen religiösen und einen politischen Fundamentalismus.
- Fundamentalismus ist eine Abstoßbewegung gegen die westlich
geprägte und dominierte Art der Moderne.
- Fundamentalismus lehnt die Autonomie menschlicher Vernunft ab.

Lexikon: Islamischer Fundamentalismus und seine Geschichte
Allgemein ist *Islamischer Fundamentalismus* das kompromißlose
Festhalten an politischen oder religiösen Grundsätzen. Im Christentum
handelte es sich um eine protestantische Bewegung in den USA, die
eine strenge Kirchenlehre anstrebte und die naturwissenschaftliche
Entwicklungslehre im Schulunterricht ausschalten wollte. Heute be-

---

[202] Vgl. dazu, Perthes, Volker: Israels Wende und die arabische Welt, in: Blätter
für deutsche und internationale Politik, (1997) 4, S. 460-71.
[203] Zit. nach: Fundamentalismus, in: Holtmann, Everhard (Hrsg.): Politik-
Lexikon. 2., überarbeitete und erweiterte Auflage, München Wien 1994, S. 201.

zeichnet Fundamentalismus die traditionellen Strömungen im Islam (Regelungen im privaten und staatlichen Leben nach den Vorschriften des Koran) und radikale Abwehrhaltung gegenüber der als materialistisch und damit zerstörerisch eingestuften westlichen Zivilisation. Er kommt in den 70er Jahren wieder stark auf.

Die Vorläufer: 1928 in Ägypten durch Hassan al-Banna gegründete Organisation der *Muslimbrüder*, die eine vom westlichen Modell unabhängige, vom islamischen Recht geleitete Gesellschaft wollte. Ähnliche Vorstellungen sind in Britisch-Indien durch Abu Ala al-Maududi vertreten, durch die Unabhängigkeit Pakistans und Abspaltung von Indien 1947 von Maududi abgelehnt. Diese Entwicklung setzt sich am deutlichsten in Persien/Iran fort.

Vom 18. Jahrhundert an wurden islamische Reformideen und islamische politische Ideen vor allem aus zwei Quellen gespeist: aus autochtonen Erneuerungsbewegungen und aus Reaktionen auf den *europäischen Kolonialismus*. Muhammed ibn Abdalwahhab begründete auf der Arabischen Halbinsel die *Wahhabitenbewegung*, die auf einen strengen Monotheismus abzielte. Sah Wali Allah ad-Dihwali versuchte in Nordindien unter ähnlichen Umständen die Einigung aller Muslime zu erreichen. Sein Versuch, dies in Nordindien zu etablieren, scheiterte jedoch. Durch die Gründung des föderativen Königreiches Libyen unter dem Sansu-Emir Idris I. wurden die Vorstellungen der Sansusivva zeitweise politisch wirksam. Die europäische Kolonialherrschaft, die sich im 19. Jahrhundert über fast die gesamte islamische Welt ausdehnte, ist der Schlüssel zum Verständnis des sog. *Panislamismus* – besonders unter dem osmanischen Sultan Abdulhamit II. (1876-1909). Die verschiedenen islamischen Antworten auf den Islam bekämpften einerseits die zerstörerische Wirkungen der technologischen und politischen Überlegenheit Europas und übernahmen andererseits gleichzeitig europäische Traditionen und Ideale.[204]

Insgesamt mag Netanyahus Friedenskonzept, das die Grundlage der am 2. Juni 1996 nach der Amtsübernahme seiner Regierung erlassenen *Richtlinien* bildete[205], als zu kompromißlos gegenüber den Arabern gelten, insbesondere was die formelle Aufhebung des *Siedlungstops* betrifft. Doch auch in der Ära Rabin/Peres (1992-1996) hatte es massiven *Siedlungsbau* in der Westbank und im Gazadistrikt gegeben, was aber geschickt hinter der *friedenspolitischen Fassade* versteckt wurde.

---

[204] Zit. nach: Görres-Gesellschaft (Hrsg.): Staatslexikon, Bd. III, Freiburg im Breisgau 1993, S. 203.

[205] Vgl. das Dokument in: Leitlinien der israelischen Regierung (Auszüge), in: Internationale Politik, 51 (1996) 9, S. 114-17.

Was sich in der *Netanyahu-Periode* (1996-99) als angeblich friedens-
feindlicher Kurs erweisen sollte, stellt nach genauerer Betrachtung nur
die Fortsetzung der Politik der Vorgängerregierungen seit 1968 und
besonders seit 1977 dar, trotz des *Siedlungsstopps* vom Juli 1992 in
den besetzten Gebieten, der nicht mehr als eine schöne Fassade war.

2. Der Oslo-Friedensprozeß zwischen Israel und der PLO vom Hebron-Abkommen bis zum Memorandum vom Wye River

2.1. Das Hebron-Abkommen

2.1.1. Der steinige Weg zum Hebron-Protokoll

Nach Monaten des Wartens, nach Wochen der Ungewißheit und der
Ungeduld war es am frühen Morgen des 15. Januar 1997 endlich
soweit. Der Netanyahu-Sprecher Bazak erklärte vor laufenden
Kameras in Eres: *„Vor wenigen Minuten wurde die Übereinkunft von
Dan Schamron und Saeb Erakat paraphiert."* Mit dieser historischen
Vereinbarung endete nicht nur eine Phase der Stagnation im nahöstlichen Friedensprozeß, sondern bestand auch die Chance, daß sich
über die profan als *Hebron-Abkommen* bezeichnete Vereinbarung hinaus weitere Schritte zu einer *umfassenderen Friedensregelung* im
Nahen Osten vollziehen ließen. Doch der Weg zu dieser neuen *Zwischenvereinbarung*, der dritten im Rahmen des *Interimsabkommens*,
erwies sich mehr als mühselig.[206]

Durch den Regierungswechsel in Israel geriet der Friedensprozeß zwischen Israelis und Palästinensern ins Stocken, die Gespräche mit den
Palästinensern wurden grundsätzlich in Frage gestellt. Zwar hatte
Netanyahus Koalitionskabinett im Regierungsprogramm betont, die
Gespräche mit der palästinensischen Autonomiebehörde fortzusetzen
und bestehende Abkommen einzuhalten, aber nicht wenige Beobachter in der Region, in Amerika und in Europa zweifelten an der Ernsthaftigkeit solcher Worte, und dies besonders angesichts der Entscheidung, den von der sozialdemokratischen Regierung im Juni 1992
beschlossenen *Baustopp* für jüdische Siedlungen im Westjordanland
aufzuheben und neue, erweiterte Anlagen auf der Westbank zu errichten. Von den Palästinensern wurde dies als Kriegserklärung an das
palästinensische Volk verstanden und heftig kritisiert. Doch der Druck
der Staatengemeinschaft, besonders der USA, und die neue Realität,
zwang der in ihrer Regierung und in seiner Partei eher zögerlich
agierenden Troika von Ministerpräsident Netanyahu, Außenminister
Levy und Verteidigungsminister Mordechai zum Einlenken.

---

[206] Vgl. DER SPIEGEL (1997) 4, S. 116-19.

Ab Mitte Juli 1996 beschäftigte sich ein Ausschuß des israelischen Kabinetts unter dem Vorsitz Netanyahus, dem dessen Berater Dore Gold, David Bar-Illan und Yitzhak Melchor sowie Außenminister Levy und Verteidigungsminister Mordechai angehörten, mit den Details der zunächst von der *Likud*-Regierung nicht anerkannten Verträge und über Formen, diesen Prozeß fortzusetzen. Zuerst reiste Chefberater Gold nach Gaza, um mit Yassir Arafat über Formen der künftigen Zusammenarbeit zu diskutieren. Das Treffen stellte einen historischen Durchbruch dar, weil erstmals ein Gesandter der *Likud*-geführten Regierung mit Arafat konferierte. Bei einem Treffen am 23. Juli 1996 auf der palästinensischen Seite des Kontrollpunktes Erez im Gaza-Distrikt einigten sich der neue Außenminister Levy und Arafat darauf, die Autonomieverhandlungen auf regelmäßiger Basis wiederaufzunehmen und die politischen Kontakte wiederzubeleben.

Nach sechsmonatiger Unterbrechung nahmen Israel und die Palästinenser die offiziellen Gespräche über die Umsetzung des *Übergangsabkommens* in Jerusalem wieder auf: Die Sitzung des *Gemeinsamen Lenkungsausschusses*, der höchsten Verhandlungsinstanz beider Seiten, war überschattet von gegenseitigen Vorwürfen. Israel warf der Autonomiebehörde vor, illegal in Ostjerusalem Behörden zu unterhalten, die PalästinenserRegierung attackierte Israel wegen dessen Siedlungspolitik. Die Arbeit wurde vom 24. bis 26. August in den gemeinsamen Ausschüssen fortgesetzt, ohne daß es zu konkreten Ergebnissen kam. Am 26. August bestätigten die Palästinenser die Schließung zweier Einrichtungen in Ostjerusalem, einer Kartographie und Vermessungsstelle sowie eines Sport- und Jugendbüros, um Israel keinen Vorwand mehr für die weitere Blockade des Friedensprozesses zu geben. Israel reagierte eher destruktiv auf das palästinensische Entgegenkommen und forderte u.a. die formelle Umsetzung der endgültige Streichung der israelfeindlichen Passagen aus der Palästinensischen Nationalcharta und die konsequente Bekämpfung der Terrorstrukturen, ohne selbst weitere vertragliche Schritte zu vollziehen, u.a. den Truppenabzug aus Hebron. Die israelische Weigerung führte zu Unruhen in den palästinensischen Territorien.

In diesem Moment schritten die Vereinigten Staaten, die Europäische Union und der israelische Staatspräsident Ezer Weizman ein, die Premier Netanyahu drängten, den Friedensprozeß nicht weiter zu blockieren und die notwendigen Schritte zu seiner Fortsetzung zu ermöglichen. Doch der Premier hatte im Wahlkampf geschworen, das *Oslo-Abkommen* zu torpedieren und den „*Bastard Arafat"* niemals zu treffen. An dieses Versprechen wollte er sich konsequent halten. Besonders den „*Prinzipalentreff*" mit dem Palästinenserpräsidenten wollte er vermeiden.

Doch selbst in der *nahöstlichen Realität* war dieser Schritt unausweichlich: Am 4. September 1996 trafen sich Netanyahu und Yassir Arafat erstmals am Grenzkontrollpunkt Erez zwischen Israel und dem Gazadistrikt. Beide Politiker vereinbarten, die *historische Aussöhnung* zwischen Israel und der PLO fortzusetzen. Sie bekräftigten, das *Übergangsabkommen* zu achten und die entscheidenden Schritte zu dessen Umsetzung zu ermöglichen. Die Verhandlungen über die noch ausstehenden Aspekte des Übergangsabkommens würden im *Gemeinsamen Koordinierungsausschuß* und in den *Fachkomitees* fortgesetzt und die Verhandlungen über den *dauerhaften Status* der Palästinensergebiete und Jerusalems wiederaufgenommen. Vorschläge zur wieteren Umsetzung des *Interimsvertrages* werden dann dem *Koordinierungskomitee* vorgelegt, und dieser legt anschließend dem Premierminister und dem palästinensischen *Ra'es* Vorschläge vor. Auf unterster Ebene würden Gremien gebildet, die die Umsetzung der einzelnen Aspekte der Vereinbarungen kontrollieren würden.

Der Händedruck dieser so verschiedenen Politiker, des nationalkonservativen israelischen Premiers und des einst als Terroristen bezeichneten Freiheitskämpfers und heutigen Friedenspolitikers auf arabischer Seite, besiegelte die Anerkennung der *Osloer Verträge* durch die *nationale Rechte* in Israel und durch die sephardisch geprägten religiösen Parteien des jüdischen Staates. Politiker der oppositionellen Arbeitspartei in Israel und der Friedensbewegung verstanden nicht, warum Netanyahu in seiner Zeit als Oppositionsführer gegen den Friedensprozeß gesprochen hatte, wenn er jetzt nichts anderes tue als seine Vorgänger Rabin und Peres. Heftige Kritik hagelte es aus den rechtsextremen Parteien Israels, den religiösen Splittergruppen und den Siedlerverbänden in der Westbank und im Gazadistrikt. Netanyahu habe die Ideale von *eretz Israel* verletzt, wenn er Abmachungen mit jener „*Terrorgruppe*" anerkenne, die für den Tod von Tausenden Israelis verantwortlich sei. Netanyahu verteidigte sich mit dem Argument, daß der Dialog mit der PLO-Führung unumgänglich wäre, um die „*vitalen Interessen des israelischen Volkes*" zu vertreten.

Lexikon: Aschkenasen und Sepharden
Aschkenasen und Sepharden sind die größten Bevölkerungsgruppen in Israel.
Aschkenasen: abgeleitet von Gen 10, dritter Enkel Japhets, Sohn Gomers, nach (Jer 51,27) Land am oberen Euphrat, was schon im 6. Jahr-

hundert mit Scandza (Skandinavien) identifiziert wurde, im Mittelalter hebräische Bezeichnung für Deutschland. Spätestens seit der Wende vom 13. zum 14. Jahrhundert wurde mit der zunehmenden Emigration der Juden aus Deutschland der Name auf diese übertragen und umfaßte dann auch die aus Nord-Frankreich, England und Norditalien stammenden Juden im Gegensatz zu den von der Iberischen Halbinsel vertriebenen Sepharden.

Gegenüber den Sepharden entwickelten die Aschkenasen – ausgehend von der mittelalterlichen Bewegung Chassidei Aschkenas, eine eigene Tradition mit fundamentalistisch-rigoristischen Zügen, eigenen Riten etc. Im Zuge der jüdischen Einwanderung (*Alijot*) kamen vor 1940 überwiegend Aschkenasen aus Mittel- und Osteuropa ins *„gelobte Land"*. Seit 1969 und besonders seit 1989 (Immigration aus der Sowjetunion) ist die Mehrheit unter Israels Neueinwanderern wieder aschkenasischer Herkunft.[207]

Sepharden: eigentlich *Sephardim*. Bezeichnung für die Juden, die vor ihrer Vertreibung 1492 in Spanien und Portugal (Zeit der großen Entdeckungen) lebten und sich anschließend in Südosteuropa, Nordafrika, Asien, aber auch in den Niederlanden, England, Nordwestdeutschland und Amerika niederließen.[208]

Allerdings verschleppten sich die Verhandlungen des *Gemeinsamen Lenkungsausschusses* und der Sachgremien ungewöhnlich lange. In dieser Situation lösten die schwersten Unruhen seit dem Beginn der palästinensischen Autonomie 1994 den *„Gordischen Knoten"* im festgefahrenen Friedensprozeß.

Was war geschehen? Am 22. September verfügte Netanyahu entgegen der Empfehlungen der Geheimdienste die Öffnung des *Hasmonäer-Tunnels* in Ost-Jerusalem, der in der Nähe der Al-Aksa-Moschee, des drittwichtigsten Heiligtums des Islam, verlief. Die Palästinenser befürchteten, durch die Bauarbeiten unterhalb der Moschee könne diese beschädigt werden. Doch dies war nur der äußere Anlaß der Unruhen Der wahre Hintergrund ist in der permanenten Abriegelung der palästinensischen Gebiete und dem fortgesetzten *Siedlungsausbau* in den Palästinensergebieten zu sehen.

Lexikon: *Hasmonäer-Tunnel* und *Tunnelkrieg*

Hasmonäer. ursprünglich priesterliches Geschlecht aus Modin, nördlich von Jerusalem; Familienname der makkabäischen Dynastie nach Hasmon.[209]

---

[207] Zit. nach: Schoeps, Julius H. (Hrsg.): Neues Lexikon des Judentums, Gütersloh München 1998, S. 79.
[208] Zit. nach: Ebd., S. 758.
[209] Zit. nach: Ebd., S. 331.

Hasmonäer-Tunnel. Die schwersten Unruhen seit Jahren in den Palästinensergebieten entzündeten sich an einem neuen Durchbruch für den 488 m langen Hasmonäer-Tunnel für Touristen an der Klagemauer in Jerusalem. Der bisherige Ein- und Ausgang lag im jüdischen Stadtteil, der nunmehr durchstoßene im arabischen. Die Palästinenser befürchteten dadurch Schäden für ihre heilige Stätten, besonders die Al-Aksa-Moschee.[210]

Tunnelkrieg. Bezeichnung für die schweren Unruhen vom 25. bis 27. September 1996 zwischen israelischen Armee- und Polizeieinheiten und palästinensischen Sicherheitskräften.[211]

Am 25. September 1996 bewarfen aufgebrachte palästinensische Jugendliche israelische Soldaten nahe der Palästinenserstädte Ramallah, Nablus, Hebron und im Ostteil Jerusalems mit Steinen und Brandsätzen. Diese antworteten mit scharfer Munition, Tränengas und Gummigeschossen. Ein Hauch von *Intifada* durchzog den Nahen Osten: Als israelische Soldaten versuchten, in die Nähe der Ballungszentren einzudringen und von Hubschraubern und Armee-Jeeps aus palästinensische Zivilisten zu beschießen, eröffnete die Palästinenserpolizei das Feuer auf ihre *Sicherheitspartner*, die israelischen Streitkräfte. Es entwickelten sich regelrechte Feuergefechte zwischen israelischen Truppen und den palästinensischen Sicherheitstrupps, die über drei Tage anhielten.

Erst am 27. September ordnete Yassir Arafat seinen Polizisten an, das Feuer einzustellen, Ministerpräsident Netanyahu unterbrach seinen Westeuropa-Besuch. Das israelische Kabinett verhängte den Ausnahmezustand über die noch von ihnen kontrollierten palästinensischen Gebiete und riegelte die Grenzen hermetisch ab, um ein Übergreifen der Ausschreitungen auf israelisches *Kernland* zu verhindern. Der Haß, welcher durch den „*Tunnel-Krieg"* ausgelöst wurde, leitete aber einen Wandel im Denken der *Likud*-Führung ein: Erstmals bat Premier Netanyahu Arafat um ein Treffen, obwohl er vor Partei-Aktivisten noch Härte gegenüber den Arabern angedroht hatte. Auf Druck der USA und auf Forderung der Europäer wie der Friedenskräfte in Israel unternahmen beide Seiten einen neuer Anlauf.

Vom 2. bis 4. Oktober kamen in der amerikanischen Hauptstadt Benjamin Netanyahu, Yassir Arafat, der jordanische König Hussein II. und der ägyptische Außenminister Amre Moussa zusammen, um auf *frontregionaler Ebene* einen Ausweg aus der jüngsten Krise des

---

[210] Zit. nach: Botschaft des Staates Israel in der Bundesrepublik Deutschland (Hrsg.): Der Hasmonäische Tunnel, Bonn 1997, S. 1, in: (*http://www.israel.de*).
[211] Zit. nach: Ebd.

Nahen Ostens zu finden. Zunächst schienen die Hofberichterstatter in aller Welt enttäuscht über den Ausgang der bi- und multilateralen Gipfelgespräche in Washington. Doch beim genaueren Hinsehen war das Ergebnis der Beratungen respektabel. Es wurde kein strittiger Punkt zwischen Israelis und Palästinensern – weder Hebron, noch die komplexen Wirtschaftsbeziehungen, noch die weiteren Truppenrückzüge aus dem Westjordanland – geregelt. Doch dies war auch nicht zu erwarten.

Der *Gipfel von Washington* war lediglich als ein *eröffnendes Gesprächsforum* für weitere, detaillierte Verhandlungen zu betrachten. Premier Netanyahu sagte Arafat, Hussein und Moussa zu, die Autonomieverhandlungen würden geführt, bis ein Ergebnis erzielt sei und sollten an verschiedenen Orten stattfinden – in Eres, in Eilat, in Taba und in Jerusalem. Beide Politiker sollten *„periodisch dazustoßen"*[212], um den Verhandlungen neue Impulse zu geben. Arafat unterzeichnete ein Schreiben an Netanyahu, in dem er auf Gewalt verzichtete und zusagte, daß nie wieder palästinensische Polizisten auf israelische Soldaten schießen würden und er für Ruhe in den Autonomiegebieten sorgen werde.

Am 6. Oktober 1996 nahmen die Co-Vorsitzenden des *Gemeinsamen Lenkungsausschusses*, Saeb Erakat und Don Schomron, am Grenzkontrollpunkt Eres unter Vermittlung von US-Vermittler Dennis Ross die Verhandlungen formell wieder auf. Zu Beginn der Tagung bekundeten sie ihren Willen, entsprechend der Vorgaben von Ministerpräsident Netanyahu und Präsident Arafat zu einer raschen Einigung über alle noch strittigen Fragen aus dem Interimsabkommen zu gelangen. Die ersten beiden Runden in Eres endeten mit der Festlegung einer Tagesordnung und der Bildung der Arbeitsgruppen, die am 14. Oktober ihre Arbeit aufnahmen.

Die dritte und vierte Verhandlungsrunde in Eilat und in Taba brachten kaum greifbare Fortschritte und wurden terminlich dadurch belastet, daß der US-Sondergesandte Ross seine Abreise wegen der amerikanischen Präsidentschaftswahlen am 5. November bekanntgab. Erakat und Schomron trafen sich am 5. und 6. November erneut zu Geheimgesprächen in Eres und in Gaza und unternahmen einen Durchbruchsversuch, der jedoch erfolglos blieb. Die Verhandlungen gingen auf *Expertenebene* vom 7. bis zum 10. November weiter und wurden von Erakat und Schomron wegen notwendiger Rücksprachen mit den Regierungen ausgesetzt.

---

[212] Zit. nach: FP vom 4.10.1996, S. 2.

Hinter dieser sachlich wirkenden Fassade verbargen sich tiefgreifende Meinungsverschiedenheiten zwischen den beiden Spitzenpolitikern. Premier Netanyahu hatte sich nach dem *„Tunnelkrieg"* längst mit einem *Abzug aus Hebron* abgefunden, wollte jedoch die weiteren Schritte aus dem Interims*abkommen*, besonders die noch ausstehenden *Truppenrückzüge aus den ländlichen Gebieten*, auf unbestimmte Zeit vertagen. Stattdessen schlug er vor, sofort mit den Verhandlungen über den endgültigen Status zu beginnen.

Hinter diesem verbindlich wirkenden Angebot stand, mutmaßten politische Beobachter, nicht mehr und nicht weniger als der Versuch, den *Oslo-Prozeß* politisch ins Leere laufen zu lassen. Denn die *Endstatus-Verhandlungen* würden zwangsläufig zu einer chronischen Stagnation beitragen, wenn die weiteren Punkte aus dem *Interimsabkommen* noch nicht umgesetzt würden. Yassir Arafat war nicht bereit, die Unterschrift unter das *Hebron-Abkommen* zu setzen, wenn nicht die Umsetzung der weiteren Schritte aus dem *Übergangsvertrag* vom September 1995 gesichert war. Denn hinter der Offerte Netanyahus, so Arafat, stecke der Versuch, den Friedensprozeß nach Hebron in der Schwebe zu halten. Diese doppeldeutige und wenig transparente Strategie des *Likud*-Chefs laufe auf eine Wiederholung der Situation nach dem Regierungswechsel vom Sommer hinaus, als die Gespräche schon einmal ruhten.

In der fünften und sechsten Verhandlungsrunde in Jerusalem spielten die Gegensätze die Hauptrolle und führten zu keinen Fortschritten. Besonders die von den Israels geforderten Sicherheitsgarantien und der von den Palästinensern anvisierte *Zeitplan* für den weiteren Rückzug bestimmten Verhandlungen. Dennoch seien ein gutes Gesprächsklima und der Wille zum Dialog spürbar. Die USA drängten zum Abschluß einer Vereinbarung aus Angst vor weiteren palästinensischen Terrorakten oder Störaktionen militanter jüdischer Siedler.

Doch in den weiteren Gesprächsrunden, die am 22. November wegen eines palästinensischen Terroranschlags im Westjordanland und der folgenden Entscheidung des israelischen Kabinetts, den Siedlungsbau zur *„nationalen Priorität"* zu erklären, für 10 Tage unterbrochen worden waren, konnte in Jerusalem und in Eilat kein greifbares Resultat erzielt werden. Dennoch begannen beide Delegationen, unabhängig von der gespannten Situation über den Sachverhalt zu debattieren. In den Konsultationen in Eres und Kairo in den ersten Dezemberwochen wurde eine Grundsatzeinigung über den Hebron-Abzug erzielt.

In dieser Phase der Gespräche übte auch die amerikanische Diplomatie wieder stärkeren Druck auf Tel Aviv und Gaza aus. US-Präsident Clinton telefonierte mit Netanyahu und Arafat und wünschte eine baldige Einigung in den noch strittigen Punkten. Um ein *Gesamtpaket* schnüren zu können, reiste der US-Nahostgesandte Ross erneut in die Region, außerdem telefonierten Premier Netanyahu und *Ra'es* Arafat mehrere Stunden miteinander und erteilten ihren Unterhändlern die Weisung, sich in den Hebron nicht betreffenden Fragen schnellstmöglich zu einigen. Ross pendelte, obwohl zunächst pessimistisch, mehrfach zwischen Jerusalem und Gaza und überbrachte Netanyahu und Arafat die Botschaften des jeweils anderen. Parallel dazu tagte im *„King-David-Hotel"* in Jerusalem der *Gemeinsame Lenkungsausschuß*, der mit den drei Fachausschüssen zu ununterbrochenen Konsultationen zusammenkam. Arafat und Israels Verteidigungsminister Mordechai konferierten dreimal miteinander.

Am 24. Dezember vermittelte Ross einen *Zwischengipfel* mit Netanyahu und Arafat, auf dem beide Politiker die Verhandlungen als positiv bewerteten und ihren ununterbrochenen Fortgang im *Lenkungsausschuß* verfügten. Ein Durchbruch konnte allerdings noch nicht erzielt werden. Stattdessen pendelte Ross tage- und wochenlang weiter zwischen beiden Seiten. Die immer neuen Forderungen beider Seiten – das Feilschen á la Nahost – behinderten den endgültigen Erfolg der Gespräche. Als sich am 31. Dezember nach einem weiteren Gespräch Arafats mit Mordechai der Durchbruch abzeichnete, verübte der jüdische Extremist Friedmann am Neujahrstag im Stadtzentrum Hebrons einen Anschlag. Ein ganzes Magazin mit 20 Schuß Munition feuerte der angeblich Geisteskranke jüdische Siedler in der Uniform der israelischen Armee auf die Araber, die sich auf dem Marktplatz versammelt hatten. Sieben von ihnen wurden schwer verletzt. Netanyahu entschuldigte sich bei Arafat für den Vorfall, kündigte eine harte Bestrafung des Täters und den Fortgang der Verhandlungen an die erstmals auf palästinensischem Gebiet, in der Nähe Gazas, stattfanden. Das noch relativ glimpflich verlaufene Attentat beschleunigte den Fortgang der Verhandlungen, die vom 1. bis 3. Januar 1997 in Eres und in Jerusalem weitergingen: Die Verhandlungsführer Erakat und Schamron trafen sich in regelmäßigen Abständen mit US-Vermittler Ross, der seinerseits mit Washington sowie mit Netanyahu und Arafat Kontakt hielt und sich dreimal wöchentlich mit beiden Politikern in Jerusalem bzw. in Gaza traf.

Am 4. Januar 1997 erreichte der *Politkrimi á la Nahost* einen neuen Höhepunkt: Ministerpräsident Netanyahu und Palästinenserpräsident Arafat kamen zu einem mehrstündigen, nächtlichen *Geheimtreffen* zusammen, das von Ross vermittelt wurde und erstmals auf der palästinensischen Seite des Eres-Stützpunktes stattfand. In einem achtstündigen Marathon, zu dem abschließend auch Ross hinzukam, berieten die so ungleichen Politiker den Stand der Verhandlungen und versuchten einen weiteren Durchbruch. Obwohl noch keine Einigung erreicht wurde, verlief diese Unterredung, so beide Seiten, in einer ungewöhnlich sachlichen und ruhigen Atmosphäre, gekennzeichnet vom Willen nach einer Annäherung. Ein Rohrbombenanschlag in Tel Aviv, der der palästinensischen Terrorgruppe PFLP zugeschrieben wurde, brachte am 9. Januar die Gespräche wieder ins Wanken. Netanyahu reagierte hart und drohte mit Konsequenzen für den Friedensprozeß. Die Verhandlungen setzte er gleichwohl nicht aus, weil sich der Urheber nicht finden ließ. Zusätzlich belastete der Streit um den Umfang des weiteren israelischen Truppenabzugs aus den ländlichen Gebieten die Verhandlungen.

Israels neue konservative Regierung hatte eine Verschiebung der weiteren Abzüge bis Mai 1999 gefordert, um ein „Faustpfand" in den weiteren Gesprächen zu besitzen. Dagegen hatte die palästinensische Autonomiebehörde auf dem Termin des *Übergangsabkommens*, dem September 1997, bestanden. Die Amerikaner setzten in dieser Phase der in Eres, Gaza und Jerusalem fortgesetzten Konsultationen den Druck auf die Regierung in Tel Aviv mit der Drohung fort, Ross werde abreisen und Israel die Sicherheitsgarantie für den weiteren Friedensprozeß entzogen. Die Drohung zeigte Wirkung: Israels Regierung erklärte sich zu Zugeständnissen bereit und forcierte seine Verhandlungsführung in den Gesprächen. Die Konsultationen in Jerusalem kamen voran.

Der Durchbruch gelang aber erst dem jordanischen König Hussein II., der in Abstimmung mit den USA und der ägyptischen Führung zunächst zu Arafat und später zu Netanyahu reiste, um „wichtige Konsultationen" im Friedensprozeß zu führen. Nach einer eindringlichen Warnung der palästinensischen Führung vor einem Zusammenbruch des Friedensprozesses bat Hussein Arafat und Netanyahu, dem Kompromißangebot von Dennis Ross zuzustimmen und der nächsten Phase des *Übergangsabkommens* keine Steine in den Weg zu legen. Durch die Einigung mit Hussein II. von Jordanien war der Durchbruch erreicht: Der kleine König aus Amman hatte die *Brückenformel* gefunden, die für einen Erfolg der Verhandlungen und den Fortgang des Friedensprozesses nötig gewesen war. Im Gegensatz zu Ägypten, das nach einer *regionalen Vormacht* in der befriedeten Nahostregion strebte, war der Monarch an politischer Stabilität und an einer *Friedensdividende* interessiert, die auch der eigenen Bevölkerung und damit ihm selbst Wohlstand und Frieden bringt, aber mit Yassir Arafats Autonomiebehörde eng verzahnt sein soll.

Dennis Ross verschob – entgegen seiner Drohung – die Abreise aus der Nahostregion und nahm am 13. Januar die fast ununterbrochen stattfindenden Gespräche in Jerusalem wieder auf. Die letzten, eher unbedeutenden Fragen konnten relativ zügig, in 48-stündigen Dauersondierungen zwischen der israelischen und der palästinensischen Delegation ausgeräumt und vom Gemeinsamen Lenkungsausschuß am 14. Januar, gegen 20.00 Uhr, unterschriftsreif verabschiedet werden.

Ross traf zu getrennten Gesprächen mit Netanyahu und Arafat zusammen und klärte letzte Details der Paraphierungszeremonie. Entsprechend Netanyahus *Gipfeldiplomatie* wurde ein *abschließendes Gespräch* beider Spitzenpolitiker am Kontrollpunkt Eres gegen Mitternacht verabredet, dem die Zeremonie folgen sollte. Netanyahu und Arafat sprachen zwei Stunden am *Checkpoint* miteinander und entschieden abschließend positiv für die Übereinkunft. Im Beisein der Regierungschefs paraphierten die Unterhändler Saeb Erakat und Don Schamron das aus mehreren Dokumenten bestehende Protokoll, Netanyahu und Arafat verliehen mit ihren Gegenparaphen dem Dokument Gültigkeit und gaben in kurzen Ansprachen ihrer Freude und der Hoffnung Ausdruck, daß dieser Tag in die *nahöstlichen Geschichtsbücher* eingehen möge.

2.1.2. Grundsätze

Das am Grenzkontrollpunkt Eres am 15. Januar paraphierte und in Tel Aviv zwei Tage später ratifizierte Abkommen stellte sich als relativ kleines und unkompliziertes Vertragswerk dar. Es setzt sich aus drei Dokumenten zusammen:
1) dem Protokoll über den Rückzug aus Hebron *(Protocol Concerning the redeployment in Hebron)*;
2) dem Brief des amerikanischen Außenministers Warren Christopher an den israelischen Ministerpräsidenten Benjamin Netanyahu *(Letter to be provided by U.S. Secretary of State Warren Christopher to Benjamin Netanyahu at the time of signing of the Hebron Protocol)*;
3) der Protokollnotiz über den Zeitplan zur weiteren Umsetzung der Verpflichtungen aus dem Interimsabkommen *(Note for the record)*;
4) der Zusatzvereinbarung über den Artikel 7 des Hebron-Protokolls betreffend *(Agreed Minute)*.

Der Text des Hebron-Abkommens beginnt mit den Sätzen: *„Die Dislozierung der israelischen Armee aus Hebron erfolgt in Übereinstimmung mit dem Interimsvertrag und diesem Protokoll. Sie* *wird nicht später als zehn Tage nach der Unterzeichnung dieses Protokolls ausgeführt. Die Palästinenser werden ihre Autorität in gleicher Weise ausüben können wie in den anderen Städten des West-jordanlandes. Israel wird seine höchste Autorität bei der Sicherheit und Verantwortung für das Wohlergehen der jüdischen Bürger in der Region wahren.*"[213] Der Vertrag setzt mit einem Dissenz fort: *„Weil sich beide Seiten derzeit nicht in bezug auf den Schrein des Patriarchen einigen, wird die gegenwärtige Situation für die nächsten drei Monate bestehen bleiben: Danach soll das Koordinierungs-komitee* (der Lenkungsausschuß, der Autor) *die Angelegenheit neuerlich prüfen.*"[214] Israel hatte bisher die bewaffnete Oberhand über der gemeinsam genutzten Machpela, der muslimische Wakf entsandte unbewaffnete Wärter.

Im zweiten Punkt werden zwei zentrale Straßenzüge zur gemeinsamen Patrouille festgelegt: die Hauptstraße Ras el-Dschura, die Dora-Kreu-zung und die Straße 35, wo israelische Soldaten trotz Autonomie präsent sein können. Bei diesen Patrouillen sollen drittens Israelis wie Palästinenser *„vergleichbare Waffen*"[215] tragen. Gleichwohl werden die Israelis die M-16 halten, während die Palästinenser nur die *„Mini-Ingram"* tragen. Der Punkt vier lautet wie folgt*: „Zur Kontrolle von Unruhen und zum Niederschlagen von Angriffen*"[216] werden gemein-same *„schnelle Eingreiftruppen"* von je 16 Kämpfern gebildet, die in der Region agieren. Dieses Kommando erhält eine Zentrale auf dem *„Monoah"*-Berg. Im fünften und sechsten Punkt wird die Form der zivilen Kooperation festgelegt, die bereits in den *Abkommen von Oslo* für die anderen Autonomiegebiete galt.[217]

Im siebten Punkt werden den Palästinensern insgesamt 400 bewaff-nete Polizisten zugesprochen, mit 200 Wagen, 200 Pistolen und 100 Gewehren: *„Alle Polizisten für Hebron müssen einer Sicherheits-kontrolle unterzogen werden".* Israel sind nach dem *Übergangsab-kommen* die Namen der Polizisten und nähere Angaben vorzulegen. Der achte und neunte Artikel des *Hebron-Protokolls* regeln die internationale Präsenz in der Stadt. Danach werden 400 UNO-Beobachter entsandt, die aus den USA, Deutschland, Schweden, Nor-

---

[213] Zit. nach: Israel Ministry of Foreign Affairs: Protocol Concerning Redeployment in Hebron, January 17, 1997, S. 1. in: (*http://www.israel.de*).

[214] Zit. nach: Ebd.

[215] Zit. nach: Ebd., S. 2.

[216] Zit. nach: Ebd.

[217] Vgl. Protokoll über den Truppenabzug aus Hebron, unterzeichnet von Israel und der Palästinensischen Befreiungsbewegung (PLO) am 17. Januar 1997 in Jerusalem (Wesentliche Punkte), in: Internationale Politik, 52 (1997) 8, S. 91 f.

wegen, Finnland und Österreich kommen und deren Mandat auf jeweils sechs Monate festgelegt wird und durch die Regierungen zu verlängern ist. Die Beobachter geben regelmäßig Lageberichte an die Vereinten Nationen weiter und versuchen, bei Streitfragen zu vermitteln.[218]

Im zehnten Punkt steht: *„Beide Seiten wollen Schritte zur Normalisierung der* (weitgehend von jüdischen Siedlern bewohnten, der Autor) *Altstadt vornehmen."* U.a. solle der Verkehr auf der zentralen Straße am Schuk innerhalb der nächsten vier Monate fließen können. Hier wird die Straße offenbar gespalten. Der elfte Punkt regelt detailliert die Eingliederung des arabischen Teils der Stadt Hebron in die Verantwortung der Autonomiebehörde. So wird zwischen der Altstadt (jüdisch) und den arabischen Vierteln eine *Pufferzone* eingerichtet, die *gemeinsames militärisches Sperrgebiet* ist. Das palästinensische Gebiet *(Grenzlinie – H1)* ist durch gelbe Steine abgegrenzt, die israelisch kontrollierte Sicherheitszone *(Grenzlinie – H2)* vor der jüdischen Siedlung Kirjat Arba durch braune.[219] Ein Blick in die Zukunft der Stadt Jerusalem legt der zwölfte Punkt nahe: *„Hebron wird nicht* (formal nicht, der Autor) *geteilt; es wird als eine vereinte Munizipalität weiterleben".*[220]

Auf maßgeblichen palästinensischen Druck legte eine *Protokollnotiz* fest, daß unmittelbar nach Abschluß der *Umgruppierung* in Hebron weitere Schritte zur Umsetzung des Interimsabkommens durchzuführen sind, die in einem Katalog nur sehr grob geregelt sind und Gegenstand weiterer Gespräche zum *Übergangsabkommen* sind. Binnen 30 Tagen nach der Umsetzung des *Hebron-Abkommens* treffen sich der israelische Ministerpräsident und der Palästinenserpräsident erneut zu einem Gipfelgespräch, das weitere Verhandlungsrunden zu den letzten Schritten des Interimsabkommens einleitet. Israel verpflichtet sich grundsätzlich dazu, seine Truppen in drei Phasen aus dem Westjordanland zurückzuziehen, wobei der Umfang dieser Umgruppierungen offengehalten wird. Die erste Phase beginnt spätestens Mitte März 1997, die zweite Phase ist bis September 1997 abzuschließen. Die dritte, größere Phase muß Israel *„bis Mitte 1998"* durchführen. Über den Umfang dieser Gebietsräumung befindet Israel *„selbständig und unter eigener Verantwortung"*, was auch im Begleitschreiben von US-Außenminister Christopher zugesichert wird.

---

[218] Vgl. Ebd.
[219] Vgl. Ebd., S. 92.
[220] Zit. nach: Israel Ministry of Foreign Affairs: Protocol Concerning Redeployment in Hebron, January 17, 1997, S. 3. in: (*http://www.israel.de*).

Weitere Details des Folgeabkommens zu Hebron werden einem *Junktim* unterzogen und unterliegen dem Prinzip *quid pro quo* (*s. Lexikon Ausstehende Aspekte des Interimsstatus*). Dies betrifft: erstens, den Hafen von Gaza, zweitens, den Seehafen von Gaza, drittens, Passagen, viertens, sichere Durchreise, fünftens, wirtschaftliche, finanzielle und Sicherheitsfragen, sechstens, zwischenmenschliche Beziehungen. Diese Aspekte betreffen kleinere, praktische Schritte, die das Leben der Palästinenser deutlich verbessern.

Auch den Palästinensern entstehen sehr umfangreiche Vertragsverpflichtungen. Sie müssen die terroristische Infrastruktur wirksam zerschlagen und das Verbot verbrecherischer Terrorgruppen durchzusetzen und nach Terroranschlägen in Zusammenarbeit mit den zuständigen israelischen Behörden die Täter dingfest machen, verhören und auf Forderung Israels die Täter auszuliefern, oder, wenn nicht, durch die palästinensischen Justizbehörden bestrafen. Yassir Arafats Autonomiebehörde muß den Palästinensischen Nationalkongreß einberufen, um die bereits beschlossene Streichung der israelfeindlichen Passagen aus der Nationalcharta durch die Verabschiedung eines provisorischen Grundgesetzes der Autonomiegebiete endgültig umzusetzen und die im Gegensatz zu den bisher geschlossenen Verträgen abgeschlossenen diplomatischen und konsularischen Beziehungen wieder einfrieren. Alle der PLO oder der Autonomiebehörde unterstellten Vertretungen in Ostjerusalem müssen schließen.

Israel ist im Gegensatz bereit, einen Korridor zwischen dem Westjordanland und dem palästinensischen Distrikt Gaza herzustellen, um die wirtschaftliche Kooperation und die *„territoriale Einheit"* zu wahren, die Absperrung der Palästinensergebiete schrittweise aufzuheben und zusätzlich Waren aus den palästinensischen Gebieten zu importieren, noch fällige Steuereinnahmen aus dem Binnenhandel an die Autonomiebehörde in Gaza zu überweisen und palästinensischen Arbeitskräften in Israel zusätzliche Genehmigungen zu erteilen. In Abstimmung mit der Palästinenserbehörde läßt Israel weitere palästinensische Gefangene frei. Außerdem verpflichten sich die Vertragsparteien, die Verhandlungen über den dauerhaften Status der Autonomiegebiete und Jerusalems binnen zwei Monaten nach der Unterzeichnung des *Hebron-Abkommens* wiederaufzunehmen, mit dem Ziel, bis 4. Mai 1999 unter der Vermittlung der USA eine einvernehmliche Lösung zu finden. Als Zeitrahmen wird also die ablaufende Übergangsperiode bis Mai 1999 anvisiert. Bis dahin müssen die wichtigsten Punkte in einem neuen, diesmal endgültigen Rahmenabkommen ausgehandelt werden. Anderenfalls ist die *Übergangsperiode* bis zum Abschluß der *Endstatusgespräche* zu verlängern.

Ein weiteres Dokument bestimmte ganz entscheidend die Beziehungen zwischen den Vertragsparteien und den Vereinigten Staaten als der *Garantiemacht* des gesamten Nahost-Friedensprozesses: Der amerikanische Nahostbeauftragte Dennis Ross überreichte eine Note von Außenminister Warren Christopher an den israelischen Premier Benjamin Netanyahu. Christopher führte in diesem Dokument aus, daß die letzte Phase des israelischen Truppenrückzuges aus der Westbank *„bis Mitte 1998"* abgeschlossen wird. Der Umfang dieses Rückzugs obliege ausschließlich der Verantwortung des jüdischen Staates. Dies betreffe auch das Ausmaß dieses Truppenabzugs.

Die Vereinigten Staaten schalteten sich in die Verhandlungen zum Hebron-Abkommen so deutlich wie noch nie zuvor in die israelisch-palästinensischen Zwistigkeiten ein und machten sich ungewohnt direkt zum *Sachwalter der Nahost-Region.* Diese Vorgehensweise sollte sich seit der Regierungsperiode des Benjamin Netanyahu noch öfter wiederholen.

Doch zunächst zogen sich die israelischen Streitkräfte am 16. Januar 1997 aus Hebron zurück, ein zweifellos historischer Schritt, bedenkt man, daß erstmals ein Premierminister des national-konservativen Lagers von Israel einem palästinensischen Führer ein Stück Land abgab. Und Hebron war immerhin nicht irgendein Stück Wüstenland, sondern die zweitgrößte jüdische Gemeinde. Jenen Schritt, den Shimon Peres nach der Terrorwelle der *Hamas* ausgesetzt hatte, vollzog nunmehr der gewählte Nachfolger des Friedenspremiers Yitzhak Rabin.

Hintergrund: Hebron
Die zwischen Israelis und Palästinensern umstrittene Stadt im Westjordanland ist das letzte, das achte palästinensische Ballungszentrum, das die Israelis in der ersten Phase des Truppenrückzuges noch nicht geräumt hatten.
In Hebron dokumentiert sich der *Palästina-Konflikt* wie nirgendwo so stark – außer in Jerusalem. Knapp 500 Juden im Zentrum und 600 weitere Siedler in drei Vororten der Patriarchenstadt leben rund 150 000 Moslems.
Hebron ist die älteste jüdische Gemeinde der Welt: Das Alte Testament beschreibt den Erwerb der Machpela-Höhle durch den Stammvater Abraham als Begräbnisort für seine Frau Sara. Nach jüdischer Tradition sind Abraham, sein Sohn Isaak, dessen jüngerer Sohn Jakob sowie die Stammmütter Sara, Rebekka und Lea in der Mechpela-Höhle bestattet. Der Status der heiligen Stätte ist aber zutiefst umstritten.
König David wurde in Hebron gesalbt und residierte dort sieben Jahre lang. Während der jüdischen Revolte gegen die Römer (65-70 n.Chr.)

war die Stadt Schauplatz blutiger Kämpfe. Juden lebten in Hebron während byzantinischer, arabischer, mamelukkischer und osmanischer Herrschaft fast ununterbrochen.

Nächster dramatischer Einschnitt in der Geschichte des jüdischen Volkes: Im August 1929 wurden 67 Mitglieder der Hebroner jüdischen Gemeinde von radikalen Moslems förmlich abgeschlachtet. Die Überlebenden flüchteten nach Jerusalem. 31 jüdische Familien kehrten 1931 nach Hebron zurück. Aus Sorge vor einem neuen Pogrom evakuierten die Engländer sie im April 1936.

Nach der Gründung Israels und der Invasion arabischer Truppen besetzten die Jordanier 1948 Hebron. Bis 1967 durften Juden weder in Hebron leben noch am Patriarchengrab beten. Das jüdische Viertel wurde weitgehend abgerissen und der alte jüdische Friedhof größtenteils verwüstet. Als Israel das Westjordanland infolge des *Sechs-Tage-Krieges* 1967 besetzte, kehrten unter Rabbi Mosche Levinger nach Hebron zum Pessahfest zurück und verkündeten die Neugründung der Gemeinde.

Der Vorfall veranlaßte die Eschkol-Regierung, dem Verbleiben der Gruppe in einem israelischen Militärlager zuzustimmen. Der damalige Außenminister Yigael Allon verkündete die Errichtung der Siedlung Kirjat Arba, die sich schnell zu einer Kleinstadt am Rande Hebrons ausweitete. Von hier aus breitete die Siedlungsbewegung *Gusch Emunim (,,Bund der Treuen")* ihre Siedlungen aus.[221]

2.1.3. Systematik

Das *Hebron-Abkommen* und vor allem seine Folgevereinbarung, die *Note for the Records*, stellten einen *Wendepunkt* in der Geschichte des *Friedensprozesses* im Nahen Ostens dar: Erstmals hatte eine rechtsnationalkonservative Regierung in Israel mit der einstigen Terrororganisation PLO und deren verhaßten Chef Yassir Arafat eine Vereinbarung unterzeichnet, die den ins Stocken geratenen Friedensprozeß fortsetzte. Ausgerechnet jener Mann, der ein Jahr zuvor die Rückkehr des *status quo ante* träumte, gab weitere Teile des *Heiligen Landes* preis und anerkannte grundsätzlich die legitimen Rechte der Palästinenser und deren autonomer Behörde.[222]

Damit kamen neben der Sozialdemokratie, den Linksliberalen und linken Friedensgruppen auch die rechte Mitte, die Nationalreligiösen und gemäßigten Zionisten sowie die sephardischen Ultraorthodoxen ins Friedenslager – ein geradezu historischer Umbruch in Israel. Der

---

[221] Zit. nach: Schoeps, Julius H. (Hrsg.): Neues Lexikon des Judentums, Gütersloh München 1998, S. 336.
[222] Vgl. dazu, Senkyr, Jan: Der israelische Abzug aus Hebron im Kontext des Friedensprozesses, in: KAS-Auslandsinformationen, (1997) 3, S. 17-26.

Palästinenserchef dürfte neben seiner *El-Fatah* und gemäßigten PLO-Gruppen auch die moderate politische Führung der *Hamas* und einige Splittergruppen auf seine gemäßigte Linie einschwören.

„Linke sind am besten geeignet, einen Streik zu brechen und Rechte sind am besten geeignet, um Frieden zu schließen".[223] Diese Paradoxie schien sich, neun Monate nach dem als so dramatisch eingestuften Regierungswechsel in Tel Aviv, zu bewahrheiten. Der *Likud*-Ideologie folgend, wonach jedes Zugeständnis die Araber nur zu neuen Forderungen anrege, hatte Netanyahu geglaubt, *„am besten mit den Arabern feilschen zu können"* – und verrechnete sich gründlich dabei. Je unnachgiebiger er sich gegenüber Arafats Verhandlungsteam zeigte, umso stärker drehte sich seine Position im Kreise. Arafat hätte unter Rabin und Peres keine bessere Regelung für sich herausholen können, wenngleich er beim Abzug der Truppen aus der Westbank Verzögerungen in Kauf nehmen mußte.

Dem *Abzug aus Hebron*, den die israelischen Streitkräfte unter höchsten Sicherheitsvorkehrungen vollzogen, folgten weitere, energische Schritte. Dazu gehörten nicht nur territoriale Zugeständnisse, sondern auch ein anderes Grundverständnis der palästinensischen Seite. Netanyahu hatte aus den blutigen Erfahrungen des *Tunnelkrieges* gelernt und verstanden, selbst in kritischen Zeiten des *Osloer Prozesses* die Beziehungen zur Autonomiebehörde niemals auf's Spiel zu setzen. Bereits drei Stunden später begann allerdings ein heftiger Schlagabtausch im israelischen Kabinett, der zur größten Zerreißprobe der Mitte-Rechts-Koalition wurde. Nach achtstündigen, heftigen Attacken gegen den *„Verräter Bibi"* stimmten 11 Minister dem Abkommen zu, 7 votierten dagegen. Aus Protest gegen die Abmachungen mit Yassir Arafats PLO spaltete sich jedoch der rechte Flügel des *Likud* unter Wissenschaftsminister Benjamin Begin, Sohn des früheren Ministerpräsidenten, ab und gründete den Rechtsausleger *Cherut*, benannt nach dem Vorläufer des *Likud* unter Begins Vater vor dem Machtwechsel von 1977.

Netanyahu setzte jetzt aber mit Hilfe der noch eineinhalb Jahre zuvor verteufelten Linken und arabisch-israelischer Abgeordneter die Vereinbarungen zum *Hebron-Abzug* und seiner Folgenotiz durch. In der Knesset-Debatte mußte sich Netanyahu anhören, daß gerade er, der Regierungschef des konservativen Lagers, der Ideologie von *eretz Israel* von Jabotinsky, der ideologischen Basis des *Likud*, schweren Schaden zugefügt habe und die Position Israels im Nahen Osten und

---

[223] Zit. nach: DER SPIEGEL (1997) 4, S. 134.

in der westlichen Welt schweren Schaden verschlechterte. Nun war er es, der sein Agreement mit Yassir Arafat verteidigen mußte. Daß die Vereinbarung in der Knesset dennoch eine solch große Mehrheit fand, war wohl nicht in erster Linie der koalitionspolitischen Drohgebärde Netanyahus, sondern der Unterstützung durch Arbeitspartei, *Meretz* und der arabisch-israelischen Linken von *Chadasch* zu verdanken. Das palästinensische Autonomiekabinett und der PLO-Exekutivrat stimmten dem *Vertragswerk* mit nur wenigen Gegenstimmen zu.

Der positive Schwung, der durch die Umgruppierung der israelischen Armee in Hebron im nahöstlichen Friedensprozeß erzeugt worden war, ergoß sich schon bald in den heftigen Auseinandersetzungen um den Bau neuer jüdischer Siedlungen in den palästinensischen Gebieten.

2.2. Stagnation im Oslo-Friedensprozeß (1997/98)

2.2.1. Stolpersteine im Friedensprozeß

Trotz der Fortschritte, die Israel und die PLO in ihren bilateralen Beziehungen durch den Abzugsschritt aus Hebron erreicht hatten, geriet der Aussöhnungsprozeß schon bald ins Stocken. Zum einen war der israelische Premier selbst und die *Schas*-Partei, sein wichtigster Koalitionspartner, permanent in Korruptionsaffären verwickelt. Die Ausschweifungen begannen mit Vorwürfen gegen Netanyahus Büroleiter, Avigdor Liebermann, den Büroleiter des israelischen Ministerpräsidenten. Er soll von dubiosen Firmen Schmiergelder erhalten und diese direkt für den Wahlkampf des *Likud* unter Netanyahu im Frühjahr 1996 eingesetzt haben.

Nachdem Liebermann zurückgetreten war, gerieten weitere Politiker aus dem Umfeld des Premiers, unter ihnen der israelische UNO-Botschafter Dore Gold, ins Visier der Staatsanwaltschaft. Auch ihnen wurden schwere Vorwürfe gemacht, von Vetternwirtschaft in seiner Position bei der Weltorganisation, über die Gründung illegaler Firmen durch Kontakte zum *Likud*-Block bis hin zur Zahlung von Schmiergeldern bei der Organisation des Wahlkampfs des Premierministers 1996. Eine ganze Riege von Politikern der Regierungspartei mußte gehen, von Yitzhak Melchor, dem außenpolitischer Berater des Premierministers bis zu Dore Gold. Schließlich geriet auch Netanyahu selbst unter Druck, als durch die *Bar-On-Affäre* erstmals mit ihm ein Premierminister in der Geschichte des Staates Israel vor der Staatsanwaltschaft aussagen mußte und ihm eine Anklage vor dem Staatsgerichtshof drohte. Diese wehrte die *Likud*-freundliche Staatsanwältin

zwar ab, das Amt des Regierungschefs war freilich ebenfalls beschädigt.

Lexikon: Die Bar-On-Affäre
Roni Bar-On wurde am 10. Januar 1997 zum Generalstaatsanwalt er-
nannt. 60 Stunden später mußte er unter dem Vorwurf der Verschlei-
erung der *Deri-Affäre* zurücktreten. Deri, israelischer Innenminister
unter Rabin (1992-94), hatte den zwei Ministern von *Schas* die Wie-
sung erteilt, dem *Hebron-Abkommen* zuzustimmen. Netanyahu wurde
vorgeworfen, in diese Affäre verstrickt gewesen zu sein. Die General-
staatsanwaltschaft leitet schließlich ein Verfahren gegen ihn ein, das
aber nicht zu einer Anklage führt.[224]

Und damit nicht genug: Am 20. Februar 1997 beschloß die israelische
Regierung den Ausbau der jüdischen Siedlungen *Har-Homa* und *Ras-
el-Amud* in Ostjerusalem. Zwar hatten die Palästinenser auch heftig-
sten Widerstand gegen den Ausbau der israelischen Anlagen im Westjordanland und im Distrikt Gaza geleistet, ein Ausbau der Siedlungen
zur Behebung des „*Mangels an Wohnraum in der israelischen Hauptstadt*" konnten die Palästinenser aus verständlichen Gründen aber
nicht dulden. Denn im Rahmen einer endgültigen Lösung des *Palästina-Konflikts* forderten sie Ost-Jerusalem, in arabischen Sprachgebrauch *El-Quds*, als Hauptstadt eines künftigen Palästinenserstaates.
Im übrigen war Jerusalem, obgleich Sitz von Regierung und Parlament des jüdischen Staates, keinesfalls völkerrechtlich als Hauptstadt
Israels anerkannt.

Lexikon: Har Homa
Das Gebiet für das geplante Bauprojekt Har Homa befindet sich in
einer unbewohnten Gegend in der Nähe des Kibbuz Ramat Rachel
innerhalb der Jerusalemer Stadtgrenzen.
Das *Har-Homa*-Projekt umfaßt 1.400 Dunam von jüdischen Landbesitzern und 450 Dunam von arabischen Landbesitzern.[225]

Trotz der weltweiten Proteste und der Warnungen der palästinensischen Selbstverwaltungsbehörde setzte die Regierung Netanyahu in
ihrer übergroßen Mehrheit den Baubeschluß durch. Die Stadtverwal-
tung von Jerusalem und die israelische Regierung faßte den *Har-
Homa-Beschluß* und ließ ab Mitte März mit den ersten Vermessungs-
arbeiten beginnen. Einige Tage später begann der Bau der ersten

---

[224] Zit. nach: ARD-Text vom 11.1.1997, S. 131.
[225] Zit. nach: Botschaft des Staates Israel in der Bundesrepublik Deutschland
(Hrsg.): Har Homa - Bauvorhaben in Jerusalem, Bonn 1997, in:
(*http://www.israel.de*).

Wohnanlagen. Die anrückenden Bulldozer drohten förmlich den hoff-
nungsvollen *Oslo-Friedensprozeß* zu zermallmen. Ministerpräsident
Netanyahu meinte dazu nur: *„Wir werden in Jerusalem ohne Bedingungen oder Einschränkungen bauen. Wir werden in der ganzen
Stadt bauen. [...] Wir sind den arabischen Bewohnern Jerusalems
ebenso verpflichtet, wie wir es der Versorgung der jüdischen Bewohner sind. Sie benötigen ebenfalls Wohnungen, und wir werden
entsprechend dem Bedarf beider Bevölkerungsgruppen bauen".*[226]

Hinter dem angeblich für beide Bevölkerungsteile geplanten, vorteil-
haften Bau neuer Wohnanlagen steckte der sehr zweifelhafte völkerrechtliche Anspruch Israels auf Jerusalem als *„die vereinigte Hauptstadt".* Daß der Status der *Heiligen Stadt* erst in den Gesprächen über
eine *dauerhafte Friedensregelung* geklärt werden soll, hatte die Regierung Netanyahu offenbar übersehen. Mit ihrer Taktik, hinsichtlich
der Jerusalemer Regelung bzw. der *Palästinensischen Finalität* voll-
endete Tatsachen zu schaffen, spielte der jüngste Premier in der israelischen Geschichte mit dem Feuer. Er bekräftigte den Anspruch
Israels auf *eretz Israel*, während er im gleichen Atemzug Territorien
an die Palästinenserverwaltung zurückgab. Das Manko liegt aber auch
in den *Osloer Verträgen* begründet, die keine Aussage über den Aus-
bzw. Weiterbau derartiger Siedlungsanlagen treffen. Es wurde in den
Rahmenabkommen von 1993 und 1995 lediglich festgestellt, daß der
jüdische Siedlungsbau Inhalt der *Gespräche über den Finalstatus* sein,
bis dahin aber der *Status quo* erhalten bleibe.

Lexikon: Die israelische Siedlungspolitik in den Palästinensergebieten
Der jüdische Siedlungsbau stellt seit dem *Sechs-Tage-Krieg* 1967 das
größte Streitthema der israelischen Innen- und Außenpolitik da, das
die israelische Gesellschaft in zwei Lager spaltet: einerseits in die
Tauben, die eine territoriale Kompromißlösung mit den Arabern
anstreben und andererseits in die *Falken*, die möglichst wenig oder gar
kein Land *„zurückgeben"* wollen.
Seit dem Ende des *Sechs-Tage-Krieges* begann die israelische
Regierung Eschkol damit, in den arabischen Gebieten der Westbank
und des Gaza-Distrikts Siedlungsanlagen aus militärstrategischen
Gründen zu bauen. Immer tiefer verstrickten sich die Israelis in die
Siedlungspolitik, als die *Likud*-geführten Regierungen der Ministerpräsidenten Menachem Begin und Yitzhak Shamir 1977 begannen,
den Siedlungsbau als demographische Bebauung des *Heiligen Landes*
zu nutzen und den *Nahost-Konflikt* dadurch verschärften. Etwa drei
Viertel aller Siedler wohnen in 15 Großsiedlungen, die nur Auto-

---

[226] Zit. nach: Ebd.

minuten von den israelischen Großstädten Tel Aviv, Haifa oder West-Jerusalem entfernt sind. Die Zahl der jüdischen Siedler im Westjordanland und im Gaza-Distrikt lag im Frühjahr 2000 bei 165.000. Der Siedlungsbau ist Gegenstand *der israelisch-palästinensischen Abschlußgespräche.*[227]

Nachdem Netanyahus Kabinett den Bau von Har Homa durchgesetzt hatte, gerieten die Friedensverhandlungen mit den Palästinensern schon bald ins Hintertreffen. Die Gespräche über die weiteren Aspekte *des Übergangsabkommens,* schon kurz vor dem Durchbruch, vertagten die Delegationen. Die Gespräche über den endgültigen Status, die die Delegationsleiter, Außenminister David Levy und PLO-Vizepräsident Abu Mazen am 15. März formell wieder eröffneten, gerieten zur Farce. Eine knappe Woche später brach sie Premier Benjamin Netanyahu vollständig ab.

Infolge der wochenlangen Konfrontation durch den Siedlungsbau in Jerusalem hatten Terroristen der *Hamas* auf ein Straßencafé in Tel Aviv erstmals seit 12 Monaten wieder einen Anschlag verübt, bei dem drei Israelis getötet und 25 verletzt wurden. Premier Netanyahu ließ die Palästinensergebiete abriegeln und erinnerte die Palästinenserführung an ihre Verpflichtung zur Bekämpfung des Terrors und zur Bestrafung der Täter. Solange die PLO-Ägide dem nicht nachkomme, könne es keine weiteren israelischen Zugeständnisse geben. Der Verhandlungsprozeß ruhte für Monate, ehe überhaupt wieder über Aspekte des Friedensprozesses gesprochen wurde. Doch unmittelbar nach der Umgruppierung der israelischen Streitkräfte aus Hebron hatte es noch Fortschritte im *Oslo-Prozeß* gegeben.

2.2.2. Verhandlungen über ausstehende Aspekte des Interimsstatus

Auf ihrem Gipfeltreffen in Eres am 13. Februar 1997 beschlossen Benjamin Netanyahu und Yassir Arafat die Einsetzung von insgesamt acht Arbeitsgruppen, welche zu den noch ausstehenden Aspekten des *Interimsabkommens* Lösungsvorschläge erarbeiten sollten. Sie befaßten sich mit Detailfragen, die in der *Protokollnotiz* zum *Hebron-Vertrag (Note for the record)* festgeschrieben waren.[228] Die Verhandlungen begannen am 16. Februar und dauerten bis Ende März an. Die Delegationen unter der Leitung von David Levy und Abu Mazen trafen sich mehrmals in einem Kibbuz nahe Jerusalem und in Eilat, der große Durchbruch blieb ihnen aber versagt. Es war überhaupt erstaun-

---

[227] Zit. nach Schoeps, Julius H. (Hrsg.): Neues Lexikon des Judentums, Gütersloh/München 1998, S. 762.

[228] Vgl. das Dokument in: Israel Ministry of Foreign Affairs: Note for the record, January 17, 1997, in: (*http://www.israel.de*).

lich, daß angesichts der israelischen Pläne für den Ausbau der Siedlungen verhandelt wurde.

Am 7. März 1997 beschloß das israelische Kabinett zudem, im Rahmen der vereinbarten *Note for the record* die erste Phase des israelischen Rückzuges aus den ländlichen Gebieten der Westbank einzuleiten. Das Kabinett *„beauftragte den Premierminister, den Verteidigungsminister und den Außenminister, der Palästinensischen Autonomiebehörde mitzuteilen, daß eine weitere Abmachung zur Dislozierung der israelischen Verteidigungsstreitkräfte abgeschlossen werden kann".*[229] Dieses Abkommen wurde am 8. März von den Chefunterhändlern Don Schonrom und Saeb Erakat in Eres unterzeichnet. Aufgrund des Christopher-Briefs, wonach Israel selbst über Umfang und Form der Truppenrückzüge entscheidet, kam es zunächst zu Streitigkeiten.

Nach vermittelnden Gesprächen des amerikanischen Nahost-Vermittlers Dennis Ross einigten sich beide Seiten auf die territorial und funktional gestaffelte Übertragung von insgesamt 9 % des Territoriums. Drei Gebiete im Gebiet B um Dschenin, Nablus, Tulkarem, Ramallah und Hebron sollen zur vollständigen Kontrolle an die Palästinensische Autonomiebehörde übertragen, dies sind 7 % der Westbank. Zusätzlich trat Israel kleine Teile des Gebietes C ab, die zur zivilen und ordnungspolitischen Kontrolle an die Autonomiebehörde übergingen. Dies sind 2 % der Westbank. Die Palästinenser hätten damit ca. 39 % der Westbank und den Gaza-Distrikt kontrolliert.

Dies war allerdings der letzte Schritt, den Israel und die Autonomiebehörde noch vereinbaren konnten. Nach dem *israelischen Siedlungsbau* in Har Homa und Ras el-Amud gerieten die Verhandlungen ins Stocken. Nach einen palästinensischen Anschlag am 21. März und weiteren Attentaten am 29. Juli und 5. September 1997 wurden sie vollständig ausgesetzt.

2.2.3. Neue Absprachen im Sicherheitsbereich
Nunmehr mußte erst einmal wieder die Terrorbekämpfung den politischen Dialog ankurbeln: Mehrerer Besuche der amerikanischen Außenministerin Madeleine K. Albright bedurfte es, ehe sich Israel und die Palästinenserbehörde auf präzise Absprachen im Bereich der *Sicherheitskooperation* einigten. Insbesondere die Weigerung der

---

[229] Zit. nach: Office of the bureau of the Prime Ministers of the State of Israel: Cabinet Communique, March 7, 1997, in: (*http://www.israel.de*).

Netanyahu-Regierung, gleichzeitig über politische wie Sicherheitsaspekte zu sprechen, verschlechterte das Klima zwischen Gaza und Tel Aviv einerseits und zwischen den Regierungen Clinton und Netanyahu andererseits. Doch verstanden die Palästinenser Netanyahu sehr eindeutig: Im Herbst 1997 begannen sie mit der intensivsten Welle der Terrorbekämpfung seit eineinhalb Jahren, setzten eine ganze Reihe von Aktivisten der radikalislamischen *Hamas* fest und stellten sie vor Gericht. Die von Israel geforderte Auslieferung von Terroristen lehnten Yassir Arafats Sicherheitsdienste gleichwohl ab.

Unter Vermittlung der USA verständigten sich beide Konfliktparteien auf einen detaillierten *Sicherheitsplan* zur Zerschlagung der terroristischen Infrastruktur, der die Konfiszierung illegaler Waffen sowie eine Festnahme und Aburteilung weiterer Terroristen vorsah. Zudem richteten Tel Aviv und Gaza ein *rotes Telefon* ein, um – nach dem Vorbild des *roten Telefons* Washington-Moskau während des *Ost-West-Konflikts* – in Konfliktfällen Absprachen zu treffen. Die Zuständigkeit lag beim israelischen Ministerium für Innere Sicherheit und bei der Zentralen Palästinensischen Behörde für die Koordination der Geheimdienste. Als Vermittler stellten sich wieder einmal die USA in die Dienste der beiden Nahost-Parteien. Ein *trilaterales Komitee* unter der Schirmherrschaft der USA überwachte seitdem die Aktivitäten. Mit den Absprachen im sicherheitspolitischen Bereich und Erfolgen in der Terrorbekämpfung begann auch wieder der umfassende politische Dialog zwischen Israel und der PLO-geführten Palästinenserbehörde. Doch Benjamin Netanyahu versuchte sich zuvor noch einmal mit einer riskanten politischen Provokation – mit ungeahnten Folgen.

2.2.4. Konfrontation und neue Verhandlungen

Der Skandal um ein fehlgeschlagenes Attentat auf den politischen Führer der *Hamas*-Bewegung in Jordanien, Halad Meshal, schlug immer größere Wellen. Von der Regierung in Jerusalem als „*legitimer Teil des Kampfes gegen den Terrorismus"* bezeichnet, kann man auch von einem Akt des Staatsterrorismus sprechen. In einem benachbarten Land wie Jordanien geheimdienstlich zu operieren und Meshal durch einen Anschlag mit Nervengas töten zu wollen, erinnert an eine unreife *James-Bond*-Aktion erster Güte. Doch Netanyahu die alleinige Schuld dafür geben zu wollen, wäre verfrüht, auch, weil die Hintergründe zunächst nicht restlos geklärt waren.

Die linksliberale Zeitung „*Ma'aretz"* zitierte einen (angeblichen) Mossad-Mitarbeiter mit der Bemerkung, Netanyahu wollte dem jüdischen Volk ein „*Neujahrsgeschenk"* bereiten. Außerdem sei die

Mossad-Attacke eine Antwort auf die beiden Selbstmordanschläge arabischer Terroristen vom 31. Juli und 4. September 1997, bei denen insgesamt 25 Menschen getötet und 300 verletzt worden waren. Der Anschlag war eine völlig sinnlose Aktion, die Israel keine Bonuspunkte, sondern nur zusätzlichen Ärger in der arabischen Welt einbrachte. Die Palästinenser fühlten sich erneut in ihrem Mißtrauen gegenüber Israels Mitte-Rechts-Koalition bestätigt, Ägypten, die Golfstaaten, Marokko und Tunesien äußerten sich empört, und Jordaniens König Hussein II. weigerte sich tagelang, mit Premier Netanyahu zu sprechen: *„Ich werde aus diesem Mann nicht schlau"*, soll er Beratern gegenüber geäußert haben. Erst unter massivem amerikanischen Druck ordnete Netanyahu die Lieferung des Gegengiftes an, mit dem Meshal behandelt werden sollte. Erst dann wurde der *Likud*-Premier zum Haschemitenkönig vorgelassen – offiziell als *„Geheimtreffen"* deklariert.

Die spektakuläre *Mossad-Coup* bescherte dem seit 1991 in israelischer Haft sitzendem schwerkranken Gründer der *Hamas*-Bewegung, Scheich Achmed Jassin, ungeahnt die Freiheit. Hatten sich Rabin und Peres immer geweigert, Jassin zu entlassen, war es plötzlich unter Netanyahu möglich. Seit 1994 wurde über seine Freilassung diskutiert. Nach dem gescheiterten Mossad-Anschlag in Jordanien war aber Netanyahu plötzlich derjenige, der den Palästinensern weit stärker entgegenkommen mußte als die sozialdemokratischen Ministerpräsidenten vor ihm. Als ersten Kompromiß gegenüber dem immer noch *„befreundeten"* König Hussein ließ er den 61-jährigen, kranken Jassin frei und ihn nach Amman ausreisen.

Zwei Tage später unterzeichnete der auch unter starkem innenpolitischen Druck stehende Netanyahu die Durchreisegenehmigung von der Westbank in den Gaza-Distrikt. Anschließend schickte er Infrastrukturminister Ariel Sharon nach Amman, um mit Hussein die Modalitäten der *„Auslieferung"* der Mossad-Agenten zu verhandeln. König Hussein II. forderte jedoch noch weitere *„Zugeständnisse"* als die Freilassung Jassins und die Lieferung des Gegengiftes für Mashal – und setzte sich durch: Israel ließ 22 Gefangene einseitig frei und kündigte zudem weitere Schritte im Friedensprozeß an. Binnen vier Wochen entließen die israelischen Behörden 50 weitere palästinensische Gefangene, darunter auch Mitglieder der *Hamas*. Den Jordaniern soll im Bereich der Wasserlieferungen und der Wirtschaft weiter entgegengekommen werden. Doch selbst wenn diese Zugeständnisse die Freilassung der beiden sich seit dem Giftanschlag in jordanischer Haft befindenden Mossad-Agenten erreichte, bleibt festzuhalten, daß die sehr guten Beziehungen zu Jordanien unnötig auf

Spiel gesetzt worden waren. Doch noch mehr als diese her zufälligen Schritte sollten den seit den seit dem jüdischen Siedlungsbau in Har Homa und den Terroranschlägen der *Hamas* ins Stocken geratenen Friedensprozeß wieder voranbringen.

Israelis und Palästinenser nahmen am 29. September und in der Folgezeit am 6. Oktober 1997 in New York ihre formellen Verhandlungen wieder auf. Der israelische Außenminister David Levy und der palästinensische Chefunterhändler Abu Mazen trafen im *King David Hotel* in Westjerusalem unter der Vermittlung des US-Sonderbeauftragten Dennis Ross zusammen. Beide Seiten hätten den Willlen zum Friedensprozeß bekundet, so Ross. In der ersten Verhandlungsrunde wurden selbst die größten Schwierigkeiten des *Übergangsabkommens* ausgeklammert, z.B. der Abzug israelischer Truppen aus weiteren Gebieten der Westbank und weitere Details der *Sicherheitszusammenarbeit*. Die Palästinenser wollten u.a. Fragen der Infrastruktur behandeln. Israel wollte dazu ergänzend spezifische Sicherheitsgarantien der Palästinensischen Autonomiebehörde festschreiben.

Nach der formellen Eröffnungsrunde Levy-Mazen-Ross setzten die acht Unterausschüsse, der *Gemeinsame Lenkungsausschuß* und das Sonderkomitee ihre Beratungen fort. Die Unterausschüsse Flughafen Gaza und Seehafen Gaza erzielten nach Berichten des israelischen Rundfunks am 9. Oktober bereits Fortschritte: Danach lag dem *Lenkungsausschuß* ein Vertrag über die Nutzung des Gazaer Flughafens vor. Zunächst erhalte Palästinenserpräsident Yassir Arafat die Genehmigung, den Airport zu nutzen. Dem *Lenkungskomitee* liege des weiteren der Entwurf eines Abkommens über die weitere Planung, den Bau und die Nutzung des Seehafens Gaza verbunden mit Sicherheitsgarantien der Palästinenser und der Übertragung von Seerechten von Israel auf die Autonomiebehörde vor.

Außerdem sei im Unterausschuß Ökonomische Beziehungen beschlossen worden, daß die israelische Regierung die nach dem Selbstmordanschlag vom 4. September festgehaltenen palästinensischen Steuergelder in Höhe von 85 Mio. DM freigeben werde. Im Unterausschuß „*Land- und Sicherheitskorridore*" (safe passages) wurden die Konsultationen aufgenommen, Fortschritte dürften aber erst nach intensiveren Beratungen erreicht werden. Weitere Ergebnisse werden erst erwartet, wenn ab dem 13. Oktober parallel die Kontaktgespräche in den USA wiederaufgenommen werden. Doch der Kontakt muß nicht nur auf der Ebene der Unterausschüsse, des *Gemeinsamen Lenkungsausschusses* und des Sonderkomitees wiederhergestellt werden, sondern es bedarf dazu auch des Vertrauens auf der höheren und der höchsten Ebene. Auch hier sollte es Bewegung geben.

Seit dem spektakulären *Oslo-Abkommen* von 1993 trafen die jeweils amtierenden Ministerpräsidenten stets mit Palästinenserpräsident Yassir Arafat zusammen. Obwohl die Kontakte zwischen den Arbeitspartei-Ministerpräsidenten Rabin und Peres und Arafat sich konfliktfreier gestalteten, traf sich Arafat bislang am meisten mit dem neuen *Likud*-Regierungschef Benjamin Netanyahu. Das überraschende – vom US-Vermittler Dennis Ross ausgehandelte – Gipfeltreffen begann am Grenzkontrollpunkt Eres mit einem eineinhalbstündigen Austausch unter vier Augen. Die Begegnung dauerte anschließend im Beisein des US-Vermittlers Dennis Ross weitere 90 Minuten. Nach der Unterredung teilte Dennis Ross die Ergebnisse des Treffens mit. Netanyahu und Arafat vereinbarten: die formelle Wiederaufnahme der Polizeikooperation zwischen Israel und der PLO, *„den Terror zu bekämpfen und den Friedensprozeß voranzubringen"*[230]; kontinuierliche Treffen beider Politiker und intensive Verhandlungen über alle noch ausstehendenden Fragen des *Übergangsabkommens*.

Das Gipfeltreffen Netanyahu-Arafat war ein wichtiger Meilenstein auf dem Weg zur Gestaltung umfassender Beziehungen zwischen Israel und den Palästinensern. Wenige Tage nach dem 10. Gipfeltreffen zwischen Yassir Arafat und Benjamin Netanyahu traf der US-Vermittler Dennis Ross erneut zu Konsultationen in der Nahostregion ein. Ross bescheinigte Israel und den Palästinensern, Anstrengungen zur Fortsetzung des Nahost-Friedensprozesses zu unternehmen, drängte aber gleichzeitig auf konkrete Beschlüsse.

Israels Ministerpräsident Benjamin Netanyahu lehnte nach einem Bericht der israelischen Zeitung *„Ha'aretz"* einen generellen Baustopp für jüdische Siedlungen in den palästinensischen und in Ostjerusalem ab, erklärte aber seine Bereitschaft, *„jene Siedlungsprojekte zu stoppen, einzuschränken oder zu verlangsamen"*[231], für die noch keine offizielle Genehmigung der Regierung vorliege. Anders die Palästinenserführung: Sie verlangt zwar keinen förmlichen Siedlungsverzicht vor den Verhandlungen über den endgültigen Status der Palästinensergebiete und Jerusalems, will aber stattdessen eine Art *„Timeout"* – eine *Auszeit*, einen Siedlungsstop. Außerdem warf die PLO Israel vor, *„Zeit zu schinden"* und nicht wirklich verhandeln zu wollen. Bei den

[230] Zit. nach: DIE WELT vom 9.10.1997, S. 2.
[231] Zit. nach: Israel Ministry of Foreign Affairs: Secretary of State Madeleine K. Albright - Statement following meeting with Israeli FM Levy and Abu Mazen, September 29, 1997, in: (*http://www.israel.de*).

am 29. September wiederaufgenommenen Gesprächen habe es noch keine substantiellen Fortschritte gegeben.

Die *Ross-Mission* endete zwar ohne konkrete Fortschritte, den Expertengesprächen in den Unterausschüssen sei aber ein entscheidender Impuls gegeben worden. Während Israel die weiteren zwei Phasen der Rückzüge aus den ländlichen Gebieten der Westbank erst vollziehen wollte, wenn Arafats Behörde ihre Entschlossenheit zur Terrorbekämpfung unter Beweis stelle, verlangten die Palästinenser einen Siedlungsstopp und bedingungslose Teilabzüge aus dem Westjordanland. Nicht zuletzt ist es auch ein weiterer, funktionaler Verzicht auf nationale Souveränitätsrechte auf der Agenda. Dieser war nur schrittweise zu verwirklichen und bedurfte einer großen Vertrauensbasis zwischen den Konfliktparteien.

Die Gespräche vom September und Oktober 1997 bedeuteten zwar noch keinen Durchbruch in den weiteren Aspekten des Interimsstatus, sie halfen aber, das Eis zwischen den Konfliktparteien zu brechen und die Grundlage für jenes Zwischenabkommen zu legen, das ein Jahr später am *Wye River* ausgehandelt wurde.

Lexikon: Weitere Aspekte des Interimsstatus
1. Flughafen Gaza: Der „*International Palestine Airport*" in Rafah nahe der ägyptischen Grenze gilt als Yassir Arafats Prestigeprojekt. Im laufenden Verhandlungspaket dürfte der „Airport" die geringsten Probleme bereiten. Der Terminal und der Tower sind so gut wie fertiggestellt. Umstritten ist, ob israelische Sicherheits-Beauftragte Fracht und Passagiere inspizieren dürfen. Die Palästinenser verlangen auch dafür die Oberaufsicht. Der Flughafen, der als einer der wichtigsten Schritte auf dem Weg zu einer palästinensischen Selbständigkeit gilt, ist insofern ein Vorteil, da die Bewohner der Westbank und des Gaza-Distrikts auch bei Abriegelungen der Autonomiegebiete frei ein- und ausreisen und Exportprodukte ohne Verzug ausführen dürfen.
2. Seehafen Gaza: Ein ähnliches Prestigeprojekt wie der Rafaer Flughafen ist der Tiefseehafen. Nach der Grundsteinlegung durch Yassir Arafat im Januar 1996 gerieten die Planungsarbeiten im Frühstadium ins Stocken. Der Bau des Seehafens hängt davon ab, ob Israel einen Teil seiner Souveränitätsrechte auf See an die Palästinenser abtritt.
3. Sichere Passagen: Eine weitere Stärkung der palästinensischen Autonomie wäre eine sichere Passage zwischen Gaza-Distrikt und Westjordanland. Es sind zwei direkte Verbindungswege vorgesehen, die den Palästinensern wirtschaftliche Kontakte und Verwandten-

besuche im jeweils anderen Teil ermöglichen. Diese *Transitstrecken* sollen einen besonderen Status erhalten, um ihren Benutzern die bislang nötige Einreiseerlaubnis nach Israel zu ersparen.

4. Gefangenenfreilassung: Die Freilassung palästinensischer Gefangener, die laut des Interimsabkommens in mehreren Etappen ablaufen soll, wird in der Protokollnotiz zum Hebronabkommen unter *„Zwischenmenschliche Beziehungen"* (*People-to-People-Programm*) abgehandelt. Vor allem der Status jene palästinensischen Gefangenen, die sich in israelischer Administrativhaft befinden, soll geklärt werden. Es geht auch um eine humanere Unterbringung der Häftlinge, die von *Amnesty International* und anderen Menschenrechtsgruppen beklagt worden waren. Neben der Gefangenenfrage sollen Besuchsprogramme, ein Jugend- und ein Gedankenaustausch der Menschen im Mittelpunkt der Gespräche stehen.

5. Teilabzüge aus der Westbank: Auf der Protokollnotiz zum *Hebron-Abkommen* ist festgelegt, daß sich Israel aus weiteren Teilen der Westbank zurückzieht und der Umfang dieser Abzüge (Truppenumgruppierungen) in weiteren Verhandlungen festgelegt wird. Im Anhang des *Hebron-Abkommen* ist nun erstmals eine Passage enthalten, in der ein Zeitplan festgeschrieben ist. Er beruht auf dem Turnus der sechsmonatigen Teilabzüge. Die erste Abzugsetappe aus den 9 % ländlichen Gebieten der Westbank erfolgte am 8. März 1997, die zweite, die sich aus mehreren Abzugsschritten konstituiert, wurde wegen palästinensischer Terroranschläge ausgesetzt.

6. Die Wasserverteilung in der Westbank: Die Verteilung der Wasserressourcen im Westjordanland ist umstritten. Wasser ist aber im Nahen Osten neben Öl und Erdgas die wichtigste Ressource, der Streit um ihre Verteilung ein potentieller Gefahrenherd für den Friedensprozeß. Um diesen Ressourcenstreit beizulegen, existiert im *Übergangsabkommen* von 1995 eine Klausel, wonach Israel die Quote der der Autonomiebehörde zustehenden Wassermengen um 128 Millionen m^3 erhöhen muß. Die Steigerung dieser Quote ist von einer Erhöhung der verfügbaren Wasserresourcen abhängig. Dazu existiert ein israelisch-palästinensisch-amerikanisches *Dreierforum*, das nach der Unterzeichnung des *Interimsabkommens* erstmals zusammentrat. Für die ausstehenden Verhandlungen soll erstmals seit eineinhalb Jahren der *Wasserausschuß* wieder zusammentreten.

7. Wirtschaftliche Beziehungen: Die in den Anlagen zum *Übergangsvertrag* enthaltenen Bestimmungen sind bereits in ihrem Grundsatz im Pariser Protokoll und im Wirtschaftsabkommen zum 'Gaza-Jericho-Abkommen' niedergelegt, es bedarf allerdings noch ihrer weitgehenderen Umsetzung. Im allgemeinen sind darunter die folgenden Bereiche erfaßt: die Schaffung einer Wirtschaftseinheit für die Zoll- und Einfuhrpolitik, kooperative Programme unter Einbeziehung offi-

zieller Vertreter, Institutionen und des Privatsektors in den Bereichen Wirtschaft, Wissenschaft, Kultur und Gesellschaft.

Der Ständige Ausschuß wird sich wieder in fünf spezifische Arbeits- schwerpunkte teilen: erstens, Umwelt; zweitens, Wirtschaft; drittens, Technologie und Wissenschaft; viertens, Förderung des Dialoges bei- der Völker; fünftens, Förderung der Beziehungen zwischen beiden Völkern.

8. Sicherheitsfragen: Auf der Grundlage der Sicherheitsabsprachen werden sich Arbeitsgruppen eines Hauptkomitees für die Förderung der Zusammenarbeit der Polizei – und Sicherheitsorgane und der Geheimdienste Vorschläge für einen *dauerhaften Mechanismus der Sicherheitszusammenarbeit* konstituieren – auch in Zeiten der Verschlechterung der Beziehungen nach Terroranschlägen und Un- ruhen.[232]

2.3. Das Memorandum vom Wye River

2.3.1. Von der Irak-Krise zum Wye-Gipfel

Schon bald nach ihrem Beginn im Oktober 1997 gerieten die Ver- handlungen über die weiteren Aspekte des *Interimsbkommen* in eine Sackgasse. Im November gelangten die Gespräche in eine Krise, im Januar 1998 setzte sie Ministerpräsident Netanyahu wegen der *neuen Irak-Krise* aus *„übergeordneten Sicherheitsinteressen"* aus, da er einen Angriff des Irak auf Israel bei amerikanischen Militärschlägen und möglichen Unruhen in den Palästinensergebieten befürchtete. Was war geschehen? Der irakische Präsident Saddam Hussein hatte sich wieder einmal mit den USA und den Vereinten Nationen angelegt und – wie noch einmal im Herbst 1998, was zu den amerikanischen Luftangriffen im Dezember 1998 führte – den UNO-Waffeninspek- toren ihre Arbeit verweigert. Daraufhin hatten die USA ultimativ mit Militärschlägen gedroht, sollte der Irak seinen Verpflichtungen aus den UN-Sicherheitsratsresolutionen zum *Zweiten Golfkrieg* nicht nachkommen.

Ministerpräsident Netanyahu äußerte sich ganz präzise zu der Eska- lation in der Golfregion: *„Der Ministerpräsident* (Netanyahu, der Autor), *daß es keine Änderung in der Einschätzung der Situation gibt und daß die Wahrscheinlichkeit eines Angriffs auf Israel als gering eingestuft wird. Israel bleibt in dieser Angelegenheit in Kontakt mit den Vereinigten Staaten. In Anlehnung an die Erklärung des US- amerikanischen Verteidigungsministers zur Lage Israels wiederholte Ministerpräsident Netanyahu, daß Israel das Recht hat, sich zu*

---

[232] Zit. nach: FR vom 30.9.1997, S. 2.

verteidigen und jede Handlung ausführen wird, die für die nationale Sicherheit erforderlich ist".[233]

Die Krise wurde schließlich überwunden, indem UNO-Generalsekretär Koffi Annan am 20. Februar 1998 ein Abkommen mit Bagdad schloß, wonach die Vereinten Nationen die Präsidentenpaläste kontrollieren dürfen und ungehinderte Arbeit im gesamten Land besitzen.

Doch selbst nach Abwendung der Irak-Krise stockten die Friedensgespräche. Die USA legten deshalb zur Wiederbelebung des Dialoges einen *Sieben-Punkte-Plan* vor. Der Plan sah das Folgende vor:

Erstens: Israelis und Palästinenser bekennen sich zur Fortführung des Friedensprozesses im Nahen Osten.

Zweitens: Israel zieht sich nach dem US-Plan in der zweiten Abzugsphase aus ländlichen Gebieten aus weiterer 13,1 % des Westjordanlandes zurück. Die Palästinenser verzichten auf einen sofortigen Abzug aus 40 % der Westbank.

Drittens: Israel und die Palästinenser einigen sich auf ein umfassendes Sicherheitsabkommen für die Sicherheit des israelischen Kernlandes.

Viertens: Israel und die PLO unterzeichnen Vereinbarungen zum Bau eines See- und eines Flughafens im Gaza-Distrikt und zur Errichtung *Sicherer Passagen* zwischen Westbank und Gaza-Distrikt.

Fünftens: Israel und die Palästinenser verhandeln über die Wirtschaftsfrage, Finanzfragen, zivile und Sicherheitsfragen.

Sechstens: Israel und die Palästinenser verhandeln über eine Verbesserung der Zwischenmenschlichen Beziehungen und über Austauschprogramme im Bereich des Tourismus.

Siebtens: Israel und die PLO vereinbaren einen Termin zur Wiederaufnahme der Gespräche über den endgültigen Status.

Erst ein *Nahostgipfel* im Mai 1998 brachte aber eine *Grundsatzentscheidung*, wonach sich Israel aus weiteren 13 % des Westjordan-

---

[233] Zit. nach: Botschaft des Staates Israel in der Bundesrepublik Deutschland: Israel und die gegenwärtige Situation im Golf. Stellungnahme von Ministerpräsident Benjamin netanyahu vom 6.2.1998, Bonn 1998, in: (*http://www.israel.de*).

landes zurückzieht. Da Yassir Arafat jedoch umfassende Sicherheitsgarantien verweigerte, wurden die Verhandlungen erneut ausgesetzt.
Nach der Wiederaufnahme der Gespräche im Juli und August erzielten
beide Konflikttraktanden schließlich eine Grundsatzeinigung über den
Truppenrückzug und die kleineren Aspekte des weiteren Friedensprozesses. Allerdings bereiteten zwei Problemfelder weiterhin Schwierigkeiten: die von Israel geforderten Sicherheitsgarantien und die von
den Palästinensern geforderte Gefangenenfreilassung. Auf dem Mitte
September stattfindenden ersten Nahostgipfel in Washington wurden
„Fortschritte" erzielt. Daraufhin reiste Außenministerin Madeleine
Albright erneut in den Nahen Osten, um beide Seiten zusammen-
zubringen.

Nach seperaten Gesprächen mit Netanyahu und Arafat vermittelte sie
ein neues Gipfeltreffen zwischen Netanyahu und Arafat, das am 29.
September in Eres stattfand und bei dem sich beide Politiker sowohl
auf den Truppenabzug einigten als auch auf Sicherheitsgarantien, den
Bau des palästinensischen See- und des Flughafens sowie über die
gemeinsame Industriezone und die Gefangenenfreilassung. Nunmehr
war es am zweiten *Nahostgipfel* in der Nähe Washingtons, die Einigung perfekt zu machen.

2.3.2. Grundsätze

Zu dem Gipfeltreffen vom 15. Oktober bis 23. Oktober 1998 in Wye
Plantanion im US-Bundesstaat Maryland brachte Premier Netanyahu
seinen neuen Außenminister Ariel Sharon und Verteidigungsminister
Yitzhak Mordechai mit, und beide brachten erst so richtig Schwung
rein. Trotz eines palästinensischen Terroranschlages in Beersheba am
17. Oktober konnten sich beide Delegationen in der malerischen
Herbstlandschaft am *Wye River* rasch einigen. Ein Hauch von *Camp
David* wehte über dem *Wye-Fluß*. Und schließlich flog US-Präsident
Clinton auch noch den schwer an Krebs erkrankten jordanischen
König Hussein II. ein, und beiden gelang es im *Triumvirat* mit
Ägyptens Präsident Mubarak, den neuen *Nahostdeal* perfekt zu
machen. Der Unterzeichnung des Memorandums im Weißen Haus
stand nichts mehr im Wege.

Das neue *Nahost-Zwischenabkommen*, ein *Verdikt* zur Umsetzung der
ausstehenden Aspekte des *Übergangsabkommens* von 1995, setzt sich
wie folgt zusammen:

(1) aus einem dreiteiligen Rahmenwerk;
(2) aus einem detaillierten Zeitplan zur Umsetzung der ausstehenden
Aspekte des Übergangsabkommens;

(3) einem Begleitschreiben der amerikanischen Außenministerin Madeleine Albright.[234]

Israel und die Palästinenser bekräftigen, daß sie das *Übergangsabkommen* und dessen Folgevereinbarungen buchstabengetreu umsetzen und verwirklichen wollen. Sie betonen, daß sie in den folgenden Monaten die dauerhaften Beziehungen der beiden Seiten verhandeln werden und ein *endgültiges Friedensabkommen* anstreben. Doch die Kernpunkte des *Zwischenabkommens* sind viel wichtiger als die Akklamatorik des Vertragswerkes: Die zweite Phase des Abzugs der israelischen Armee aus ländlichen Gebieten der Westbank soll innerhalb von drei Monaten in drei Teilschritten erfolgen. Israel unterstellt weitere 13,1 % der Gebiete der Verwaltung der Palästinenser, behält aber die *„übergeordnete Verantwortung"* für Sicherheitsfragen (Zone B) in einigen der Gebiete. 3 % dieses Terrains werden als *Naturschutzgebiet* ausgewiesen, eine Bebauung ist dort verboten. Als Bestandteil des dritten Teils der zweiten Umgruppierungsphase der IDF wird sich Israel aus weiteren 14,2 % des Gebietes B zurückziehen. Diese Territorien werden in das Gebiet A umgewandelt, also kommen unter vollständige palästinensische Kontrolle. Mit dieser Umgruppierung kontrollieren die Palästinenser ganz oder teilweise statt 24 % nach der ersten Umgruppierungsphase vom März 1997 künftig ca. 40 %[235] des Westjordanlandes.

In Übereinstimmung mit den Bestimmungen des *Interimsvertrages* und des Begleitschreibens des US-Außenministers Warren Christopher an beide Seiten vom 17. Januar 1997 zum *Hebronabkommen* über die Realisierung der weiteren Umgruppierungen der IDF in den ländlichen Gebieten wird ein Komitee eingesetzt, das sich mit der Frage einer dritten Abzugsphase befaßt. Das Komitee soll innerhalb von vier Monaten Vorschläge für die dritte und letzte Abzugsphase in der Übergangsperiode vorlegen. Dieser Punkt ist einer der größten verbliebenen Streitpunkte: Israel forderte eine Übereinkunft, nach der israelische Truppen aus nur einem Prozent des Westjordanlandes abziehen müssen, die Palästinenser verlangen hingegen einen Abzug aus weiteren 60 % des Gebietes. Nach dem Komiteevorschlag soll das Thema nun parallel zu den Gesprächen über den endgültigen Status verhandelt und entschieden werden. Beide Seiten vertagten den Dissens auf die Verhandlungen über den endgültigen Status.

---

[234] Vgl. das Dokument in: Memorandum vom Wye River, vereinbart von Israel und der Palästinensischen Autonomiebehörde am 23. Ktober 1998 in Washington Dc (gekürzt), in: Internationale Politik, 59 (1999) 7, S. 64-69.

[235] Die Zahlenangaben sind entnommen: Der Fischer Weltalmanach 2000, Frankfurt am Main 1999, Sp. 377.

Israel und die Palästinensische Selbstverwaltungsbehörde bekennen sich klar zur Sicherheit als dem obersten Prinzip in den Beziehungen beider Vertragsparteien. Die Sicherheit müsse im Interesse der Schaffung einer *dauerhaften Friedensordnung* in der Nahostregion gefördert und geachtet werden, heißt es. Die PLO bekennt sich zur Bekämpfung des Terrorismus und zur Zerschlagung der terroristischen Infrastruktur, zur Verfolgung, Bestrafung und Aburteilung von Terroristen, zum Verbot terroristischer Gruppen, zum Austausch von Daten und Informationen über terroristische Gruppen und Gewalttaten sowie zur Ausweitung der *kommunikativen Kooperation* im Bereich der *Sicherheitszuammenarbeit.* Dazu gehören die bilaterale Kooperation, die Bildung eines israelisch-palästinsisch-amerikanischen *Dreier-Komitees* und die innerpalästinensische Kommunikation über Terrorismus und Gewalttaten, d.h. in der Praxis u.a. regelmäßige Treffen israelischer und palästinensischer Polizei- und Geheimdienstvertreter unter US-amerikanischer Vermittlung, die Errichtung eines „*Frühwarnsystems*" vor Anschlägen, die Erweiterung des „*roten Telefons*" zwischen den israelischen Ministerium für Innere Sicherheit und dem palästinensischen Sicherheitsministerium sowie die Bildung eines *Anti-Aufruhr-Komitees* und einer *Anti-Terror-Einheit.*

Innerhalb eines Monates nach Beginn des israelischen Rückzuges werden die palästinensischen Behörden *einen umfassenden Plan zur Bekämpfung radikaler Untergrundgruppen* vorlegen. Dieser Plan ist die Voraussetzung für die erste Teilphase des ersten und zweiten Rückzuges der israelischen Truppen aus den ländlichen Gebieten. Die Anhänger, denen Israel Anschläge oder illegalen Waffenbesitz vorwirft, werden von der Palästinenserpolizei festgenommen. Israels Behörden leiten dazu die Namen von Verdächtigen an den CIA weiter. Der CIA tritt als Vermittler zwischen den beiden Seiten auf, wenn strittig ist, ob israelische Beweise eine Festnahme rechtfertigen. Die Autonomiebehörde stimmte der Festnahme von 30 Palästinensern zu, denen Israel Terrorismus vorwirft. Eine Auslieferung von Terroristen an Israel wurde abgelehnt.

Die Palästinenser werden Waffen ihrer Polizeitruppe, die über die in den *Osloer Verträgen* festgelegten Mengen hinausgehen, von US-Repräsentanten einsammeln lassen. Zudem plädierten sie für eine Reduzierung der Polizeitruppe. Die Palästinenser sichern zu, daß die Sicherheit in den Palästinensergebieten nach den Prinzipien des Völkerrechts und eines hohen internationalen Standards an Menschenrechten durchgeführt wird. Dazu wird ein beiderseitiges Menschenrechtskomitee eingesetzt, das Verstöße melden und an den Gemeinsamen Lenkungsausschuß zur Beratung adressieren soll.

In einem dritten Abschnitt des *Zwischenvertrages* sagt Israel zu, 750 von insgesamt 3500 palästinensischen Gefangenen freizulassen. Die Aktion beginnt direkt nach der Unterzeichnung des *Memorandums*. Im Abstand von einem Monat folgen jeweils Gruppen von 250 Gefangenen. Binnen zwei Monaten nach Beginn des Truppenabzuges wird der 120 Mitglieder zählende Zentralrat der Palästinensischen Befreiungsbewegung (PLO) zusammentreten, um die Streichung der israelfeindlichen Passagen aus der Palästinensischen Nationalcharta von 1968 zu ratifizieren. Dies geschieht in Übereinstimmung mit dem Briefwechsel (*Anerkennungsabkommen*) zum *Grundsatzabkommen* vom 9./10. September 1993. Einen Monat später werden sich alle bedeutsamen Entscheidungsgremien der Palästinenser[236] in Gaza treffen, um der Änderung zuzustimmen: *„Der PLO-Vorsitzende Arafat, der Sprecher des Palästinensischen Nationalrats sowie die Mitglieder des Zentralrats, des Rats und die palästinensischen Vorsitzenden der Ministerien zu einer Sitzung einladen, auf der sie von Präsident Clinton aufgefordert werden, ihre Unterstützung für den Friedensprozeß und die bereits genannten Entscheidungen des Exekutivkomitees und des Zentralrats zu bestätigen."*[237] US-Präsident Clinton wird bei der Zusammenkunft anwesend sein.

Israel und die Palästinenser bereiten ein Programm vor, das den Austausch von Personen, Sachen und Daten beinhaltet. Dadurch sollen die gegenseitige Verständigungsbereitschaft und die Vertrauensbasis erhöht werden. Außerdem wird eine gemeinsame Gruppe israelischer und palästinensischer Lehrer, Juristen und Journalisten sicherstellen, daß in palästinensischen Schulen und Medien nicht zu antiisraelischer Gewalt aufgerufen wird. Gerade dieser Punkt ist von entscheidender Bedeutung: Schon im *Übergangsabkommen* von 1995 handelten der damalige Premier Yitzhak Rabin und *Ra'es* Yassir Arafat aus, daß feindliche Propaganda in palästinensischen Medien, Schulen und öffentlichen Schulen verhindert werden soll. Doch viel bewegt hat sich seitdem nicht: Stattdessen wird immer wieder in sehr starkem Umfang der Bildungssektor der Palästinenser genutzt, um gegen Israel zu hetzen. Die Verständigung soll in den ersten Monaten nach Aushandlung des *Wye River Memorandum* erste Früchte tragen.

---

[236] Vgl. dazu, Memorandum vom Wye River, vereinbart von Israel und der Palästinensischen Autonomiebehörde am 23. Oktober 1998 in Washington, DC (gekürzt), in: Internationale Politik, 59 (1999) 7, S. 67.
[237] Zit. nach: Ebd.

Binnen sechs Wochen, so steht es weiter im Vertragstext, werden Schritte im Wirtschafts- und Handelsbereich umgesetzt, so z.B. israelische Kontrollen des Ex- und Imports in die Palästinensergebiete, die Förderung des Handels und Fragen der Aufteilung der Steuereinnahmen. Dazu schließen israelische und palästinensische Unterhändler weitere Einzelvereinbarungen. Entscheidend, so heißt es weiter, sei die Bedeutung der ökonomischen Entwicklung von Westjordanland und Gazadistrikt. Dazu werden ein Ständiges Ökonomisches Komitee gebildet und Ende 1998 eine Ministerkonferenz einberufen.

Israel und die Palästinenser stellen binnen 30 Tagen den Industriepark *Karni und Erez* im Gazadistrikt fertig. Sie sollen durch den gegenseitigen Austausch von Waren und Gütern die Industrie- und die Konsumproduktion fördern. Außerdem wird das *„Fortkommen der palästinensischen Volkswirtschaft gefördert"*. Israel schafft des weiteren zwei Transitkorridore (*Safe passages*), durch die der Gaza-Distrikt mit den nördlichen (Ramallah) und den südlichen (Hebron) Teilen des Westjordanlandes verbunden wird. Auf den Verbindungswegen erhalten Palästinenser vollständige Bewegungsfreiheit. Israel verzichtet auf das Recht, die Benutzer der Korridore zu kontrollieren. Mit dieser transitmäßigen Erleichterung werden die zwischenmenschlichen Beziehungen verbessert werden, zugleich die geographisch und geopolitisch getrennt liegenden Gebiete Gaza und Westbank besser miteinander verbunden. Zwei Jahre nach seiner Fertigstellung wird der Flughafen in Gaza jetzt eröffnet. Israel behält dort eine Sicherheitspräsenz, darf aber das Flugzeug von *Ra'es* Yassir Arafat nicht kontrollieren. Gemeinsame israelisch-palästinensische Kontrollen gewährleisten die Sicherheit und den reibungslosen Flugverkehr.

Israel bekräftigt zugleich seine Verpflichtung, den Seehafen in Gaza zuzulassen. Die Vorplanungen sind genehmigt, der Weiterbau gesichert. Binnen 60 Tagen wird das Protokoll fertiggestellt, damit die Konstruktion des Hafens beginnen kann. Ist der Hafen fertiggestellt, werden gemeinsame israelisch-palästinensische Sicherheitsdienste die Kontrolle über die Hafenanlagen übernehmen. Der Seehafen wird Umschlagplatz für Waren und Güter, um die ökonomische Situation in den Palästinensergebieten zu verbessern.

Direkt im Anschluß an die Unterzeichnung des *Zwischenabkommens* werden beide Seiten Verhandlungen über den endgültigen Status der Palästinensergebiete aufnehmen, die bis zum 4. Mai 1999 abgeschlossen werden. Die USA treten bei diesen Verhandlungen als Vermittler auf. Zu den Kernpunkten gehören die Festlegung der endgültigen Grenzen, die politische Struktur der palästinensischen Gebiete, der Status von Jerusalem, die Zukunft der jüdischen Siedlungen, die Aufteilung von Wasservorräten und die Frage, ob palästinensische Flüchtlinge zurückkehren dürfen.

Im Interesse eines positiven Klimas für die Verhandlungen über den dauerhaften Status verpflichten sich beide Seiten, aufgrund der Notwendigkeit, *„ein positives Umfeld für die Verhandlungen zu schaffen und in Übereinstimmung mit dem Interimsabkommen"*[238] keine Schritte zu unternehmen, die den Status des Westjordanlandes und des Gazadistriktes verändern. US-Präsident Clinton wird beiden Seiten Dokumente über unilaterale Maßnahmen aushändigen, über die Kompromisse erzielt wurden.

2.3.3. Systematik

Das *Wye River Memorandum*, das am 4. September 1999 durch den neuen Zeitplan des *Sharm-el-Sheikh Memorandum* (*Wye-II*) präzisiert wurde, ist das letzte *Zwischenabkommen* der Übergangsperiode und läßt deshalb schon die Züge des ausstehenden dauerhaften Friedensvertrages erkennen. Den Palästinensern werden Zugeständnisse gemacht, aber eine Rückkehr zu den *Grenzen vor 1967* schließt das *Memorandum* aus.

Außerdem wurden zwei ganz wichtige Prinzipien festgeschrieben, die für den weiteren Friedensprozeß von entscheidender Bedeutung sind: Erstens, wird in einem Zeitplan der Katalog von Verpflichtungen festgeschrieben, die beide Seiten noch erfüllen müssen. Erfüllt die palästinensische Seite nicht ihre aus den *Osloer Verträgen* eingegangenen Verpflichtungen, kann die israelische die Implementation der ihrigen aussetzen und umgekehrt. Zweitens, treten die USA zum zweiten Mal nach dem Hebron-Abkommen und seinen Folgeschritten als Garantiemacht auf. Sie sichern in Begleitschreiben der Außenministerin an den Premierminister des Staates Israel bzw. den *Ra'es* der Palästinensischen Behörde die Erfüllung der Verpflichtungen zu und kommen damit formell zu Zusage nach, die sie mit der Schirmherrschaft seit der *Madrider Friedenskonferenz* von 1991 eingegangen sind.

Schon wenige Tage nach der Unterzeichnung schien das *Memorandum vom Wye River* in Gefahr zu geraten: Palästinensische Extremisten verübten auf einen belebten Gemüsemarkt in Jerusalem einen Terroranschlag, bei dem aber kein Israeli getötet wurde. Somit verschob sich die Ratifikation des *Zwischenabkommens vom Wye River*

---

[238] Zit. nach: Ebd., S. 69.

im Kabinett von Jerusalem nur um einige Tage. Die Debatte in der Knesset geriet dagegen zum *Spießroutenlauf* für Premierminister Netanyahu, der in einem dramatischen Appell an die versammelten Knesset-Mitglieder auf die verbesserte Sicherheitslage für Israel aufmerksam machte, die sich durch die neue Zwischenvereinbarung ergebe. Zurecht, wenngleich aus der Sicht des Friedensprozesses nicht nachvollziehbar, verwiesen aber die national-religiösen Parteien darauf, daß Netanyahu mit diesem Schritt erneut der arabischen, in diesem Fall der palästinensischen, Seite massive Zugeständnisse machte. Dies sei „*Verrat*" an der Sache des jüdischen Volkes. Die religiösorthodoxen Parteien, besonders die National-Religiösen und *Schas*, drohten Netanyahu mit Koalitionsbruch, werde das Abkommen tatsächlich umgesetzt.

Dagegen bot der Vorsitzende der oppositionellen Arbeitspartei, Ehud Barak, Netanyahu eine „*innenpolitische Friedenspartnerschaft*" an, solange sich dieser an den Friedensprozeß betreffenden Prinzipien festhalte. Die Bildung einer Großen Koalition lehnte Barak, auch in Hinblick auf die für Mai 2000 anvisierten Neuwahlen, strikt ab. Die *MifligethaAwoda* stimmte aber dem *Wye River Memorandum* in der Knesset zu, so daß der *Zwischenvertrag* in der Knesset eine überragende Mehrheit fand. Dagegen votierten lediglich 16 Vertreter national-religiöser und rechtszionistischer Parteien, die ihre *eretz Israel*-Ideologie langsam, aber sicher platzen sahen. Margret Johannsen argumentiert in ihrem Aufsatz „*Israel: Licht am Ende des Tunnels?*" richtig, daß Netanyahu „*contre coeur das historische Verdienst*" zufalle, „*den Traum von Großisrael* (eretz Israel, der Autor) *beendet zu haben, indem er die Übergabe besetzten Westbank-Landes an die palästinensische Autonomiebehörde durchsetzte*".[239]

Mit dem Abzug der israelischen Truppen aus Hebron und dem *Wye-Abkommen* reihte sich Benjamin Netanyahu, wenn ursprünglich auch noch widerwillig, in die Reihe der Premierminister von Menachem Begin, Yitzhak Rabin und Shimon Peres ein, die dem *Frieden mit den Arabern* eine Chance gaben und ihnen Zugeständnisse machten, von denen auch die israelische Bevölkerung langfristig profitierte.

Trotz des immer noch andauernden Siedlungsbaus in den palästinensischen Gebieten konnte mit dem *Handschlag vom 23. Oktober 1998* und der Entwicklung des folgenden Vierteljahres keine israelische Regierung, ob links oder rechts, mehr die Tatsache eines

---

[239] Zit. nach: Johannsen, Margret: Israel: Licht am Ende des Tunnels?, in: Blätter für deutsche und internationale Politik, (1999) 8, S. 794.

existenten palästinensischen Gemeinwesens leugnen. Allerdings konnte sich Netanyahu mittlerweile *„auf die mehrheitlichen Zustimmung der Bevölkerung und der politischen Klasse zu einer Zweistaatenlösung stützen, die gegenwärtig den einzig möglichen Weg zu einer nachhaltigen Beilegung des israelisch-palästinensichen Konflikts darstellt".*[240]

2.4. Die Umsetzung der ersten Schritte des Memorandums vom Wye River

Schon bald nach seiner Unterzeichnung begannen die Vertragsparteien mit der Umsetzung des *Zwischenabkommens*: Die Palästinenser legten unter der Vermittlung der USA und durch den Druck Israels bedingt einen *umfassenden Sicherheitsplan* vor, erließen ein Dekret, das Hetze gegen Israel unter Strafe stellte, sammelten illegale Waffen ein und nahmen Terroristen fest. Im Gegenzug leitete Israel am 19. und 20. November die erste Teilphase der zweiten großen Umgruppierung in der Westbank ein. In der ersten der drei Phasen trat Israel 2 % (44 Quadratmeilen) des C-Territoriums an die palästinensische Autonomie ab. Zudem wurden 7 % aus der B-Zone in die allein von der Autonomieführung kontrollierte A-Zone übergeben.[241] Damit setzte Ministerpräsident Netanyahu den mit den *Oslo-Abkommen* begonnenen Weg fort.

Der nächste große historische Schritt erfolgte während des Besuchs von US-Präsident Clinton in der Nahost-Region vom 15. bis zum 17. Dezember 1998, sein erster nach der Teilnahme an der von 2000 Staatsgästen besuchten Trauerfeier für Yitzhak Rabin am 6. November 1995: Der Palästinensische Nationalrat trat zu einer außerordentlichen Sitzung zusammen, um die Entscheidung, die israelfeindlichen Passagen aus der Palästinensischen Nationalcharta zu streichen, zu ratifizieren. Bereits Ende November hatte das Exekutivbüro der PLO die im Briefwechsel Rabin-Arafat vom 9. und 10. September 1993 fixierte Unwirksamkeit der entsprechenden Artikel ratifiziert. Mit der Abänderung dieser Artikel aus der Charta der PLO vollzog die Autonomiebehörde von *Ra'es* Arafat einen ganz entscheidenden Schritt auf dem Weg zu einer dauerhaften Friedensordnung, in ideologischer Hinsicht bedeutete sie einen Bruch mit dem alten Ziel der Araber, die *„zionistischen Wurzeln"* im Nahen Osten zu beseitigen. Die israelische Koalitionsregierung unter Premier Netanyahu wie die größten Oppositionsparteien *MifligethaAwoda* und *Meretz* sprachen der Palästinenserführung ihren Respekt aus, bekundeten den

---

[240] Zit. nach: Ebd.
[241] Vgl. die Angaben in: Der Fischer Weltalmanach 2000, Frankfurt am Main 1999, Sp. 378.

bei der Sitzung des Palästinensischen Nationalrates anwesenden US-Präsident Clinton ihren Dank und betonten übereinstimmend den Willen zur Fortsetzung des *Oslo-Prozesses*.

Nach der Entscheidung der Palästinenser konnte die Regierung in Jerusalem ihrerseits die nächsten Schritte vollziehen. Zwar wirkte der Beschluß zum Ausbau der Siedlung Ras-el-Amud in Ostjerusalem als *Katalysator* neuer palästinensischer Unruhen. Doch viel wichtiger war, daß gemäß des Kabinettsbeschlusses vom 19. Dezember 1998 einen Tag später der Palästinensischen Autonomie weitere 7 % der Westbank übertragen wurden. Dieser Schritt zeigte einmal mehr den neuen *Friedenskurs* im Sinne der *Rabin'schen Friedenspolitik*, den Premier Netanyahu seit der Unterzeichnung und Verwirklichung der *Hebron-Vereinbarung* und ihrer Folgeschritte gegen große Widerstände aus den eigenen Reihen eingeschlagen hatte.

Der palästinensische Flughafen (*The Gaza Aiport*) wurde am 24. November nach der Abzeichnung des entsprechenden Protokolls eröffnet, womit die Palästinenser ein „*Tor zur freien Welt besaßen*". Außerdem ließ die israelische Regierung vertragsgemäß 250 palästinensische Gefangene frei. Bei der Palästinenserführung löste jedoch Verwunderung aus, daß nur 100 der 250 Freigelassenen politische Häftlinge waren, die anderen 150 dagegen „*gewöhnliche Kriminelle*". Premier Netanyahu wie auch die überwiegende Mehrheit seines Kabinetts vertraten dagegen die Auffassung, daß Personen, „*an denen israelisches Blut klebe*", nicht freikommen würden. Dieser neue Streit sollte sich bis in die Ära Barak zum September 1999 hinziehen und in noch viel schärferer Weise auftreten als zum Ende der Regierungsperiode Benjamin Netanyahus.

Nachdem Israel den zweiten Teilschritt der *ersten Umgruppierung*, in den Vertragswerken als *Further Redeployment* ausgewiesen, vollzogen hatte, brach der Friedensprozeß plötzlich im Januar 1999 unter der Begründung ab, die Palästinenser kämen ihren „*Sicherheitsverpflichtungen*" nicht nach, weshalb Israel den nächsten Schritt gemäß des *Wye River Memorandum* aussetzen werde. Doch dies war nur ein Vorwand, der in Wirklichkeit Hintergründe hat, die auf die israelische Innenpolitik zurückgingen.

2.5. Wye und die Folgen
Der historische *Pakt vom Wye River* hatte gravierende Auswirkungen auf die Struktur des israelischen Parteiensystems: Der Druck auf Ministerpräsident Benjamin Netanyahu hatte zugenommen, nachdem neue Vorwürfe hinsichtlich der Korrumpierung der eigenen Person

bzw. von Regierungsmitgliedern aufgetreten waren.[242] Zudem drohten die *National-Religiöse Partei* und *Schas* mit der Einbringung eines Mißtrauensvotums, sollte der nächste Schritt der Umsetzung des *Memorandums vom Wye River* vollzogen werden. Außerdem würden die Minister der rechtszionistischen Parteien, von *Schas,* der *National-religiösen Partei* und von *Israel B'Aliya,* Partei der russischen Einwanderer, dem dritten Abzugsschritt nicht zustimmen, weshalb in der Knesset keine Mehrheit mehr für seine Regierungspolitik bestand.

Die *herbstliche Idylle* vom *Wye River,* die Netanyahu endgültig auf die Seite der Friedensbefürworter brachte, sollten ihm, dem Fanatiker aus der Rabin-Regierungszeit, sein Amt kosten – welche *Ironie der Geschichte.* Die außenpolitischen Erfolge der Jahre 1997 und 1998 halfen ihm innenpolitisch im rechten Lager wenig. Er vollzog, aus taktischen Gründen, einen Rückzieher und setzte die weiteren Schritte des *Wye River Memorandum* aus. Retten konnte ihn das auch nicht mehr: Er war eingekeilt von einer *MifligethaAwoda,* unterstützt von *Meretz* und den Friedenskräften, die unter ihrem (vom „*Falken*" zur „*Falken-Taube*" gewandelten, der Autor) Chef Ehud Barak nach den harten Jahren auf den Oppositionsbänken, wieder an die Macht brachten, und den kompromißlosen Fanatikern und Extremisten der Siedlerbewegung und der religiös-orthodoxen Parteien, die ihm verübelten, mit der Rückgabe von fast einem Viertel der Westbank ihren Traum von *Großisrael* beendet zu haben.

Im Regierungslager setzte ein Erosionsprozeß ein: Die Entlassung des gemäßigten und kompromißbereiten Verteidigungsministers Yitzhak Mordechai (*Likud*) bedeutete innenpolitisch endgültig das Aus für Netanyahu. Sein Nachfolger Moshe Arens und der seit Oktober 1998 als Außenminister amtierende Infrastrukturminister Ariel Sharon hielten allenfalls noch die radikale Rechte zusammen, Netanyahu Teile der rechten Mitte von *Likud* und *Zomet.* Mordechai schloß sich mit dem moderaten ehemaligen Generalstabschef Amnon Lipkin-Schachak, dem ebenfalls von Netanyahu entlassenen früheren Finanzminister Dan Meridor und dem Ex-Bürgermeister von Tel Aviv, Ronni Mielo, zur *Zentrum*spartei zusammen, die sich neben *Likud* und Arbeitspartei als dritte große Kraft etablierte. Nach einer Kampfabstimmung setzte sich Mordechai als Kandidat für das Amt des Ministerpräsidenten schließlich durch.

---

[242] Vgl. dazu, Ehrlich, Avishai: Netanyahus Bilanz. Friedensprozeß und Wahlen in Israel, in: Blätter für deutsche und internationale Politik, (1997) 7, S. 457-66.

Die *MifligethaAwoda* hatte sich bereits Anfang Januar 1999 mit der Anfang 1998 mit dem Rücktritt ihres Chefs David Levy aus der Netanyahu-Koalition ausgeschiedenen linkskonservativen Partei *Gesher* und der säkularen Friedenspartei *Meimad* zum Wahlbündnis *Ein Israel* zusammengeschlossen, mit dem Ziel, die *Trennung von Staat und Religion* innerhalb Israels zu erreichen, einen liberalen Kurs in der Wirtschaftspolitik und neue, energische Schritte zur Fortsetzung des Friedensprozesses zu verwirklichen und damit den von Yitzhak Rabin eingeschlagenen Kurs fortzusetzen, an dem der zum *Friedenspolitiker* konvertierte Netanyahu gescheitert war.

Diese strukturellen Veränderungen im israelischen Regierungssystem und der infolge der zu progressiven Friedenspolitik Netanyahus beginnende *„Zerbröselungsprozeß"* der Koalition ermöglichten es Oppositionschef Ehud Barak, zu Beginn des Jahres 1999 einen Antrag auf Auflösung der Knesset und die Ausschreibung von Neuwahlen einzubringen. Die folgende, relativ hitzige Debatte im israelischen Parlament war ein Beleg für die sich asymmetrisch verschiebende Parteienstruktur: Vom Kern der eigenen *Likud*-Partei, von *Zomet*, der rechtsextremistischen *Moledet* und Teilen der Partei des *„Dritten Weges"* sowie einigen rechten *„Abweichlern"* der *MifligethaAwoda* einmal abgesehen, verfügte Netanyahu über maximal noch 50 Abgeordnete, die hinter ihm standen. Um einem drohenden Sturz in der Knesset zuvorzukommen, stimmte er den von der Arbeitspartei geforderten Neuwahlen bei der Abstimmung am 4. Januar zu und bereitete damit zugleich seiner Regierungskoalition ein Ende.

Im folgenden Wahlkampf, der von einer Pause im *Oslo-Friedensprozeß* mit den Palästinensern und von neuen Kämpfen mit der Hisbollah-Miliz im Südlibanon begleitet war, gab Netanyahu eine glücklose Figur ab. Er sprach sich im Fall einer Wiederwahl zwar für die Fortsetzung des Friedensprozesses mit Syrien wie mit den Palästinensern aus, ließ aber nicht erkennen, wie er dafür eine Mehrheit in der Knesset bekommen wollte. Im eigenen Lager hatte er an Sympathien eingebüßt, als er am *Wye River* der PLO 13 % des *Heiligen Landes* überließ, den Friedenskräften in Israel wie im arabischen Lager gingen diese Schritte jedoch nicht weit genug. Sie warfen dem amtierenden *Likud*-Premier Halbherzigkeit und zu viel Lavieren vor. Bei einer Wiederwahl hätte Netanyahu weder auf die Stimmen aus dem religiös-orthodoxen Lager noch aus dem Spektrum der neu entstandenen *Zentrum*-Partei rechnen können. Und auch im *Likud* begann langsam, sein Stern zu sinken. Dagegen konnte der im Vergleich zu Netanyahu farblose *Awoda*-Chef Barak mit der Erinnerung an sein großes Vorbild Yitzhak Rabin an Boden gewinnen und die Wahlschlappe von Shimon Peres aus dem Jahre 1996 wettmachen. Es deutete sich schon bald an, daß die drei anderen Kandidaten Yitzhak Mordechai (*Zentrum*), Benjamin Begin (*Cheruth*) und der arabische Abgeordnete Asmid Bischara (*Balad*) keine Chance haben würden und das Rennen letztlich zwischen Netanyahu und Barak entschieden würde.

Netanyahu hatte jedoch dafür die schlechteren Karten. Er sollte schließlich haushoch verlieren, um damit den Weg freizumachen für eine neue, korruptionsfreie Regierung, die dem Friedenskurs, an dem Netanyahu gescheitert war, wieder entscheidende Impulse verlieh.

Anfang Februar 1999 ereignete sich in der Nahostregion der Tod einer der *Lichtgestalten* des Friedensprozesses: Der jordanische König Hussein II. verstarb am 7. Februar 1999 63-jährig an den Folgen einer langjährigen Krebserkrankung, nachdem mehrere Behandlungen in den USA fehlgeschlagen waren und der Monarch längere Zeit im Koma gelegen hatte. Noch am *Wye River* hatte der Haschemiten-Herrscher trotz seiner schweren Erkrankung den historischen Pakt ausgehandelt, der den Verzicht Israels auf über 13 % des *Heiligen Landes* besiegelte. Sein vermittelndes Eingreifen in die Gespräche hatte die Verhandlungen in nicht unwesentlichem Maße beschleunigt. Schon allein seine Anwesenheit habe die beiden Parteien dazu ermutigt.

Groß war die Trauer nicht zuletzt in Israel, wo der *kleine König* wie kein zweiter wegen seiner sehr sanftmütigen und verständigen Art geschätzt wurde. Unvergessen waren die Bilder, als Hussein nach einem grauenvollen Anschlag eines jordanischen Extremisten an der gemeinsamen Grenze zu den Angehörigen der 17 Toten kam und ihnen kniend und mit Tränen in den Augen sein Beileid bekundete. Israel, das wegen des Todes Hussein II. eine siebentägige Staatstrauer verhängte, benannte schon einige Monate später den größten National-park des Landes in „*König-Hussein-Park*" um. Die Anwesenheit der politischen Spitze Israels wie nahezu der gesamten arabischen Welt symbolisierte sehr deutlich, wie weit der Friedensprozeß im Nahen Osten schon vorangeschritten war und welchen Anteil das Haschemi-tische Königreich an ihm hatte.

Und seine Nachfolge hatte König Hussein noch wenige Wochen vor seinem Ableben geregelt: Er setzte seinen Bruder Hassan als Thron-folger ab und benannte seinen ältesten Sohn Abdullah als Kron-prinzen. Der mit der palästinensischen Prinzessin Ranya verheiratete 36-jährige verkündete die Fortsetzung der Politik seines Vaters in einer neuen Weise. Schon kurz nachdem König Hussein ins Koma gefallen war, legte Abdullah seinen Eid als *Prinzregent* und amtierendes jordanisches Staatsoberhaupt ab. Am 9. Juni wurde er offiziell als *Abdullah II.* zum vierten Herrscher des *Ostufers* ausgerufen. Der *Frieden im Nahen Osten* liege ihm genauso am Herzen wie seinem Vater, bekundete der neue Monarch. Er wolle eine gerechte Lösung des *Palästinakonflikts* ebenso anstreben wie einen Ausbau der Beziehungen zu Israel und zur übrigen arabischen Welt.

3. Stagnation im Friedensprozeß mit Syrien und Libanon

Im Verhältnis Israels zu Syrien und dem Libanon bewegte sich in der Regierungsperiode Benjamin Netanyahus wenig, blieb trotz intensiver Bemühungen der USA der entscheidende Fortschritt versagt. Allerdings verminderte sich auch die Zahl der Provokationen im Südlibanon, so daß von einer Phase der *Stagnation* gesprochen werden kann.

Zu Beginn seiner Amtszeit im Juni 1996 hatte der israelische Premier eine Friedensinitiative vorgelegt, die als *Netanyahu-Plan* kursierte. Sie sah vor, den Dialog mit Libanon und Syrien wiederherzustellen, im Interesse von Fortschritten aber die bilateralen Felder Syrien und Libanon aufzusplitten. In einem ersten Teilabkommen *Libanon first* sollen Israel und Syrien einen gegenseitigen Abzug ihrer Truppen vereinbaren. Die Syrer verlassen den Libanon, die Israelis ziehen anschließend aus der *Sicherheitszone* im Südlibanon ab. Die libanesische Armee garantiert die Entwaffnung der Hisbollah und richtet eine *Pufferzone* an der libanesisch-israelischen Grenze ein. Israel und Libanon unterzeichnen anschließend ein bilaterales Friedensabkommen. Erst in einem zweiten Schritt verhandeln Israel und Syrien über weitere Aspekte einer Friedensregelung, vor allem über Rüstungskontrolle, Wasserfragen und zuletzt auch über die Rückgabe der *Golanhöhen*.

Ganz im Gegensatz dazu stand der Plan, den der syrische Präsident Assad auf die Netanyahu-Initiative erwiderte. Danach wird sich Syrien keinesfalls aus dem Libanon zurückziehen, lehnt die Formel *Libanon first* ab, betont, daß zunächst über den *Golan*-Abzug und erst dann über die weiteren Aspekte wie eine gegenseitige Anerkennung, Wirtschaftskontakte und Sicherheitsfragen verhandelt werde. Assad legte fest, daß Israel die Sicherheitszone im Südlibanon sofort und ohne Vorbedingungen verlassen müsse und lehnte die z.B. mit Ägypten, Jordanien und den Palästinensern geforderten gleichberechtigten und freundschaftlichen Beziehungen ab. Natürlich wurden diese Maximalforderungen von Israels Ministerpräsidenten umgehend abgelehnt, der seine Initiative daraufhin als gescheitert ansah und Gespräche mit den Syrern für den Rest der Legislaturperiode aussetzte.

Mit einer raschen Wiederaufnahme der syrisch-israelischen Friedensverhandlungen war angesichts der unüberbrückbaren Differenzen beider Seiten nicht zu rechnen, weshalb auch keine Fortschritte im israelisch-libanesischen Verhältnis zustandekamen. Eine schnelle Regelung war für Israel auch nicht erforderlich, weil es angesichts der Kontakte zu Ägypten, den Palästinensern, Jordanien, den Golfstaaten und Nordafrika in der arabischen Welt nicht isoliert war und an der Grenze zu den *Golanhöhen* über 30 Jahren Frieden und Stabilität herrschte. Dagegen brauchten Syrien und der Libanon schleunigst einen Friedenspartner in Israel, wollten sie nicht dauerhaft auf der Nahost-Klaviatur mitspielten. Bei stärkerer Kompromißbereitschaft Präsident Assads und einem neuen, mit einer *Brückenformel* versehenen israelischen Friedensangebot Israels hätte der Dialog allerdings wiederbelebt werden können.

Doch Israels Premier war nicht wirklich an einer Rückgabe der besetzten *Golanhöhen* interessiert, weshalb auch Friedensgespräche keinen Sinn machten. Und der syrische Staatschef hatte es angesichts der israelischen Weigerung und möglicher, unvorhersehbarer Folgen eines Friedensschlusses mit Israel für das politische System Syriens auch keinesfalls eilig, in den Bemühungen um eine Friedenslösung voranzukommen. Damit vertagte sich das israelisch-syrische Problem auf die folgende Legislaturperiode.

VIII. VON WYE-II BIS ZUM PROVISORISCHEN END-STATUS – NEUORIENTIERUNG DES NAHÖSTLICHEN FRIEDENSPROZESSES UNTER EHUD BARAK (1999-2001)

1. Der Regierungswechsel in Israel 1999

1.1. Die Knessetwahlen 1999

„Auf dem Rabin-Platz in Tel Aviv fielen sich in der Nacht vom 17. auf den 18. Mai 1999 die Menschen um den Hals."[243] Mehrere Zehntausend Israelis hatte es auf diesen Platz, der früher *Platz der Könige Israels* hieß, getrieben, um neue Hoffnung für den Friedensprozeß zu schöpfen, genau an jener Stelle, an der im November 1995 die tödlichen Schüsse auf den israelischen Premier Rabin gefallen waren, nach dem der Platz heute benannt ist. Ein überglücklich strahlender Shimon Peres erlebte auf der von seiner Arbeitspartei aufgebauten Tribüne den Jubel für den Mann, der seit Yitzhak Rabins Ermordung die große Hoffnung der *MifligethaAwoda* war und der, als „Zögling" Rabins, nunmehr dessen Weg fortsetzen sollte: Ehud Barak. Peres erinnerte sich wohl noch an jene Situation, als er neben seinem Weggefährten Rabin stand, an jenem 4. November 1995, an dem 150 000 Menschen der Arbeitspartei und ihrer zweijährigen, erfolgreichen *Friedenspolitik* zujubelten. Damals hatte das Lied von Aviv Geven, einem jugendlichen israelischen Pop-Idol, Rabins Abschied eingeläutet, denn wenige Minuten später fielen die tödlichen Schüsse auf den *Premier des Friedens.* Jetzt luden die Funktionäre der *MifligethaAwoda* Geven erneut ein, um das Lied noch einmal zu singen, diesmal um Rabins *quasi-Nachfolger* Ehud Barak den neuen Pfad des Friedens vorzugeben. Was war geschehen?

Am 17. Mai waren die Israelis zur Wahl der 15. Knesset aufgerufen, gut ein Jahr nach dem 50. Jahrestag der Staatsgründung und 16 Monate vor Ablauf der regulären Wahlperiode, nachdem die 14. Knesset am 4. Januar für ihre Selbstauflösung und vorgezogene Neuwahlen votiert hatte, die Staatspräsident Ezer Weizman verfassungsgemäß nach Absprache mit den Parteiführern für den 15. Mai ansetzte. Der Hintergrund dieses vorgezogenen Urnenganges bestand im Scheitern Netanyahus durch den Friedensprozeß infolge des *Wye River Memorandum*, was zu Spannungen in der Mitte-Rechts-Koalition aus sieben Parteien geführt hatte.

---

[243] Zit. nach: Johannsen, Margret: Israel: Licht am Ende des Tunnels?, in: Blätter für deutsche und internationale Politik, (1999) 8, S. 794.

Bei den Wahlen für das Amt des Premierministers, die zum zweiten Mal nach 1996 in direkter Abstimmung erfolgte, gaben 3 372 952 Israelis ihre Stimme ab, davon waren 179 458 Stimmen ungültig. Auf Ehud Barak (*MifligethaAwoda*) entfielen 1 791 020 Stimmen, das sind 56,08 %. Für den bisherigen Ministerpräsidenten Benjamin Netanyahu (*Likud*) votierten 1 402 474 Bürger, dies sind 43,92 %. Der Vorsprung, den Barak gegenüber Netanyahu besaß, war beträchtlich und überstieg weit die Resultate, die Yitzhak Rabin 1992 und Benjamin Netanyahu 1996 erreicht hatten.[244] Welche Absicht konnten die Israelis damit haben, wenn sie mit einem so deutlichen Vorsprung für Barak votierten?

Zunächst muß konstatiert werden, daß Netanyahu und seine *Sieben-Parteien-Koalition* innerhalb Israels abgewirtschaftet hatten. Die ständigen Affären und Skandälchen, die durch die Tagespresse kursierten, nahmen die Israelis sehr verletzt war, es rührte zutiefst an ihrer Ehre, an dem Gefühl, ein *heiliges Volk* zu sein. Die von Netanyahu und dem *Schas*-Vorsitzenden Arie Deri in die Öffentlichkeit gekommenen Vorwürfe waren derart abartig, daß sie selbst für deutsche Verhältnisse an Schmutz kaum zu übertreffen waren. Zudem verprellte Netanyahu traditionelle *Likud*-Wähler, die orientalischen Juden, mit dem „*Rausschmiß*" Verteidigungsminister Yitzhak Mordechais. Schon der Rücktritt von Außenminister David Levy (*Gesher*) im Januar 1998 hatte für Wirbel gesorgt, nun war auch noch der letzte Vertreter der orientalischen Juden von Netanyahu aus dem Kabinett förmlich „rausgeworfen" worden. Für die sozial sehr schwach gestellten Juden war dies das Signal: Der *Likud* ist nicht länger unsere legitime Interessenvertreterin, wir wenden uns besser von ihm ab. Barak agierte hier geschickter als Netanyahu, denn im Gegensatz zum konservativen Premier denkt er in langfristigeren Kategorien, auch über die Tagespolitik hinaus. Es sieht fast so aus, als könne er mit dieser Eigenschaft eine Zeitbombe entschärfen und den Zerfall der israelischen Gesellschaft in politische Gruppen und Clans doch noch stoppen.

„*In einem geschickten Schachzug arbeitete er monatelang beharrlich, um David Levys orientalisch geprägte Gesher-Partei und die moderat religiöse Meimad-Bewegung für seine Liste Ein Israel zu gewinnen*".[245] Er, der Ministerpräsident „für alle", werde die Gesellschaft wieder einen und den unter Netanyahus Regierungsperiode

---

[244] Die Angaben sind entnommen: Wahlers, Gerhard/Senkyr, Jan: Israel nach den Wahlen - Likud-Chef Netanyahu neuer Premierminister, in: KAS-Auslandsinformationen, (1996) 6, S. 15.

[245] Zit. nach: DIE ZEIT vom 20.5.1999, S. 2.

entstandenen tiefen Graben zwischen Orthodoxen und Säkularen, zwischen orientalischen und europäischen Juden, zwischen Neueinwanderern aus Rußland und Äthiopien, überwinden und dieses interessante jüdische Vielvölkergemisch wieder zusammenführen. Keine leichte Aufgabe, die sich der 10. Premierminister des Staates Israel da gestellt hatte. Doch seine Landsleute vertrauten ihm wieder.

Diese innere Zerrissenheit hatte fatale Folgen auf die dringend so nötige Aussöhnung mit den Arabern, besonders mit den Palästinensern. Die Mannigfaltigkeit des Parteiensystems, die Zerklüftung in viele unübersichtliche Lager hat sich mit diesen Wahlen fortgesetzt: Wenn die Sperrklausel von 1,5 % bedacht wird, so sind die 20,2 % für Baraks *Ein Israel*, dies bedeutet 26 Sitze in der Knesset, nicht mal ein Viertel der Stimmen ein, wohl kaum die relative Mehrheit der Stimmen. Und selbst diese 20,2 % sind im Vergleich zu 1996 der Verlust von acht Mandaten und für das Parteienbündnis nicht gerade ein Erfolg. Geradezu einen Absturz erlebte der *Likud*-Block Netanyahus, der über die Hälfte seiner Mandate einbüßte und nur noch mit 19 Sitze (14,1 %) agieren kann. Damit ist Netanyahus Partei fast auf die Größe der *Schas*-Partei geschrumpft, die mit 17 Mandaten (13 %) nochmals deutlich zulegen konnte, trotz der Affären ihres Chefs Arie Deri.[246]

Der *Meretz*-Block, Verbündeter von *Ein Israel*, war mit seinen 10 Abgeordneten im Parlament (7,6 %) wieder relativ stark im Vergleich zu 1996 in der Knesset vertreten. Der Konsolidierungskurs seines neuen Vorsitzenden Yossi Sarid hatte die richtigen Folgen gehabt. Gleichstark sind die neugegründete *Zentrum*spartei von Yitzhak Mordechai, die Partei der russischen Einwanderer (*Israel B'Alija*) unter Nathan Scharanski und die antireligiöse *Shinui* mit jeweils sechs Sitzen (knapp 5 %).[247]

Es folgen die *Nationalreligiöse Partei* und das *Vereinigte Thora-Judentum* mit fünf Mandaten (4,2 % bzw. 3,7 %), die Vereinigte Arabische Liste mit ebenfalls fünf Abgeordnetenmandaten (3,4 %). Völlig überraschend konnte *Israel Beiteinu*, eine neue Einwandererpartei, mit vier Mandaten (2,6 %) Furore machen. Neu einzogen in die Knesset ist die rechtsextreme Nationale Union mit vier Sitzen. Stabil zeigten sich *Chadasch* (Kommunisten) mit drei Mandaten (1,9 %) und

---

[246] Vgl. die Angaben in: Wahlers, Gerhard/Senkyr, Jan: Israel nach den Wahlen - Likud-Chef Netanyahu neuer Premierminister, in: KAS-Auslandsinformationen, (1996) 6, S. 20 f.
[247] Vgl. Ebd.

Balad (arabische Partei) mit zwei (1,9 %). Zwei Sitze konnte die Zionisten-Partei *Die Nation* erringen.

Wie sind die Ergebnisse der Wahlen zur 15. Knesset zu bewerten? Der religiöse Block und die Parteien der russischen Einwanderer, davon eine erst 1998 gegründete, haben einen geradezu kometenhaften Aufstieg erlebt. Die religiös-orthodoxen Parteien sind mit 33 Mandaten der stärkste Parteienblock in der Knesset und damit stärker als der Wahlsieger *Ein Israel* des neuen Premiers Ehud Barak (26 Sitze) und der *Likud* des abgewählten Premiers Benjamin Netanyahu (19 Sitze). Bei der Wahlanalyse muß allerdings berücksichtigt werden, daß die religiös-orthodoxen Parteien und Gruppierungen keineswegs als homogene Masse einzustufen sind, sondern verschiedene Wählergruppen (*Schas* die *Sephardim*; die *National-Religiösen* die Vertreter der weltlichen religiösen Juden) repräsentieren.

Der Gewinn für die Parteien der russischen Einwanderer ist mit dem populistischen, auch opportunistischen Kurs der Parteiführungen zu erklären. Besonders die *Israel B'Alija* Nathan Scharanskis hat mit ihrem Blockadekurs bezüglich des *Oslo-Friedensprozesses* wesentlich zum Sturz Netanyahus beigetragen. Der gewiefte Taktiker Scharanski, Netanyahus Industrieminister, erkannte im Dezember 1998 das nahende politische Ende des *Likud*-Premiers infolge des für die religiös-orthodoxen Parteien zu forcierten Friedenskurses und schwenkte zur *Awoda*, die gerade dabei war, das Bündnis *Ein Israel* zu gründen.[248]

Die folgende Koalitionsbildung, zu der Ehud Barak laut Verfassungsgesetz 45 Tage Zeit hatte, gestaltete sich schwierig, denn von ihr hing wesentlich der weitere Fortgang der Regierungspolitik Baraks ab. Die Ziele, die sich Barak gesetzt hatte, besonders die Fortsetzung des *Friedensprozesses*, wären wohl am besten durch eine Koalition mit dem *Likud* und dem *Zentrum* als Brücke zu verwirklichen gewesen. Doch dies war rein rechnerisch nicht möglich. Nicht einmal eine Sperrmajorität von 56 Sitzen konnten diese drei Parteien auf sich vereinigen. Außerdem stellte Ariel Sharon, der nach dem Rücktritt Benjamin Netanyahus kommissarisch den *Likud*-Vorsitz übernommen hatte, nahezu unannehmbare Forderungen an Barak, etwa eine nochmalige deutliche Forcierung des Siedlungsbaus in den Palästinensergebieten.[249]

---

[248] Vgl. Ebd.
[249] Vgl. dazu, Heumann, Pierre: Frieden?. „Nur zu unseren Bedingungen". Staat und Westbank-Siedler rüsten sich für immer härtere Auseinandersetzungen, in: der überblick, (1995) 4, S. 16-21.

Somit begab sich Barak politstrategisch auf sehr schwieriges Glatteis, indem er auf eine kleine Koalition mit den partikulären Parteien und Gruppierungen setzte. Nach langwierigen Verhandlungen gelang dem Premier der Durchbruch: Am 6. Juli stellte er seine neue Koalition vor: Ihr gehören neben *Ein Israel* die *Zentrum*partei von Yitzhak Mordechai und Amnon Lipkin-Schachak, die linksliberale *Meretz* von Yossi Sarid, die ultraorthodoxe *Schas*, die Nationalreligiöse Partei, die Partei *Israel B'Alija* und das *Vereinigte Thora-Judentum* an. In der Friedenspolitik wird Barak von den elf Abgeordneten der linken *Schinui*-Partei und der *Vereinigten Arabischen Liste* unterstützt.

1.2. Die veränderte Haltung Baraks in der Friedenspolitik
Die Bildung der neuen Koalitionsregierung hatte sehr widersprüchliche und komplizierte Auswirkungen auf die israelische Regierungspolitik, obwohl sich das israelische Parteiensystem infolge der Knessetwahlen vom 17. Mai noch stärker nach links verschoben hat: Die Regierungsbeteiligung der *National-Religiösen*, der Interessenvertreterin der Siedler, erschwerte die Lösung der Siedlerfrage außerordentlich. Auch die *Israel B'Alija*, bei der die Siedler einen wichtigen Fürsprecher finden, gestaltete bezüglich der geplanten Fortsetzung des *Oslo-Friedensprozesses* schwierig. Die Koalitionsbeteiligung von *Schas*, der Partei der *Sephardim*, dürfte die innenpolitisch defizile Frage der *Trennung von Staat und Religion* nach hinten schieben. Dies betraf in noch stärkerem Maße für das *Vereinigte Thora-Judentum*[250] zu, das ähnliche Vorstellungen besaß. Dies könnte durch die Unterstützung der arabischen bzw. der arabisch-israelischen Parteien im Friedensprozeß kompensiert werden. Sehr positiv ist hingegen die Beteiligung der *Zentrum*spartei zu werten, die mit ihren Gallionsfiguren Mordechai und Lipkin-Schachak, ein Zögling Yitzhak Rabins, die Kontinuität im Friedensprozeß verkörperte. Sie könnte neben dem altgedienten *Awoda*-Minister Peres für die Verläßlichkeit Israels gegenüber dem Ausland und für Stabilität nach innen sorgen.

In der Regierungserklärung des neuen Premiers Barak und in den Regierungsleitlinien seines Kabinetts ist eines ganz klar geworden: Die Schaffung von Frieden im Nahen Osten habe für die neue israelische Regierung höchste Priorität, es sei das wichtigste Anliegen auch für die Innenpolitik. Wie der neue Premierminister Ehud Barak nach der Vereidigung seiner Regierung sagte, gebe es kein höheres Ziel als die Stärkung der Sicherheit Israels durch die *Beendigung des 100-jährigen Konfliktes im Nahen Osten*. Diese Verantwortung hätten ihm

---

[250] Vgl. dazu, Timm, Angelika: Israel auf dem Weg zur Theokratie?, in: Blätter für deutsche und internationale Politik, (1998) 8, S. 927-931.

die Wähler übertragen. Damit folgt er seinem großen politischen Vorbild Yitzhak Rabin, der trotz der positiven Haltung zum Friedensprozeß immer den *Sicherheit*saspekt in den Vordergrund rückte, der für die israelischen Belange von vitalem Interesse ist.[251]

Nach seinen Vorstellungen strebt Barak binnen 15 Monaten den Abschluß eines *regionalen Friedensabkommens* an.[252] Der Prozeß müsse so schnell wie möglich erfolgreich beendet werden, so Barak, wobei sich die USA auf die Rolle eines Moderators beschränken sollten. Das *Wye River Memorandum* solle sofort umgesetzt, die *Verhandlungen über den endgültigen Status* so bald wie möglich wiederaufgenommen werden. Barak ging es in erster Linie bei den *Endstatusverhandlungen* darum, eine *physische Trennung* von den Palästinensern zu vollziehen, denen auf der Grundlage der bereits getroffenen *Übergangsvereinbarungen* ein eigener Staat nicht verwehrt werden könne. Dieses Konzept hatte bereits Yitzhak Rabin vertreten. Der Großteil der jüdischen Siedlungen bleibe erhalten, zumindest vorläufig unter israelischer Souveränität. Jerusalem werde nicht geteilt, sondern ewig *die geeinte Hauptstadt Israels* bleiben. Zwar werde den Palästinensern bei den abschließenden Gesprächen ein deutlich größeres Territorium angeboten, aber eine Rückkehr auf die Grenzen vor 1967 schloß Barak kategorisch aus. Ein *endgültiges Abkommen mit den Palästinensern* werde der Bevölkerung zur Abstimmung vorgelegt. Nur die israelischen Bürger, und nicht Yassir Arafat oder Scheich Jassin, der *Hamas*-Gründer, könnten letztlich über *den Kern einer Dauerregelung* befinden.

Barak kündigte eine Wiederaufnahme der im April 1996 unterbrochenen Friedensgespräche mit Syrien und dem Libanon an. Im Zuge dieser Verhandlungen sei Israel zu einem territorialen Kompromiß durch die Rückgabe eines Teils der *Golanhöhen* bereit. Zugleich werde sich der jüdische Staat binnen eines Jahres aus der *Sicherheitszone* im Südlibanon zurückziehen, wenn erforderlich auch ohne ein vorheriges Friedensabkommen mit Syrien.

Nach dem Regierungswechsel in Israel kündigten sich erste Zeichen für eine Entspannung an. Die Organisation *„Ir Schalem"* zog eine

---

[251] Vgl. die Angaben in, Presse- und Informationsabteilung der Botschaft des Staates Israel in der Bundesrepublik Deutschland (Hrsg.): Auszüge aus den Regierungsrichtlinien der Regierung des Staates Israel (unautorisierte Übersetzung), Jerusalem, im Juli 1999, S. 1, (*http://www.israel.de*).

[252] Vgl. zu den Optionen der nahöstlichen Friedensarchitektur, Perthes, Volker: Auf dem Weg zum Frieden?. Elemente einer nahöstlichen Sicherheitsarchitektur, in: Internationale Politik, 59 (1999) 7, S. 1-10.

Klage gegen die Anordnung der Netanyahu-Regierung zur Schließung des palästinensischen Orienthauses in Ostjerusalem zurück. Zur Begründung hieß es, mit dem Amtsantritt Baraks bestehe keine Notwendigkeit mehr für die Klage. Entspannung resultierte auch im Haupt-Streitpunkt Siedlungsbau: Aus Regierungskreisen hieß es, der Bau in *Ras-el-Amud* (Ostjerusalem) werde gestoppt. *Har Homa* solle außerdem für Juden und Araber gemeinsam errichtet werden.[253]

2. Der Oslo-Friedensprozeß vom Sharm-el-Sheikh-Memorandum bis zum Rahmen des Endstatus

2.1. Das Sharm-el-Sheikh Memorandum

2.1.1. Ein verändertes Klima im Nahen Osten

Der durch den Wahlsieg ausgelöste positive Umschwung, der wie ein Ruck durch die israelische Gesellschaft ging, setzte sich auch schon bald in den Friedensverhandlungen Israels mit seinen arabischen Nachbarn um. Sofort nach der Regierungsübernahme im Juli konferierten Emissäre Ehud Baraks mit dem syrischen Außenminister Faruk el-Schara. Der Sohn des syrischen Präsidenten, Baschar el-Assad, schloß erstmals nicht aus, daß sich Syrien einem israelischen *Friedensverdikt* anschließen könne. Voraussetzung sei jedoch eine Einigung über die Rückgabe der umstrittenen Golanhöhen. Komme es zu einem *Agreement* darüber, würden die Hisbollah-Milizen im Südlibanon ihre Aktionen einstellen, und der Libanon könne sich dem Friedensprozeß im Nahen Osten anschließen und ihn damit vollenden. Barak wollte damit seinem Ziel näherkommen, den Frieden mit den *arabischen Nationalstaaten* zu vollenden, eine Intention, die bereits sein politischer Ziehvater Yitzhak Rabin verfolgte.

Doch genauso wichtig wie ein Friedensschluß mit Damaskus und Beirut waren Fortschritte im *israelisch-palästinensischen Friedensprozeß*: Kurz nach der Wahl trafen Premier Barak und *Ra'es* Yassir Arafat zu insgesamt drei Gipfelgesprächen zusammen, auf denen der Rahmen für die späteren Abmachungen getroffen wurden. Die *Prinzipalentreffs* bewirkten sofort ein Klima des Vertrauens und der gegenseitigen Verständigung, wie sie zuletzt bei der Aushandlung des *Wye River Memorandum* in der herbstlichen Idylle des Oktober 1998 Beobachter vorgefunden hatten.

---

[253] Vgl. zur Siedlungspolitik der israelischen Regierung, Heumann, Pierre: Frieden?. „Nur zu unseren Bedingungen". Staat und Westbank-Siedler rüsten sich für immer härtere Auseiandersetzungen, in: der überblick, (1995) 4, S. 16-21.

Doch es sollte noch fast drei weiterer Monate bedürfen, ehe Palästinenserpräsident Yassir Arafat und Israels Ministerpräsident Ehud Barak ein neues Zwischenabkommen unterzeichnen konnten, das das *Wye River Memorandum* vom 23. Oktober 1998 ergänzte und den Rahmen für die *bilateralen Schlußgespräche* schuf (*Wye-II*). Wenig umstritten waren der weitere Abzug der israelischen Truppen aus den ländlichen Gebieten der Westbank und die kleineren praktischen Schritte, z.b. der Bau des Seehafens in Gaza und die *Safe Passages* zwischen Gaza und Westbank. Als konträrer zwischen den Verhandlungspartnern erwies sich, wieviele und welche palästinensische Gefangene freigelassen werden sollen. Der israelische Ministerpräsident Barak weigerte sich wie sein Vorgänger Netanyahu, Palästinenser mit *„israelischem Blut an den Händen"* freizulassen, Yassir Arafat aber brauchte im Interesse des politischen Kapitals einen Erfolg in der Gefangenenfrage, denn die noch verbliebenen 11 % der Westbank, die Israel noch zurückgeben würde, waren strategisch relativ unbedeutende Territorien. Im Interesse des innerpalästinensischen Ausgleichs forderte Arafat von Barak Zugeständnisse, zu denen dieser jedoch zunächst nicht bereit war, wodurch die Verhandlungen ins Stocken kamen.

Durch Baraks Pragmatismus und die Vermittlung der amerikanischen Außenministerin Madeleine Albright kam dann doch noch ein Kompromiß zustande, obwohl bei dreitägiger Verspätung aus dem *Alexandria Memorandum* das *Sharm-el-Sheikh Memorandum* (*Wye-II*) wurde. An der Zeremonie im ägyptischen Badeort Sharm-el-Sheikh nahmen US-Außenministerin Madeleine Albright, Ägyptens Präsident Hosni Mubarak und Jordaniens neuer König Ab-dullah II. teil. Mit ihrer Unterschrift regelten Arafat und Barak die weitere Umsetzung des *Wye River Memorandum* und damit des letzten Teils des *Übergangsabkommens* vom 28. September 1995. Damit ebnete sich zugleich der Weg für die israelisch-palästinensischen *Finalstatusgespräche.*

Nach der Unterzeichnung des neuen Zwischenabkommens bot Palästinenserpräsident Yassir Arafat dem israelischen Ministerpräsidenten Ehud Barak eine *Partnerschaft für den Frieden* an. Er reiche dem neuen Partner Barak die Hände, sagte Arafat im ägyptischen Sharm-el-Sheikh. Die Palästinenser seien zu einer Zusammenarbeit mit Israel im Interesse eines *mutigen Friedens* bereit. Barak sagte, Israel und die Palästinenser hätten eine historische Chance, einen jahrhundertewährenden Konflikt zu beenden. Er rief zugleich den syrischen Präsidenten Hafis el-Assad und den libanesischen Präsidenten Emile Lahud auf, die Friedensgespräche mit Israel wiederaufzunehmen.

2.1.2. Grundsätze

In dem neuen *Zwischenabkommen*, eine Ergänzung und Erweiterung des *Wye River Memorandum*, ist *erstens* der Zeitplan für die noch ausstehenden Aspekte des Übergangsabkommens, und *zweitens*, eine Agenda für die Verhandlungen über den *Dauerstatus*, enthalten.[254] Der israelische Truppenrückzug aus weiteren Teilen des Westjordanlandes, der im Januar 1999 durch die Regierung Netanyahu unterbrochen worden war, wird wiederaufgenommen. Der am 5. September beginnende Abzug findet in drei Etappen statt und umfaßt zunächst 11 % des Westjordanlandes. Diese *„Umgruppierungen"* werden bis zum 20. Januar 2000 abgeschlossen. In der letzten Phase werden den Palästinensern weitere 6,1 % angeboten. Ein Komitee wird – parallel zu den Gesprächen über den dauerhaften Status – Verhandlungen über den Umfang der dritten Umgruppierung (*Further Redeployment*) aufnehmen. Diese Phase entscheidet maßgeblich über den Umfang jenes Territoriums, das die Palästinser in der letzten Phase des Interimsprozesses vom jüdischen Staat zurückübertragen bekommen.

In Übereinstimmung mit den bisherigen Bestimmungen des *Übergangsabkommens* bekennen sich Israel und die Autonomiebehörde zur Bekämpfung des Terrorismus und jeglicher anderer Form der Gewaltanwendung. Die Schritte zur Beschlagnahme illegaler Waffen, zur Reduzierung der palästinensischen Polizeitruppe und zur Errichtung weiterer bilateraler Sicherheitsstrukturen werden fortgesetzt.

Entsprechend der *Vereinbarung zum Wye River Memorandum* werden zunächst 200 palästinensische Häftlinge entlassen, weitere 150 zum 8. Oktober freikommen. Es handelt sich sowohl um gewöhnliche Kriminelle als auch um Personen, die palästinensische Häftlinge getötet oder israelische Zivilisten verletzt haben. Israel und die Palästinenser schließen desweiteren *ein Protokoll über den Bau des Seehafens in Gaza-Stadt* ab. Einzelheiten werden im zuständigen *Übergangskomitee* geregelt. Israel und die Palästinenser einigen sich Ende September auf ein *Protokoll über Safe Passages* ab. Am 1. Oktober wird ein *Korridor zwischen dem Gazadistrikt und Hebron* eingerichtet. Der *„Nord-Korridor"* zwischen Eres (Gazadistrikt) und der Westbank-Stadt Ramallah wird im Dezember eröffnet. Israel und die Palästinensische Autonomiebehörde werden in Übereinstimmung mit dem *Übergangsabkommen „Anstrengungen"* unternehmen, um die palästinensische Volkswirtschaft zu fördern. Die *Karni-Industriezone*

---

[254] Vgl. das Dokument in: Memorandum vom Wye River, vereinbart von Israel und der Palästinensischen Autonomiebehörde am 23. Oktober 1998 in Washington DC, in: Dokumentation. Dokumente zur Entwicklung im Nahen Osten in der Zeitschrift Internationale Politik, (1999) 7.

wird zum 15. September weiter ausgebaut. Zugleich erklären sich Israel und die Palästinenserführung bereit, den Handel auszuweiten und in den Übergangskomitees dazu binnen 90 Tagen Fortschritte zu erzielen.

Die *Verhandlungen über den endgültigen Status* der Autonomiegebiete werden spätestens am 13. September 1999 wiederaufgenommen. Die Verhandlungsdelegationen erstellen eine *Agenda* für die Gespräche. Nach dem Abschluß der Verpflichtungen des *Übergangsabkommens* vereinbaren die Delegationen in Übereinstimmung mit den Sicherheitsratsresolutionen 242 und 338 bis Mitte Februar einen *Rahmen über das endgültige Verhältnis der Palästinensischen Autonomiebehörde und des Staates Israel*. Die Übergangsperiode läuft offiziell am 13. September 2000 aus. Bis dahin wird der Abschluß eines *dauerhaftes Friedensabkommens* angestrebt. Israel und die PLO unterlassen *„unilaterale Maßnahmen"*, um in der Übergangsperiode keine Veränderungen des Status des Westjordanlandes und des Gazadistrikts zuzulassen. Dies verbietet in der Vertragsinterpretation Israel z.B. den Bau neuer jüdischer Siedlungen und hält den Status Jerusalems aufrecht. Die Palästinenser können in der Übergangsperiode keinen eigenen Staat ausrufen.

2.1.3. Systematik

Das neue Abkommen, das die Schlußphase des *Übergangsabkommens* mit den *Finalstatusverhandlungen* verbindet, verbessert die Situation für die Palästinenser deutlich: Sie erhalten nicht nur, durch amerikanische Garantien versehen, 11 % der Westbank zurück, sondern können durch die kleineren praktischen Schritte, wie z.B. den Bau des Seehafens Gaza, die Einrichtung der *Transitstrecken* (*Safe Passage*) zwischen der Westbank und dem Gazadistrikt oder den Ausbau der *Karni-Industriezone*, mit konkreten Verbesserungen ihrer Lebenssituation rechnen. Menschliche Erleichterungen, wie z.B. eine Öffnung der Handelsstränge zum Ausland, schon im Mittelalter ein Hauptanliegen im Nahen Osten, werden die Chancen auf eine Stabilisierung des Friedensprozesses durch *vertrauensbildende Maßnahmen* verbessern.

Lexikon: Der Zeitplan von Wye-II
Die jüngste Vereinbarung zur Umsetzung des Wye-Vertrages sieht den folgenden Zeitplan vor:
5. September 1999: Beginn der formellen Umsetzung des Zwischenabkommens. Israel erhält einige Tage Vorbereitungszeit bis zur Unterstellung von 7 % des Westjordanlandes unter die gemeinsame

Kontrolle von Palästinensern und Israelis (von Gebiet C in Gebiet B). Freilassung der ersten 200 Gefangenen.

10. September: Beginn bilateraler Verhandlungen über die dritte Phase des israelischen Truppenabzuges, die spätestens am 13. September aufgenommen werden müssen. Diese muß innerhalb von vier Monaten abgeschlossen sein.

13. September: Förmliche Wiederaufnahme der Verhandlungen über den dauerhaften Status der israelisch-palästinensichen Beziehungen und den Status Jerusalems.

1. Oktober: Öffnung einer Landverbindung zwischen dem Gazadistrikt und dem südlichen Westjordanland durch israelisches Gebiet. Zugleich Beginn des Weiterbaus des palästinensischen Seehafens in Gaza-Stadt.

8. Oktober: Freilassung weiterer 150 Häftlinge. In den ersten beiden Schritten sollen palästinensichen Angaben zufolge 350 Gefangene freikommen.

1. November: Der *Hasbashe-Markt* in Hebron wird in Übereinstimmung mit dem *Hebron-Abkommen* wiedereröffnet.

15. November: Israel unterstellt weitere 3 % des Westjordanlandes unter die gemeinsame Kontrolle mit den Palästinensern (von Gebiet C in Gebiet B). 2 % gehen von gemeinsamer Kontrolle in palästinensische Hoheit (von Gebiet B in Gebiet A) über. Die *Schuhada-Straße* in Hebron entlang jüdischer Wohngebiete wird bis Ende November für den palästinensischen Verkehr geöffnet.

Ca. 9. Dezember: Freilassung weiterer palästinensischer Gefangener. Die Zahl ist noch auszuhandeln. Öffnung einer Landverbindung zwischen Eres (Gazadistrikt) und Ramallah (nördliches Westjordanland) bis Ende Dezember.

20. Januar 2000: 5,1 % des Westjordanlandes gehen von gemeinsamer in rein palästinensische Kontrolle über (von Gebiet B in Gebiet A). 1 % wird direkt an die Palästinenser übergeben.

13. Februar: Fertigstellung des Rahmens für den endgültigen Friedensvertrag.

15. Juni: Durchführung der dritten Phase des Abzugs der israelischen Truppen aus dem Westjordanland. Der Umfang dieser Phase wird noch ausgehandelt.

13. September: Unterzeichnung des endgültigen Friedensvertrages. Formeller Ablauf der Übergangsperiode.[255]

Zu wenig berücksichtigt wurden in diesem Abkommen nach meiner Auffassung die für Israel dringend erforderlichen Sicherheits-Abmachungen, die im *Wye River Memorandum* vom Oktober 1998 bes-

---

[255] Zit. nach: Der Fischer Weltalmanach 2000, Frankfurt am Main 1999, Sp. 380.

ser und detaillierter geregelt sind. In diesem Punkt läßt sich die Barak-Regierung offensichtlich von der Maxime leiten, daß es wichtiger sei, die friedensfördernden Schritte, wie z.B. Truppenrückzüge, zu forcieren anstatt die *vitalen Sicherheitsinteressen* der Israelis zu fördern. Der neue Premier Barak richtete sich in der praktischen Umsetzung seiner Politik doch stärker nach der Vision des *„Neuen Nahen Ostens"* von Shimon Peres als nach den deutlich pragmatischeren Abwägungen seines politischen Ziehvaters Yitzhak Rabin aus.

2.2. Die Umsetzung des Sharm-el-Sheikh-Memorandum

2.2.1. Allgemeines

Das *Memorandum von Sharm-el-Sheikh* schlossen Ehud Barak und Yassir Arafat nicht zuletzt deshalb, weil sie den durch die innenpolitischen Wirren ins Stocken geratenen *Oslo-Friedensprozeß* wieder in Gang bringen wollten. Schon zu viel Zeit sei vergangen, seitdem sich Yitzhak Rabin und Yassir Arafat am 13. September 1993 auf dem Rasen des Weißen Hauses in Washington die Hände geschüttelt hatten. Immer wieder drohte der *nahöstliche Friedenszug* zu entgleisen, doch die Pragmatiker beider Regierungen besannen sich immer wieder zu den Grundlagen der Friedenspolitik. Um den Friedensprozeß endlich zu vollenden, legten sich Israelis und Palästinenser in funktionaler wie territorialer Hinsicht auf eine *Agenda* fest, nach der der dauerhafte Status der bilateralen Beziehungen innerhalb eines Jahres geregelt werden soll.

Schon kurz nach der Ratifikation des *Memorandums von Sharm-el-Sheikh* durch die Knesset und die palästinensische Vertretung zeigte sich, wie wichtig es war, zunächst das gegenseitige Vertrauensverhältnis beider Konfliktparteien zu erneuern und dann in kleinen, aber ganz energischen Schritten den Weg der Aussöhnung – wie in *Oslo* beschrieben – weiterzugehen. Die einzelnen Schritte werden exemplarisch kurz nachgezeichnet, insofern sie die Vertragsparteien durch die Übergangsvereinbarungen bereits umsetzten.[256]

2.2.2. Weitere israelische Truppenabzüge in der Westbank

Die in den *Vertragswerken von Oslo* als *„Umgruppierungen"* bezeichneten weiteren Truppenrückzüge der israelischen Armee aus den ländlichen Gebieten der Westbank sind das Kernelement eines dauerhaften Friedens im Nahen Ostens. Sie präjudizieren in sehr deutlicher Weise die anstehenden Regelungen über *den Rahmen des*

---

[256] Vgl. dazu, Veit, Winfried: Der Nahe Osten auf dem Weg zum Frieden, in: Internationale Politik und Gesellschaft, (2000) 2, S. 133-45.

gemeinsamen Schlußabkommens und schaffen Raum für das Territorium des künftigen palästinensischen Staates.

Der israelischen Regierung fiel es weitaus nicht so schwer wie einst noch in der Ära Rabin-Peres (1992-96), Teile des sogenannten *biblischen Kernlandes Judäa* und *Samaria* an die Palästinenser abzutreten. Prinzipiell brauchte Barak nur noch den ohnehin von der Vorgängerregierung unter Premier Benjamin Netanyahu schon eingeleiteten Rückzug aus 13,1 % der Westbank noch zu vollenden, an dem der *Likud*-Regierungschef gescheitert war.

Die vertragsgemäß für den 15. November vorgesehene Räumung von 5 % der Westbank verzögerte sich noch bis zum Beginn des Jahrtausendwechsels, da sich Israel und die Palästinenser uneinig über die zu räumenden Territorien waren. Das Ausmaß und die Territorien, die zurückgegeben werden, symbolisieren für die ausstehende *Dauerregelung* ganz zentral, wie und aus welchen Territorien sich der künftige Staat Palästina zusammensetzt. Trotz des Beschlusses der israelischen Regierung zur Umsetzung der Territorial-Übergabe einigten sich die Experten Israels und der PLO nicht über die Landkarte der zu räumenden Gebiete. Erst nach eingehenden Diskussionen verständigte sich der Gemeinsame Lenkungsausschuß unter der Leitung von Botschafter Oded Eran und Kommunalminister Dr. Saeb Erakat am 4. Januar auf die Übertragung von 5 % des Gebietes auf die Autonomiebehörde. Der israelische General Moshe Yaalon und der palästinensische Sicherheitsbeauftragte Haji Ismail unterzeichneten tags darauf die Landkarten. 2 % gingen unter die direkte Kontrolle der PLO, weitere 3 % in die gemeinsame Sektor-Verwaltung. Damit übergaben die Israelis weiteres Land für einen künftigen palästinensischen Staat, so u.a. ein Militärcamp in der bisherigen B-Zone nahe der Autonomiestadt Dschenin.

Der Rückzug verbesserte zwar das bilaterale Verhältnis zwischen beiden Seiten zunehmend, eine Lösung der jahrzehntealten *Palästina-Frage* deutete sich freilich nicht an. Nicht zuletzt der dritte Abzugsschritt innerhalb der zweiten Umgruppierung würde maßgeblich über einen Erfolg der weiteren Gespräche über einen dauerhaften Status entscheiden. Obwohl für den 20. Januar laut der *Agenda von Sharm-el-Sheikh* fixiert, verhinderte der Streit um die zu übergebenden Territorien eine Einigung. *„Bei dem Streit um die Landkarten für den israelischen Abzug geht es in der Regel darum, ob dicht besiedeltes oder eher unbewohntes Gebiet geräumt werden soll".*[257] Die israeli-

---

[257] Zit. nach: FP vom 5./6.2.2000, S. 2.

sche Regierung votierte zwar mit überragender Mehrheit für den Abzug, verwirklicht wurde er erst am 21. März, nachdem Premierminister Barak und Palästinenserpräsident Arafat auf einem Gipfel in Ramallah zuvor einen detailierten *Landkartenvertrag* abgeschlossen hatten.

Die *Abmachung von Ramallah* vom 9. März, die unter Vermittlung der amerikanischen Außenministerin Madeleine Albright zustandekam, bedeutete mehr als nur eine Einigung über die Räumung weiterer 6,1 % des Westbank-Territoriums, sie focusierte die Einigung über den Umfang der dritten Rückzugsphase, die beide Politiker für Mitte Juni 2000 ansetzten und mit den Verhandlungen über den endgültigen Status verbunden wurden, die nur sehr mühsam vorankamen. Am 21. März einigten sich Israel und die Autonomiebehörde auf jene Territorien, die die zweite Umgruppierung abschlossen. 5,1 % der Westbank gingen von der gemeinsamen Kontrolle in die alleinige Verwaltung der Behörde über, ein weiteres Prozent direkt von der israelischen in die palästinensische Kontrolle. Ein positives Signal gab es durch die Übertragung von zwei Vororten Jerusalems, nicht aber von Abu Dis, zur vollständig autonomen Kontrolle der Arafat-Behörde.

Im Mai 2000 verschärfte sich der *Territorialkonflikt* wieder, denn infolge der sehr schwierigen Schlußverhandlungen verstärkte sich der Drang der Palästinenser, nach 50 Jahren des *Nahost-Konflikts* endlich einen eigenen Staat auszurufen. Die Unzufriedenheit über den kollabierenden Verhandlungsprozeß und die anhaltende Besatzung der Israelis in der Westbank lösten die schwersten Unruhen seit dem *Tempelkrieg* von 1996 aus, als es blutige Schlachten zwischen der israelischen Armee und der Palästinenserpolizei gab.

Die Unruhen zwangen die israelische Regierung zu einem folgenreichen Beschluß für den Friedensprozeß: Durch den Beschluß vom 15. Mai, die Jerusalemer Vororte Abu Dis und Azariyeh zu übergeben, riskierte Premierminister Barak nicht nur den Bruch seiner Koalition, sondern auch eine Zerreißprobe innerhalb der israelischen Gesellschaft, denn nur wenige Kilometer von der *Heiligen Stadt* entfernt könnte Yassir Arafats Hauptstadt entstehen.

Den Tiefpunkt in den Beziehungen konnte dieser Beschluß nicht überwinden. Zwar flauten die Unruhen etwas ab, doch innerhalb der israelischen Regierung brach zwischen säkularen und orthodoxen Parteien offen der Streit aus. Um einen drohenden Ausstieg von drei dieser Parteien zu verhindern, entschied Premier Barak, seinen beiden Beauftragten, Shlomo Ben-Ami, Minister für öffentliche Sicherheit, und Regierungsberater Gilad Sher, von Gesprächen mit den Palästinensern abzuziehen und die Schlußverhandlungen auszusetzen. Der für Juni 2000 vorgesehene weitere Truppenrückzug aus 10 % der Westbank wurde zwar durch die israelische Regierung mit knapper Mehrheit gebilligt, aufgrund unüberbrückbarer Meinungsverschiedenheiten über die einzelnen Gebiete verschoben, was die Zustimmung der Palästinenserbehörde fand.

Lexikon: Daten für den Rückzug der israelischen Armee aus den palästinensischen Territorien
26. Mai 1994: Rückzug aus dem Gaza-Distrikt.
3. Juni 1994: Rückzug aus Jericho (Westbank).
November/Dezember 1995: Rückzug aus den großen Ballungszentren Dschenin, Tulkarem, Kalkilijah, Nablus, Ramallah und Bethlehem sowie aus 450 kleineren Städten und Dörfern der Westbank.
15./16. Januar 1997: Rückzug aus dem palästinensischen Teil von Hebron (80 % der Stadt).
19./20. November 1998: Erster Schritt der ersten und zweiten Umgruppierung aus 7,0 % der ländlichen Gebiete der Westbank. Die israelischen Truppen ziehen sich aus 20 km² der Westbank zurück.
7. September 1999: Zweiter Schritt der ersten und zweiten Umgruppierung aus 7,0 % der ländlichen Gebiete der Westbank.
5./6. Januar 2000: Zweiter Schritt der ersten und zweiten Umgruppierung aus 5,0 % der ländlichen Gebiete der Westbank.
21. März 2000: Phase 3 des Rückzugs aus 6,1 % der ländlichen Gebiete der Westbank. (Quelle: Eigene Zusammenstellung)

2.2.3. Freilassung palästinensischer Gefangener
Obwohl der Rückzug Israels aus weiteren Gebieten des Westjordanlandes nach allgemeiner Einschätzung der politischen Beobachter neben der Terrorismusbekämpfung der wichtigste Aspekt im Rahmen des *Interimsstatus* ist, so stellt die Freilassung der palästinensischen Gefangenen den *„sensitivsten"* Aspekt der noch umzusetzenden Aspekte aus den *Rahmenabkommen* von 1993 und 1995 dar. Im *Interimsabkommen* aus dem Jahre 1995 wird die Freilassung weiterer 5000 palästinensischer Gefangener als langfristiges Ziel für den Rest der Übergangsperiode dargestellt.

Bereits am 9. September 1999, fünf Tage nach der Unterzeichnung der *Agenda von Sharm-el-Sheikh*, ließ die israelische Regierung vertragsgemäß die ersten 200 Häftlinge frei, am 15. Oktober folgten weitere 150. Daß sich in diesem Zusammenhang schwerwiegende Differenzen zwischen den israelischen und palästinensischen Verhandlungsdelegationen ergaben, war nur allzu verständlich, betrachtet man die israelischen Äußerungen, nach denen auch unter der Regierung Ehud Baraks keine Palästinenser freigelassen würden, die israelische Staatsbürger getötet hätten. Damit bezog sich die israelische Führung auf alle palästinensischen Personen, die an Terroranschlägen gegen Ziele im jüdischen Staat beteiligt waren und dabei ausgewiesene Mörder darstellten. Israel kam der Autonomiebehörde insofern entgegen, als daß die Regierung in Tel Aviv sich bereiterklärte, Personen auf freien Fuß zu setzen, die Israelis bei Anschlägen verletzten.

Die Freilassung der palästinensischen Gefangenen bezieht sich auf die folgende Passage: *„Die gemeinsame Kommission* (zur Entlassung der Gefangenen, der Autor) *soll weitere Listen mit Namen Freizulassender den betreffenden Behörden durch das Überwachungs- und Steuerungskomitee empfehlen. [...] Die israelische Regierung wird sich bemühen, die palästinensischen Gefangenen vor dem nächsten Ramadan freizulassen".*[258]

Daß Israel zu Zugeständnissen in der Frage der Häftlinge fähig ist, zeigt die Freilassung zusätzlicher Personen: 26 Menschen kamen am 29. Dezember auf freien Fuß, sieben weitere tags darauf. Palästinenserpräsident Arafat erfreute sich besonders daran, daß sieben letztgenannte Palästinenser aus Jerusalem kamen, womit der palästinensische Anspruch auf Ostjerusalem (*El-Quds*) bekräftigt wurde. Weitere 40 Personen ließ Israel zum 7. Januar frei und erfüllte damit seine vertraglichen Verpflichtungen. Unter den knapp 380 freigelassenen Palästinensern waren allerdings nur 100 sogenannte *„Sicherheitshäftlinge".*

2.2.4. Bekämpfung des palästinensischen Terrors
Auch für die Palästinenser ergaben sich Verpflichtungen aus den bisher unterzeichneten Abkommen: Die wohl bedeutendste vertragliche Zusage, die die Autonomiebehörde der Regierung des jüdischen Staates gab, bestand in der Bekämpfung der terroristischen Infrastruktur der Palästinenser. Doch schwächte das *Memorandum von Sharm-el-Sheikh* deutlich die Terrorbekämpfung auf der Agenda des gemeinsamen Dialogs. Bestand die Regierung Netanyahu im *Memorandum vom Wye River* noch klar auf dem Prinzip der Gegenseitigkeit der Verpflichtungen, veränderte sich dieses Verhältnis in den Beziehungen beider Parteien durch die neuen Absprachen unter Ehud Barak. Das Abkommen enthält zwar ein klares Bekenntnis zu den

---

[258] Zit. nach: Memorandum vom Wye River, vereinbart von Israel und der Palästinensischen Autonomiebehörde am 23. Oktober 1998 in Washington DC, in: Dokumentation. Dokumente zur Entwicklung im Nahen Osten in der Zeitschrift Internationale Politik, (1999) 7, S. 67.

Prinzipien des Terrorismus, *„um die sofortige, effiziente und wirksame Behandlung jeglichen Vorfalls zu garantieren".*[259] Dazu gehören nach wie vor die uneingeschränkte Beschlagnahme illegaler Waffen, die Festnahme von Terroristen sowie der Austausch von Informationen und eine Koordination der Aktivitäten der Terrorismusexperten.

Die israelischen Sicherheitsdienste und das zuständige Ministerium für Innere Sicherheit Israels berichteten, daß im Zuge der Zugeständnisse des jüdischen Staates im Friedensprozeß die palästinensischen Behörden ihrer Verpflichtung so wirksam wie bisher noch nie nachkamen, illegale Waffenarsenale aushoben, mehrere hundert *Hamas-*Terroristen festnahmen und vor Gericht stellten sowie den israelischen Sicherheitsdiensten Angaben zur Entwicklung der palästinensischen Infrastruktur unterbreiteten. Zugleich bestand der CIA im *trilateralen Komitee* zur Sicherheit darauf, daß beide Seiten Übergriffe ihrer Bürger auf die jeweils anderen verhinderten und für ein besseres Klima sorgten. Für Israel wie für die Palästinenser sei Sicherheit ein vitales Interesse.

2.2.5. Sichere Transitstrecken

Die als *Safe Passages* bezeichneten *Transitstrecken* zwischen den Palästinensergebieten Gaza und Westbank sind auf den ersten Blick von gar nicht so großer Bedeutung für das bilaterale Verhältnis. Doch im Interesse der *„unteilbaren Einheit"* der beiden Territorien und des humanitären Austauschs sind sie unverzichtbar.

Das Protokoll über die Einrichtung von Transitstrecken zwischen dem Gazadistrikt und dem Westjordanland vom 5. Oktober 1999 war nicht nur Teil des aktuellen *Friedensprozesses von Oslo* zwischen Israel und den Palästinensern, sondern reiht sich auch in die Vereinbarungen ein, die in kleinen Schritten zu einer langfristigen Friedenslösung beitragen soll. Das *Memorandum vom Wye River* regelt in Kapitel III/Absatz 3 den *Sicheren Transit: „Beide Seiten werden unverzüglich die Verhandlungen über den sicheren Transit wiederaufnehmen. Im Hinblick auf die südliche Route werden beide Seiten alle Anstrengungen unternehmen, um binnen einer Woche nach Inkrafttreten des Memorandums eine Übereinkunft zu erzielen. Die südliche Route wird zum schnellstmöglichen Zeitpunkt hiernach in Betrieb genommen. In Hinblick auf die Verhandlungen werden weitergeführt mit dem Ziel, schnellstmöglich eine Einigung zu erreichen, die unmittelbar danach umgesetzt werden soll".*[260]

---

[259] Zit. nach: Ebd.
[260] Zit. nach: Memorandum vom Wye River, vereinbart von Israel und der Palästinensischen Autonomiebehörde am 23. Oktober 1998 in Washington DC,

In § 5 des *Sharm-el-Sheikh-Memorandum* ist der *Sichere Transit (Safe Passage)* in § 5 geregelt. In diesem Paragraphen sind die folgenden Regelungen getroffen: Der Betrieb der Südroute von Personen, Fahrzeugen und Gütern wurde am 1. Oktober 1999 aufgenommen. Ein entsprechendes Protokoll schlossen bis 30. September 1999 beide Seiten. Bis 5. Oktober 1999 einigten sich beide Seiten auf die Modalitäten des *Sicheren Transits* auf der Nordroute.[261] Es gelten die folgenden Festlegungen für beide Routen: Die Lage der Grenzübergänge gilt unabhängig von den *Verhandlungen über den Endstatus.* Es sind von den betreffenden Personen, Waren und Gütern ausdrücklich die vorgesehenen Routen zu benutzen. Es werden zeitweilige Einrichtungen zur Kontrolle der Nord- und Südroute gebildet.

Durch den Abschluß der Vereinbarung wird es den Palästinensern ermöglicht, israelisches Staatsgebiet zu durchqueren. Nach Angaben des israelischen Ministeriums für öffentliche Sicherheit wird die Transitstrecke jedoch erst am 25. Oktober formell geöffnet. Israel gestattet den Verkehr von Personen sowie den Transport von Gütern und Waren für 10 Stunden (von 7.00 Uhr bis 17.00 Uhr) zwischen zwei Strecken: a) zwischen den Grenzkontrollpunkten Eres (Gazadistrikt) und Tarkumya (bei Ramallah/Westbank); b) zwischen den Grenzkontrollpunkten Karni (Gazadistrikt) und Mevo Horon (bei Hebron/Westbank). 90 Minuten vor Schließung der Passagen haben alle privaten Fahrzeuge die Grenzübergänge verlassen. Die *Safe-Passage*-Vereinbarung gilt nicht zu *Yom Kippur*, zum nationalen Gedenktag und zum Nationalfeiertag (14.5.). Für israelische und palästinensische Ferienzeiten würden Ausnahmeregelungen getroffen. Israel ist zu umfassenden Sicherheitskontrollen im Rahmen der Vereinbarungen von Oslo berechtigt. Dies betrifft sowohl Ausweiskontrollen als auch Überprüfungen der Autos, von Taschen o.ä.

„In dem Abkommen einigten sich beide Seiten auf eine Kompromiß-lösung im Streit um von Israel geforderte Magnetkarten zur Überwachung des Personentransits. Palästinenser, die über den Korridor zwischen den Palästinensergebieten hin- und herreisen wollen, müssen die Karten künftig bei palästinensischen Verbindungsbüros beantragen. Der Antrag wird dann an israelische Stellen weiter-

---

in: Dokumentation. Dokumente zur Entwicklung im Nahen Osten in der Zeitschrift Internationale Politik, (1999) 7, S. 68.

[261] Vgl. dazu, Israel Ministry of Foreign Affairs: Protocol Concerning Safe Passage between the Gaza Strip and the Westbank, October 5, 1999 (*http://www.israel.de*). Vgl. auch, Safe Passage to Begin Operation, Communicated by Coordinator of Governement Activities in the Territories, October 5, 1999 (*http://www.israel.de*).

geleitet. Beide Seiten dürfen die für ein Jahr gültigen Magnetkarten ausgeben".[262]

Die Eröffnung der *Sicheren Passagen* war für die Palästinenser ein weiteres Stück mehr an Souveränität, denn die Teilung des palästinensischen Gebietes in den Gaza-Distrikt und das Westjordanland stellte eine ständige Belastung dar und erforderte ein hohes Maß an Übereinstimmung mit Israel. Palästinenser können seit der Eröffnung der Südroute über israelisches Staatsgebiet pendeln und sich somit nicht nur telefonisch mit ihren Angehörigen verständigen. Die Eröffnung der *Nordroute* am 3. Dezember 1999 kamen Israelis und Palästinenser dem Ziel einer Verständigung näher. Palästinenser können nunmehr auch bei Schließungen der Grenzen zwischen Westbank und Gaza über israelisches Staatsgebiet in den jeweils anderen Teil gelangen.

2.2.6. Palästinensischer Seehafen Gaza

Am 1. Oktober 1999 unterzeichneten die Verhandlungsführer Oded Eran und Dr. Saeb Erakat eine Vereinbarung, die die palästinensische Autonomie in einem weiteren Punkt ganz entscheidend verbesserte: Die Palästinenser dürfen den Seehafen in Gaza-Stadt weiterbauen. Nachdem Yassir Arafat am 1. Februar 1996 den Grundstein für das neue Prestigeprojekt der Autonomiebehörde gelegt hatte, begann ein neues Kapitel der Beziehungen zwischen Israel und der PLO. Durch den Seehafen sind die Palästinenser in der Lage, Waren und Handelsgüter auf dem Schiffswege nach Gaza zu transportieren. Nicht zuletzt die Möglichkeit, über den Hafen wichtige Handelsverbindungen zur Europäischen Union und zu Nordamerika aufzubauen, stellte für die Palästinenser und ihren möglichen künftigen Staat eine wichtige Überlebensgrundlage dar. Im Zusammenhang damit mußte Israel allerdings einen Teil seiner Souveränität auf See abtreten. Der jüdische Staat räumte den Palästinensern im *provisorischen Hafenprotokoll* das Recht ein, außerhalb einer Sechs-Meilen-Grenze in der Schiffahrt und beim Transport autonome Befugnisse auszuüben.

Im *Memorandum von Sharm-el-Sheikh* steht festgeschrieben: *„Der Hafen in Gaza ist [...] ein Sonderfall, weil er in einem Gebiet unter der Verantwortlichkeit der palästinensischen Seite gelegen und als internationaler Transit genutzt wird".*[263] Besonders problematisch gestaltete sich die Nutzung des Seehafens im Zusammenhang mit den

---

[262] Zit. nach: FP vom 6.10.1999, S. 2.
[263] Zit. nach: Memorandum vom Wye River, vereinbart von Israel und der Palästinensischen Autonomiebehörde am 23. Oktober 1998 in Washington DC, in: Dokumentation. Dokumente zur Entwicklung im Nahen Osten in der Zeitschrift Internationale Politik, (1999) 7, S. 68.

„*vitalen Sicherheitsinteressen*" der Israelis. Die Befürchtung, daß islamische Terroristen Waffen in die Autonomiebehörde transportieren und damit eine neue bewaffnete Streitmacht aufbauen könnten, war allzu groß. Daß dies nicht unberechtigt ist, bestätigten Berichte, die entsprechende Pläne palästinensischer Terroristen detailliert aufzeigten. Der palästinensische Seehafen kann nur nach umfassenden Kontrollen durch die Israelis in Betrieb genommen werden. Darüber hinaus enthält das *Provisorische Hafenprotokoll*, das bis zum Inkrafttreten eines dauerhaften *Mittelmeer-Hafen-Protokolls* in Kraft bleibt, umfassende Sicherheitsgarantien durch israelische Behörden. Im März 2000 begann der Weiterbau des Hafens.

2.2.7. Protokoll über ökonomische Aspekte und Hebron-Fragen

Am 7. Juni 2000 einigten sich beide Seiten auf ein Protokoll (*Agreement Signed Implementing Economic Issues of Wye-Sharm-Memoranda*)[264], in dem die weiteren ökonomischen Aspekte der israelisch-palästinensischen Beziehungen geregelt sind. Um dieses Abkommen feilschten die Delegationen monatelang, z.T. im Rahmen der Verhandlungen über den dauerhaften Status der Palästinensergebiete. Die Warenlieferungen können künftig vom palästinensisch kontrollierten Gebiet A in den gemeinsam verwalteten Sektor B erfolgen. Der Autoverkehr kann aufgrund dieser Absprache zwischen den Territorien ebenso reibungslos ablaufen wie die grundlegende Absprache, den Palästinensern künftig selbst direkt die *Kontrolle über die direkte Besteuerung* zu ermöglichen. Bisher hatte Israel selbst direkte Steuer eingenommen und an die Autonomiebehörde weitergeleitet. Nun erhebt die Autonomiebehörde selbst diese Form der Besteuerung. Umgesetzt wird eine umfassende Erweiterung der Arbeitsgenehmigungen für in Israel arbeitende Palästinenser.

In einem weiteren Punkt erfüllte Israel ebenfalls die Bedingungen des *Sharm-el-Sheikh-Memorandums*: Die seit dem Attentat des Juden Baruch Goldstein am 25. Februar 1994 geschlossene Shuhada-Straße in Hebron ist wieder für den palästinensischen Personenverkehr geöffnet.[265] Mit der feierlichen Einweihung am 31. Oktober 1999 verbesserten sich zugleich für die Palästinenser Zugangsmöglichkeiten

---

[264] Vgl. das Dokument in, Israel Ministry of Foreign Affairs: Agreement signed Implementation Economic Issues of Wye-Sharm Memoranda. Communicated by Finance Ministry Spokesman, June 7, 2000 (*http://www.israel.de*).
[265] Vgl. dazu, Memorandum vom Wye River, vereinbart von Israel und der Palästinensischen Autonomiebehörde am 23. Oktober 1998 in Washington DC, in: Dokumentation. Dokumente zur Entwicklung im Nahen Osten in der Zeitschrift Internationale Politik, (1999) 7, S. 68.

von und nach Hebron. Zudem verbesserten sich mit der Eröffnung des Hasbashe-Marktes die wirtschaftlichen Bedingungen in Hebron.

2.3. Verhandlungen über den Rahmen einer dauerhaften Friedens- lösung

2.3.1. Der Osloer Gipfel

An historischer Kulisse begann das Ringen von Israelis und Palä- stinensern um die strittigen *Kernthemen* des *Palästina-Konflikts*: Vom 1. bis zum 3. November 1999 trafen sich auf Einladung der nor- wegischen Vertreter der israelische Ministerpräsident Barak und die Führer der arabischen Länder, die schon Frieden mit Israel geschlos- sen oder Beziehungen zu ihm aufgenommen hatten, in Oslo, um des sechsten Jahrestages der Aushandlung des *Osloer Grundsatzab- kommens* zwischen Israel und der PLO zu gedenken. Damals waren es vor allem der damalige PLO-Chef, Palästinenserpräsident Yassir Ara- fat, der später ermordete israelische Premierminister Yitzhak Rabin und Außenminister Shimon Peres, die den historischen Durchbruch in Sarpsborg nahe der norwegischen Hauptstadt erreicht hatten.

Nunmehr waren es wieder die Norweger, die den Auftakt für die *Schlußverhandlungen* bildeten, und die Initiative ergriffen erneut Mona Juul und der mittlerweile zum UN-Nahostbeauftragten auf- gestiegene Terje Rod-Larsen, die hinter der Einladung des norwegi- schen Königs Harald V. standen. Gedacht werden sollte nicht nur des vor vier Jahren ermordeten Premiers Yitzhak Rabin, sondern die *Ruhe von Oslo* war die Geste der Skandinavier an Israelis und Palästinenser, auf dem *Pfad des Friedens* weiterzugehen. Und nach den Gedenk- reden auf Rabin nutzten Ehud Barak und Yassir Arafat die Zeit vor dem Bankett bei König Harald, um in einem ca. 11/2-stündigen Gespräch die Verhandlungen über eine *dauerhafte Friedensregelung* förmlich einzuleiten. Beide Politiker sprachen sich dafür aus, im Rah- men der durch die *Übergangsverträge* vorgegebenen Fristen zu einer Übereinkunft, einem *Rahmen* dieses Friedensvertrages zu gelangen. In ihren Reden zum Gedenken an Yitzhak Rabin bekundeten sowohl Arafat als auch Barak, daß sie an einer gemeinsamen Zukunft für beide Völker interessiert seien und den Nahen Osten in einen *„Hort des Friedens"* verwandeln wollten. Freilich bedürfe es dazu noch einer großen Kraftanstrengung und von Zugeständnissen beider Seiten.

Vor allem der israelische Premierminister Barak, aber auch der norwegische Regierungschef Kjell Magne Bondevik würdigten die Verdienste des ermordeten Ministerpräsidenten Yitzhak Rabin, der *wie „ein Soldat um die Schlacht für den Frieden"*[266] gestorben sei. Diese Schlacht gelte es in der veränderten weltpolitischen und regionalen Situation zum Positiven zu wenden und für die gemeinsame Zukunft zu kämpfen. Freilich, so der russische Premierminister Wladimir W. Putin, dürften nicht nur schöne Worte gesprochen werden. Wichtig sei vor allem ein Klima des Vertrauens und der gegenseitigen Toleranz, in der es darauf ankomme, die gemeinsamen Erfahrungen der Vergangenheit zu überwinden und einen Neuanfang zu wagen. Freilich seien schmerzliche Kompromisse auf beiden Seiten dafür bitter notwendig. Die Delegationen mögen zum Verhandlungstisch gehen und friedlich für die Zukunft ihrer Völker streiten. Der Zeitplan, so US-Präsident Bill Clinton, sei wichtig, aber sekundär im Gegensatz zu den Anstrengungen, die beide Seiten unternehmen müßten. Eine Annäherung sei bei gutem Willen erreichbar, wenn auch nicht ganz leicht. Schließlich hätten mit Yitzhak Rabin und Anwar el-Sadat bereits zwei Politiker im Nahen Osten ihr Leben für den Friedensprozeß geopfert.

Lexikon: Problemfelder des israelisch-palästinensischen Endstatus
Dauerstatus und Grenzen: Der Umfang des palästinensischen Territoriums und seine Grenzen, die Art der Grenzkontrollen und die Details des Grenzregimes stehen im Mittelpunkt der Verhandlungen. Die Palästinenser fordern den Rückzug Israels aus allen nach dem *Sechs-Tage-Krieg* 1967 besetzten Gebieten, also die Beendigung der israelischen Okkupation im Westjordanland, im Gazadistrikt und in Ost-Jerusalem. Sie wollen in einem unabhängigen Staat leben. Die Israelis lehnen einen Rückzug hinter die Grenzen vor 1967 ab. Premier Barak würde sich einem unabhängigen Palästinenserstaat nicht in den Weg stellen, fordert aber dessen Entmilitarisierung und insbesondere, daß keine fremde Armee westlich des Jordantals stationiert wird.[267]
Jerusalem: Der Status der *Heiligen Stadt* gilt als der wichtigste Knackpunkt der Gespräche. Israel sieht ganz Jerusalem einschließlich des 1967 eroberten und annektierten arabischen Ostteils und der Altstadt (Tempelbezirk) mit den heiligen moslemischen, jüdischen und christlichen Stätten als seine unteilbare Hauptstadt an. Die Palästinenser wollen in Ost-Jerusalem (*El Quds*) die Hauptstadt eines eigenen Staates gründen, was von Israel kategorisch ausgeschlossen wird. Israel ist allenfalls bereit, durch Zugeständnisse den Palästinensern entgegenzukommen, etwa infolge einer *kommunalen*

---

[266] Zit. nach: Speech by Prime Minister Ehud Barak at the Memorial Ceremony for Yitzhak Rabin, Oslo, Norway - November 2, 1999 (*http://www.du.dep.no\rabin*).
[267] Zit. nach: FTD vom 18.7.2000, S. 13.

Autonomie in Ost-Jerusalem und durch eine gemeinsame arabisch-israelische Verwaltung des Tempelbezirkes unter Einschluß des Vatikan.[268]

Flüchtlinge: Die Palästinenser verlangen ein Rückkehrrecht für rund 3,5 Millionen palästinensische Flüchtlinge und ihre Nachkommen, die während der Nahost-Kriege 1948/49 und 1967 aus dem Westjordanland und dem Gaza-Distrikt geflohen sind oder vertrieben wurden. Israel lehnt die Rückkehr der Flüchtllinge und Vertriebenen nach Israel ab. Zur Rückkehr nach Westbank und Gaza hat sich Israel bislang noch nicht geäußert. Die Vereinten Nationen haben ein Rückkehrrecht oder die materielle Entschädigung der Flüchtlinge von 1948/49 gefordert. In Israel sind bislang nur vage Pläne angedeutet worden, Palästinenser bei internationaler Mithilfe unter Umständen zu entschädigen.[269]

Siedlungen: Die Palästinenser fordern die Räumung aller 144 jüdischen Siedlungen und 42 Siedlungs-Außenposten im Westjordanland und im Gaza-Distrikt. Israel will dagegen größere Siedlungen in Blöcken zusammenfassen und die betreffenden Gebiete (besonders im Jordantal) annektieren. Eine Räumung der Siedlungen im Gaza-Distrikt durch Israel ist denkbar.[270]

Wasserressourcen: Die Wasserproblematik ist die wohl sensibelste Thematik bei den anstehenden Schlußgesprächen. Allerdings bewiesen die Vertragsparteien schon im Übergangsabkommen großen Pragmatismus, als Israel den Palästinensern pro Jahr 80 Millionen Kubikmeter Wasser zugestand und sich mit den Palästinensern im *bilateralen Wasserkomitee* zusammensetzte. Das meiste in Israel und den Palästinensergebieten verbrauchte Trinkwasser lagert in zwei großen Grundwasserbecken unter dem Westjordanland. Besonders die Verteilung des Wassers erscheint ungerecht: Die Israelis verbrauchen viermal soviel wie die Palästinenser. Während Israel die Aquifer weiter kontrollieren will, fordern die Palästinenser die Kontrolle aller Wasserressourcen, die unter palästinensischem Gebiet verlaufen. Ein Kompromiß in dieser Frage kann wohl nur durch besonderen Einfluß der USA zustandegebracht werden.[271]

Bereits am 13. September 1999 hatten sich die Verhandlungsdelegationen am Kontrollpunkt Erez getroffen, um die 1998 ausgesetzten *Finalstatus*-Verhandlungen wieder zu eröffnen. In ihren Eingangsreden betonten der israelische Außenminister David Levy und der palästinensische Vizepräsident Abu Mazen zunächst die Standpunkte

---

[268] Zit. nach: FTD vom 13.7.2000, S. 15.
[269] Zit. nach: FTD vom 12.7.2000, S. 16.
[270] Zit. nach: FTD vom 14.7.2000, S. 14.
[271] Zit. nach: FTD vom 17.7.2000, S. 14.

ihrer beiden Führungen, die die Maximalforderungen enthielten. David Levy betonte, daß es mit der israelischen Regierung keine Rückkehr zu den *Grenzen vor 1967* geben werde. Ebenso sei es undenkbar, Jerusalem, *„die ewige Hauptstadt des Staates Israel"*, jemals wieder zu teilen. Eine Rückkehr der 3,6 Millionen palästinensischen Flüchtlinge komme nicht in Frage. Baraks Kabinett ist nicht an einer Auflösung der bestehenden Siedlungsblöcke interessiert, sehr wohl könne sich die Regierung aber die Auflösung einzelner Anlagen vorstellen.

Die Palästinenser ließen durch ihren Unterhändler Yassir Abed Rabbo wissen, daß die 3,6 Millionen palästinensischen Flüchtlinge ein Recht auf Rückkehr haben sollen, es gebe keine Heimat für die Palästinenser außer Palästina. Aus palästinensischer Sicht könne nur Jerusalem (*El Quds*) die Hauptstadt Palästinas werden. Die Aufnahme dieser Statusfrage auf die Agenda der *Schlußverhandlungen* konnte nicht mehr als eine Geste des guten Willens gewertet werden. Die Palästinenser fordern die Auflösung aller jüdischen Siedlungen in der Westbank und im Gazadistrikt und die Rückkehr zu den Grenzen vor 1967. Der israelische Premier Ehud Barak deutete an, daß im Fall keiner vollständigen Einigung *„ein weiteres, vorläufiges Abkommen"*[272] denkbar sei. Vor allem gehe es ihm darum, den *Geist von Oslo* in den Geist einer *dauerhaften Versöhnung* zu verwandeln.

2.3.2. Der Verhandlungsprozeß
Der zeremonielle Auftakt war der 13. September 1999, der formelle Beginn der Verhandlungen wurde auf den 29. Oktober festgesetzt werden. An diesem Tag trafen die palästinensischen Delegationsleiter, Chefunterhändler Abu Mazen und Minister Dr. Saeb Erakat, den von Premier Ehud Barak benannten neuen Chefunterhändler der Israelis, Botschafter Oded Eran, der seit Januar 1995 in Jordanien fungierte.[273] Oded Eran war bereits mehrere Jahre zuvor mit Fragen der internationalen Politik, besonders der Nahost-Politik, befaßt. Schon allein die Berufung Erans symbolisierte einen Wechsel im Bewußtsein der israelischen Seite. Der pragmatische Vorreiter der israelischen Arbeitspartei schloß schon bald nach seiner Ernennung die Gründung eines palästinensischen Staates nicht völlig aus.

Doch auch Eran war selbstverständlich an die Weisungen seines Premiers und an die Richtlinien der israelischen Regierung gebunden, die einen palästinensischen Staat zwar nicht prinzipiell ausschloß,

---

[272] Zit. nach: FAZ vom 14.9.1999, S. 9.
[273] Vgl. dazu, Johannsen, Margret: Friedenspoker in Nahost, in: Blätter für deutsche und internationale Politik, (2000) 6, S. 658-61.

aber in den sogenannten „*Red Lines"* festlegte, daß eine Rückkehr zu den Grenzen vor 1967 ebenso wenig vorstellbar sei wie eine Übergabe des Ost-Teils von Jerusalem an die Palästinenser oder eine Räumung aller jüdischen Siedlungen in der Westbank.

Nachdem die Umsetzung der ausstehenden Vereinbarungen aus dem *Memorandum von Sharm-el-Sheikh* Fortschritte erbrachte, kamen sich Mitte November nach einem Gipfeltreffen die Delegationen in der Frage der Wasserverteilung und der künftigen Grenzen näher. Als schwieriger gestaltete sich die Rückkehr der palästinensischen Flüchtlinge. Die 3,5 Millionen Menschen, die infolge des ersten arabisch-israelischen Krieges 1948/49 und der folgenden Ausein-andersetzungen Israels mit den Arabern vertrieben wurden und nunmehr in Flüchtlingslagern außerhalb Israels untergebracht sind, können unmöglich zurückkehren. Dies leuchtet auch den Palästi-nensern ein. Die PLO-Führung strebte in erster Linie eine offizielle Entschuldigung des jüdischen Staates für die palästinensische Flüchtlinge und massive finanzielle Entschädigung durch Fonds an. Israel lehnte in den ersten Gesprächsrunden Zugeständnisse in den entscheidenden Fragen ab und forderte stattdessen einen Verzicht der Autonomiebehörde auf die Rückkehr der Flüchtlinge. Als Kompromiß konnte sich Verhandlungsführer Eran allenfalls eine Rückkehr von 200.000 Personen im Rahmen von „*Familienzusammenführungen"* vorstellen.

In der Frage des Status von Jerusalem erzielten die Delegationen bei den Expertengesprächen keine Ansatzpunkte für eine Lösung. Die Forderungen beider Seiten – Rückgabe des Ostteils von Jerusalems auf der einen und Verbleib von Jerusalem unter israelischer Souverä-nität auf der anderen Seite – waren durch die Spezialisten unvereinbar und wurden auf ein später zu vereinbarendes Gipfeltreffen verscho-ben. Der Gemeinsame Lenkungsausschuß regte aber an, den gemein-samen Plan des israelischen Kabinettsministers Jossi Beilin und des PLO-Vize Abu Mazen aus dem Jahre 1996 wiederzubeleben und die Stadtgrenzen von Jerusalem bis einige Kilometer in das Westjordan-land hinein zu verlagern, so daß die Palästinenser in einem der Vororte Jerusalems den eigenen Staat ausrufen können. Das Angebot, den Palästinensern die Souveränität über zwei Jerusalemer Vororte zu übertragen, baute die Spannungen nur kurzfristig ab. Aber wenigstens aus den kleineren praktischen Fragen resultierten Fortschritte. Dies zeigte sich am deutlichsten an den jetzt regelmäßig stattfindenden Gipfeltreffen Ehud Baraks und Yassir Arafats, die in einem ruhigen, vertrauten Klima abliefen. Waren Rabin und Arafat fast noch geschäftsmäßig kühl bis reserviert miteinander umgegangen, verstanden die neuen Verhandlungspartner die Sprache des jeweils anderen.

Als ein Zeichen des guten Willens ging Premier Barak rigoros gegen die jüdischen Siedler in der Westbank vor. Er ließ illegale jüdische Siedlungen in der Westbank räumen, notfalls sogar unter Anwendung massiver Gewalt der israelischen Militärpolizei. Außerdem riß die israelische Polizei im jüdisch kontrollierten Teil Hebrons das Grab für den Extremisten Baruch Goldstein ab, das beinahe zu einer Pilgerstätte für radikale jüdische Siedler mutierte. Die Aktionen erhöhten die Glaubwürdigkeit Baraks bei den Arabern, verdeutlichten aber auch den Israelis, daß nur ein annehmbarer Kompromiß zwischen beiden Völkern die Frage der *Palästinensischen Finalität* lösen kann.

Doch der vereinbarte Zeitrahmen machte beiden Seiten zu schaffen. Unter dem ständigen Druck innerer und äußerer Entwicklungen konnten Israelis und Palästinenser nur minimal vorankommen. Das primäre Ziel war lange Zeit der Knackpunkt in den Friedensverhandlungen gewesen. Wollten die Palästinenser zunächst die Verpflichtungen aus den Übergangsvereinbarungen verwirklicht sehen, forderte Israel deren Aussetzung, um sofort mit den Verhandlungen über die *dauerhafte Regelung* zu beginnen. Die Amerikaner schmiedeten daraus die *„Brückenformel"*, wonach im Rahmen der Gespräche über die *dauerhafte Regelung* die noch ausstehenden Zusagen der *Übergangsverträge* umgesetzt würden. Die Schritte sollen schrittweise in eine *dauerhafte Friedensregelung* übergehen. Nur, wenn sich beide Seiten Schritt für Schritt annäherten und Vertrauen gewönnen, könne der große Kraftakt des dauerhaften Status der gegenseitigen Beziehungen gut überstanden werden.

Wie schwierig dieser Weg war, zeigte der palästinensische Terroranschlag am 7. November 1999, bei dem 16 Israelis verletzt wurden. Premier Barak ließ zwar die Palästinensergebiete nicht abriegeln, wählte aber einen deutlich härteren Tonfall als die Premierminister vor ihm. Er fordere im Namen der Regierung des Staates Israel die sofortige und bedingungslose Bekämpfung des Terrors, weil ansonsten die Abkommen nicht weiter umgesetzt und Verhandlungen über politische Fragen nicht fortgeführt würden. Der Tonfall war scharf, das Verhalten der sozialdemokratisch geführten Regierung in der Praxis jedoch viel moderater als je zuvor.

Und Yassir Arafat vertraute dem 10. Premierminister an der Spitze der israelischen Regierung deutlich mehr als dessen Amtsvorgänger Netanyahu. Er erfüllte auch die Forderungen der Barak-Regierung und setzte eine ganze Anzahl von Israel namentlich gesuchter Terroristen fest und stellte diese vor Gericht. Dies verbesserte das Verhandlungsklima weiter. Bis zum Frühjahr 2000 konnten die Expertenteams in den einzelnen Aspekten der künftigen finalen Gestalt Palästinas und der Zukunft der jüdischen Siedlungen Modelle entwickeln. Offen blieben von Beginn an der Zeitrahmen für einen möglichen Abzug der israelischen Siedler und der Umfang des künftigen palästinensischen Staates.

Am 13. Februar 2000 verstrich die Frist für die Erarbeitung eines *Rahmenabkommens* zwischen beiden Seiten, ohne daß es auch nur zu einer Annäherung kam. Die folgenden schweren Unruhen in den palästinensischen Gebieten stoppten den Verhandlungsprozeß für etwa einen Monat. Erst vom 20. bis 28. März kamen beide Delegationen auf dem Washingtoner Flughafen *Bolling AFB* zusammen, um die Aspekte des *Endstatus* weiter zu diskutieren.[274] Beide Seiten konnten dabei offenbar in mehreren Teilaspekten Fortschritte, aber keinen bedeutenden Durchbruch erzielen. Für die Umsetzung der weiteren Phase des Truppenabzugs aus ländlichen Gebieten in der Westbank setzten beide Delegationen die zuständige Kommission wieder ein, die eine genaue Benennung der Territorien umsetzen soll. Einigkeit konnte diese aber auch nicht herstellen, da Israel auf einer Verschiebung dieser Umgruppierung bestand und sie erst im Zuge einer *Dauerregelung* zu vollziehen bereit war. Weil die Gespräche in einem solch außergewöhnlich guten Klima verliefen, wurden die Verhandlungen bis 6. April verlängert.

Was die israelische von der palästinensischen Seite erwartete, formulierte Ministerpräsident Barak in einer Kabinettssitzung am 18. Juni so: *„Die komplizierten und sensitiven Bereiche unserer bilateralen Beziehungen müssen davon ausgehen, das Leben dieser und der künftigen Generation zu gestalten und zu sichern. Israel hat das Recht, in einer friedlichen und ruhigen Atmosphäre die Wahrnehmung seiner vitalen Interessen (*in der Nahostregion, der Autor) *einzufordern und sich im Frieden mit seinen arabischen, besonders palästinensischen, Nachbarn einzubringen".*[275] Die Palästinenser, so Baraks neues Selbstverständnis, haben das Recht, in einer ruhigen und friedlichen Atmosphäre ihre nationalen Interessen wahrzunehmen. Diese müßten aber stets in Einklang mit Israel stehen und dürften den

---

[274] Vgl. das Dokument in, Israel Ministry of Foreign Affairs: Israeli-Palestinian Talks at Bolling AFB, March 31, 2000 (*http://www.israel.de*).
[275] Zit. nach: Israel Ministry of Foreign Affairs: PM barak - Palestinian Leadership Must Genuinley Desire Agreement. Communicated by the Prime Minister's Media Adviser, Jerusalem, 18 June 2000, (*http://www.israel.de*).

Idealen der Öffnung zum Westen wie zur arabischen Welt nicht widersprechen. Vor allem gelte es, mit Zustimmung der anderen arabischen Nachbarn den Nahen Osten zu einer pulsierenden Wachstumsregion zu entwickeln. Die visionäre Kraft, die besonders Rabin und Peres hinter solchen Äußerungen erkennen ließen, war bei Barak allerdings nicht auszumachen. Er konzentrierte sich in seinen Formulierungen meist auf Allgemeinplätze in den Äußerungen und verwies sehr oft auf die unter Yitzhak Rabin erreichten Resultate.

Die Verhandlungen liefen aber im April weitgehend ins Leere, so daß die USA als *Schirmherr* des Friedensprozesses eingriffen und für die bevorstehende Abschlußrunde auf dem *Osloer Abkommen* bestanden, vor allem, was die *Agenda* des Friedensprozesses betraf. Die Unruhen vom Mai in den Palästinensergebieten, die innenpolitischen Auseinandersetzungen in Israel über die Rückgabe der Jerusalemer Vororte und die Verschlechterung der palästinensischen Wirtschaftslage führten zu einer *Auszeit* in den Friedensverhandlungen. Diese *Auszeit* nutzten beide Seiten dazu, die Positionen neu abzustecken und sich auf die Grundlagen der Friedensbemühungen zu konzentrieren.

Den Anstoß zu einem neuen Anlauf in den Friedensbemühungen gaben erneut die USA: Präsident Clinton und Außenministerin Albright bemühten sich mit allen Kräften, zu einer Annäherung der Positionen beizutragen. Die Palästinenser forderten als Voraussetzung für die Wiederaufnahme der Gespräche die vereinbarte Rückgabe von 10 % der Westbank, was Israel im Gleichklang mit den USA ablehnte. Es dürfe keine Vorbedingungen für den bloßen Dialog geben, so Frau Albright. Als Geste des Fortschritts entsandte Präsident Clinton seine Außenministerin, zur mittlerweile legendär gewordenen *Shuttle Diplomacy* (*Pendeldiplomatie*) in den Nahen Osten. Die Ministerin solle mit betont vorsichtigen Schritten Spielraum in die festgefahrenen Friedensverhandlungen bringen und zugleich einen von Bill Clinton ins Auge gefaßten *Dreiergipfel* mit Barak und Arafat vorbereiten helfen.

Die Ministerin äußerte sich in den wechselvollen, aber hochinteressanten Gesprächen verhalten optimistisch und gab Präsident Clinton keine Empfehlung, ob er einen Gipfel einberufen soll. Besonders der israelische Außenminister David Levy (*Gesher*) hielt den Zeitpunkt für ein Gespräch auf höchster Ebene für verfrüht. Auch die Palästinenser waren pessimistisch. Aber US-Präsident Clinton und Israels Premier Barak waren entschlossen, endlich einen Durchbruch in den Verhandlungen zu erzielen oder den Gesprächen wenigstens wieder neue Dynamik zu geben. Ein Erfolg bei einem solchen Gipfel hätte eine positive Wirkung für den gesamten Nahen Osten, auch auf die Beziehungen des jüdischen Staates zu den anderen *arabischen Nationalstaaten*. Clinton entschied nunmehr, daß die Zeit reif sei, da beide Seiten die Positionen des jeweils anderen kennen würden und der Rahmen für einen solchen *Dreiergipfel* abgesteckt sei. Als Ort für den *Endstatustreff* wählte der US-Präsident seinen Landsitz *Camp David* im US-Bundesstaat Maryland. Clinton sagte, er hoffe, daß die Beteiligten die Umgebung inspirieren möge. Und der Einladung des Präsidenten der Vereinigten Staaten folgten denn auch der israelische Ministerpräsident und der Chef der palästinensischen Autonomiebehörde.

2.3.3. Der Gipfel von Camp David

„Es waren die schwierigsten Verhandlungen, die ich je geleitet habe"[276], sagte US-Präsident Clinton zur Halbzeit jenes Marathon-Gipfeltreffens, das am 11. Juli 2000 begann und am 25. Juli ohne greifbares Ergebnis endete. Auf dem Landsitz der US-Präsidenten bemühten sich Israelis und Palästinenser unter Vermittlung der Clinton-Administration, den jahrzehntealten arabisch-israelischen Konflikt zu beenden, sich in Streitfragen anzunähern und daraus ein *Rahmenabkommen über einen dauerhaften Frieden* zu gestalten. Dieser Versuch brachte zunächst keinen Erfolg.

Lexikon: Camp David – historisch und abgeschottet
Camp David. Der Landsitz des US-Präsidenten liegt in den Catoctin-Bergen im US-Bundesstaat Maryland und wurde 1942 von Präsident Franklin D. Roosevelt zum Landsitz erkoren. Hier fanden sich damals mehrere hochrangige Politiker aus dem Ausland ein.
Historie. In Camp David fanden vom 8. bis 17. September 1978 die Verhandlungen zwischen Israel und Ägypten statt, die ein Jahr später zum Friedensvertrag führten – den ersten überhaupt zwischen Israel und einem arabischen Staat. Es herrschte völlige Geheimhaltung.
Bedingungen. Der Verhandlungsort in den USA ist fast völlig von der Außenwelt abgeriegelt. Ein schönes Park- und Waldgelände mit kleinen Häuschen und einem traditionell gehaltenen Areal bietet den Delegationen die Möglichkeit zu seperaten Gesprächen sowie Ruhe und Abgeschiedenheit.[277]

Dabei hatte alles so entspannt begonnen: Präsident Clinton versammelte die Führer Israels und der Palästinenser auf einem Waldspaziergang, auf dem Ehud Barak und Yassir Arafat scherzten und

---

[276] Zit. nach: n-t-v-Text vom 25.7.2000, S. 163.
[277] Zit. nach: ARD-Text vom 11.7.2000, S. 165.

sich nicht nur über die nordamerikanische Natur freuten. Schon bald ging es dann zur Sache: In mehreren Einzelgesprächen mit US-Präsident Clinton und in einigen direkten Gipfelgesprächen Baraks und Arafats auf dem idyllischen Gelände versuchten die Delegationen Israels und der Palästinenser, eine Annäherung zu finden und damit dem Wunsch der Bevölkerungsmehrheiten in beiden Gemeinwesen Rechnung zu tragen. Doch der *„Geist von Camp David"* inspirierte die Konfliktgegner nicht wie 1978 einst die Matadoren Menachem Begin und Anwar el-Sadat.

Zwar fanden sich schon in den beiden ersten Gesprächstagen Annäherungen in der Frage der jüdischen Siedlungen und der Ausgestaltung eines künftigen palästinensischen Staates, doch waren die Aussagen offensichtlich nur vagen Charakters, so daß sich die Verhandlungen alsbald in die Expertenrunden verlagerten. Am schwierigsten war es für Israel, eine Rückkehr der palästinensischen Flüchtlinge auch nur ansatzweise zu befürworten und für die Palästinenser, die jüdische Souveränität über Jerusalem anzuerkennen. Die Notwendigkeit schmerzlicher Kompromisse schien auf beiden Seiten sehr schwer realisierbar.

Hinzu kam der drastisch hohe Druck aus beiden radikalen bzw. oppositionellen Lagern. Die *Hamas* forderte Arafat's PLO zum Abbruch des Gipfels und zur Wiederaufnahme des bewaffneten Kampfs gegen Israel auf. Deren geistlichen Führer, Scheich Jassin, betonte, es könne erst Frieden geben, wenn Israel bedingungslos die UNO-Resolutionen achte und sich aus Westbank, Gaza-Distrikt und vor allem aus Ost-Jerusalem zurückziehe. Tausende Anhänger fundamentalistischer Gruppen votierten für eine Wiederaufnahme der *Intifada*, um die Besatzer auch aus den Restterritorien zu vertreiben.

Genauso militant vertraten die jüdischen Siedlerverbände und der ihr nahestehende *Likud*-Block einen anti-arabischen und besonders anti-palästinensischen Kurs. Oppositionsführer Ariel Sharon traf sich demonstrativ mit dem Jerusalemer Bürgermeister Ehud Olmert auf dem Tempelberg, um den Anspruch der Israelis auf das Gesamt-Jerusalem zu dokumentieren. Der *Likud* wolle zwar Frieden, aber nicht um jeden Preis und zu den Bedingungen, die der Palästinenserchef diktiere. Diese Meinung unterstützte auch Außenminister David Levy, der dem Gipfel ferngeblieben war. Der erfahrene Diplomat hielt den Termin schon von Beginn an zu früh und hätte stattdessen lieber noch über einige Wochen auf *Expertenebene* weiterverhandelt. Die Regierung Barak hatte mit massiven Widerständen zu kämpfen, denn seit dem Austritt dreier Parteien mußte sich Ehud Barak mit einem

Minderheitskabinett ständig nach neuen Mehrheiten in der Knesset umsehen.

Bis zur Abreise von US-Präsident Clinton zum G-8-Gipfel im japanischen Okinawa erzielten beide Verhandlungsparteien einige Fortschritte im humanitären Bereich, in der Frage der Teilung der Wasservorkommen und in der Problematik der palästinensischen Flüchtlinge. Ein *„Durchbruch"* zu einem *Rahmenabkommen* war jedoch meilenweit entfernt. Die vermittelnden Konsultationen von Außenministerin Madeleine K. Albright brachten zwar ein größeres Verständnis der Interessenlage, dem Druck, der auf Barak und Arafat lastete, konnten beide Politiker jedoch nicht standhalten. In vier Aspekten des gegenseitigen Verhältnisses war Einvernehmen zu verzeichnen: Ehud Barak sprach sich für die Räumung von 95 % des Westjordanlandes aus und willigte der Auflösung der jüdischen Siedlungen im Gaza-Distrikt ein. Yassir Arafat stimmte grundsätzlich dem Verbleib der jüdischen Siedler in der Westbank zu, wenn er dafür zum Ausgleich unbesiedelte Territorien des jüdischen *Kernlandes* erhalte. Zudem könne Israel die Hoheit bei der *Kontrolle der Wasserreserven* behalten, sofern den Palästinensern dafür eine jährlich respektable *internationale Wassergarantie* gegeben werde. Doch den Ausschlag gaben nicht diese Ergebnisse, sondern die Frage nach dem Status der *Heiligen Stadt*.

Der israelische Regierungschef Ehud Barak stimmte am zehnten Verhandlungstag einem Kompromißvorschlag der USA zu, einen Teil der israelischen Souveränität über Jerusalem aufzugeben. Das erklärte *Diaspora*-Minister Michael Melchior im israelischen Rundfunk. Demnach sollen die Palästinenser einige Viertel im Ostteil der umstrittenen Stadt gemeinsam mit den Israelis verwalten. Der Status der Altstadt werde bis zu einem endgültigen Ergebnis ausgeklammert. In diesem Stadtteil liegen die *Heiligen Stätten* von Juden, Muslimen und Christen. Der Status Jerusalems war während der Tage zuvor verstärkt zur Belastung, zum *gordischen Knoten*, geworden. In allen anderen Streitpunkten – den endgültigen Grenzen Palästinas, der Rückführung der 3,5 Millionen palästinensischen Flüchtlinge in das israelische *Kernland*, der Zukunft der jüdischen Siedlungen mit ihren etwa 170.000 Bewohnern in den Autonomiegebieten und die Frage der Wasserressourcen – wurde in Camp David mittlerweile eine Annäherung gefunden.

Lexikon: Jerusalem
Jerusalem (*hebr.: Jeruschalajim; arabisch: El-Quds*) wurde schon 1850 v.Chr. erwähnt. Seit 1000 v.Chr. König David die Stadt zur

Hauptstadt von Juda auserkor, kam die Metropole in einer wechselvollen Geschichte in römische, christliche und arabische Hoheit. Die
Römer machten die Stadt und mit ihr den David-Tempel, das Allerheiligste der Juden, dem Erdboden gleich. Im 7. Jhd. n.Chr. eroberten
die Araber Jerusalem. Der Felsendom entstand um 690 an der Stelle,
wo einst der Tempel stand, und ist nach Mekka und Medina die
drittheiligste Stätte des Islam.
1187 eroberten die Araber Jerusalem von den Kreuzrittern zurück.
Seither blieb es unter islamischen Einfluß, bis die Briten die Stadt
1917 einnahmen. Mit der jüdischen Einwanderung spitzte sich der
Konflikt um die Stadt zu. Die Entscheidung der UNO vom November
1947, die Stadt zu „internationalisieren", führte ins Leere. Nach dem
ersten Nahostkrieg 1948/49 wurde sie geteilt und der Osten von
Jordanien annektiert. Israel besetzte das arabische Ost-Jerusalem im
Sechs-Tage-Krieg 1967. Im Jahre 1980 erklärte das israelische Parla-
ment ganz Jerusalem zur Hauptstadt Israels. Dies wird von den mei-
sten Staaten nicht anerkannt. Sie haben ihre Botschaften in Tel Aviv.
Für die Juden ist die Stadt wegen der Klagemauer heilig, für die
Araber wegen der Al-Aksa-Moschee, für die Christen wegen der
Grabeskirche.[278]

Diskutiert wurde nach Angaben von israelischen und palästinensischen Kabinettsmitgliedern über die Möglichkeit, den östlichen Jerusalemer Vorort Abu Dis, zur palästinensischen Hauptstadt zu proklamieren. Über einen Korridor wären die Heiligen Stätten erreichbar.
Dieser Kompromiß wurde schon während der Interimsverhandlungen
diskutiert.

Beide Seiten schienen zu einem Kompromiß in der Jerusalem-Frage
bereit: Während viele weltliche, liberale Juden dieser Initiative positiv
gegenüberstehen, erscheint vielen ultra-religiösen Juden dieses Gebahren als Verrat am jüdischen Volk, da sie ihren Anspruch auf Jerusalem aus der Bibel herleiten. Barak ist deshalb in ihren Augen ein
Verräter an der Sache des jüdischen Volkes. Dagegen meinte Justizminister Yossi Beilin von Baraks Arbeitspartei, wenn Jerusalem mit
seinen jüdischen Siedlungen israelische Hauptstadt würde, könnte der
jüdische Staat auf Ostjerusalem verzichten. Arafats Vetrauter Abdel-
Rahman und Regierungsprecherin Hanan Ashrawi sagten, die Palästinenser könnten sich mit dem US-Vorschlag anfreunden. Die Rhetorik
Israels beginne sich zu ändern. Gleichwohl gelte es, die Konzepte
noch schlüssig zu formulieren.

[278] Zit. nach: Schoeps, Julius H. (Hrsg.): Neues Lexikon des Judentums,
Gütersloh/München 1998, S. 395-99.

Yassir Arafats Prämisse lag bei der Ausrufung des palästinensischen Staates. Ursprünglich hatte dieser Staat auf den Trümmern Israels errichtet werden sollen. Nachdem Arafat aber 1993 das *Osloer Vertragswerk* unterzeichnet hatte, anerkannte er das *Existenzrecht* des jüdischen Staates. Niemand bezweifelte mehr, daß dieser Staat ausgerufen wird. Die Frage war, ob er Bestandteil eines *Rahmenwerkes* oder Produkt einer Phase der *Stagnation* sein würde. Ohne eine wenigstens formelle Zustimmung Israels ist dieser Staat nicht lebensfähig. Israel drohte für den Fall der einseitigen Staatsproklamation mit der Annektion der noch nicht autonomen Gebiete der Westbank und einer Abriegelung der Palästinensergebiete. Die USA wollten für diesen Fall ihre Rolle als Sponsor überdenken.

Der *Gipfel von Camp David* konnte aber nicht auf unbegrenzte Zeit ausgedehnt werden. Als Präsident Clinton zum Tagungsort zurückkehrte, wurde das Verhandlungstempo forciert – nunmehr *rund um die Uhr:* Die Delegationen erwägten mit US-Präsident Clinton ab, ob die bis dato erreichten Fortschritte ausreichten, um ein *Rahmenwerk über den israelisch-palästinensischen Frieden* zu schließen. Diese 48-stündige Non-Stop-Aktion erbrachte, daß diese Substanz noch nicht vorhanden war, um dieses *Rahmenabkommen* abzuschließen. Eine große Übereinstimmung herrschte bei der Einsicht, daß ein palästinensischer Staat entstehen müsse, dieser aber umfassender Sicherheitsgarantien bedürfe. Die jüdischen Siedlungen der Westbank sollen erhalten bleiben, diese im Gaza-Distrikt aber wegen der sehr großen Bevölkerungsdichte aufgelöst werden. Etwa 200 000 Palästinenser könnten im Zuge der *„Familienzusammenführung"* nach Israel oder in die palästinensischen Gebiete zurückkehren. Die Wasserrechte würden künftig gemeinsam verwaltet.

Doch der Knackpunkt der Gespräche war der künftige Status Jerusalems, vor allem jener der *Altstadt.* Israels Premier Barak und Palästinenserpräsident Yassir Arafat diskutierten zwar verschiedene Konsens-Modelle, eine Einigung in diesem Punkt war jedoch nach dem Gipfel weiter entfernt als vorher. Die Stadt ist unteilbar, sagen die Israelis, die Stadt gehört uns, die Palästinenser. Letztlich lag es an dem Einigungsdruck, der auf beiden Seiten lastete, und dem noch mangelnden Vertrauen in dieser so sensiblen Frage, daß die Verhandlungen scheiterten. Yassir Arafat vertrat nicht nur die Position der Palästinenser, sondern auch die der gesamten arabischen Welt, wenn es um die *Heiligen Stätten des Islam* ging. Ehud Barak konnte unmöglich den historisch verwurzelten Anspruch Israels auf die *Heiligen Stätten* und auf den Ostteil der Stadt verzichten. Daran schieden sich in den USA die Geister.

Lexikon: Der Streit um die Heiligtümer
Seit Beginn des *arabisch-israelischen Konflikts* erheben beide Seiten Anspruch auf einen ungehinderten Zugang zu ihren jeweiligen Heiligtümern. Zudem fordern beide Parteien die völkerrechtliche Herrschaft über ein Gebiet, das die Juden *Tempelberg* und die Muslime *Charam el-Sharif* nennen. Während Ra'es Yassir Arafat stellvertretend für alle Muslime die Souveränität über Felsendom und Al-Aksa-Moschee nicht aufgeben kann, sieht Premier Ehud Barak für die Israelis keine Möglichkeit, die Souveränität über die Klagemauer und den einstigen Ort des Salomo-Tempel abzutreten.[279]

Der Gipfel von *Camp David* scheiterte zwar, nicht jedoch der *Friedensprozeß von Oslo*, der gefestigter denn je erschien. US-Präsident Clinton und der palästinensische Botschafter in Deutschland, Abdullah Frangi, meinten, beide Seiten seien sich in Camp David nähergekommen und hätten die Kernprobleme des *Nahost-Konflikts* erstmals sehr tiefgründig und überlegt behandelt. Die Verhandlungen gingen ohne Unterbrechung weiter und unterlägen der Schirmherrschaft der USA. Den 13. September würden sich beide Seiten als Datum für einen *endgültigen Rahmenvertrag* im Auge behalten. Die Gefahr eines bewaffneten Konflikts bestehe nicht, sehr wohl aber die von Unruhen in den palästinensischen Gebieten. Somit war der Gipfel von Camp David ein Drama aus zwei Akten ohne erwünschten Erfolg.

Lexikon: Chronik des Gipfels von Camp David
Der Gipfel über die Etablierung eines *dauerhaften israelisch-palästinensischen Rahmenabkommens* dauerte 15 Tage und war von dem Bestreben gekennzeichnet, in den zentralen Aspekten des *Nahost-Konflikts* eine Einigung zu erzielen:
28. Juni: US-Außenministerin Albright trifft Präsident Arafat und Premier Barak, um über ein Gipfeltreffen zu beraten.
5. Juli: Clinton lädt Israel und die Palästinenser auf seinen Landsitz Camp David ein, wo 1978 bereits der Rahmen des Nahost-Friedens und die israelisch-ägyptische Einigung zustandegekommen waren.
10. Juli: Die Regierung Barak büßt die Mehrheit im israelischen Parlament ein, nachdem drei Parteien (*Israel Ba'aliya, Thora-Judentum, Schas*) aus Protest gegen Baraks Friedenspolitik aus der Regierungskoalition austraten. Barak übersteht knapp einen Mißtrauensantrag in der Knesset.
11. Juli: In Camp David beginnt der Gipfel hinter verschlossenen Türen. US-Präsident Bill Clinton übernimmt die Vermittlerrolle. Es wird eine Nachrichtensperre verhängt.

---

[279] Zit. nach: n-t-v-Text vom 17.7.2000, S. 165.

12. Juli: Präsident Arafat und Premier Barak treffen sich ohne Clinton.

13. Juli: Aus Verhandlungskreisen verlautet, Arafat drohe aus Protest gegen US-Einigungsvorschläge mit seiner Abreise. Die Position Israels werde zu stark berücksichtigt, heißt es. Clinton zieht die Vorschläge zurück.

16. Juli: Clinton spricht von Fortschritten, läßt aber offen, ob die Gespräche zu einer Einigung führen werden.

19. Juli: Clinton verschiebt seine Abreise zum G-8-Gipfel nach Japan um einen Tag, um weiter an den Verhandlungen teilzunehmen.

20. Juli: Im letzten Moment entscheiden Arafat und Barak, in Camp David weiter zu verhandeln, nachdem das US-Präsidialamt zunächst erklärt hatte, der Gipfel komme nicht voran. Clinton reist nach Okinawa. Außenministerin Albright übernimmt die Verhandlungsleitung.

23. Juli: Clinton trifft wieder in Camp David ein. Die Verhandlungen werden nun fast ununterbrochen geführt.

25. Juli: Clinton gibt vor der Presse bekannt, daß der Gipfel ohne Erfolg zu Ende gegangen ist. Knackpunkt war der künftige Status Jerusalems. Die Gespräche würden aber ohne Unterbrechung auf Expertengespräche weitergehen und durch einen US-Vermittler unterstützt.[280]

2.3.4. Unsichere Zeiten im Nahen Osten

Dem erfolglosen *Gipfel von Camp David* folgte eine Zeit der Ungewißheit und des Säbelrasselns im Nahen Osten. Aus dem Mißerfolg der Marylander Gespräche folgte zwar die Einsicht, es dürfe kein Gewaltausbruch stattfinden, die anfängliche Euphorie und das positive Klima zum Ende der Amtszeit von Premier Ehud Barak, schwand in einem Anwachsen der extremistischen und fundamentalistischen Kräfte auf beiden Seiten.

Im Anschluß an ihre Rückkehr nach Jerusalem und Gaza verstanden es Premier Ehud Barak und Präsident Yassir Arafat, sich als die Sieger in ihren beiden Ländern zu präsentieren. Ehud Barak hatte aber den wesentlich schwereren Stand im jüdischen Staat als Yassir Arafat in den palästinensischen Gebieten, weil sich der frühere Generalstabschef den Abschluß eines *dauerhaften Friedensabkommens* und damit das formelle Ende des *Nahost-Konflikts* auf die Fahne seines Wahlkampfs geschrieben hatte. Die Ergebnislosigkeit der *Klausur von Camp David* sah nunmehr die rechtskonservative und religiöse Opposition im Recht, die von jeher vor allzu großen Zugeständnissen

---

[280] Zit. nach: n-tv-Text vom 25.7.2000, S. 162/63.

an den arabischen Nachbarn gewarnt hatte. Über den Zugeständnissen der Tage von Maryland war die Acht-Parteien-Koalition Baraks gescheitert, ein Minister nach dem anderen legte sein Amt nieder.

Schon kurz nach seiner Rückkehr sagte Barak vor der versammelten Presse, daß er nicht gedenke, die Sicherheit Israels zugunsten eines unsicheren Friedenskantonisten Arafat zu opfern, der Kampf für einen gerechten und *dauerhaften Frieden* stehe dennoch im Zentrum seiner Außenpolitik. Die *„co-existence"* der quasi ineinander verschachtelten jüdischen und palästinensischen Nation sei der Schlüssel seines politischen Denkens. Und er verband es mit warnenden Worten: *„Wir wollen keinen Konflikt. Doch wenn irgendeiner von euch riskiert, uns auf die Probe zu stellen, werden wir zusammenhalten, stark, entschlossen, sicher und von unserer Sache überzeugt in die Prüfungen gehen – und gewinnen".*[281] Und auch der *Likud*-Fraktionsvorsitzende Silvan Shalom meinte: *„Die Palästinenser müssen mit einer vereinten Front rechnen, wenn sie Gewalt anwenden".*[282]

Die Auffassung, den Konflikt durch die Aufgabe schmerzlicher Privilegien zu beenden, teilte die konservative Opposition nicht. *Likud*-Vorsitzender Ariel Sharon warf Premier Barak vor, die israelische Souveränität über Jerusalem auf dem Altar der fiktiven israelisch-palästinensischen Aussöhnung geopfert zu haben. *„Sie sind ein Hassadeur und Verräter an der Sache des jüdischen Volkes, Herr Barak"*, tönte der Schlächter von Sabra und Schatilah von 1982 vor der Knesset. Der *arabisch-israelische Konflikt* könne nur bei ehrlicher und unvoreingenommener Wahrung der jüdischen Interessen über *Judäa* und *Samaria* entschärft werden. Die Palästinenser müßten lernen, daß jüdisches Leben in der Westbank und Gaza ebenso zum Alltag gehörten wie der orientalische Basar in Bethlehem oder der Felsendom in der *Heiligen Stadt*.

Ganz anders die Reaktion in Palästina: Präsident Yassir Arafat wurde auf dem internationalen Flughafen von Gaza wie ein Sieger empfangen, denn er hatte dem israelischen Druck und den amerikanischen Verlockungen nicht nachgegeben. Stattdessen blieb er aus Sicht der Araber *„standhaft"* und erntete dafür die Sympathien seines und der anderen arabischen Völker und Nationen. Trotz aller negativen Auswüchse der zweiwöchigen Marathonsitzung von *Camp David* bleibe er dem Frieden und den *Osloer Verträgen* mit Israel verbunden, so Arafat. Doch der (sein) Staat Palästina mit der Hauptstadt Ost-

---

[281] Zit. nach: Mitteilung von Premier Barak nach seiner Rückkehr vom Gipfel in Camp David am 26. Juli 2000 (*http://www.israel.de*).
[282] Zit. nach: FTD vom 26.7.2000, S. 9.

Jerusalem und der Rückgabe aller Gebiete sei das primäre Ziel. Dies wird auch in den arabischen Nachbarländern so gesehen: Ägypten war der Auffassung, daß ein *israelisch-palästinensisches Schlußabkommen*, das die territorialen Aspekte und die *Jerusalem-Problematik* nicht löse, keinen Sinn ergebe. Libanons Ministerpräsident Selim Hoss sah es wohl am pragmatischsten: *„Der palästinensisch-israelische Friedensschluß ist der härteste und könnte Jahre dauern".*[283] Diese Ansicht teilen nicht nur die Araber, sondern mittlerweile auch viele pragmatischen Kräfte in Israel.

Der Gipfel von *Camp David* war keineswegs ein Fehler, er kam lediglich zu früh und zu überstürzt, weil die beiden Verhandlungspartner noch nicht auf den grundlegenden Durchbruch in den Verhandlungen vorbereitet waren. Besonders in der Jerusalem-Frage waren die Standpunkte so unversöhnlich, daß selbst US-Präsident Clinton keine einvernehmliche *Brücken-Formel* fand. Die Absichten, die sowohl Arafat als auch Barak im Vorfeld des Gipfels hegten, waren stärker psychologischer Natur. *„Barak brauchte den Gipfel, um von israelischer Seite wieder Bewegung in die starren Positionen zu bringen."*[284] Diesem Ansinnen konnte sich Arafat nicht entziehen, wollte er auf weitere materielle und politische Unterstützung der Amerikaner und der Europäer hoffen. Doch er konnte nicht so weit wie Sadat 1978 in *Camp David* gehen, denn ein Verzicht auf sehr weitgehende arabische Souveränitätsrechte in *El-Quds* (Jerusalem) bei der Frage der *Palästinensischen Finalität* wäre wohl das Ende der PLO-Führung unter Präsident Yassir Arafat. Und der 13. September, der Tag des Ablaufs der *Osloer Verträge*, rückte immer näher, ohne daß es zu greifbaren Fortschritten kam. Die Angst vor der eigenen Courage war größer als die Hoffnung auf einen *dauerhaften Frieden*. Und in Israel galt es zunächst, die innenpolitischen Scherben der *Camp-David*-Gespräche aufzulesen. Premierminister Barak war nach der Erfolglosigkeit des *Gipfeltreffens von Camp David* bemüht, die Folgen so weit wie möglich zu begrenzen. Die großen Zugeständnisse des Premierministers in der Friedenspolitik wollten selbst gemäßigte Politiker wie Außenminister David Levy nicht mehr mittragen. Levy und seine *Gesher*-Fraktion erklärten am 9. August 2000 ihren Austritt aus der Acht-Parteien-Koalition, nachdem am 10. Juli bereits drei religiöse bzw. ultraorthodoxe Parteien ihr Ausscheiden aus der sozialdemokratisch geführten Regierung erklärt hatten.

---

[283] Zit. nach: FTD vom 27.7.2000, S. 13.
[284] Zit. nach: Ebd., S. 25.

Außenminister Levy begründete sein Verhalten damit, daß er nicht gleichzeitig Kabinettsmitglied und Oppositionsabgeordneter sein könne. Barak bedauerte zwar den Rücktritt seines wichtigsten Kabinettsmitglieds, der auch den Zerfall seines Bündnisses *Ein Israel* beschleunigte, bekundete jedoch zugleich, daß er an seiner Politik des Friedens, der Sicherheit und des Wohlstands festhalten werde. Zugleich sei er bereit, über die Bildung einer neuen Koalitionsregierung zu beraten. Sogar dem *Likud*-Chef Sharon bot er die Kooperation an, was dieser wegen der zu großen Differenzen zum Premier des linken Lagers aber zurückwies. Stattdessen brachte die *Likud*-geführte Opposition einen Antrag zur Auflösung des Parlaments und Ausschreibung von Neuwahlen ein, der in der Knesset stundenlang heftig und kontrovers diskutiert wurde. Die Emotionen über die zu konzessionsbereite Außenpolitik Baraks kochten ebenso hoch wie der Vorwurf der Opposition, die *Awoda*-geführte Regierung vernachlässige die sozial benachteiligten Schichten und verwirke deren Rechte nicht.

Barak stand mit dem Rücken zur Wand: Verhärtet wurden die Fronten durch das Festhalten von Palästinenserpräsident Yassir Arafat an der Ausrufung eines palästinensischen Staates am 13. September. Beide Seiten nahmen zwar ihre Verhandlungen schon am 30. Juli auf der Ebene der Staatssekretäre im *Gemeinsamen Lenkungsausschuß* wieder auf, doch ein greifbares Resultat brachten die Beratungen nicht. Sie betrafen zudem ausschließlich Aspekte des noch ausstehenden Interimsstatus bzw. damit in Verbindung stehender Kooperationsfragen. Der Erfolg Baraks bei der Bildung einer neuen Koalition entschied maßgeblich über die Zukunft der *Gespräche über den Dauerstatus* und dessen *Rahmenabkommen*. Als amtierenden Außenminister berief Barak den Ressortchef für Innere Sicherheit, Shlomo Ben-Ami. Zudem trat *Meretz* wieder in die Minderheitsregierung Baraks ein, und der Block der arabisch-israelischen Abgeordneten Minderheitskoalition unterstützte Barak in Sachfragen. Doch die Mehrheit reichte nicht aus, so daß die Knesset den *Likud*-Antrag mehrheitlich in die Ausschüsse überwies und durch die dreimonatigen Parlamentsferien Raum für neue Friedensgespräche schuf.

Einen ersten Test in Israel brachte für Barak jedoch die Wahl des neuen Staatspräsidenten: Am 10. Juli war der Sozialdemokrat Ezer Weizman nach sechs Jahren im Amt und zahlreichen Korruptionsvorwürfen von seinem Amt zurückgetreten. Immer wieder hatten seine Äußerungen über den Friedensprozeß im Nahen Osten – einmal dafür und einmal dagegen – für Verwirrung gesorgt, doch als oberster Repräsentant des jüdischen Staates zeigte er sich schon bald nicht mehr fähig, sobald er im Frühjahr 2000 in den Strudel der Vetternwirtschaft und der Bestechung geriet. Das Establishment Israels war empört und drängte die sozialdemokratische Arbeitspartei, ihren Kanndidaten an der Staatsspitze zurückzuziehen. Schließlich diente eine Herzerkrankung des Präsidenten Mitte Juni als Anlaß, Ezer Weizman aus gesundheitlichen Gründen in den Ruhestand zu setzen. Es entstand ein Vakuum, das es zunächst auszufüllen galt.

Die Moderation der Wahl des achten israelischen Staatsoberhauptes übernahm der sozialdemokratische Knesset-Präsident Avraham Burg, der bis zur Neuwahl des Präsidenten durch das Parlament kommissarisch die Staatsgeschäfte ausübte. Schon bald präsentierte die Regierung Barak den erfahrenen langjährigen Außenminister und Premier Shimon Peres als Kandidaten der regierenden Koalition für das Präsidentenamt. Die Wahl Peres' in das höchste Staatsamt galt als sicher und sollte nicht nur die Krönung der Amtszeit des 78-Jährigen werden, sondern ein Signal für die forcierte Fortsetzung des *Nahost-Friedensprozesses* setzen. Die konservative und ultraorthodoxe Opposition stellte den international weithin unbekannten früheren Vizepremier Moshe Katzav als Außenseiter-Kandidaten auf, sollte aber überraschend mit dem streng gläubigen Juden Erfolg haben.

Jetzt nahm der erste Konservative den Platz des israelischen Staatschefs ein. Moshe Katzav war zudem der erste orientalische Jude im höchsten Staatsamt – Präsident, Sprecher der Knesset oder Premier. Das Signal bezüglich der Friedenspolitik bedeutete eine Verlangsamung in der Aushandlung eines *langfristigen Rahmenabkommens*, und nicht die Euphorie eines Shimon Peres. Gleichwohl sollte die außenpolitische Wirkung dieser innenpolitischen Entscheidung nicht überschätzt werden.

Die Wahl Katzavs zum achten israelischen Staatspräsidenten hatte mehrere Gründe: Zum einen gehört der 55-jährige *Likud*-Politiker durch seine Herkunft aus dem Iran der *sephardischen* Bevölkerungsgruppe an, die in Israel über massive Benachteiligung klagt. Zudem ist er streng gläubig. Die *sephardische* Herkunft veranlaßte die *Schas*-Partei, für ihn zu stimmen, da *Schas* die orthodox-sephardischen Juden vertritt. Katzav porträtierte sich dann vor der Wahl auch als Politiker, der in der Lage sei, die tiefen Barrieren in der israelischen Gesellschaft zu überbrücken. Beobachter werteten die Wahl Katzavs zudem als Niederlage von Premier Barak, dessen Kandidat Peres war. Auch in Meinungsumfragen lag Peres mit weitem Abstand in Führung. Nicht zuletzt der Vorwurf an Barak, er habe den Palästinensern beim Gipfeltreffen in *Camp David* zu große Zugeständnisse gemacht, dürfte die Abstimmungsverhalten in der *Knesset* negativ beeinflußt haben. Noch nie in 52 Jahren Staatsgeschichte hatte ein Kandidat der regierenden Partei bei Präsidentschaftswahlen verloren. Die Wahl Katzavs war kein gutes Omen für die Fortsetzung der *Endstatusgespräche* mit den Palästinensern.

Trotz der innenpolitischen Niederlagen Ehud Baraks entschied sich der israelische Ministerpräsident für die Wiederaufnahme der *Endstatusgespräche* und die Belebung der Diplomatie zwischen Israel und den Arabern unter der Vermittlung der Amerikaner und Europäer. Besonders der amtierende Außenminister Ben-Ami versuchte tatkräftig, durch zahlreiche Besuche in europäischen Hauptstädten einen neuen diplomatischen Schub auslösen und die Palästinenser endlich zu substantiellen Zugeständnissen bewegen zu können. Er hoffe, daß Yassir Arafats Autonomiebehörde ebenso konstruktiv wie die israelische Regierung am Zustandekommen eines *Rahmen-Friedensabkommens* arbeiten werde, so Ben-Ami. Dagegen betonte Präsident Yassir Arafat, daß es mit Israel keinen Frieden um jeden Preis geben werde. Er vertraue traditionell auf die Geschlossenheit der arabischen Staatenwelt und die Kraft des palästinensischen Widerstandes.

Ein Treffen des US-Nahostbeauftragten Dennis Ross mit dem ägyptischen Präsidenten Hosni Mubarak brachte Fortschritte in den Bemühungen, die *Jerusalem-Frage* in den Verhandlungen Israels mit den Palästinensern durch ein *Junktim* mit Syrien und dem Libanon für einen Friedensschluß an der *Nordfront* zu verbinden. Doch der palästinensische Präsident gewann bei seiner zweiwöchigen Reise durch Europa und die arabische Welt die meisten islamischen Staats- und Regierungschefs dafür, in der *Jerusalem-Frage*, besonders beim Status der *Heiligen Stätten*, unnachgiebig zu bleiben und auf die arabischen Rechte zu dringen. Gleichzeitig warnten nahezu alle Staats- und Regierungschefs vor der einseitigen Ausrufung eines palästinensischen Staates, der die letzten Chancen auf eine Verhandlungslösung unterminiere.

Arafat befand sich eineinhalb Monate nach seinem triumphalen Einzug in Gaza in einer Zwickmühle: Einerseits konnte er dem israelischen Gebahren nach einem *Verdikt-Frieden* wie in *Oslo* nicht nachgeben, auf der anderen Seite mußte er der Entwicklung Rechnung tragen, daß Israel die führende politische, militärische und wirtschaftliche Macht in der Nahostregion war. Der Hauch einer frischen Briese, den der *Gipfel von Camp David* ausgelöst hatte, verflog schon bald der Perversion des *Alten Nahen Ostens* – wenngleich mit der Komponente des seit einem Jahrzehnt andauernden Friedensprozesses. In einer kurzen Ansprache vor dem israelischen Kabinett bekundete

Premierminister Barak den Willlen zur Einigung mit Arafat, mahnte aber zugleich *„einige Flexibilität von Präsident Arafat"* [285] an. Sonst könne der Reigen der Verhandlungen auch ohne ein konkretes Ergebnis enden.

Arafat reagierte darauf mit den Worten, daß es sich Israel gut überlegen müsse, sich mit den Palästinensern anzulegen. Die PLO lasse sich keinen wie auch immer gearteten *Diktat-Frieden* aufzwingen. Sein Ziel und das seines Volkes bleibe die Ausrufung eines unabhängigen Staates aus dem gesamten Westjordanland und dem Distrikt Gaza, der das Recht auf die Gründung einer palästinensischen Hauptstadt Jerusalem (*El-Quds*) genauso umfasse wie das Rückkehrrecht der Flüchtlinge und Vertriebenen. Ein rascher Durchbruch war deshalb nicht absehbar, da es den Palästinensern nach Aussagen von Premierminister Ehud Barak an der nötigen Flexibilität und Offenheit fehle, die Voraussetzung für ein weiteres Gipfeltreffen sei.

Ein *endgültiger Friedensschluß* rückte im September weiter weg als je zuvor: Bei seinen Gesprächen mit Marokkos König Mohammed VI. in Rabat bekundete der Monarch zwar sein Interesse, mäßigend auf die Palästinenser einzuwirken, die Chance auf eine schnelle Einigung sah er freilich auch nicht. Die positive Wirkung, die die Besuche von Israels Interimsaußenminister Ben-Ami in der arabischen Welt auslösten und selbst die guten Beziehungen zu Ägypten, Jordanien und den Golfstaaten strahlten nicht durchgehend positiv auf das israelisch-palästinensische Verhältnis aus. Einzig der Wunsch nach einer Verbesserung der wirtschaftlichen Beziehungen konnte noch zu einem Erfolg in den Gesprächsrunden führen.

Der Aufbruch seit dem Abschluß des *Wye-Abkommens*, der im *Zusatzabkommen von Sharm-el-Sheikh* seinen Höhepunkt fand, war einer deutlichen Kühle gewichen, was besonders negative Folgen für die Gespräche über die *Palästinensische Finalität* hatte. Premier Barak und Übergangs-Minister Ben-Ami zeigten sich zwar zu einem Entgegenkommen in der *Jerusalem-Problematik* bereit, mahnten aber endlich Zugeständnisse der Palästinenser an. Die Israelis können nicht auf der einen Seite einen Kompromißvorschlag nach den anderen einreichen, während die Palästinenser kein Jota von ihren Maximalforderungen abrückten. Somit war der Weg zu einem *dauerhaften Frieden* im Nahen Osten alles andere als einfach.

---

[285] Zit. nach: Israel Ministry of Foreign Affairs: PM Barak: We have to hear any openness or flexibility on Chairman Arafat's part. Communicated by the Prime Minister's Media Adviser, Jerusalem, August 30, 2000 (*http://www.israel.de*).

Die UNO-Generalversammlung, die sich diesmal den globalen Problemen der Weltpolitik nach dem Milleniumswechsel widmete, bot zumindestens ein Gesprächsforum für die Akteure im Nahen Osten. Premierminister Ehud Barak und Präsident Yassir Arafat widmeten sich in Gesprächen mit US-Präsident Clinton, dem deutschen Bundeskanzler Gerhard Schröder, UN-Generalsekretär Koffi Annan und dem neuen russischen Präsidenten Wladimir W. Putin den Kernfeldern des gemeinsamen Dialogs. Barak erklärte in einer Pressekonferenz am Rande des Gipfels der Weltgemeinschaft zu den Chancen auf einen umfassenden Frieden: *„Ich denke nicht, daß dies die Art sein kann, wie wir* (gemeint sind Israelis und Palästinenser, der Autor) *in jeglicher Art miteinander umgehen. Wenn Präsident Arafat und die Arabische Welt verstehen, daß Israel aus der Geschichte des Konflikts heraus eine Lösung befürwortet, können wir zu einer Übereinkunft kommen".*[286]

Die palästinensische Führung reagierte auf solche Gebahren viel distanzierter: Der PLO-Vize Abu Mazen stellte stattdessen die Erfüllung der UN-Sicherheitsratsresolutionen in den Blickpunkt der Überlegungen. Bevor sich Israel nicht aus allen 1967 besetzten Gebieten einschließlich Ost-Jerusalems zurückgezogen habe, könne von einer *umfassenden Friedensregelung* keine Rede sein. Er betonte zudem, *„daß der Schlüssel zu einem Ende des Nahost-Konflikts in einer Kombination der Palästina-Frage mit den israelisch-syrischen und den israelisch-libanesischen Friedensproblemen liege".*[287] Der amtierende israelische Außenminister Ben-Ami äußerte sich zu den Chancen auf einen israelisch-palästinensischen Vertragsabschluß so: *„Realistisch betrachtet, sehe ich nicht, daß es mehr als einen exzessiven Spielraum für Hoffnung gibt, für eine präzise Übereinkunft".*[288] Mit dieser Einschätzung traf Ben-Ami den Kern der Problematik: Seit dem negativen Ausgang des *Gipfeltreffens von Camp David* hatte sich das Klima zwischen Israel und den Palästinensern deutlich verschlechtert, war kein Fortschreiten in den Friedensbemühungen mehr absehbar.

---

[286] Zit. nach: Israel Ministry of Foreign Affairs: Press Conference with Prime Minister Ehud Barak on the UN Millenium Summit and the Middle East Peace Process, New York, September 7, 2000 (*http://www.israel.de*).

[287] Zit. nach: Palestine National Authority: Interview with PLO-Leader Abu Mazen, Gaza, Sep-tember 8, 2000 (*http://www.pna.net*).

[288] Zit. nach: Israel Ministry of Foreign Affairs: Press Conference with Foreign Journalists by Ac-ting Foreign Minister Shlomo Ben-Ami, Jerusalem, September 11, 2000, (*http://www.israel.de*).

Die Palästinenser kamen vor Ablauf der Frist des *Osloer Abkommens* zu der Überzeugung, daß ein *umfassendes Abkommen* nicht mehr erreicht werden könne. Deshalb versammelte sich der Palästinensische Nationalrat gemeinsam mit dem Autonomieparlament, um über eine unilaterale Unabhängigkeitserklärung zu beraten. Die Delegierten kamen auf Anraten von PLO-Exekutivkomitee und Autonomiekabinett zur Überzeugung, daß eine Unabhängigkeit noch im Laufe des Jahres 2000 wünschenswert sei. Die erwartete Ausrufung des Staates Palästina am 13. September blieb gleichwohl aus. Neuen Verhandlungen mit Israel sollten trotz der abgelaufenen Frist nochmals Chancen eingeräumt werden. Allerdings fixierten die PLO-Gremien den 15. November 2000 oder den 1. Januar 2001 als Termin für die Ausrufung des palästinensischen Staates, der in der politischen Praxis längst existiert.

Auf extremen Druck der Amerikaner und der israelischen Regierung lenkte Palästinenserpräsident Arafat ein. Israel hatte angekündigt, die einseitige Ausrufung eines Staates Palästina als Bruch der *Osloer Verträge* zu betrachten. Israel werde dann die Wirkung seines Zivilrechts von Israel auf die israelisch kontrollierten Gebiete von Judäa und Samaria ausdehnen. Diese Aussage käme einer Kündigung der *Osloer Verträge* und der Annexion des noch nicht unter der palästinensischen Kontrolle stehenden Territoriums im Umfang von knapp 42 % des Westjordanlandes gleich. Israel kündigte für diesen Fall zugleich die hermetische Abriegelung der Palästinensergebiete und die Aussetzung der ökonomischen Beziehungen an. Davor schreckte Arafat letztlich zurück.

Zwar fiel der Beschluß der PLO-Gremien, noch im Jahr 2000 einen unabhängigen Staat Palästina nach dem 13. September zu gründen, diese Entscheidung ließ aber den Termin ausdrücklich offen. Die israelisch-palästinensischen Verhandlungen kamen unter amerikanischer Vermittlung in Washington und in Eilat am Roten Meer wieder zustande, Barak und Arafat trafen am 19. September sogar im Privathaus des israelischen Regierungschefs zu einer Gipfelkonferenz zusammen. Der entscheidende Durchbruch blieb freilich erneut versagt, weil Barak eine Abgabe der israelischen Souveränität in den *Heiligen Stätten* abgelehnt hatte.[289]

Genau dieser Aspekt gestaltete sich für die Palästinenser jedoch zur Schlüsselfrage der Verhandlungen. Da half es auch nicht viel, daß

---

[289] Vgl. dazu, Israel Ministry of Foreign Affairs: PM Barak - We have yet to hear any openness or flexibility on Chairman Arafat's part. Communicated by the Prime Minister's Media Adviser, August, 30, 2000 (*http://www.israel.de*).

Premier Barak am 27. September in einer Presseerklärung verlauten ließ, daß er sich „*Jerusalem als Hauptstadt zweier Staaten*" vorstellen kann, wovon er die *Heiligen Stätten* selbstverständlich ausklammerte. Statt des erhofften historischen Durchbruchs in den *Finalstatus-Gesprächen* überschattete schon bald eine neue Welle der Gewalt den Nahen Osten – mit unabsehbaren Folgen für die Beziehungen Israels zu seinen arabischen Nachbarn. Wie war es dazu gekommen?

2.3.5. Die Al-Aksa-Intifada

Als die ersten Steine auf dem Jerusalemer Tempelberg flogen und die israelischen Sicherheitskräfte zurückschossen, war sie bereits ausgebrochen – die zweite *Intifada* in Israel und den palästinensischen Gebieten. So, als hätte es nur noch eines Funkens gebraucht, brachen die schwersten Unruhen seit 1993 aus und brachten den Nahen Osten an den Rande eines neuen Krieges.

Ausgelöst hatte die *Al-Aksa-Intifada*, eine Wiederholung des großen Palästinenser-Aufstandes aus den 80er Jahren, der Besuch des rechtsgerichteten israelischen Oppositionsführers Ariel Sharon, der die Kompromißbereitschaft der Barak-Regierung gegenüber den Arabern als zu weitgehend betrachtete. Der Tempelberg war für ihn und für sein nationalkonservatives und ultraorthodoxes Lager geradezu wie geschaffen, um die Araber zu provozieren. „*Willkommen im freien und Neuen Nahen Osten, der Frieden für Araber und Israelis gemeinsam bringt*", tönte der Zyniker und Schlächter des Libanon-Feldzuges von 1982/83 am 27. September und machte vor den islamischen Heiligtümern deutlich, daß Jerusalem nur Israel, nicht aber den Arabern gehöre. Selbst für die kompromißbereiten Palästinenser war dieser Auftritt zuviel.

Lexikon: Der Tempelberg
Der Tempelberg ist für die Muslime der drittheiligste Ort nach Mekka und Medina. Einst soll Religionsstifter Mohammed auf seinem heiligen Pferd von Mekka auf den Tempelberg geflogen sein. Von dort stieg er durch die sieben Himmel ins Paradies auf. Auf dem Tempelberg befinden sich der Felsendom und die Al-Aksa-Moschee. Das Gebiet wird von einem islamischen Gremium verwaltet.
Frommen Juden ist es verboten, den Tempelberg zu betreten. Grund dafür ist, daß hier der „*Tempel*" stand, das zentrale Heiligtum der Juden. Das Verbot will der Möglichkeit vorbeugen, den Ort zu betreten, wo früher das Allerheiligste stand. Den ersten Tempel zerstörten die Babylonier 586 v.Chr., den zweiten die Römer 70 v.Chr. Die Reste des zweiten Tempels bilden heute die „*Klagemauer*", die wichtigste Betstelle der Juden. Der Bibel zufolge hatte

auf dem Tempelberg Isaak seinen Sohn Abraham als Vertrauens-beweis opfern sollen.[290]

Nach dem Freitagsgebet am 28. September versammelten sich, ange-führt von den radikalen Palästinensergruppen *Hamas* und *Dschihad*, tausende Araber auf dem Tempelberg in Jerusalem und warfen Steine und Molotow-Cocktails auf die anrückenden israelischen Polizei- und Armee-Einheiten. Die Sicherheitskräfte feuerten mit Hartgummi- und Plastikgeschossen sowie mit Tränengas zurück. Als die Situation rund um die Al-Aksa-Moschee und den Felsendom außer Kontrolle zu geraten drohte, feuerten die Polizisten auch mit scharfer Munition in die Menge. 10 Palästinenser starben, 200 wurden z.T. schwer verletzt, als sich beide Seiten stundenlang Straßenschlachten lieferten. Der Funke begann auf die Palästinensergebiete und sogar auf Israel überzuspringen, die Lage war kaum noch kontrollierbar.

Trotz aller sofort einsetzenden Vermittlungsbemühungen der Verein-ten Nationen, der USA, der Europäer und der Russen eskalierte die Situation zunehmend. Im gesamten Gazadistrikt, in Jerusalem sowie in und um die großen Ballungszentren der Westbank entwickelte sich eine Szenerie, wie sie sich seit der Unterzeichnung der *Osloer Verträge* nicht mehr ereignet hatte. Palästinenserpräsident Arafat tauchte in dieser Situation ab und überließ den radikalen Organi-sationen von *Hamas* und *Dschihad* sowie den Falken seiner PLO-Fraktion *El-Fatah* das Ruder. Die Bilder erinnerten fatal an die Höhepunkte der *Ersten Intifada*.

Die Straßenkämpfe erweiterten sich jedoch um einen ganz ent-scheidenden Aspekt: Erstmals seit dem blutigen *Tempelkrieg* von 1996 setzten sich die palästinensische Polizei und die Geheimdienste von der *Sicherheitspartnerschaft* mit der israelischen Armee ab und hielten die demonstrierenden Gewalttäter nicht von Stein- und Molotow-Cocktail-Würfen ab. Die Situation geriet weiter außer Kon-trolle, ab Anfang Oktober entwickelten sich regelrecht Straßenkämpfe zwischen den israelischen Armee- und Polizeieinheiten einerseits sowie den palästinensischen Kämpfern andererseits. Diese palästi-nensischen „*Kämpfer*" waren nicht mehr nur Angehörige der alten *Fedajin*-Aktivisten der *El-Fatah*, sondern auch der Palästinenser-polizei. Mit schweren Waffen feuerten die Palästinenser auf israe-lische Stützpunkte. Die israelische Armee setzte Kampfhubschrauber gegen die Stützpunkte ein und schoß auf die gewalttätigen Demon-stranten auch von ihnen aus. Erstmals seit dem *Sechs-Tage-Krieg* von

---

[290] Zit. nach: FTD vom 25.7.2000, S. 10.

1967 sicherten Panzer die Aktionen ab, indem sie der israelische Generalstabschef Schaul Mofaz um die Ballungszentren der Westbank und um den Gaza-Distrikt in Stellung bringen ließ – quasi als eine Abschreckung vor weiteren Unruhen gedacht. Das israelische Sicherheitskabinett kam fast täglich zu Beratungen zusammen und verhängte vor dem *Yom Kippur*, dem höchsten jüdischen Feiertag, eine Totalsperre der Palästinensergebiete, die nach den Feierlichkeiten verlängert wurde.

Die Gewaltwelle dämmte es freilich nicht ein. Gnadenlos gingen die israelischen Spezialeinheiten gegen zivile Palästinenser vor, erschossen im Eifer des Gefechts sogar kleine Kinder bei Gaza. Die PLO-Einheiten griffen mit schweren Waffen jüdische Siedlungen und die Grenzposten an der *Grünen Linie* an und töteten dabei mindestens fünf Juden. Die israelischen Soldaten antworteten mit Granatfeuer aus Panzern und Artilleriegeschossen und zerstörten mit Kampfhubschraubern Leitstellen der palästinensischen Geheimdienste. Die Palästinenser ihrerseits setzten Panzerfäuste und andere panzerbrechende Waffen ein und schienen die israelische Militärmaschinerie in einen Feuerball zu verwandeln. Vermittlungsbemühungen der amerikanischen Außenministerin Madeleine K. Albright verliefen erfolglos. Mehrere Waffenstillstände hielten gerade einmal über Stunden.

Auf ihrem Gipfel in Paris am 3. und 4. Oktober bemühten sich Madeleine Albright und Frankreichs Staatspräsident Jacques Chirac als amtierender Präsident des Europäischen Rates um eine Entspannung der Situation und um die Wiederaufnahme der Ende September abgebrochenen Gespräche über die *Palästinensische Finalität*. Doch die Gipfelkonferenz im Pariser Elysée-Palast geriet zur Farce, lange Zeit war überhaupt fraglich, ob Barak und Arafat aufgrund der angespannten Situation zusammentreffen. Nur unter dem massiven Druck der Amerikaner und der Europäer kam die vierstündige Begegnung zustande, Ergebnisse brachte sie nicht. Statt dessen gingen die Ausschreitungen weiter, schossen Israelis und Palästinenser weiter aufeinander. Der palästinensische Präsident weigerte sich, den mündlich zugesagten Aufruf zur Einstellung der Gewalt schriftlich zu fixieren. Israels Premier sah deshalb von seiner weiteren Teilnahme an den *Fortsetzungsgesprächen* im ägyptischen Sharm-el-Sheikh ab. Lediglich Interimsaußenminister Ben-Ami weilte zu den Verhandlungen unter amerikanischer und ägyptischer Vermittlung, die am 5. Oktober ergebnislos zu Ende gingen.

Die Spirale der Gewalt drehte sich weiter, der Hauch des Krieges übertönte die Friedenstaube, die die Extremisten auf beiden Seiten zu

Grabe tragen wollten. Das Faß zum Überlaufen brachte eine Serie von kleinen, aber sehr symbolträchtigen Ereignissen in den Palästinensergebieten und auch an der israelisch-libanesischen Grenze: Am 7. Oktober weiteten sich die blutigen Kämpfe um das Grab Josephs aus. Palästinenser bewarfen den israelischen Stützpunkt mit Steinen, Brandflaschen und Wurfgeschossen. Der kleine Polizei-Stützpunkt stand weitestgehend auf verlorenem Posten. Zur Abwehr der Gefahren hätte die israelische Armee eingreifen und vorübergehend einen Teil der Stadt Nablus besetzen und die Enklave hermetisch abriegeln müssen. Darauf verzichtete die Armeeführung nach Rücksprache mit Ministerpräsident Barak. Stattdessen übergab die israelische Armee die Kontrolle an die palästinensische Polizei. Doch Stunden später drangen aufgebrachte Palästinenser in die Gegend um *Josephs Grab* ein, selbst das Gewehrfeuer der palästinensischen Polizei konnte dies nicht verhindern. Die aufgebrachte Menge verwüstete das Grab und zündete die jüdische Gedenkstätte an. Viele Israelis, aber auch die EU-Führung und die US-Administration, waren entsetzt. Auf maßgeblichen Druck Ägyptens, Jordaniens und der USA ordnete Präsident Yassir Arafat die Restaurierung von *Josephs Grab* an. Doch die Schändung des Heiligtums ist wohl kaum wiedergutzumachen.

Lexikon: Josephs Grab in Nablus
Joseph in Nablus. Josephs Grab in Nablus ist eine kleine jüdische Enklave inmitten der arabischen Stadt Nablus, die seit 1995 unter autonomer palästinensischer Verwaltung steht. In Nablus (*hebr. Sichem*) errichteten Abraham (Gen 12,7) und Jakob (Gen 33,20) Altäre. Jakobs Söhne Simeon und Levi töteten alle männlichen Bewohner und plünderten die Stadt, nachdem ihre Schwester Dina entführt und vergewaltigt worden war (Gen 34). Später wurden die aus Ägypten zurückgeholten Gebeine Josephs in Sichem beigesetzt (Jos 24,32). Auf dem nahegelegenen Berg Ebal (*hebr. Har Eval*) errichtete Josua einen Altar und ließ das Gesetz ausrufen (Jos 8,30-35). In Sichem hielt er seine Abschiedsrede (Jos 24). Nach der Spaltung des Davidreichs machte König Jerobeam die Stadt zur Hauptstadt Israels, d.h. der zehn Nordstämme (1 Kön 12), bis unter König Omri Samaria die neue Hauptstadt wurde (1 Kön 16,24). Nach der Rückkehr aus dem Babylonischen Exil errichteten die Samaritaner ihr Heiligtum auf dem Berg Garizim (881 m) über dem heutigen Nablus, das auf das vom römischen Kaiser Vespasian (72) gegründete Neapolis zurückgeht, 636 von Arabern besetzt.[291]

---

[291] Zit. nach: Schoeps, Julius H. (Hrsg.): Neues Lexikon des Judentums, Gütersloh/München 1998, S. 592.

Joseph (Josef). Sohn von Jakob und Rachel. Die Joseph-Geschichte stellt eine Lehr-Erzählung dar, in der Joseph als der demütige Weise erscheint, hinter dessen Geschick die verborgene Führung Gottes steht. Joseph erscheint als eine Vater-Figur, als der Prototyp des Gerechten, der Standhaftigkeit, die Liebe zu seinem Vater und zu seinen Brüdern und politisches Talent auszeichnen. Joseph war eine sehr widersprüchliche Gestalt, da er einerseits seine Familie nie vergessen haben soll, aber andererseits infolge seines übergroßen Gerechtigkeitsgefühls einen entscheidenden Beitrag zum Fanatiker leistete.[292]

Infolge der schweren Ausschreitungen in den Palästinensergebieten geriet auch die seit dem Abzug der israelischen Armee aus der Sicherheitszone im Südlibanon ruhige Lage außer Kontrolle: Israelische Soldaten feuerten auf steinewerfende Palästinenser, als diese versuchten, den Zaun zu überwinden und das Grenzregime zu stören. Drei Araber starben. Die Folge: Milizen der *Hisbollah* beschossen den Norden Israels von der Grenzregion aus mit Katjuscha-Raketen und Granaten. Vier Israelis wurden verletzt. Die israelische Luftwaffe flog schwere Luftangriffe und antwortete mit Artilleriefeuer. Die *Hisbollah* stöberte daraufhin ein israelisches Militärcamp auf und nahm drei Soldaten als Gefangene.[293]

Dem israelischen Kabinett ging dies zu weit: Ministerpräsident Barak berief seinen Krisenstab ein und verkündete nach dessen Sitzung, daß die Palästinensische Autonomiebehörde binnen 48 Stunden den Aufstand und die bewaffneten Auseinandersetzungen einstellen müsse. Andernfalls betrachte das israelische Kabinett die *Osloer Verträge* mit den Palästinensern als nicht mehr wirksam und die Verhandlungen über eine *dauerhafte Friedensregelung* als beendet. Das Militär habe in diesem Fall die Option, alle Mittel einzusetzen, um Ruhe und Ordnung in Palästina wiederherzustellen. Syrien und der Libanon trügen die Verantwortung für die terroristischen Übergriffe der *Hisbollah* auf israelisches Territorium und die Entführung der drei Landsleute. Diesbezüglich behalte sich der jüdische Staat alle weiteren Schritte offen, bis hin zu einem massiven Militärschlag. Um die Ernsthaftigkeit der Aussagen zu unterstreichen, durchbrachen israelische Kampfflugzeuge die Schallmauer in der Hauptstadt Beirut und bei Baalbek. Die libanesische Regierung reagierte sofort und bot die Freilassung der drei Kriegsgefangenen im Austausch zu 20 gefangenen Libanesen, meist *Hisbollah*-Terroristen, an. Über das Internationale Rote Kreuz und eine Vielzahl internationaler Vermittler soll

---

[292] Zit. nach: Ebd., S. 415.
[293] Vgl. FTD vom 2.10.2000, S. 1.

dieser Austausch stattfinden. Dies war allerdings nur ein erster Schritt, um wenigstens eine Explosion der Gewalt und einen neuen Stellungskrieg an der *Nordfront* zu verhindern.

Hinsichtlich der *Palästina-Frage* war dagegen keine Entspannung in Sicht: Zwar stellte die palästinensische Polizei die bewaffneten Überfälle auf die israelischen Polizei- und Armee-Einheiten ein, auch verringerte sich die Intensität der gewalttätigen Straßenkämpfe. Doch die *Al-Aksa-Intifada* auf den Straßen konnte selbst Yassir Arafat nicht mehr stoppen: Selbst seine politische Organisation *El-Fatah* rief zum Aufstand gegen die israelische Teil-Besetzung auf. *Hamas* und *Dschihad* sahen dies ebenso, sie drohten Israel eine neue Welle von Terrorakten an.

Die israelische Regierung verlängerte das Ultimatum um einige Tage, um internationalen Vermittlungsbemühungen eine Chance einzuräumen. Mit Erfolg: UN-Generalsekretär Koffi Annan, der russische Außenminister Igor F. Iwanow sowie der EU-Außenbeauftragte Javier Solana erreichten in Gesprächen mit Israels Premier Barak, dem provisorischen Außenminister Ben-Ami und Palästinas Präsident Arafat einen Abbau der Spannungen und ein vorläufiges Ende der Unruhen und bewaffneten Ausschreitungen in den Palästinensergebieten. US-Präsident Clinton und Außenministerin Albright versuchten in Telefonkontakten mit beiden Konfliktparteien, einen neuen israelisch-palästinensischen Gipfel unter Beteiligung des ägyptischen Präsidenten und des jordanischen Königs einzuberufen, waren dabei aber weniger erfolgreich. Die Konfliktparteien stimmten jedoch einer Sondermission Clintons in die Region zu. Zunächst solle ein Gipfel der arabischen Staaten und der PLO am 21. Oktober stattfinden.

Als besorgniserregender im Vergleich zur *Al-Aksa-Intifada* sind die Ausschreitungen zwischen jüdischen und arabischen Bewohnern Israels in den großen Städten Nazareth, Tel Aviv und Haifa zu bewerten. Steinewerfend und brandschatzend gingen Juden und Araber im jüdischen Staat aufeinander los. Die israelische Polizei bekam die Unruhen kaum unter Kontrolle, drei Menschen starben. Aus Rache ermordeten Palästinenser einen jüdischen Siedler in der Westbank. Für das politische System in Israel wie für den Fortgang des Friedensprozesses bedeutete diese Eskalation eine existenzielle Gefahr. Auch wenn es weder die israelische Regierung noch die Palästinenserbehörde offiziell erklärten: Die *Osloer Verträge* hatten mit den kriegsähnlichen Ausschreitungen ihre politische Funktion verloren, wenn sie *de iure* auch noch fortbestanden.

Lexikon: Arabische Minderheit in Israel

„Drittes Israel". Diese Bevölkerungsgruppe im jüdischen Staat wird häufig als das *„Dritte Israel"* bezeichnet.[294] Die Araber in Israel, die über die israelische Staatsangehörigkeit verfügen und damit die größte Minderheit sind, stellen bis in die Gegenwart für Israel eine geradezu existenzielle Bedrohung dar. In nicht unwesentlichem Maße bestimmt ihr Einfluß als gesellschaftliche Gruppe sowohl im Parlament, der Knesset als auch in den öffentlichen Behörden – von der Lokalität bis zur Zentralregierung in Tel Aviv – das Leben in Israel.

Die Bevölkerung. In zwei kleinen Dörfern *Galiläas*, Reihanija und Kfar Kama, leben rund 2500 Tscherkessen. Das sind aus Kaukasien stammende sunnitische Moslems, die zwischen 1861 und 1864 in den Nahen Osten flohen, um vor den russischen Invasoren Schutz zu suchen. Die Beduinen leben vornehmlich im südlichen Landesteil Israels, im Negev. Im Vergleich zur jüdischen Bevölkerung Israels sind die arabischen Israelis deutlich bescheidener. Eine *„natürliche"* bzw. geographische Distanz ist durch die räumliche Verteilung der jüdischen und der arabischen Bevölkerung gegeben. Die Zentren der Araber in Israel sind vor allem im Norden des jüdischen Staates zu finden, vor allem Nazareth, Maghar, Tamra, Saknin, Schefar Am und Arraba. In der Hafenstadt und der nominellen Hauptstadt Tel Aviv ist ein relativ hoher Anteil an Arabern zu verzeichnen.[295]

Lexikon: Galiläa

hebr. Hagalil. Landschaft im Norden Israels zwischen Mittelmeer und Jordangraben, im Süden durch das Jesreeltal begrenzt. Das regenreiche gebirgige *Obergaliläa* im Norden (Meron 1208 m) wird vom hügeligen *Untergaliläa* (Kamon 598 m, Tabor 588 m) durch das Tal von Bet-Ha-Kerem getrennt.

Galiläa galt in biblischer Zeit als Land der Ungläubigen, es war den Stämmen Sebulon, Asher und Naphtali als Siedlungsgebiet zugewiesen und wurde 733/732 v.Chr. vom Assyrerkönig Tiglat-Pileser III. erobert.[296]

Die Situation auf den Straßen konnte zwar bis 12. Oktober wieder unter Kontrolle gebracht werden, gleichwohl gärte es weiter im Nahen Osten.

---

[294] Vgl. dazu, Wolffsohn, Michael/Bokovay, Douglas: Israel. Grundwissen-Länderkunde-Geschichte-Politik-Wirtschaft (1882-1996), 5., erweiterte und überarbeitete Auflage, Opladen 1996, S. 314.

[295] Zit. nach: Ebd., S. 315.

[296] Zit. nach: Schoeps, Julius H. (Hrsg.): Neues Lexikon des Judentums, Gütersloh/München 1998, S. 279.

Wie ist es zu erklären, daß dieser Gewaltausbruch eineinhalb Jahre nach dem Wahlsieg von Ehud Barak die Region so massiv erschütterte? Zum einen waren seit dem *Gipfel von Camp David* die permanenten Verzögerungsmechanismen der israelischen Seite ein wesentlicher Grund für die Aufgabe des Tauwetters, das seit dem Abschluß des *Wye River Memorandum* die israelisch-palästinensischen Beziehungen bestimmte. Nicht zuletzt die einseitige Vorteilnahme der Amerikaner für den jüdischen Staat und die anti-israelische Stimmung in Palästina führten zu einem massiven Zulauf zu den radikalen Palästinensergruppen. Israels Regierung war zudem seit Ende Juli durch den Verlust ihrer Regierungsmehrheit nicht mehr handlungsfähig, die mangelnde Flexibilität im Denken des palästinensischen Präsidenten Arafat verstärkte dieses Verhaltensmuster.

Das Vertrauen zwischen Barak und Arafat ließ zu wünschen übrig und versandete spätestens seit dem Auftritt des *Likud*-Chefs Sharon. Für Yassir Arafat war schon seit Monaten eines klar: Israels Ministerpräsident Ehud Barak, der auszog, den *Nahost-Konflikt* ein für alle Mal zu beenden, sei schlimmer als jeder seiner Vorgänger. Der Palästinenserpräsident macht aus seiner Abneigung gegen den Ex-General öffentlich keinen Hehl.

Ein endgültiges Aus für den Friedensprozeß war dennoch nicht absehbar. Die *Osloer Vereinbarungen* waren strukturell und funktional in der Endphase, in der es unter anderem um die zentrale Frage des Schicksals von Jerusalem ging, mehrmals unterbrochen worden. Jetzt sei er noch ein Stück weiter aufs Eis geschoben worden. Der Weg muß nun endlich zu einem dauerhaften Ende von Gewalt und Konflikt im Nahen Osten führen.

2.3.6. *Kriegsgefahr in den Palästinensergebieten*

Als nach den Vermittlungsbemühungen der Vereinten Nationen und der Europäer die Situation nicht unter Kontrolle gebracht wurde, reagierten die Israelis mit massiven Militärschlägen. Kampfhubschrauber bombardierten mit ca. 20 Raketen Ziele in der Palästinenserstadt Ramallah Ziele der Polizei und der Sicherheitsdienste sowie die politische Zentrale der PLO. Zugleich befahl das Oberkommando der israelischen Verteidigungsstreitkräfte eine Welle von Hubschrauber-Angriffen auf Gaza-Stadt, die der Privatvilla von Yassir Arafat, die Zentrale der Leibgarde *„Fourth 17"* und der Geheimpolizei und der Sicherheitsapparate diente. Israelische Kriegsschiffe feuerten mehrere *Cruise Missels* auf den Seehafen Gaza und Gebäude der palästinensischen Militärpolizei.

Hintergrund der jüngsten Eskalation im Nahen Osten war der Lynch-mord an mindestens zwei israelischen Soldaten. Nach israelischen Angaben waren am Morgen des 12. Oktober vier Armee-Reservisten in einem Zivilfahrzeug versehentlich nach Ramallah geraten. Zwei von ihnen seien von aufgebrachten Palästinensern ermordet, ein weiterer schwer verletzt worden. Ein unterdessen aufgetauchtes Videoband soll belegen, daß Polizisten und selbst der Polizeichef von Ramallah an dem Lynchmord beteiligt gewesen sein sollen. Bei den israelischen Angriffen sei nach Angaben von Arafats Sprecher Yassir Abed Rabbo auch das Hauptquartier von Präsident Arafat in Ramallah getroffen worden. Arafat habe sich aber nicht in dem Gebäude aufgehalten. Am Abend des 12. Oktober griff die israelische Armee erneut Ziele in Jericho, Hebron und Nablus an. Alle Autonomie-gebiete wurden hermetisch abgeriegelt.

Lexikon: Die Palästinastadt Ramallah
Lage. Ramallah liegt etwa 20 Kilometer nördlich von Jerusalem im Westjordanland. Die Stadt gehört zu der sogenannten A-Zone des Westjordanlandes, die unter vollständiger palästinensischer Kontrolle steht. Aus Ramallah zogen sich die israelischen Truppen im West-jordanland im Zuge der Umgruppierung aus den Ballungszentren im Dezember 1995 zurück, nachdem sie im Mai und Juni 1994 den Di-strikt Gaza und die Stadt Jericho verlassen hatten.
Mit Beginn der palästinensischen Selbstverwaltung setzte in Ramallah ein Wirtschafts- und Bau-Boom ein. In Ramallah und der Zwil-lingsstadt Al-Bireh leben etwa 200.000 Menschen.
Funktion. Ramallah ist Sitz des palästinensischen Parlaments, das ge-legentlich auch in Gaza zusammenkommt. Auch zahlreiche Behörden und Ministerien Palästinas sind in der Stadt untergebracht. Ramallah ist häufig Schauplatz von Verhandlungsrunden internationaler Ver-mittler. Von Ramallah aus wird die Aufbauhilfe der Bundesrepublik für Palästina gesteuert. Zu Beginn des Oslo-Friedensprozesses hatte das deutsche Vertretungsbüro seinen Sitz in Jericho.[297]

Der *Friedensprozeß von Oslo* war nach den palästinensischen Lynchmorden und dem israelischen Militärschlag an einem Tiefpunkt angekommen, die internationalen Bemühungen mutierten zur Farce. Israels Ministerpräsident Barak sprach bereits vor dem Kriegsbeginn von einem *„schwerwiegenden Zwischenfall“*. Israel wisse nun, *„was es zu tun habe“*. Sämtliche Palästinensergebiete wurden abgeriegelt. In der Nähe der Ballungszentren der Westbank und vor Gaza-Stadt gingen Panzer in Stellung. Barak traf mit führenden israelischen

---

[297] Vgl. FTD vom 14./15.10.2001, S. 1.

Militärs zu dringenden Lageberatungen zusammen. Er schlug die Einsetzung einer Notstandsregierung unter Einschluß des konservativen *Likud*-Blocks vor.

Lexikon: Die PLO und ihre Ziele
Die PLO (*Palestine Liberation Organization*) macht sich zum Verfechter der palästinensischen Interessen. Sie wurde 1964 in Kairo gegründet. PLO-Führer ist Yassir Arafat. Die PLO beinhaltet zahlreiche verschiedene Gruppierungen. Die bekannteste ist die *El-Fatah*, die als „*Hausmacht"* von Arafat gilt. Vor allem in Jordanien und im Libanon entwickelten sie sich zu einem „*Staat im Staate"*. Die Gewaltbereitschaft vieler Gruppen führte zu Vertreibungen aus vielen arabischen Staaten. Heute gewährt die UNO der Palästinensischen Autonomiebehörde einen *Beobachterstatus*.[298]

Nachdem die Situation im Nahen Osten eskalierte, gerieten auch die Aktienmärkte weltweit unter Druck: Der Dax fiel nach einem zunächst freundlichen Verlauf zwischenzeitlich auf ein Minus von 2,7 %, erholte sich dann jedoch wieder leicht. Nach dem Beginn der kriegerischen Auseinandersetzungen stieg der Ölpreis auf den höchsten Stand seit 10 Jahren gestiegen. Ein Barrel Brent-Rohöl wurde in London für mehr als 35 US-$ gehandelt.

Nach zwei Wochen blutiger Unruhen und dem Beginn des *Kriegs auf Sparflamme* zwischen Israel und den Palästinensern, die mit dem israelischen Raketenangriff auf palästinensische Stellungen ihren Höhepunkt fand, stand der Nahe Osten vor einer Radikalisierung: Experten können sich jedoch nicht den Ausbruch eines *umfassenden Nahostkrieges* vorstellen. Möglicherweise sei aber eine mittelbare Stärkung der traditionell anti-israelischen Kräfte – Irak, Iran und der libanesischen *Hisbollah*-Miliz – zu erwarten. Nach der Freilassung von 35 islamischen Extremisten durch die Palästinenser war nun mit neuen Terrorakten zu rechnen, die in der israelischen Zivilgesellschaft die größte Besorgnis auslösen dürften.

Tatsächlich erwartete niemand einen arabischen Vorstoß für einen *Krieg*. Dafür waren die Armeen vieler Länder nach Ansicht von Experten viel zu schwach. So wird es vermutlich bei Lippenbekenntnissen zur palästinensischen Sache bleiben. Drohungen des Irak, Truppen nach Israel zu senden, seien lediglich als rhetorisches Säbelrasseln zu verstehen und als Versuch, internationale Sanktionen zu

---

[298] Vgl. Berger, Johannes/Büttner, Friedemann/Spuler, Bertold (Hrsg.): Nahost-Ploetz. Geschichte der arabisch-islamischen Welt, Freiburg Würzburg 1994, S. 94/95.

unterlaufen. Jordanien hatte zudem angekündigt, im Falle eine bewaffneten Konflikts nicht gegen Israel anzutreten, sondern sich gegen gewaltsame Palästinenser zu stellen. Zudem ist die scheinbare Solidarität der arabischen Welt nicht mehr als ein *politisches Ventil*, um von innenpolitischen Schwierigkeiten abzulenken. Ist das beherrschende Merkmal der arabischen Welt auch ihre Uneinigkeit, so üben die islamischen Staaten im *Nahost-Konflikt* doch den Schulterschluß. Der Haß auf Israel eint die arabische Welt. Am 21. Oktober berieten die Führer der arabischen Staaten über die *Nahost-Krise*. Die israelischen Kriegshandlungen hatten den Druck auf die Regierungen, sich wenigstens symbolisch gegen Israel zu wenden, noch verstärkt. US-Präsident Clinton könnte nun gezwungen sein, seine Neutralität zugunsten Israels aufzugeben.

Unterstützung winkte den radikalen anti-israelischen Kräften vor allem mittelbar, etwa durch Unterlaufen internationaler Sanktionsbeschlüsse. Schon jetzt werden die vor allem von den USA forcierten UNO-Sanktionen unterlaufen. Unter dem Deckmantel des öffentlichen Drucks weiteten sich die sogenannten humanitären Hilfsleistungen aus. Dies sei eine Möglichkeit für Regierungen, die radikalsten Feinde Israels direkt zu unterstützen, fürchten Experten. Die Situation erinnere an das Ende der Sanktionen gegen Libyen.

Wenngleich die unmittelbar große Kriegsgefahr im Nahen Osten als eher geringfügig eingeschätzt wird, so ist die Furcht vor Terrorakten radikaler Gruppen größer als je zuvor. Einen Vorgeschmack auf eine neue Welle der Gewalt gab der Selbstmord-Anschlag auf den US-Zerstörer *„Cole"* im jemenitischen Aden und die Explosion in der britischen Botschaft in Sanaa. Auch die radikal-islamische *Hamas* ist nach der jüngsten Gewaltwelle und dem Kriegsausbruch wieder im Aufwind. Ihre bedingungslose Bereitschaft zur Gewalt könnte den Nahen Osten zusätzlich radikalisieren.

Besonders brisant war der *Nahost-Konflikt* auch für US-Präsident Clinton. Die Unterzeichnung eines *abschließenden Nahost-Friedensvertrages* im Weißen Haus fand in seiner verbleibenden Amtszeit nicht mehr statt. Clinton könnte sogar gezwungen sein, den *Balanceakt der Neutralität im Nahen Osten* aufzugeben. Israels Premier Barak forderte Clinton auf, Palästinenserpräsident Arafat für das Ende des *Osloer Abkommens* verantwortlich zu machen. Zudem kann sein Nachfolgekandidat, Vizepräsident Al Gore, die mächtige Israel-Lobby im US-Wahlkampf nicht unbeachtet lassen. Nunmehr mußte im Feilschen um konkrete Lösungsansätze die nahöstliche Gipfeldiplomatie voll zur Geltung kommen.

2.3.7. Der Gipfel von Sharm-el-Sheikh und die israelisch-palästinensischen Beziehungen

Schon vor knapp einem Jahr hatte der ägyptische Badeort einem Memorandum für den *Oslo-Friedensprozeß* seinen Namen gegeben, diesmal sollte Sharm-el-Sheikh an der Südspitze des Sinai die Welle der Gewalt beenden und nach der faktischen Außerkraftsetzung der *Osloer Verträge* einen *„Elektroschock"* für eine *dauerhafte israelisch-palästinensische Friedensregelung* bringen. Doch der Gipfel verlief weitaus weniger dramatisch als zunächst angenommen. In erster Linie stand Schadensbegrenzung auf der Agenda der *Regionalkonferenz*.[299]

Die Spannungen zwischen Israel und den Palästinensern war beiden Delegationen deutlich anzumerken, allein die Einsicht, daß die Spirale der Gewalt nicht endlos weitergetrieben werden kann, brachte Ehud Barak und Yassir Arafat zurück an den Verhandlungstisch. UNO-Generalsekretär Koffi Annan äußerte in seiner Rede zum Ausdruck, wozu er, Barak, Arafat, US-Präsident Bill Clinton, der Gastgeber, Ägyptens Staatschef Hosni Mubarak, und der jordanische König Abdullah II. nach Sharm-el-Sheikh gekommen waren: *„Wir können und wir müssen den Kreislauf von Gewalt und Terror, von Haß und Mißtrauen durchbrechen und einer neuen Verhandlungsrunde eine Chance bieten".*[300] Erstmals seit Februar 1995 in Kairo versammelten sich nicht nur die beiden Hauptkonflikt-Traktanden, sondern auch die Garantiemächte und die diplomatischen Emisäre wieder an einem Tisch. Die Europäer mit ihrem Sonderbeauftragten Javier Solana und Rußlands neue Führung kamen erstmals als eigenständiger Akteur zur Geltung. Die Meßlatte lag hoch, die Ergebnisse blieben erwartungsgemäß mager.

Lexikon: Sharm-el-Sheikh

Der imposante Badeort im Süden der Halbinsel Sinai ist in den vergangenen Jahren zum Symbol für den Nahost-Friedensprozeß geworden. Im März 1996 regte US-Präsident Bill Clinton nach einer Reihe von Selbstmordanschlägen dort einen Friedensgipfel an. Die 29 teilnehmenden Staats- und Regierungschefs verabschiedeten die legendäre *Anti-Terror-Charta*, die heute ein Grundbaustein der multilateralen Absprachen ist. 1999 schlossen Israels Premierminister Ehud Barak und Palästinenserpräsident Yassir Arafat ein Zusatzprotokoll zum *Wye-Memorandum* (*Wye-II*), das das Prinzip *Land gegen Sicherheit* implementierte.[301]

---

[299] Vgl. die Ausführungen in: FAZ vom 16.10.2000, S. 3.
[300] Zit. nach: FAZ vom 18.10.2000, S. 2.
[301] Zit. nach: nt-v-Text vom 17.10.2000, S. 166.

Zwar verpflichteten sich Israel und die Palästinensische Autonomiebehörde in der *Deklaration von Sharm-el-Sheikh* zu einem
Waffenstillstand und zur Einstellung aller Feindseligkeiten. Auch
sollen die Übergriffe der letzten Wochen einer unabhängigen Kommission untersucht werden, die unter der Ägide der Vereinten Nationen und der Vereinigten Staaten von Amerika steht. Aber ein Bekenntnis zum Friedensprozeß und zu den bisherigen *Osloer Verträgen*
vermißt der Beobachter. Lediglich von *„der Notwendigkeit, auf dem
Verhandlungswege eine dauerhafte Friedensregelung gemäß der
Sicherheitsratsresolutionen 242 und 338 im Nahen Osten"*[302] zu
erreichen und *„vom Auftrag, einen neuen Mechanismus in den
israelisch-palästinensischen Beziehungen zu entwikkeln"*[303], war die
Rede.[304]

Premier Barak und Präsident Arafat, die etwa eine Stunde auf der
Konferenz unter der Vermittlung Koffi Annans miteinander konferierten, verständigten sich auf einen informellen *koeffizienten Mechanismus*, der eine intensive Terrorbekämpfung, die Verbesserung
der wirtschaftlichen Struktur der palästinensischen Territorien und den
Abbau der Gewalt durch gezielte Programme enthält. Auf Forderung
der Palästinenser stimmte Barak der Einsetzung einer *„Internationalen Kommission zur Untersuchung der Gewalt an der palästinensischen Nation"* zu, die Zustandekommen und Verlauf der kriegsähnlichen Zustände der letzten drei Wochen unter die Lupe nimmt.

Arafat rief im Gegenzug seine Truppen und die palästinensischen
Demonstranten auf, *„absolute Ruhe zu bewahren und Gewalt gegenüber dem Staat Israel nicht länger auszuüben"*. Israel wird die
„interne Blockade" der Selbstverwaltungsgebiete aufheben und die
Absperrungen an der *Grünen Linie* schrittweise lockern. Der palästinensische Flughafen in Rafah nahm seinen Betrieb wieder auf, der
Seehafen wurde nicht länger blockiert und kann entsprechend des
provisorischen Seehafen-Protokolls weitergebaut werden. Verhandlungen über eine dauerhafte Friedensregelung führten beide Seiten
aber vorerst nicht. Der ägyptische Präsident und der König von
Jordanien übernahmen als Garanten des *koeffizienten Mechanismus*
Mit-Verantwortung für die Beruhigung der Lage im Nahen Osten. Der
amerikanische Präsident, der UN-Generalsekretär und Rußlands
Außenminister signierten die Erklärung von Sharm-el-Sheikh als

---

[302] Zit. nach: Israel Ministry of Foreign Affairs: Transcript Clinton-Mubarak
Statement at End of Mideast Summit, October 17, 2000, S. 3
(*http://www.israel.de*).
[303] Zit. nach: Ebd.
[304] Zit. nach: Ebd.

Schirmherren des *Madrider Friedensprozesses.*[305] Damit ergab sich nach der Gipfelkonferenz die folgende strategische Konzeption in der Nahostregion:

DEKLARATION VON SHARM-EL-SHEIKH

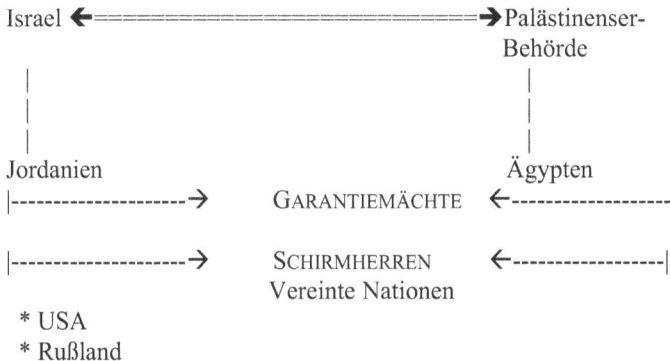

Israel ⟵═══════════════════════⟶ Palästinenser-
Behörde

Jordanien Ägypten
-------------------⟶ GARANTIEMÄCHTE ⟵----------------

|-------------------⟶ SCHIRMHERREN ⟵----------------|
Vereinte Nationen
* USA
* Rußland

**Abbildung 3: Die Absprachen von Sharm-el-Sheikh
(Quelle: Eigene Zusammenstellung)**

Mit ihrer Unterzeichnung eröffnete die *Deklaration von Sharm-el-Sheikh* die Chance zu einer Beruhigung der aufgeheizten Stimmung im Nahen Osten und fixierte eine längere Pause im gesamten *Osloer Friedensprozeß.* Realpolitisch war angesichts der ungeklärten Machtverhältnisse im autonomen Palästina und den bevorstehenden Parlamentswahlen in Israel nicht mit schnellen politischen Fortschritten zu rechnen. Die *Deklaration* enthielt zwar das Bekenntnis zu einer *„umfassenden und gerechten Beilegung des Nahost-Konflikts"*[306], die Passage war jedoch so allgemein gehalten, daß die Handlungsoptionen offen blieben.

Lexikon: Die Erklärung von Sharm-el-Sheikh
Als Ergebnis des Nahost-Krisengipfels vom 16./17. Oktober vereinbarten Israelis und Palästinenser die folgenden schriftlich fixierten Grundsätze:
- Israel und die PLO verpflichten sich, öffentlich zum Ende der Gewalt aufzurufen.

---

[305] Vgl. die Angaben in, Botschaft des Staates Israel in der Bundesrepublik Deutschland: Die Gipfel-Erklärung von Sharm-el-Sheikh, Berlin 2000, S. 1-3 (*http://www.israel.de*).
[306] Zit. nach: Ebd., S. 2.

- Israel verpflichtet sich, seine Truppen aus den 53 % autonomen Territorien der Westbank und aus dem vollautonomen Gaza-Distrikt abzuziehen, die Abriegelung der Palästinensergebiete schrittweise aufzuheben und den Flughafen Gaza wieder zu öffnen. Die palästinensischen Sicherheitsorgane sorgen für Ruhe und Ordnung in den Palästinenser-Gebieten. Israel und die PLO verpflichten sich zur Zusammenarbeit in Sicherheitsfragen.

- Die USA, Israelis und Palästinenser setzen mit Unterstützung des UNO-Generalsekretärs eine internationale Kommission ein, die den Hergang der Unruhen aufklärt und dem UNO-Generalsekretär einen abschließenden Bericht vorlegt.

- Israel und die PLO prüfen binnen zweier Wochen unter US-amerikanischer Vermittlung, welche Möglichkeiten zur Wiederaufnahme politischer Verhandlungen über den endgültigen Status bestehen, sofern es sich um eine Regelung gemäß der Resolutionen des UNO-Sicherheitsrates handelt.[307]

Der durch die *Osloer Verträge* fixierte *no-war/no-peace-Zustand* wurde bestätigt. Viel wichtiger als die Analyse der außenpolitischen Vorgänge ist ein Blick in die aktuelle Architektur der politischen Systeme. *„Mit* (Likud-Chef, der Autor) *Sharon hat Barak schon einige Ziele vereinbart: Möglichst eine physische Trennung zwischen Israel und den autonomen Gebieten, auch durch Zäune und Mauern. Das Jordan-Tal soll israelisch bleiben. Die großen Siedlungsblocks um Ariel in Etzion und um Jerusalem werden annektiert, und der Status von Jerusalem als allein israelischer Stadt bleibt gewahrt".*[308] Und auch in den Palästinensergebieten ist zwar ein *„provisorischer Endstatus",* der bisherige *status quo,* erwünscht, nicht jedoch ein *dauerhafter Frieden: „Die palästinensische Mehrheit will derzeit keine Ruhe, sondern die 'Al-Aqsa-Intifada'. Arafat muß den Vorwurf fürchten, mit seiner Teilnahme an dem Gipfel 'das Blut der Märtyrer' zu verraten".*[309] Von dieser Warte aus muß Arafat ein Bündnis mit den radikalen Organisationen *Hamas* und *Dschihad* suchen und zugleich die neue *El-Fatah*-Organisation *Tansim* besänftigen, die die jüngste Gewaltwelle organisiert hatte. Das *„Fenster des Friedens"* wurde nach der Dekade der Gewalt in Sharm-el-Sheikh zwar ein Stück weit geöffnet, ein *dauerhafter Frieden* ist gleichwohl weiter entfernt als zuvor. Zumindestens stabilisierte sich die politische Lage im Nahen Osten wieder.

---

[307] Die Angaben sind entnommen: Ebd., S. 1-3.
[308] Zit. nach: FAZ vom 16.10.2000, S. 3.
[309] Zit. nach: Ebd.

Lexikon: Tansim

Die Kämpfer der „*Tansim*" in den palästinensischen Gebieten haben ihr Zentrum in der Westbank-Stadt Ramallah, der provisorischen palästinensischen Hauptstadt. Es handelt sich um den bewaffneten Arm der PLO-Gruppierung *El-Fatah*, die Yassir Arafat bis 1994 leitete und im palästinensischen Autonomierat die stärkste Fraktion stellt. Friedensverhandlungen mit Israel lehnt sie ebenso ab wie die *Osloer Verträge*. Nur die Sprache der Gewalt könne den geknechteten Palästinensern die Freiheit bringen. Ihr Hauptziel besteht in der Freilassung aller palästinensischen Gefangenen durch Israel. Die Gruppe „*Tansim*", Anführerin der *Al-Aksa-Intifada* seit dem 28. September, ist ein Produkt der Entwicklung der *Osloer Verträge* seit 1993.[310]

Der Streit zwischen den gemäßigten Kräften und den Scharfmachern spaltete auch beim Gipfel in Kairo die *Arabische Liga*. Die Teilnehmer, darunter 15 Staats- und Regierungschefs sowie Palästinenserpräsident Yassir Arafat, rangen bis zuletzt um den Wortlaut der Schlußerklärung zum künftigen Verhältnis gegenüber Israel. Einig waren sich die Anwesenden über die alleinige Schuld des jüdischen Staates an der Gewalteskalation und den Zusammenbruch des *Oslo-Friedensprozesses*. Moderate Stimmen warnten jedoch eindringlich vor allen Schritten, die künftige Verhandlungen erschweren könnten. Die arabischen Staaten wollen an *multilateralen Gesprächen* zur wirtschaftlichen und *regionalen Kooperation* zunächst nicht mehr teilnehmen. Allerdings ließ die Formulierung des Abschlußkommuniques den Staaten offenbar Spielraum zur eigenen Gestaltung ihrer künftigen Israel-Politik. Israels Regierungssprecher Nachman Schai beurteilte das Ergebnis des Gipfels positiv. Allen Anschein nach habe die Weisheit gesiegt, sagte er gegenüber CNN. Premierminister Barak lobte Ägyptens Präsident Hosni Mubarak für dessen ausgewogene Ausrichtung des Gipfels.

Eine zu harte Gangart gegenüber Israel blockiert nach Ansicht von Ägyptens Präsident Mubarak, Jordaniens König Abdullah II. und Marokkos König Mohammed VI. den Weg zum dauerhaften Frieden. Mubarak lehnte alle Forderungen nach einem Abbruch der diplomatischen Beziehungen zu Israel ab. Gleichwohl hat Mubarak seit 1982 dem jüdischen Staat keinen offiziellen Staatsbesuch abgestattet. Neben Ägypten und Jordanien verfügen Mauretanien, Marokko, Tunesien und die Golfemirate über diplomatische Beziehungen zu Israel. Gleichwohl gaben Tunesien sowie der Golfstaat Oman bekannt, daß sie ihre Handelsbeziehungen zu Israel bis auf weiteres einfrieren.

---

[310] Zit. nach: n-tv-Text vom 18.10.2000, S. 167.

Die libysche Delegation erklärte, der Abbruch bestehender Beziehungen sei das Mindeste, was die arabische Welt nach der jüngsten Gewaltwelle tun müsse. Sie reiste vorzeitig ab, als sich ein Scheitern dieser Position abzeichnete.

Die Reaktion des israelischen Kabinetts kam wie erwartet sehr hart: Die Friedensverhandlungen mit den Palästinensern werden auf unbestimmte Zeit vertagt, der gesamte Friedensprozeß für unbestimmte Zeit ausgesetzt, so Premierminister Barak vor der internationalen Presse in Tel Aviv. Die Entscheidung sei im Lichte des arabischen Gipfels in Kairo gefallen, der den harten Strafkatalog gegen Israel beschlossen hatte. Allerdings bleibe Israel den Prinzipien des gesamten Nahost-Friedensprozesses verbunden, müsse seine Positionen im zukünftigen Verhandlungsprozeß erst überdenken. Die Auszeit kam nicht überraschend, hätte aber bei einer schärferen Reaktion der *Arabischen Liga* deutlicher ausfallen können.

Das *„Falken"*-Image, mit dem sich Barak in den Wochen seit dem 28. September umgab, hat einen ganz verständlichen pragmatischen Aspekt in der israelischen Innenpolitik. Der Premier der Minderheitskoalition wollte dem drohenden Ende seiner Regierung und der Abwahl in der Knesset durch eine *„Regierung der nationalen Verständigung"* mit dem konservativen *Likud*-Block unter dem Hardliner Ariel Sharon zuvorkommen und die *Osloer Verträge* in den nächsten Monaten zunächst nicht mehr anwenden. Der Friedensprozeß mit den Palästinensern wurde auf dem Stand eingefroren, auf dem er bis Juni 2000 durch beide Seiten umgesetzt wurde.

Hinter dieser Offerte Baraks steckte eine Konzeption, die der stellvertretende Verteidigungsminister Ephraim Sneh neulich vorstellte: Kernpunkt ist eine strikte Abgrenzung zwischen den israelischen und den palästinensischen Gebieten. Die Idee sei gewesen, in der Realität das aufzuzeigen, was man in Verhandlungen erreichen wolle, solange es noch kein *abschließendes Abkommen* mit den Palästinensern gebe. So sollten im ganzen Westjordanland Grenzbarrieren zwischen der israelischen Grenze und jüdischen Siedlungen errichtet werden. Diese sollten auch Zufahrtswege umfassen. Keine der 144 jüdischen Siedlungen im Westjordanland und Gazastreifen solle aufgegeben werden.

Der palästinensische Informationsminister Yassir Abbed Rabbo erklärte, das Vorhaben sei kein Teilungsplan, sondern ein *Plan zur Isolierung* der palästinensischen Gebiete. Oppositionsführer Sharon nannte Baraks Plan einen schweren Fehler. Barak und seine Regierung seien bereit, ohne Not historische und strategische Gebiete aufzugeben, auch wenn dies nicht zur Beendigung des Konflikts führen werde, sagte Sharon im israelischen Rundfunk. Doch daran zeigen sich zugleich die Geburtsfehler des *Osloer Vertragswerks*.

2.3.8. Geburtsfehler des Rahmenwerks von Oslo

Das Ende der *Osloer Verträge* bedeutet keineswegs ein Scheitern des gesamten Friedensprozesses: Gleichwohl zeigte die Entwicklung der Ereignisse seit dem 28. September, daß Israel und die PLO von einem wirklich dauerhaften Frieden noch weit entfernt sind. Das *Rahmenwerk von Oslo* diente in der Phase der Annäherung und des Verständigungsprozesses als ein unverzichtbarer *Konfliktüberwindungmechanismus*, ließ aber die emminent wichtigen Kernfragen des *Palästina-Konflikts* unberücksichtigt. *Oslo* hatte im wesentlichen zwei Funktionen: zum einen, die befristete palästinensische Autonomie in den Territorien Gaza und Westbank zu implementieren und dies als *„Versuchsballon"* für eine spätere *permanente Friedensregelung* zu nutzen, und zum anderen, durch eine *Agenda* der Kernprobleme die Brücke zur *Dauerregelung* herzustellen. Indem sich die Jahrzehnte verfeindeten Völker *step by step* annäherten und den Grundstein des *Nahost-Friedensfundaments* legten, ließe sich die *Interimslösung* später in einen *permanenten Status* verwandeln.

Dieser Ansatz der Tage von *Oslo* erwies sich in den kriegerischen Auseinandersetzungen des September und Oktober als falsch. Dafür sind die folgenden Gründe erkennbar, die sich mit den Erfahrungen der Historie des Friedensprozesses verbinden:

Erstens: Die *Osloer Verträge* bilden *de iure* ein Junktim zum israelisch-ägyptischen Rahmenwerk, den *Camp David Accords*. Die Frage der *palästinensischen Finalität* kommt in den *Osloer Abkommen* nur sehr vage vor, sie wird von den Konfliktparteien offengehalten. Die Autonomieregelung ist für fünf Jahre fixiert, spätestens drei Jahre nach ihrem Beginn mit der Autonomie im Distrikt Gaza und in der Stadt Jericho beginnen die *Verhandlungen über die Dauerregelung*. Da sich bereits die Implementierung der *Übergangsvereinbarungen* als höchst kompliziert erwies, führten die Gespräche über die *palästinensische Finalität* zur chronischen Stagnation.

Zweitens: Der Auftrag, den schon die *Camp David Accords* aus dem Jahre 1978 gaben, wurde in den *Osloer Verträgen* nur ungenügend umgesetzt. Weder regeln die *Übergangsvereinbarungen* klar den Grundsatz des Prinzips *„Land für Frieden"*, noch wird der Status von Jerusalem einem dringend erforderlichen Disput durch die Weltreligionen einerseits und die Vereinten Nationen andererseits unterzogen, obwohl es Bestandteil des Weltkulturerbes ist.

Drittens: Das *Osloer Rahmenwerk* ist nicht mit einem *politischen Sicherheitsnetz* für die Palästinenser ausgestattet. Die Prinzipien werden nach dem *quid-pro-quid*-Muster als Verwaltungsakte behandelt, anstatt sie auf die *Agenda* des Gemeinsamen Lenkungsausschusses zu setzen. Israel erhält durch die unsegliche Korrektur des *Wye River Memorandum* durch Premier Barak in *Sharm-el-Sheikh* nicht ein Minimum an Sicherheitsgarantien, die Palästinenser erreichten nicht den erhofften Übergang zur Staatlichkeit.

Viertens: Der *Friedensprozeß von Oslo* vollzog sich bislang nicht auf dem Prinzip der Gleichberechtigung. In Camp David verlangten Amerikaner und Israelis von Palästinenserpräsident Arafat, ein *Friedens-Verdikt* zu unterzeichnen, das die dauerhafte israelische Souveränität über Jerusalem und eine de-facto-Kontrolle über alle Zu- und Ausfahrten von und nach den Palästinensergebieten bedeutet hätte. Dem konnte der PLO-Chef nicht zustimmen.

Fünftens: Ohne breite parlamentarische Mehrheit auf beiden Seiten verloren sowohl die Mehrheit der Israelis als auch der Palästinenser das Vertrauen in den Friedensprozeß und wandten von sich ihren beiden Regierungen ab hin zu radikaleren Kräften. Einen Ausweg aus der *„open-end"*-Formel von Oslo gelang weder Ehud Barak noch Yassir Arafat. Der Konflikt war vorprogrammiert.

Sechstens: Die palästinensische Volkswirtschaft ist weiterhin sehr eng an die israelische gekoppelt, die Autonomie trotz des *Pariser/Eretzer Protokolls* von 1994 sehr eingeschränkt. Nach den Absprachen sollten die Wirtschaftsbeziehungen auf einheitlichen Zollgrenzen basieren, in deren Rahmen der freie Verkehr von Gütern, Dienstleistungen und Arbeitnehmern gesichert ist. Durch die Integration der israelischen und der palästinensischen Volkswirtschaft wäre eine Verzahnung beider Märkte mit der Weltwirtschaft möglich gewesen. Allerdings legt die palästinensische Wirtschaftsstruktur eine intensivere Zusammenarbeit mit Israel nahe, vor allem für die landwirtschaftlichen und traditionellen Produkte. Rund zwei Drittel des Haushalts der Palästinenser wird über Steuereinnahmen aus dem gemeinsamen Handel mit Israel finanziert. Überdies ist Israel nach wie vor der wichtigste Arbeitsmarkt für die Palästinenser.[311]

---

[311] Vgl. dazu, DIE ZEIT vom 19.10.2000, S. 36.

Siebtens: Die politische Dimension der *Palästinafrage* für die Lösung des *Nahost-Konflikts* wird unterschätzt. Noch immer ist dem jüdischen Staat der Frieden mit den *arabischen Nationalstaaten* und den Ländern des *Arabischen Raums* wichtiger als der Ausgleich mit dem palästinensischen Nachbarn. Dieser Versöhnungsprozeß aber entscheidet ganz maßgeblich über den Erfolg oder Mißerfolg des *Nahost-Friedensprozesses*. Ein Friedensschluß mit Syrien und dem Libanon komplettierte zwar den *Verständigungsprozeß* um Israel, nicht aber das Kernproblem im Nahen Osten.

Die Konturen zeichnen sich immer stärker in einer Art *provisorischen Endstatus*, einem Kompromiß ab, den Josef Joffe mit der Formel *„Land für Stabilität"* umschrieb. *„Die Israelis könnten ihn unter einer Regierung der nationalen Einheit ganz allein beschreiten, indem sie sich einseitig vom Westufer auf verteidigungsfähige Positionen zurückziehen. Die meisten der 180 000 Siedler leben ohnehin dicht an der 'grünen Linie', also in jenen acht Prozent des Westjordanlandes, die Barak in Camp David behalten wollte. [...] Israel müßte die Siedlungen tief im Westjordanland [...] aufgeben oder den Eiferern dort bedeuten: 'Wenn euch der Boden so heilig ist, dann sollte euch der Dienst an Gott wichtiger sein als der Anblick der palästinensischen Flagge'."* [312] Die *Jerusalem-Frage* beschränken beide Verhandlungspartner auf den säkularen Teil beschränken, indem die seit Jahren de facto zustandegekommene Aufteilung der Stadt *de iure* festgeschrieben und Ost-Jerusalem mit palästinensischer Voll-Autonomie versehen wird. Die Frage der *Heiligen Stätten* klammern beide Seiten aus, bis sie auf die Tagesordnung der Weltpolitik gesetzt wurde. Eine Art *„Souveränität Gottes"* unter Wahrung des Rechts der freien Religionsausübung für jeden Gläubigen kann an die territoriale Neutralität durch UNO-Mandatierung gekoppelt sein. Diese Vision *„wäre kein Frieden, aber ein existentielles Mehr an Stabilität und ein erkleckliches Minus an Reibungsflächen für Zündhölzer aller Art"* [313], resümiert Joffe. Der *provisorische Endstatus* kann später in eine tatsächlich *permanente Regelung* münden.

2.3.9. Ergebnisse des Übergangsprozesses
Ein künftiger *dauerhafter Status* des Westjordanlandes und des Gaza-Distrikts ist nur unter einer sehr komplizierten Konstruktion und unter Beachtung der Grundlagen der Gegenseitigkeit wie der Gleichberechtigung denkbar. Anders als bei den Beziehungen Israels zu den *arabischen Nationalstaaten* mit klaren Grenzen ist das israelisch-

---

[312] Zit. nach: DIE ZEIT vom 19.10.2000, S. 1.
[313] Zit. nach: Ebd.

palästinensische Beziehungsgeflecht stets von einem *Miteinander* geprägt und unabdingbar. Im bisherigen Osloer Friedensprozeß hat sich zwar das Prinzip der *physischen Trennung* von Israelis und Palästinensern durchgesetzt, aber nur unter der Prämisse, nicht *zusammenzuleben*, sondern *nebeneinander*. Den Anspruch auf das *heilige Kernland Judäa und Samaria* hat keiner von beiden Seiten aufgegeben. Damit ergibt sich die Notwendigkeit eines territorialen Kompromisses. Die bisherigen Friedensverhandlungen seit 1993 haben die folgenden Resultate gebracht:

Schema: Verhandlungen mit den Palästinensern

Rahmenabkommen I über vorübergehende Selbstverwaltung und Briefwechsel über gegenseitige Anerkennung (Oslo I)

Stufe 1: Interim-Selbstverwaltung

Stufe 2:

Endgültiger Status (Oslo III)

Stufe 1.1.	Stufe 1.2.	Stufe 1.3.	Planung:
Autonomie im Gaza-Distrikt und in der Westbank-Stadt Jericho	Abkommen über die vorzeitige Übertragung ziviler Befugnisse und Verantwortlichkeiten (Oslo I)	Rahmenabkommen II über vorübergehende Selbstverwaltung (Interimsabkommen, Oslo II)	Stufe 2.1. Rahmenabkommen III über das endgültige Verhältnis
(Oslo I) **4. Mai 1994**	**29.August 1994 und 28. August 1995**	**28. September 1995**	Stufe 2.2. Endgültiger Friedensvertrag
• Sicherheit • Zivile Angelegenheiten • Rechtsprechung und Gesetzgebung • Wirtschaft	• Erziehung und Kultur • Gesundheit • Sozialsystem • Direkte Steuern • Tourismus • Andere Bereiche nach Vereinbarung	• *Teilschritt 1:* Rückzug der Israelis aus den Bevölkerungszentren der Westbank • *Teilschritt2:* Wahlen zum Palästinensischen Rat und Änderung der PLO-Charta	• Jerusalem • Flüchtlinge • Siedlungen • Sicherheit • Land und Grenzen • Staat Palästina • Wasser

- *Teilschritt 3:*
  Rückzug aus
  Hebron
- *Teilschritt 4:*
  Weiterer
  Rückzug aus
  der West-
  bank
  **(geregelt
  durch die
  Abkommen
  von Wye
  und Sharm-
  el-Sheikh)**

Abbildung 4: Diagramm zu Ergebnissen des israelisch-palästinensischen Verhandlungsprozesses (Stand: 24. April 2001)

3. Neue Ansätze für den Friedensprozeß mit Syrien und dem Libanon

3.1. Der Gipfel von Sheperdstown

Der Regierungswechsel in Israel vom 17. Mai 1999 verbesserte in zunehmenden Maße auch die Bemühungen um einen Friedensschluß mit Syrien und damit dem Libanon. Die oberste Devise der Regierung Barak bestand in der Schaffung eines friedlichen Umfeldes unter Berücksichtigung der vitalen Sicherheitsinteressen, so Ehud Barak in seiner Regierungserklärung vor der Knesset, die sich auf die Regierungsleitlinien bezog.[314] Als die Hauptziele seines Kabinetts nannte Ehud Barak einen Abzug der israelischen Truppen aus dem Südlibanon sowie einen *Verhandlungsfrieden* mit Syrien und dem Libanon.

Barak zeigte sich im Gegensatz zu seinem Vorgänger Benjamin Netanyahu in der Syrien-Libanon-Frage flexibler und erklärte sich prinzipiell zu einer Räumung der 1967 besetzten *Golanhöhen* bereit. Eine Wiederaufnahme der Friedensverhandlungen sei ohne Vorbedingungen möglich. Eine Rückgabe der *Golanhöhen* komme jedoch nur im Rahmen eines umfassenden Friedensabkommens in Frage, wenn es erhebliche Konzessionen Syriens hinsichtlich Sicherheitsgarantien und Zugeständnissen an Israel bei der Wasserfrage gebe. Die neue Flexibilität in der israelischen Position brachte alsbald ein Wiederaufleben der Expertengespräche unter Vermittlung der USA. Ab August 1999 trafen sich die Spezialisten unter Vermittlung der ameri-

---

[314] Vgl. die Angaben in: Presse- und Informationsabteilung der Botschaft des Staates Israel in der Bundesrepublik Deutschland (Hrsg.): Auszüge aus den Regierungsrichtlinien der Regierung des Staates Israel (unautorisierte Übersetzung), Jerusalem, im Juli 1999, S. 1, in: (*http://www.israel.de*).

kanischen Außenministerin Madeleine K. Albright und ihres russischen Amtskollegen Igor F. Iwanow. Die syrische Führung bekräftigte ihre Position, wonach es zunächst eine Annäherung in der *Territorialfrage* geben müsse, ehe von Zugeständnissen in Sicherheitsaspekten gesprochen werden könne. Die Amerikaner brachten in den Gesprächsprozeß das Prinzip der Gleichzeitigkeit ein. In seinem Gespräch mit Ehud Barak betonte US-Präsident Bill Clinton, daß diese bereits anvisierte *„Brückenformel"* der Kern von Friedensverhandlungen sein müsse.

Nach zahllosen, auch internen Diplomatenkontakten einigten sich beide Staaten auf die Wiederbelebung des Dialogs. US-Präsident Clinton verkündete am 10. Dezember 1999 im Rosengarten des Weißen Hauses die Wiederbelebung des Kontakts und kündigte ab 13. Dezember Friedensverhandlungen auf höchster Ebene an. Ziel sei, den Durchbruch für den Abschluß einer *Prinzipienerklärung* zu erreichen. Dies könne nur durch ein Gipfeltreffen gelingen. Doch Syriens Präsident Hafiz el-Assad, schwer von Krankheit gezeichnet, scheute ein direktes Gespräch mit Premier Barak. Stattdessen entsandte er seinen Außenminister Faruk el-Shara nach Washington, um in den zentralen Positionen endlich Fortschritte zu erzielen. Barak und el-Shara trafen sich vom 16. bis 18. Dezember 1999 im Weißen Haus und vereinbarten, sich ab Anfang Januar zu Gesprächen in der amerikanischen Kleinstadt Sherperdstown einzufinden.

Der recht abgelegene, idyllische Ort im US-Bundesstaat Maryland war während des amerikanischen Bürgerkrieges 1861-65 ein Schauplatz der Kämpfe zwischen den verfeindeten Nord- und Südstaaten. Diese Begebenheit, so Madeleine K. Albright, zeige, daß frühere Gegner sehr wohl imstande seien, friedlich nebeneinander zu leben. Die Tage des Milleniumswechsels nutzten Israelis und Syrer, um in Expertengesprächen weiter voranzukommen. US-Au-ßenministerin Albright unternahm ihr bestes, um auf ihrer neuen *Pendelmission* ein gutes Klima zwischen Damaskus und Tel Aviv zu schaffen. Hafiz el-Assad machte klar, daß er nicht zu umfassenden Beziehungen zu Israel mit offenen Grenzen, sondern nur zu einem *Kalten Frieden* mit abgesteckten internationalen Grenzen und Sicherheitsgarantien bereit sei. Diese Einstellung behinderte von Beginn an ein Umdenken in der syrischen Position. Premier Barak bestand aber auf der *Gegenseitigkeit* in den bilateralen Beziehungen und einem umfassenden Frieden.[315]

---

[315] Vgl. dazu, Israel Ministry of Foreign Affairs: Israel and Syria to resume Peace Negotiations, December 9, 1999 (*http://www.israel.de*).

Unter diesen schwierigen Vorzeichen trafen sich Premierminister Ehud Barak und Syriens Außenminister Faruk el-Shara am 3. Januar in Sheperdstown. Das Gesprächsklima bezeichneten beide Delegationen schon relativ zeitig als sehr gut, bewegen konnten Barak und el-Schara aber wenig. Die Forderung, daß der syrische Staatschef zu den Verhandlungen hinzustoße, lehnte Damaskus ab. Assad sei erst dann zu einer Kontaktaufnahme bereit, wenn es einen Durchbruch zu verzeichnen gebe. Anders als 1977 der ägyptische Präsident el-Sadat, der mit seiner mutigen Reise nach Jerusalem überhaupt erst den Kanal für die *Nahost-Diplomatie* geöffnet hatte, wollte sich Assad von Beginn an nicht zu weit vorwagen.

Ehud Barak spürte bald, daß sein Optimismus nach schnellen Fortschritten im Friedensprozeß verfrüht war. Zwar zeigte sich el-Schara in der Sache gesprächsbereit, Fortschritte könne es aber erst nach einer israelischen Garantie geben, sich von den *Golanhöhen* zurückzugehen. Die Frage des künftigen *Grenzverlaufs* entwickelte sich zusehens zur Falle. Die in Sheperdstown versammelten Experten trafen mehrmals mit Außenministerin Albright zusammen, Präsident Clinton schaltete sich insgesamt fünf Mal in die Friedensgespräche ein. Die Spannungen an der israelisch-syrischen Grenze nahmen derweil zu, weil Syrien nicht zu Sicherheitsgarantien für einen Truppenabzug Israels aus dem Südlibanon bereit war.

Lexikon: Komplizierter Grenzverlauf
Der *Grenzverlauf* zwischen Israel und Syrien gehört zu den kompliziertesten Punkten in den Nahost-Friedensverhandlungen. Die Grenze ist seit 1923 strittig. Als Folge des Ersten Weltkriegs zogen die Mandatsmächte Frankreich und England in den arabischen Gebieten des ehemaligen Osmanischen Reiches die Grenzen neu. Syrien hat diese Grenze auch nach der Unabhängigkeit von 1946 nie anerkannt. Schon 1923 ging es um die Wasserproblematik: Der *See Genezareth* einschließlich eines zehn Meter breiten Streifens am Nordufer wurde dem damaligen Palästina mit seinen jüdischen Siedlern zugeschlagen.
Zwei Tage nach der Ausrufung des Staates Israel am 14. Mai 1948 wurde der jüdische Staat von seinen arabischen Nachbarn angegriffen. Am 20. Juli 1949 schlossen Syrien und Israel einen Waffenstillstand. Syrische Truppen mußten sich aus einigen Gebieten zurückziehen. Als Folge entstanden u.a. drei entmilitarisierte Zonen. Die neue Trennlinie habe mit der Grenze von 1923 nur noch in zwei Abschnitten übereingestimmt, heißt es in einer Studie des US-Militärexperten Frederic C. Hof.

Als kein Frieden in Sicht war, hätten beide Länder versucht, *„maximalen Vorteil in den strittigen Gebieten"* zu erreichen, heißt es weiter. Bei den Vereinten Nationen seien bis 1966 rund 66.000 Beschwerden Israels und Syriens über Verletzungen des Waffenstillstandes eingegangen, die meisten davon in den entmilitarisierten Zonen. Die militärische Linie am 4. Juni 1967, dem Vorabend des *Sechstagekrieges*, stimmte deshalb weder mit der Grenze von 1923 noch mit dem Waffenstillstandsabkommen von 1949 überein. Syrien stand stellenweise westlich der Grenze von 1923.

Syrien verlangte in den Friedensverhandlungen, daß sich Israel auf die Grenze vom 4. Juni 1967 zurückzieht. Die Regierung in Damaskus beruft sich dabei auf das *Camp-David-Abkommen* vom 17. September 1978 (*Camp David Accords*) und das Friedensabkommen zwischen Israel und Ägypten vom 26. März 1979. Damals hatte Israel das besetzte ägyptische Territorium vollständig geräumt. Die ägyptische *Sinai-Halbinsel* ist heute eine entmilitarisierte Zone, die von multilateralen Truppen kontrolliert wird.[316]

Zwar zeigte sich Ehud Barak bereit, vollständig von den *Golanhöhen* abzuziehen, er verwies aber zugleich auf das vitale Interesse der israelischen Siedler und die infolge der Wasserverteilung komplizierten Sicherheitsinteressen. Der *Gipfel von Sheperdstown* scheiterte zwar nicht direkt, einen Durchbruch konnten aber weder Barak und el-Schara noch die beiden Delegationen erreichen. Nach bald vierjähriger Stagnation verhandelten Israel und Syrien zwar wieder ernsthaft miteinander, einen greifbaren Durchbruch erreichten sie gleichwohl nicht.

Am 10. Januar vereinbarten die beiden Delegationschefs, ihre Gespräche auf *Expertenebene* in den USA fortzusetzen. Nach einem *Dreiertreffen* zwischen Barak, Clinton und el-Schara vereinbarten die beiden Seiten, eine Arbeitsgruppe *„Grenzverlauf"* einzurichten und ein von den USA vorgelegtes Arbeitspapier[317] anzunehmen. In diesem Papier umrissen die USA, wie sie sich eine neue Friedensordnung vorstellten: Die Etablierung einer umfassenden Friedensordnung stehe dabei genauso im Blickpunkt wie sichere Grenzen, normale friedliche Beziehungen, Wasserregelungen, Siedlungen sowie gemeinsame

---

[316] Vgl. dazu Angaben in: Schreiber, Friedrich/Wolffsohn, Michael: Nahost. Geschichte und Struktur des Konflikts, 4., aktualisierte Auflage, Opladen 1996, S. 70 f. Vgl. auch, n-tv-Text vom 17.12.2000, S. 175-76.

[317] Vgl. das Dokument in, Israel Ministry of Foreign Affairs: US sceleton of a framework for peace between Israel and Syria, January 6, 2000 (*http://www.israel.de*).

Rechte und Pflichten. Mit diesem Vermittlungswerk konnten beide Seiten in die Expertengespräche eintreten.

Sheperdstown war zwar eine Etappe, nicht aber der entscheidende Durchbruch auf dem Weg zum umfassenden nahöstlichen Frieden.

3.2. Neue Spirale der Gewalt im Libanon

Während die Experten in Sheperdstown weiter miteinander sprachen, brachen im Libanon neue Kämpfe zwischen der israelischen Armee und der SLA und der *Hisbollah* aus. Die von der Regierung in Damaskus unterstützte *Hisbollah*-Miliz ermordete in der israelisch besetzten Sicherheitszone im Südlibanon drei israelische Soldaten und schoß mehrere dutzend Katjuscha-Raketen auf den Norden des jüdischen Staates ab. Die israelische Armee antwortete mit massivem Artilleriefeuer und flog pausenlos Luftangriff auf Stellungen im Süden des Libanon. Dabei nahm das Militär auch keine Rücksicht mehr auf die Zivilbevölkerung, was faktisch einer Aufkündigung des 1996 abgeschlossenen Waffenstillstandsabkommens gleichkam. Israels Außenminister Levy drohte, daß die *„libanesische Erde brennen werde"*, wenn die *Hisbollah* weiter angreife.

Doch die Übergriffe gingen weiter, ein weiterer israelischer Soldat und ein Angehöriger der SLA starb im Kugelhagel der Schiiten-Miliz. Die israelische Regierung reagierte nun hart: Sie setzte die Kontakte zur Führung in Damaskus aus. Ministerpräsident Barak ordnete eine umfassende Vergeltungsaktion an, um wieder Ruhe an der Nordgrenze zu schaffen. Das Kabinett in Damaskus rief hingegen zur Fortsetzung des bewaffneten Kampfs auf. Eine mehrtägige, blutige Vergeltungsaktion verursachte eine neue Spirale der Gewalt im Nahen Osten. 18 libanesische Zivilisten starben dabei. Die israelische Luftwaffe griff dabei drei Strom-Umspannwerke in den Städten Baalbek, Deir Nbuh und Dschambur an. Tel Aviv bombardierte außerdem vermutete Stellungen der *Hisbollah* in der Sicherheitszone. In dem widerrechtlich besetzten Gebiet kehrte dennoch keine Ruhe ein. Mehrere Bombenattentate erschütterten die israelische Armee. Angesichts der drohenden Gefahr für den Norden rief Israels Premier Barak den Notstand aus. Zugleich bekräftigte er sein Ziel, bis Juli aus dem Südlibanon abzuziehen.

Jetzt waren es wieder die USA, die den Konflikt entschärften. Nach mehrtägigen Gesprächen schlossen Israels Sicherheitskabinett und die libanesische Regierung eine Feuerpause und vereinbarten Gespräche im Rahmen des 1996 vereinbarten *Ceasefire Understanding*. Die Operation hatte gezeigt, wie gespannt die Lage im Nahen Osten nach wie vor war und wie dringend erforderlich eine Friedensregelung mit Syrien und dem Libanon sein mußte.

3.3. Der Genfer Gipfel Clinton-Assad

US-Präsident Bill Clinton unternahm jetzt selbst den Versuch, die Syrer wieder an den Verhandlungstisch zu bringen. In der neutralen und gemütlichen Atmosphäre des Genfer Sees bot sich eine Gelegenheit, mit dem Herrscher aus Damaskus zu konferieren. Clinton verband das Angebot an Hafiz el-Assad nach einer Wiederaufnahme der israelisch-syrischen Friedensgespräche mit milliardenschweren Angeboten für die marode syrische Wirtschaft. So könne sich der Staatschef auf amerikanische Zusagen verlassen, wonach eine Finanzspritze die Wirtschaft wiederbelebe. Hafiz el-Assad reagierte jedoch ablehnend. Ohne eine klare Zusage Israels, sich von den *Golanhöhen* abzuziehen und auf umfassende Beziehungen über normale, friedvolle Kontakte hinaus zu verzichten, werde sich sein Land nicht bewegen.

Präsident Clinton berichtete vor der versammelten Genfer Presse, daß schon allein der Gipfel in einer höchst gespannten Situation verlaufen sei. Er wertete die Haltung Assads als *„höchst desinteressiert"*. Eine Lösung des *Südlibanon-Problems* sei auf diesem Wege ebenso wenig denkbar wie eine abschließende Friedenslösung. Assad sei zwar grundsätzlich zu einem Dialog mit Israel bereit, doch ohne eine verbindliche Zusage zum Rückzug Israels vom *Golan* könne es keine neuen Kontakte geben. Der *Golan* sei der Preis, den Israel für einen umfassenden Frieden zahlen müsse. Aufgrund der an der Grenze Israels zu Syrien herrschenden stabilen Situation seit dem *Waffenstillstand von 1974* gebe es schon einen *quasi-Frieden*. In Sheperdstown war es nach Angaben Clintons beinahe gelungen, das Eis zwischen Tel Aviv und Damaskus zu brechen. Assad habe damals jedoch seinen konzessionsbereiten Außenminister Faruk el-Schara gebremst. Eine Beendigung des *arabisch-israelischen Konflikts* könne es nur geben, wenn Israel von seinem Führungsanspruch in der Region abgehe. Assad zeigte sich selbst bei der Möglichkeit einer Teillösung des Konflikts an der Nordgrenze relativ kompromißlos. Den ersten Schritt müsse Israel gehen, nur so sei eine Entspannung vorstellbar.

Clinton brach nach drei Gesprächsrunden die Konsultationen ab. Er vertrat vor der Presse die Auffassung, daß in der gegenwärtigen Situation mit Hafiz el-Assad keine Lösung zu erzielen sei. Er empfahl Israel, sich auch ohne Abkommen mit Syrien und dem Libanon aus der *Sicherheitszone* im Südlibanon zurückzuziehen. Vielleicht bewege diese Vorleistung die *Sphinx aus Damaskus*, wie Assad in Presseberichten oft bezeichnet wurde, zu Zugeständnissen. Eine schnelle

Lösung sei jedenfalls nicht in Sicht. Der gescheiterte *Genfer Gipfel* veranlaßte Israel, den Abzug seiner Truppen aus dem Libanon zu beschleunigen.

3.4. Der Abzug Israels aus dem Südlibanon

Die Entscheidung fiel schon in der Nacht zum 23. Mai und stellte die vorzeitige Erfüllung eines Wahlversprechens dar: Das israelische *Sicherheitskabinett* gab Ministerpräsident Ehud Barak grünes Licht für einen vorzeitigen Abzug aus dem Südlibanon. Ursprünglich sollte die Besetzung des nördlichen Nachbarlandes am 7. Juli beendet werden. Am 23. Mai begann das Militär unter dem Schutz von Artillerie und Hubschraubern mit dem Rückzug und der Zerstörung von Stützpunkten. Am 24. Mai schließlich verließen die letzten Soldaten das Land. Zwei israelische Militärs schlossen das Tor am Grenzübergang Fatma.

In der libanesischen Hauptstadt Beirut feierten die Menschen in den Straßen den Abzug der israelischen Soldaten. Gleichzeitig machten sich tausende Zivilisten auf den Weg zu ihren Verwandten im Süden Libanons. Die schiitische *Hisbollah*-Miliz, die jahrelang für den Abzug Israels gekämpft hatte, hißte ihr gelbes Siegesbanner auf den verlassenen Stützpunkten der israelischen Soldaten und der mit Israel verbündeten SLA. Den Beschluß zum Rückzug auf die 1923 festgelegte Grenze des Mandatsgebiets hatte das israelische Kabinett bereits am 4. März 2000 beschlossen. Obwohl die Regierung in Tel Aviv zunächst auf einen Abzug im Verhandlungsprozeß mit Syrien gehofft hatte, erkannten Premier Barak und Außenminister Levy schon bald, daß dies angesichts der Eskalation im Nahen Osten nicht durchzusetzen war.

Der Abzugsschritt erfolgte einseitig gemäß der Sicherheitsratsresolution 425 und ohne Sicherheitsgarantien der libanesischen Regierung. Auch die *Hisbollah* feierte ausgiebig den Schritt des jüdischen Staates, lehnte aber die Einstellung der Kampfhandlungen dennoch ab. Sie drang bis in die Gebiete der früheren *Sicherheitszone* vor und stand der israelischen Armee damit auf Sichtweite gegenüber. Barak, Premier und Verteidigungsminister zugleich, kündigte an, sich in die Angelegenheiten des souveränen libanesischen Staates nicht einzumischen. Bei Angriffen auf israelisches Staatsgebiet werde sein Land aber mit heftigen Gegenangriffen reagieren, sehr viel schärfer als die Jahre zuvor, da Is-rael nun nicht mehr an die Resolutionen der Vereinten Nationen gebunden sei.

Lexikon: Chronik des Südlibanonkonflikts

Nach einem Anschlag palästinensischer Untergrundkämpfer 1978 mit 37 Toten marschiert die israelische Armee in den Libanon ein; die Palästinensische Befreiungsorganisation (PLO) soll zerschlagen, Nordisrael besser geschützt werden. Nach einigen Wochen ziehen sich die israelischen Truppen wieder zurück, richten zuvor aber eine 10 km breite *Pufferzone* ein, in der christlich-libanesische Milizionäre patrouillieren. 1982 gelangen israelische Soldaten bis kurz vor die libanesische Hauptstadt Beirut. Während der Kämpfe richten die verbündeten Milizionäre in den palästinensischen Flüchtlingslagern *Sabrah* und *Schatila* Massaker an. 1985 zieht Israel den Großteil der Invasionstruppen ab und errichtet eine 15 km breite Pufferzone an der Nordgrenze – die sogenannte Sicherheitszone.[318] 1991 nimmt Israel im Rahmen der Madrider Friedenskonferenz direkte Gespräche mit dem Libanon auf. Die Regierung in Beirut knüpft Fortschritte an israelisch-syrische Gespräche, die jedoch zu keiner Vereinbarung führen. Im Jahre 1993 bombardiert Israel als Antwort auf Raketenangriffe der Hisbollah eine Woche lang Ziele im Libanon. 130 Menschen, meist Zivilisten, sterben. 300.000 Menschen fliehen. 1996 kommen bei einer weiteren überraschenden Offensive Israels 200 Libanesen ums Leben. Die Militäroperation *„Früchte des Zorns"* gegen die Hisbollah endet mit einer Vereinbarung am 26. April, daß beide Seiten künftig keine zivilen Ziele mehr angreifen. 1998 nimmt Israel die UN-Sicherheitsratsresolution 425 aus dem Jahre 1978 an, in der es zum Rückzug aus dem Südlibanon aufgefordert wird. Allerdings verlangt die Regierung, daß Beirut Raketenangriffe der Hisbollah künftig unterbindet. Libanon verlangt einen bedingungslosen Rückzug.[319]

Die Situation in der Grenzregion beruhigte sich trotzdem weitgehend. Am 16. Juni anerkannte der UNO-Sicherheitsrat den Truppenrückzug der Israelis. UNO-Generalsekretär Koffi Annan begrüßte den Entschluß, betonte aber zugleich, daß der jüdische Staat sich nunmehr auch aus anderen Territorien zurückzuziehen habe. Sein Sonderbeauftragter Terje Rod-Larsen, der schon den Frieden zwischen Israel und der PLO in Oslo ausgehandelt hatte, sprach mit dem israelischen Außenminister Levy über den Grenzverlauf. Die Voraussetzung dafür, daß die UN-Blauhelmtruppe UNIFIL, die seit 1978 stationiert ist, in die Grenzregion vorrücke, sei die Anerkennung der völkerrechtlichen Grenze aus dem Jahre 1923. Israel widersprach dieser Meinung zuerst, da es auf die Situation vor dem *Libanonfeldzug* 1982/83 und auf die

---

[318] Vgl. Berger, Johannes/Büttner, Friedemann/Spuler, Bertold: Nahost-Ploetz. Geschichte der arabisch-islamischen Welt zum NachschlagenWürzburg 1987, S. 120-25.

[319] Zit. nach: n-tv-Text vom 23.5.2000, S. 164-67.

Besetzung der benachbarten *Golanhöhen* verwies. Unter Vermittlung der amerikanischen Außenministerin gelang am 14. Juli 2000 schließlich doch der Durchbruch: Israel anerkannte die Grenze aus dem Jahre 1923 und gab die Beersheba-Farmen dem Libanon zurück. Es behält sich aber das Recht vor, bei Angriffen der *Hisbollah* oder anderer islamischer Gruppen „*angemessen*" zu reagieren.

Mit dem Abzug aus dem Südlibanon erfüllte der israelische Premierminister ein Versprechen aus dem Wahlkampf. Mit oder ohne Einverständnis Syriens vollzog er den Truppenrückzug und beendete damit ein 18-jähriges militärisches Abenteuer, das mit der Bekämpfung der PLO-Kämpfer 1982 begann und in einem *Kleinkrieg* ohne Ende mündete.

IX. DER PROVISORISCHE ENDSTATUS – DER NAHE OSTEN IM ÜBERGANG VON BARAK ZU SHARON (2000/2001)

1. Die Krise im Nahen Osten weitet sich aus
Die mit dem Besuch des israelischen Oppositionsführers Ariel Sharon auf dem Jerusalemer Tempelberg ausgelöste Krise im israelisch-palästinensischen Verhältnis hat das Klima im Nahen Osten deutlich verschärft: Zwar verringerte sich Anfang November 2000 die Gefahr einer direkten bewaffneten Auseinandersetzung zwischen Tel Aviv und Gaza auf ein Minimum, die gewalttätigen Auseinandersetzungen auf den palästinensischen Straßen und die Zahl der Terroranschläge erhöhten sich aber um ein Vielfaches. Der Weg zurück zu den *Endstatus-Gesprächen* war verbaut.

Dafür gab es mehrere Gründe: Zum einen erkannten beide Seiten, daß der *Status quo* in den bilateralen Beziehungen (sog. *Provisorischer Endstatus*) durchaus dem reellen Bestreben beider Seiten nach Gestaltung der beiderseitigen Kontakte entsprach. Die Extremisten bei Israelis wie bei Palästinensern gewannen ungewohnt stark an Zulauf. Hatte die radikal-islamische *Hamas* noch im Februar 2000 über einen Stimmenanteil von unter 15 % in den palästinensisch verwalteten Territorien verfügt, kam sie laut Umfragen des Statistischen Zentralamtes der Palästinensischen Autonomiebehörde auf knapp 28 %. Die rechtsextremen Parteien im jüdischen Staat würden laut Umfragen der Hebräischen Universität Jerusalem mittlerweile knapp 15 % in ihrer Gesamtheit auf sich vereinen.[320]

Die Formen des Konflikts trugen Israelis und Araber auf verschiedene Weise aus, ihr politischer Stellenwert verursachte ein Klima von Haß und Fanatismus. Tagtäglich veröffentlichte die internationale Presse neue Meldungen über Tote und Verletzte der schweren Straßenkämpfe und Schießereien, immer deutlicher wurde dem Beobachter, wie tief die Feindschaft zwischen beiden Völkern noch immer ist. Trotz der in *Oslo* eingeleiteten Aussöhnung war ein Ende des *Konflikts* nicht absehbar.

2. Diplomatie scheitert an neuer Gewaltwelle
Das faktische Ende der *Osloer Verträge* und die stillschweigende Zementierung des *Provisorischen Endstatus* symbolisierte sich in der bald alltäglichen Gewalt auf den Straßen des entstehenden palästi-nensischen Staates und in den harten Reaktionen der israelischen

---

[320] Die Zahlen sind entnommen: FAZ vom 19.12.2000, S. 7.

Polizei- und Armeekräfte auf die arabischen Attacken. Trotz Feuergefechten sprachen aber Israel und die palästinensische Autonomieführung wieder miteinander. Hoffnung auf eine Wiederaufnahme der Friedensverhandlungen keimte. Nach über einem Monat Funkstille telefonierten Premier Barak und Präsident Arafat wieder miteinander. In dem Gespräch soll Arafat zugestanden haben, keine volle Kontrolle über die Lage mehr zu besitzen, sich aber für eine Eindämmung der Gewalt einsetzen zu wollen.

Lexikon: Beschleunigter Weg zum Rahmenabkommen über den Endstatus?
Trotz der blutigen *Al-Aksa-Intifada* und des limitierten Waffengangs im Nahen Osten halten beide Seiten an dem Ziel fest, ein *Rahmenabkommen über den Endstatus* der bilateralen Beziehungen auszuarbeiten. Unterhändler der Israelis und der Palästinenser bereiteten in mehrwöchigen Expertengesprächen in Washington das Grundgerüst der Nahost-Friedensarchitektur vor.
Die Frage, wie die Differenzen mit amerikanischer Hilfe überbrückt werden können, blieb zunächst offen. Die israelische Seite wünschte mehr Entgegenkommen der Palästinenser in der Kernfrage des Rechts auf Rückkehr für mehr als 3,5 Millionen Exil-Palästinenser. Die PLO-Führung wiederum beharrte auf Zugeständnisse der Israelis in der Jerusalem-Frage. Premier Ehud Barak bekräftigte jedoch, daß er nicht zu Kompromissen in der Frage der palästinensischen Souveränität auf den von beiden Seiten als Heiligtum verehrten Tempelberg bereit sei. Dafür wolle Israel bis zu 95 % des Westjordanlandes an die Palästinenser abzutreten.[321]

Am Abend des 1. November 2000 traf Arafat zudem mit dem israelischen Kabinettsminister Shimon Peres zusammen. Noch in der gleichen Woche wollten Israels amtierender Außenminister Shlomo Ben-Ami und der palästinensische Chefunterhändler Saeb Erakat zusammenkommen. UNO-Generalsekretär Koffi Annan schaltete sich in die diplomatischen Bemühungen des Westens ein. Sogar der deutsche Bundeskanzler Gerhard Schröder und der russische Staatschef Wladimir W. Putin vermittelten auf diplomatischer Ebene.[322]

Dem ungeachtet hielten die Spannungen in der Region an, drohten sich sogar noch auszuweiten. Fast täglich griffen palästinensische Demonstranten in den Novembertagen 2000 israelische Einrichtungen und jüdische Posten im Westjordanland an. Die Zahl der israelischen

---

[321] Zit. nach: FTD vom 2.11.2000, S. 11.
[322] Vgl. Ebd.

Armee stieg jetzt genauso rasant wie die unseglich hohe Zahl der Opfer auf palästinensischer Seite. *„Auge um Auge"*, *„Zahn um Zahn"* lautete das Motto. Auf jede Attacke der palästinensischen Gruppen *El-Fatah*, *Hamas* und *Dschihad* antwortete der jüdische Staat mit harter Hand. Mitte November änderte die israelische Regierung zudem ihre Strategie. Die Armee wurde nunmehr permanent an der Seite der bewaffneten Polizeikräfte eingesetzt und zudem zur *„Gefahrenab-wehr"* schon vorher offensiv antworten. Der Beschuß jüdischer Siedlungen aus den Palästinensergebieten wurde nach der Entscheidung des Sicherheitskabinetts vom 10. November mit stundenlangem Panzer- und Artilleriefeuer sowie gezielten Luftangriffen von Hubschraubern erwidert. Zwischen den Palästinensergebieten und dem israelischen Kernland sind Grenzbefestigungsanlagen zu errichten. Das Konzept der *einseitigen Abtrennung* Israels von den Palästinensergebieten schritt voran.[323]

Auf einer Kundgebung aus Anlaß des fünften Jahrestages der Ermordung von Yitzhak Rabin erläuterte Premierminister Ehud Barak seine Konzeption. Der Regierungschef betonte, daß er trotz der Auseinandersetzungen an einem endgültigen Abkommen mit der PLO festhält, *„daß durch Verhandlungen zustandekommt und nicht unter internationalem Zwang oder Diktat [...]"* und *„Israels vitale Interessen sichert und gleichzeitig einen gemeinsamen Rahmen für Leben und Kooperation mit den Palästinensern schafft."*[324] Eine klare Vision, wie er diese Ideen umsetzen will, blieb Barak schuldig. Stattdessen verstrickte sich der Premier, der sich gern als der politische Erbe Rabins sieht, in immer neue, tiefe Widersprüche. Dem Druck der Armee und der rechten Siedlerverbände einerseits sowie der Friedenskräfte in Israel und der arabischen Staaten andererseits gerecht zu werden, vermochte Barak immer weniger.

Stattdessen stand er unter zunehmendem Beschuß aus den eigenen Reihen. Profillos und ohne auch nur ein Minimalziel zu formulieren, trat er der arabischen Welt gegenüber, versuchte zeitgleich, die heterogenen politischen Kräfte im eigenen Lager zu besänftigen. Doch die pragmatische Vision, die ein Regierungschef dieses Landes benötigt, fehlte ihm vollständig. Dies hängt zum einen damit zusammen, daß Ehud Barak noch immer nach der Mentalität des Generalstabschefs handelt, Entscheidungen allein zu fällen und weder Berater noch sein

---

[323] Vgl. Ebd.
[324] Zit. nach: Israelische Botschaft in der Bundesrepublik Deutschland (Hrsg.): Premierminister Barak - Israel wird jede Möglichkeit für Frieden mit den Palästinensern ausschöpfen. Mitteilungen vom Medienberater des Premierministers, in: (*http://www.israel.de*).

Kabinett hinzuzuziehen. Die Isolation, in die sich der einstige Kib-
buznik damit begab, symbolisierte zugleich den Charakter der Enge
Israels im Nahen Osten. Noch nie – weder unter Rabin, Peres oder gar
Netanyahu – stand Israel im 52. Jahr seines Bestehens so am Scheideweg wie in den Herbsttagen des Milleniumsjahres.

Die Situation in den palästinensischen Gebieten beruhigte sich zwar
im Vergleich zu dem Gewaltausbruch in den Oktobertagen, aber die
Intensität der Gewalt nahm unverdrossen zu. In ihrem Unabhängig-
keitsstreben nutzten die Palästinenser nahezu jedes Mittel des Widerstandes. Auf Anraten seines Kabinetts übte Präsident Arafat den
Schulterschluß mit den Terrorgruppen von *Hamas* und *Dschihad*. Und
auch die *Fatah*-Bewegung des PLO-Chefs rief offen zum *„Generalaufstand"* gegen die Besatzungsherrschaft auf.[325] Die Freilassung
bereits inhaftierter Terroristen aus palästinensischen Gefängnissen
verursachte ein Klima der Unsicherheit und der Angst, das zu einer
Serie von Terroranschlägen in Israel/Palästina führte. Die Israelis
antworteten ihrerseits mit tagelanger militärischer Gewalt, die an den
Guerillakrieg im Südlibanon erinnerte. Höhepunkt der Vergeltungs-
aktionen war der Beschuß von Gaza-Stadt mit Hubschraubern und
Panzern.

Lexikon: Terror und Gewalt im Nahen Osten
3. November 2000: Bei der Explosion einer Autobombe in West-
Jerusalem sterben zwei israelische Passanten, zehn werden leicht
verletzt. Drei palästinensische Polizisten werden von israelischen
Militärpolizisten im Westjordanland erschossen.
14. November 2000: Schwerer Beschuß der jüdischen Siedlung Gilo
bei Jerusalem. Israelische Armee antwortet mit Panzer- und Artilleriefeuer auf die palästinensischen Orte Beit Sahur und Beit Schala bei
Bethlehem. Ein jüdischer Siedler und eine Palästinenserin sterben im
Kugelhagel.
28./29. November 2000: Bei zwei Selbstmordattentaten der *Hamas*
im Distrikt Gaza sterben insgesamt fünf Israeli, darunter auch drei
Kinder. Barak läßt den Distrikt durch Panzersperren in einen Nord-
und einen Südteil abriegeln und antwortet mit dreitägigen Luftangriffen auf Gaza-Stadt. 10 Palästinenser sterben. Ägypten unterbricht
die diplomatischen Beziehungen zu Israel durch die Abberufung des
Botschafters, bekennt sich aber zu den Prinzipien des Friedensvertrages mit Israel. Die israelische Regierung lockert nach einem
arabischen Wirtschaftsembargo die Sanktionen gegen die palästinensi-

---

[325] Vgl. dazu, FTD vom 5.12.2000, S. 16.

schen Territorien. Jordanien schließt sich dem Boykott nicht an und stellt sich auf Seiten des jüdischen Staates.

2. Dezember 2000: Die *El-Fatah* ruft zum „*Generalaufstand*" gegen Israel auf. Der Aufruf führt zu zweitägigen schweren Kämpfen in den autonomen Gebieten. 20 Menschen sterben.

3. Dezember 2000: Bei einem palästinensischen Terroranschlag in Tel Aviv sterben zwei Juden und der Attentäter. 30 Menschen erleiden Verletzungen. Premier Barak bezichtigt die Palästinenser der Förderung des Terrorismus und läßt mehrere Kommandozentralen der *Fatah*-Bewegung Arafats in Ramallah beschließen. Die Palästinenser antworten mit Maschinengewehr-Feuer auf jüdische Siedlungen. Sechs Israeli erleiden z.T. schwere Verletzungen.

31. Dezember 2000: Palästinenser erschießen den israelischen Rechtsextremisten Kahane und seine Frau bei Ofra/Ramallah. Wenige Stunden später stirbt ein führender *Fatah*-Funktionär durch Schüsse einer israelischen Eliteeinheit.

1./2. Januar 2001: Palästinensische Extremisten verüben ein Bombenattentat in der israelischen Kleinstadt Netanya. 54 Juden werden verletzt. Ein Palästinenser wird von einem jüdischen Siedler nahe Nablus getötet. Anfang des Jahres waren bei den Ausschreitungen seit Ende September 2000 ca. 350 Menschen, überwiegend Araber, getötet worden. Die Palästinensergebiete werden hermetisch abgeriegelt, der Flughafen in Gaza geschlossen. Premier Barak droht die „*einseitige Abtrennung*" Palästinas vom israelischen Kernland und eine Aussetzung der Friedensgespräche an.[326]

Die Folge: Die arabischen Staaten – mit Ausnahme Jordaniens – froren sämtliche Beziehungen zum jüdischen Staat ein, Ägypten berief sogar seinen Botschafter ab. Eindringlich folgten Warnungen aus der gesamten arabischen Welt, daß eine weitere Verschärfung der Spannungen mit den Palästinensern zu einem direkten Konflikt mit den Hauptstädten der Arabischen Welt führen könne. Der Staat Israel befand sich in einem unerklärten Ausnahmezustand, der Friedensprozeß existierte nur noch auf dem Papier.

3. Wirtschaftliches Fiasko der jüngsten Nahost-Krise

Die politische Krise hatte auch tiefgreifende wirtschaftliche Auswirkungen auf Israel und die wirtschaftlich von ihm abhängigen palästinensischen Territorien. Bis Anfang September 2000 betrug die Wachstumsrate 6,4 %. Im Vergleich zu dem Schaden, die die palästinensische Volkswirtschaft nahm, war der jüdische Staat jedoch „*relativ wenig betroffen*". Insgesamt liege die Verlustsumme bei rund

---

[326] Zit. nach: den aktuellen Angaben der FTD.

einer Milliarde US-$ pro Jahr, das ist ein Prozent des gesamten Bruttosozialprodukts.

Ziel des israelischen Wirtschaftsministeriums sei die Rückgewinnung israelischer Arbeitskräfte, vor allem der israelischen Araber. Während 1996 noch 150 000 Israelis auf dem Bau arbeiteten, seien es 2000 nur noch gut 110 000. Für die Palästinenser bedeute diese Entwicklung langfristig große Einbußen. Dazu komme, daß die Arabische Liga Israel zu Ausgleichszahlungen in Milliardenhöhe aufgefordert habe. Durch die permanente Abriegelung der Palästinensergebiete infolge Gewalt und Blockade entstünden Schäden von ca. 700 Millionen US-$. Mehr als 300 Firmen im Westjordanland und im Distrikt Gaza hätten inzwischen ihren Betrieb eingestellt. 63 % der arbeitsfähigen Palästinenser seien arbeitslos. Aus diesem Grunde hat die Weltbank der palästinensischen Autonomie eine Soforthife in Höhe von 12 Millionen US-$ bewilligt.[327]

Das Hauptproblem besteht jedoch in der fast vollständigen Abhängigkeit der palästinensischen Wirtschaft vom israelischen Business. Etwa 90 % der Exporte gehen auf den israelischen Markt. Die Autonomiegebiete beziehen den Strom und Teile des Wassers aus Israel. Telefoniert wird über israelische Netze, und der Handel wird zum Großteil über israelische Häfen abgewickelt.[328] Aus diesem Grund fürchten die Palästinenser die Folgen, die bei der einseitigen Ausrufung eines palästinensischen Staates entstehen könnten, denn Israel hatte vor allem mit massiven wirtschaftlichen Sanktionen gedroht, sollten die Palästinenser ihre Selbständigkeit proklamieren.

Lexikon: Der Kampf um einen unabhängigen Staat Palästina
15. November 1988: An diesem Tag erklärten die Palästinenser in Algier bereits ihre Unabhängigkeit – einseitig und ohne nennenswerte Folgen.
4. Mai 1999: An diesem Tag sollte nach dem Ablauf der fünfjährigen Frist aus dem Übergangsabkommen der Staat Palästina ausgerufen werden. Um zwei Wochen vor dem Urnengang jedoch nicht den Wahlausgang in Israel zu beeinflussen, wurde die Proklamation verschoben.
13. September 2000: Die neue Frist für den Ablauf der Übergangsperiode nach dem *Memorandum von Sharm-el-Sheikh* war der neue Termin. Wegen der laufenden Friedensverhandlungen wurde die Ausrufung aber erneut verschoben.[329]

---

[327] Die Angaben sind entnommen: FTD vom 7.12.2000, S. 17.
[328] Vgl. Ebd.
[329] Zit. nach: FTD vom 14.11.2000, S. 16.

Die Situation ähnelte immer stärker einem Teufelskreislauf: Wenn die Menschen wegen der Versorgungsengpässe Not leiden, wird das Gewaltpotential weiter steigen. Damit wiederum bleibt Israels Rechtfertigung bestehen, die Einreisesperre aufrechtzuerhalten. Die *einseitige Abtrennung* Israels von den palästinensischen Gebieten wurde von der Autonomiebehörde nur aus politischen Erwägungen gefordert, wirtschaftlich werden die Palästinenser auch bei künftig politisch getrennten Einheiten eine sehr enge ökonomische Kooperation mit Israel anstreben müssen. Auch für die israelische Nahrungsmittelindustrie sind durchlässige Grenzen für den Handel von Vorteil. Rund 20 % der in Israel produzierten Nahrungsmittel werden auf dem palästinensischen Markt abgesetzt. Zudem trägt die fruchtbare Bodenkultur in den palästinensischen Gebieten zu einer reichhaltigen Ernte bei, die für den jüdischen Staat unverzichtbar ist.[330]

Auch im Bereich der Infrastruktur ist eine Teilung zwischen Israel und dem künftigen Palästina bestenfalls langfristig denkbar. *„Es gibt vorläufig keine realistische Chance, in diesem Bereich eine Trennung zu schaffen. Wir können den Palästinensern nicht den Strom abdrehen"*[331], so Gabi Bar, Vize-Generaldirektor im israelischen Industrie- und Handelsministerium. Auch die Lieferung israelischer Waren in die Autonomiegebiete gehe schon wieder voran, so Bar. Die Exporte würden an Straßenkontrollpunkten übergeben. Die israelischen Kunden fahren nicht mehr direkt in die zu 53 % von den Palästinensern verwalteten Gebiete der Westbank.[332]

Die wirtschaftliche Abhängigkeit in der Phase des *Provisorischen Endstatus* bestimmt wesentlich die Konturen der politischen Beziehungen und die Strukturen für ein *Rahmenabkommen über den Endstatus*.

Die politischen Pläne, die bis zur Jahreswende ins Zentrum standen, orientierten sich weitgehend an der neuen Realität im Nahen Osten. Premier Barak schlug der Palästinenserführung vor, in kleinen Schritten die strittigen Fragen zu diskutieren. Anstatt den *Rahmen des Endstatus* bereits jetzt auszuarbeiten, gelte es, in Punkten, die lösbar seien, sofort zu einer Übereinkunft zu gelangen. Dazu gehört nach Baraks Überzeugung die Gründung des Staates Palästina, der Grenzverlauf im Westen und die Konzentration jüdischer Siedlungen in Blöcke. Barak stellte auch den bereits für Juni 2000 geplanten Rück-

---

[330] Vgl. FTD vom 8.11.2000, S. 17.
[331] Zit. nach: Ebd.
[332] Vgl. Ebd.

zug aus 10 % palästinensischen Landes in Aussicht, um so einen Gebietsstreifen herzustellen, der den Menschen die israelischen Straßenkontrollen erspart. Im Gegenzug sollten die Palästinenser die Extremisten der *Hamas* unter Kontrolle halten und Gewalt unterbinden.[333]

Die Palästinenser fürchteten dagegen, daß aus jeder neuen Übergangslösung leicht eine Verfestigung des *Provisorischen Endstatus* werden kann. Die beiden Aspekte Jerusalem und das Rückkehrrecht für die palästinensischen Flüchtlinge können jederzeit wieder den Volkszorn wecken, solange sie nicht befriedigend für beide Seiten gelöst sind. Palästinenserpräsident Yassir Arafat favorisiert das Konzept des *„großen Sprungs"* ohne Aussparung irgendeiner Frage. Die bisher seit der Aushandlung der *Osloer Verträge* durchgeführten Etappen im Friedensprozeß greifen nicht mehr, so die Auffassung des Kabinetts in Gaza. *„Ehud Barak ist die größte Katastrophe an israelischer Politik seit dem Abschluß der Osloer Verträge"*, so der palästinensische Minister für äußere Kooperation, Nabil Schaath. Seit der *„Auszeit"* im Friedensprozeß im Oktober erklärte Barak im In- und Ausland tagtäglich etwas Neues, was er zu gedenken tue oder (in schwammigen Formulierungen) demnächst umsetzen wolle.[334] *„Warum sollen wir uns darüber nicht einigen können"*, sagte Barak in Tel Aviv. Offenbar hält Barak Yassir Arafat doch für einen *„Partner im Friedensprozeß"*.[335] Barak wies u.a. *„entschieden"* die Forderung der Palästinenser ab, in den autonomen Gebieten eine UNO-Blauhelmtruppe zu stationieren. Dies untergrabe den *„jüdischen Charakter von Judäa* und *Samaria"* und schade dem Ansehen Israels, da die Vereinten Nationen traditionell pro-arabische Beschlüsse faßten. Barak vergaß bei seiner Argumentation vor der Knesset, daß erst auf wesentliches Betreiben der Vereinten Nationen das Ende der massiven Gewaltwelle in der Nahost-Region zustandegekommen ist. Zwar verurteilte die Weltgemeinschaft in einer Resolution vom 7. Oktober 2000 die *„fortgesetzte massive Gewaltanwendung Israels in den arabischen Gebieten Palästinas"*[336], bekundete aber zugleich, *„nur Verhandlungen können zum Ende des Konflikts zwischen Israelis und Arabern beitragen."*[337] Dem israelischen Premierminister gelang es nicht, in

---

[333] Vgl. FTD vom 11.12.2000, S. 11.

[334] Vgl. dazu auch, Israel Ministry of Foreign Affairs: PM Barak - Time-Out in Peace Process to reassess diplomatic process in light of recent events. Communicated by Prime Minister's Media Adviser, Jerusalem October 22, 2000, in: (*http://www.israel.de*).

[335] Vgl. FTD vom 11.12.2000, S. 11.

[336] Zit. nach: Ebd.

[337] Zit. nach: Ebd.

seiner Argumentation Abstand von der UNO-Skepsis des jüdischen Staates zu nehmen.[338]

Lexikon: UNO-Schutztruppe für Palästina
Aufgrund der Auseinandersetzungen zwischen Israel und den Palästinensern war häufig von der Entsendung einer Schutztruppe der Vereinten Nationen die Rede. Für die Bereitstellung einer Blauhelmtruppe ist ein Mandat des UNO-Sicherheitsrates erforderlich. Die Palästinenser fordern eine bewaffnete, 2000 Mann starke Schutztruppe der Vereinten Nationen für die Autonomiegebiete. Die Israelis lehnen UNO-Soldaten ab. Die Vereinten Nationen hätten aus ihrer Sicht die Palästinenser einseitig unterstützt. Ohne Zustimmung der Beteiligten kann die UNO jedoch keine Schutztruppe entsenden.[339]

Ein klares Angebot an vertrauensbildenden Schritten ließ Barak zudem vermissen. Stattdessen versuchte er durch extravagante politische Fehlkonstruktionen seinen angeblichen Friedenswillen zu demonstrieren. Gewiß stabilisierte sich die Situation in den Palästinensergebieten wieder. Die israelischen Truppen zogen sich auf ihre Linien vor dem 28. September zurück, die Palästinenserpolizei unterband Großdemonstrationen in den autonomen Gebieten, die Sicherheitskooperation funktionierte im Großen und Ganzen wieder wie bis zum September. Der politische Prozeß kam aber erwartungsgemäß nicht wieder in Gang. Zu tief waren die Differenzen zwischen beiden Seiten, als unüberbrückbar schienen die Positionen von Israelis und Palästinensern in den *Kernfragen* des gemeinsamen Konflikts.[340]

In dieser Situation der festgefahrenen Verhandlungspositionen platzte die handfesteste Regierungskrise in Israel seit dem Ende der Regierung Netanyahu.

4. *„Uneins über den richtigen Weg zum Frieden"*[341]
Premierminister Ehud Barak, jener Mann, der 1999 ausgezogen war, einer der schwersten Konflikte nach dem Zweiten Weltkrieg zu beenden, geriet bereits nach dem erfolglosen Ende des Gipfels von *Camp David* unter den massiven Beschuß der heterogenen Kräfte im israelischen Parlament. Die Asymetrie des Parteiensystems versinnbildlichte sich wieder einmal symptomatisch am Beispiel des nahöstlichen Friedensprozesses. Aufgrund angeblich zu vieler Zugeständ-

---

[338] Vgl. Israel Ministry of Foreign Affairs: Israel submitts protest to UN Security Council, in: (*http://www.israel.de*).
[339] Zit. nach: FTD vom 9.11.2000, S. 21.
[340] Vgl. FTD vom 4./5.11.2000, S. 1.
[341] Zit. nach: FTD vom 11.12.2000, S. 11.

nisse war die Acht-Parteien-Koalition in der Knesset am Konflikt über den *Osloer Prozeß* gescheitert, Barak regierte seit August nur noch mit einer Minderheitsregierung, die kurzzeitig von der ultraorthodoxen *Schas*-Partei toleriert wurde. Sein Ziel, wegen der angespannten außenpolitischen Lage eine Regierung der nationalen Einheit mit dem konservativen *Likud*-Block zu bilden, scheiterte an der Forderung des Parteivorsitzenden Ariel Sharon, ein Veto im Friedensprozeß mit den Palästinensern zu besitzen. Außerdem bezeichnete Sharon Barak als den Schuldigen, der mit seinen fast schon utopisch anmutenden Zugeständnissen an die Araber sich immer mehr Forderungen von Arafat konfrontiert sah.

Die Argumentation Sharons teilte die Mehrzahl der kleinen religiösen und ultraorthodoxen Parteien. Daß Barak in *Camp David* ganz offen das Tabu gebrochen hatte, über den Status Jerusalems zu sprechen, war Sakrileg genug. Den Palästinensern aber die Teilung der Souveränität über die *Heilige Stadt* anzubieten, durfte keinesfalls toleriert werden. *„Zum Glück haben die Palästinenser den Plan Baraks nicht angenommen"*[342], argumentierte der frühere Premierminister Benjamin Netanyahu. *„Er entspricht weder den vitalen Sicherheitsinteressen Israels noch den Bedürfnissen der Palästinenser nach Aussöhnung im Nahen Osten."*[343] Die in den Regierungsrichtlinien von 1999 festgelegte Zielsetzung, Jerusalem sei die ewige und unteilbare Hauptstadt Israels, dürfe der jüdische Staat nie aufgeben.

Barak verstrickte sich in immer größere Widersprüche. Einerseits strebte er einen gerechten und umfassenden Frieden im Nahen Osten an, andererseits konnte er auf die Gunst der sie umgebenden Kräfte in Israel aus innenpolitischen Gründen nicht verzichten. In der Knesset war eine Mehrheit für Baraks Vorstellungen zum *abschließenden Rahmenabkommen* nicht absehbar. Daher hatte das israelische Parlament bereits im August 2000 in erster Lesung einem Gesetz zu seiner Selbstauflösung zugestimmt. Nach Beendigung der Sommerpause bestätigte die Knesset den Gesetzentwurf in drei weiteren Lesungen. Um der Minderheitskoalition des sozialdemokratischen Premiers angesichts der eskalierenden Gewaltspirale mit den Palästinensern ein Verbleiben im Amt zu ermöglichen, sagte die orthodoxe *Schas* ein vierwöchiges Moratorium zu, das sie aber Ende November aufkündigte. Ihre Forderung nach Bildung einer *„Regierung der nationalen Einheit"* scheiterte am Widerstand des *Likud* unter Ariel

---

[342] Zit. nach: Ebd.
[343] Zit. nach: FAZ vom 15.11.2000, S. 2.

Sharon, weil das liberal-konservative Parteienbündnis auf der baldigen Durchführung von Neuwahlen bestand.

Lexikon: Baraks Stufenplan gegen Gewalt
Zur Beendigung der Gewaltwelle zwischen Israelis und Palästinensern arbeitete der israelische Premierminister Ehud Barak einen *„Stufenplan"* aus, der auf der Grundlage der Absprachen von Sharm-el-Sheikh zur Wiederaufnahme der abgebrochenen Kontakte beitragen soll:
- Sicherheitszusammenarbeit. So sollen beide Seiten die Sicherheitskooperation wiederaufnehmen. Grundlage sind eine ganze Reihe von Gesprächen. Der Chef des israelischen Inlandsgeheimdienstes Schin Beith, Avi Dichter, hatte mit seinem palästinensischen Amtskollegen, Mohammed Dahlan, konferiert. Israels Tourismusminister Amnon Lipkin-Schachak traf mit Palästinenserpräsident Yassir Arafat zusammen. Die Sicherheitsabsprachen fanden im Beisein des CIA sowie Ägyptens und Jordaniens statt.
- Embargo-Lockerung. Als weiteres Annäherungszeichen lockerte Israel die Sanktionen. So durften Benzin und Grundnahrungsmittel wieder in den Distrikt Gaza transportiert werden. Die rund 100 Tankstellen in diesem Gebiet waren tagelang geschlossen gewesen.
- Finalität des Plans. Auf der Grundlage der *„Politik der kleinen Schritte"* wird eine Wiederaufnahme der Friedensverhandlungen über ein *Rahmenabkommen zum Dauerstatus* angestrebt.[344]

Ehud Barak ging nun mit zwei Schritten in die Offensive: Am 29. November 2000 erklärte er vor den versammelten Mitgliedern der Knesset, daß sein Kabinett und er der Auflösung des Abgeordnetenhauses und Neuwahlen zur 15. Knesset zustimmen werden. Mit seinem Schritt kam Barak einer Abstimmungsniederlage im Parlament und seinem Sturz zuvor. Am 10. Dezember reichte Premierminister Barak Staatspräsident Moshe Katzav seinen Rücktritt ein. *„Wahlen sind unbedingt notwendig, um uns ein neues Handlungsmandat zu verleihen"*, so Barak nach seinem einsam getroffenen Schritt und der erneuten Nominierung durch die Arbeitspartei. Palästinenserführer Yassir Arafat sagte, die politischen Ränkespiele in Israel würden den Friedensprozeß mit Sicherheit stören. *„Die Friedensgespräche bleiben unterbrochen, bis die Wahlen vorbei sind"*, so der 73-jährige Arafat. Aber zumindestens eine Eindämmung der Gewalt liege im Bereich des Möglichen auf beiden Seiten.

---

[344] Zit. nach: FTD vom 28.11.2000, S. 19.

Den Streit, wie der richtige Weg zum *dauerhaften Frieden* im Nahen Osten gegangen werden kann, durchzog die israelische Innenpolitik in diesen Herbsttagen des Milleniumsjahres und verursachte in Vorbereitung für die anstehende Premierminister-Wahl am 6. Februar 2001 ein regelrechtes Hickhack der verschiedenen politischen Kräfte. Bis zum 21. Dezember 2000, 24.00 Uhr, mußten sich die Kandidaten anmelden, sofern sie die Unterstützung von mindestens 10 Knesset-Abgeordneten besaßen. Premierminister Barak und der *Likud*-Vorsitzende Ariel Sharon ließen sich jeweils als Vorsitzende ihrer Parteien nominieren. Doch noch zwei weitere Matadoren in Israels politischem Geschäft warfen ihren Hut in den Ring: Shimon Peres verstand sich stets als der Hüter der *Idee von Oslo* und als der politische Erbe Yitzhak Rabins. Mit seiner Kandidatur gegen Barak wollte der Taktiker Peres den Druck auf den amtierenden Premier um ein Vielfaches erhöhen. Aber die liberale *Meretz*-Partei verweigerte ihm die erforderlichen zehn Mandate für die Nominierung, um Baraks Chance nicht zu schmälern.

Plötzlich schien auch Baraks Amtsvorgänger Netanyahu wie *Phönix aus der Asche* zu steigen. Der Ex-Premier erfreute sich einer Beliebtheit wie seit Jahren nicht mehr. Noch zwei Jahre vorher an seiner zu kompromißbereiten Haltung den Palästinensern gegenüber aus dem politischen Alltagsgeschäft des jüdischen Staates verschwunden, buhlte der 52-jährige erneut um die Gunst der Wähler. Diese sollten sich an die seiner Auffassung nach relativ ruhigen Jahre der *Likud*-Regierung Netanyahus im *Nahost-Friedensprozeß* erinnern. Die Wiederherstellung von Stabilität und die Bereitschaft zu einer echten Versöhnung nach innen und außen gehörten zu den unverzichtbaren Säulen der Politik des rechtskonservativen *Likud*. Doch die Hoffnungen Netanyahus zerschlugen sich schon bald.

Damit war Anfang Februar 2001 der Zweikampf zwischen dem amtierenden Premier Barak und dem konservativen Parteichef Sharon vorprogrammiert. Wer diese Wahlen gewinnen würde, hing wesentlich davon ab, was bis zum Wahltermin noch im Friedensprozeß erreicht werden konnte.

5. *Kontinuität des Provisorischen Endstatus*

Die Hoffnung hatte er trotz Baraks Rücktritt nie aufgegeben, aber die Realität ließ ihn zunehmend zweifeln: Der scheidende amerikanische Präsident Bill Clinton ließ sich nicht zur *lame duke* degradieren, sondern blieb seinem Ziel einer *dauerhaften Friedensregelung* im Nahen Osten treu. Schon kurz nach der Präsidentschaftswahl am 7. November entwickelte er mit seinem Noch-Präsidenten-Stab Pläne zur

Wiederaufnahme der Friedensverhandlungen. Die Atempause Mitte November war ideal, um die verfeindeten Parteien wieder an den Verhandlungstisch zu bringen. Zudem begann am 11. Dezember die aufgrund der *Deklaration von Sharm-el-Sheikh* vereinbarte Kommission zur Untersuchung der Unruhen im Nahen Osten ihre Arbeit. *„Ihr Zweck ist eine Analyse der Lage, um zu sehen, ob wir beiden Seiten Empfehlungen für die Zukunft machen können"*,[345] sagte der EU-Beauftragte Javier Solana nach einem Gespräch mit Israels amtierenden Außenminister Ben-Ami. Die Kommission bemühe sich um Objektivität trotz der angeheizten Situation in Israel und den Palästinenser-Gebieten. Sie wird vom früheren US-Senator George Mitchell geleitet und soll ein unabhängiges Stimmungsbild entwerfen. Der norwegische Außenminister Thorbjoern Jagland soll von europäischer Seite die Neutralität sichern. *„Wir hoffen, daß unsere Arbeit dabei helfen wird, das Ausmaß der Gewalt zu reduzieren, die so viele Menschenleben gefordert hat"*[346], sagte Mitchell nach dem Treffen mit Premier Barak. Es wird sich zeigen, was der Ansatz von Sharm-el-Sheikh bewirken wird.

Nach der Ausrufung der Premierministerwahlen in Israel versammelte Clinton die Verhandlungsdelegationen der Israelis und der Palästinenser am 19. Dezember 2000 zu einer neuen Runde der Friedensgespräche. Nachdem Präsident Clinton beide Verhandlungs-Teams zu einem kurzen persönlichen Gespräch empfangen hatte, stellte er das Ziel in den Raum, bis zum Ablauf seiner regulären Amtszeit am 20. Januar noch ein *Rahmenabkommen über den Dauerstatus* abzuschließen. Daß es kompliziert sein würde, diese *Finalität* zu verwirklichen, war Clinton und den Konfliktparteien aber schon bei den Vorgesprächen klar: *„During the course of this week, we except them to touch on all the key issues in the Middle East Peace Process."*[347] Zugleich betonte Präsident Clinton: *„This is their timetable. It's their peace process. It's not our time table. So how they proceed is up to them."*[348]

Nach den ergebnislosen Vorgesprächen von Mitte Dezember übernahm Präsident Clinton mit einem neuen Vorstoß die Führung in der Gesprächsagenda. Er formulierte eine neue Friedensbotschaft an Israelis und Palästinenser und forderte binnen 72 Stunden eine Antwort

---

[345] Zit. nach: FTD vom 12.12.2000, S. 14.
[346] Zit. nach: Ebd.
[347] Zit. nach: Israel Ministry of Foreign Affairs: New final Peace Talks begin in Washington, December 19, 2000, in: (*http://www.israel.de*), S. 2.
[348] Zit. nach: Ebd.

auf seine Pläne zum *Rahmenabkommen über den dauerhaften Endstatus.*

Lexikon: Der US-Vorschlag für ein dauerhaftes Rahmenabkommen
Grundsatz. Der nicht veröffentlichte Plan sieht nach Rundfunk-
berichten eine *„Prinzipien-Erklärung"* vor, die vor ihrer Umsetzung
weitere Verhandlungen erfordert.
Teilung Jerusalems. Wichtigster Punkt ist die Teilung Jerusalems,
wenn im Zuge der Etablierung des abschließenden Rahmenabkommens ein palästinensischer Staat errichtet wird. Die Palästinenser
erhielten demnach *„unter Bedingungen"* die Kontrolle über die arabischen Viertel in Jerusalem sowie den Tempelberg mit der Al-Aksa-
Moschee und dem Felsendom. Die jüdischen und christlichen Viertel
sowie die Klagemauer am Fuße des Tempelbergs verbleiben dagegen
unter der Souveränität Israels. Ferner soll Israel einen Zugang zu
archäologischen Orten unter der Al-Aksa-Moschee erhalten.
Palästinensische Flüchtlinge. Im Gegenzug für die Kontrolle des
Großteils der Jerusalemer Altstadt verzichten die Palästinenser fast
vollständig auf das Rückkehrrecht für ihre Flüchtlinge. Nach UN-
Schätzungen sind rund 3,7 Millionen Palästinenser davon betroffen.
Die meisten von ihnen waren bei der Staatsgründung Israels 1948
vertrieben worden. Sie erhalten das Recht, in einem zukünftigen
palästinensischen Staat zu leben, nicht aber auf israelischem Gebiet.
Zurückkehren können unter *„humanitären Kriterien"* lediglich einige
zehntausend Palästinenser.
Abschließender Truppen-Rückzug. Israel würde sich nach dem US-
Plan außerdem komplett aus dem Distrikt Gaza und zu 95 % aus dem
Westjordanland zurückziehen. Die Grenzen zwischen Israel und dem
Palästinenser-Staat würden dann auf denen vor dem *Sechs-Tage-Krieg*
von 1967 basieren. Vorgesehen sind *„kleine Korrekturen".*
Jüdische Siedlungen. Der Großteil der jüdischen Siedlungen im
Westjordanland würde durch Gebietstausch Israel zugeschlagen. 60
bis 70 isoliert liegende jüdische Siedlungen würden evakuiert und den
Palästinensern als *„Entschädigung"* übergeben. Israel könnte Gebiete
annektieren, in denen 80 % der 200.000 jüdischen Siedler wohnen.
Mehrere Palästinensergebiete im Distrikt Gaza und im Westjordanland soll Israel 20 Jahre lang nutzen dürfen.[349]

Doch die Reaktionen im Nahen Osten waren eher verhalten bis
reserviert. Das Recht für die palästinensischen Flüchtlinge auf Rückkehr in ihre Heimatorte nach Israel war im Clinton-Papier gar nicht
enthalten. Für die Palästinenserführung erwies sich dies als *„Fall-*

---

[349] Zit. nach: Ebd.

strick" für einen Friedensschluß. Israels Regierung kritisierte besonders die von Clinton geforderte Teilung der Souveränität auf dem
Jerusalemer Tempelberg. Premier Barak verwies darauf, daß Israel
nicht auf ein *„Kernstück der jüdischen Identität"* verzichten könne. Er
sei zwar bereit, der PLO die Souveränität über die arabischen Viertel
der *Heiligen Stadt* zu übertragen, könne jedoch keinen Vertrag sig-
nieren, der schon im Ansatz diese Identität antaste. Daraufhin erklärten die Palästinenser, sie hielten die US-amerikanischen Vorschläge
für nicht praktikabel. In der kurzen Zeit vor dem Präsidentenwechsel
im *Oval Office* und den israelischen Premierministerwahlen mache
eine unnötige Hast wenig Sinn. Die neue, von den Republikanern
dominierte US-Administration sei zudem für die arabische Seite ein
objektiverer Vermittlungspartner. Die Israelis behaupteten genau das
Gegenteil.

Selbst bei Annahme des Clinton-Plans dürfte ein von Barak ausgehan-
deltes *permanentes Rahmenabkommen* kaum Bestand haben, sollte der
konservative *Likud*-Block in Tel Aviv an die Macht kommen. Gleichwohl räumte Präsident Arafat einem Verhandlungsfrieden mit *Likud*-
Chef Sharon größere Perspektiven ein, wie es sich in der Friedensbotschaft des Hardliners zum Ende des Fastenmonats Ramadan zeigte. In
der Hoffnung auf einen dauerhaften und umfassenden Frieden mit
dem palästinensischen Volk wolle er im Interesse einer Aussöhnung
mit der arabischen Seite *„entscheidende und schmerzhafte Konzessionen"* machen, heißt es in dem Brief an Arafat. Dieser setzt offenbar
der Chance nach einem Ausgleich mit einem erklärten Feind wie
Sharon größere Chancen entgegen als einer neuen *Prinzipienerklärung* mit dem lavierenden Barak. Der *provisorische Endstatus*, eine
Art *Status quo* nach dem faktischen Ende der *Osloer Verträge*, erwies
sich auch einen Monat vor der Neuwahl am 6. Februar 2001 als die
bestimmende Ordnung im Nahen Osten.

Zum Jahreswechsel drohte eine neue Welle von Gewalt und Terror die
Hoffnungen auf einen Frieden im Nahen Osten endgültig zu begraben:
Terroranschläge, bürgerkriegsähnliche Ausschreitungen in Palästina
und wechselseitige Überfälle jüdischer und palästinensischer Extre-
misten erschütterten die *Architektur des Friedensprozesses* in ihren
Grundfesten. Erstmals sprach Premier Barak von der Möglichkeit
einer regionalen Eskalation, was erneut die Gefahr der Provokation
der arabischen Seite zur Folge hatte. Ein Gespräch Arafats mit Clinton
am 2. Januar 2001 brachte zwar die Notwendigkeit einschneidender
Schritte im Friedensdialog zutage, einen Durchbruch konnten beide
Präsidenten gleichwohl nicht finden. Diesen Versuch unternahmen
Israel und die PLO-Führung kurz vor den Premierministerwahlen im

jüdischen Staat an einem Ort, der sie schon einmal im Friedensprozeß inspiriert hatte – Taba.

6. Die Taba- Verhandlungen

Idylle und Harmonie waren zwar groß am Roten Meer, Fortschritte brachte der Gipfel von Taba gleichwohl nicht: Wie schon so oft im Reigen des nahöstlichen Verhandlungsmarathons erwies sich die Materie der *Palästina-Frage* als ein schier unauflösbares Geflecht der Aspekte von 1948 und 1967.

In ihrer wöchentlichen Kabinettssitzung legte die israelische Regierung von Premier Barak von Beginn an klare Maßstäbe für die Gespräche fest, die sich weitgehend am Clinton-Plan orientierten. Erstens dürften die palästinensischen Flüchtlinge keinesfalls zurückkehren. Zweitens ist Premierminister Barak nicht berechtigt, die von Israel (beanspruchte) Souveränität über den Tempelberg aufzugeben. Drittens sollen 80 % der Siedlungen *„ in Judäa, Samaria und Gaza"* in Siedlungsblöcken unter der Souveränität des jüdischen Staates verbleiben. Für die Palästinenser waren diese Maximen der Barak-Regierung unannehmbar. Sie blieben bei ihren Forderungen: Erstens sei den palästinensischen Flüchtlingen aus dem Krieg 1948/49 das Recht zur Rückkehr zu gewähren. Zweitens beanspruche die Autonomiebehörde die Kontrolle über den Tempelberg und über Ost-Jerusalem. Und drittens hätte Israel alle Siedlungen in der Westbank und im Distrikt Gaza aufzulösen.

Lexikon: Der Badeort Taba

Der Badeort. Der ägyptisch-israelische Badeort Taba, in dem die Marathonverhandlungen stattfinden, hat Symbolwert für den Friedensprozeß im Nahen Osten. Das kleine Stück Land am Roten Meer liegt am Nordende des Golfs von Akaba und zehn Kilometer südlich der israelischen Stadt Eilat. Im *Sechs-Tage-Krieg* 1967 eroberten die Israelis Taba und bauten es zu einem Tourismuszentrum aus. Nach dem Friedensvertrag von Camp David zog sich Israel zwar von der Sinai-Halbinsel zurück, behielt aber zunächst Taba. Erst im Zuge eines Sonderabkommens ging es 1989 an Ägypten zurück.

Bedeutung für den Oslo-Prozeß. Taba war schon einmal Schauplatz wichtiger Verhandlungen zwischen Israel und den Palästinensern. 1995 fanden dort die Gespräche statt, die zum Übergangsabkommen (Oslo II) für die palästinensischen Gebieten führten. Zwei Jahre nach dem Rahmenabkommen von Oslo (Oslo I) vereinbarten der israelische Ministerpräsident Yitzhak Rabin und PLO-Chef Yassir Arafat den

Rückzug Israels aus dem größten Teil des Westjordanlandes. Dieses Abkommen wurde am 28. Mai 1995 in Washington unterzeichnet.[350]

Für die auf 10 Tage angesetzten Gespräche ergab sich wenig Handlungsspielraum. Überschattet von mehreren Terrorakten der Palästinenser und mehrfach unterbrochen, kamen beide Seiten nur minimal voran. Im Abschlußkommunique des Gipfels verwiesen beide Seiten auf jene Aspekte, die sich aus der Analyse regeln ließen. *„The negotation teams discussed four main themes: refugees, security, borders and Jerusalem, with a goal to reach a permanent agreement that will bring an end to the conflict betwenn them and provide peace to both people."*[351] Die Vorschläge von Präsident Clinton seien mit Respekt aufgenommen und unter Beachtung der von beiden Seiten getroffenen Einschränkungen berücksichtigt worden. *„On all these issues there was substantial progress in the understanding of the other side's positions and in some of them the two sides grew closer".*[352] Das Ziel bestand im Abschluß eines Abkommens *„on all the issues."*[353]

Allerdings war es in der Kürze der Zeit und beim Umfang der Materie nicht möglich, die Differenzen zu überwinden. Deshalb hätten beide Seiten die Taba-Gespräche mit der Maxime geschlossen, ein Abkommen nach den israelischen Wahlen zu schließen. *„We leave Taba in a spirit of hope and mutual achievment, acknowleding that the foundations have been laid both in reestablishing mutual confidence and in having progressed in a substantive engagement on all core issues."*[354] Beide Seiten dankten ausdrücklich Präsident Mubarak und der Europäischen Union als den Schirmherren, daß sie den Verhandlungen durch ihre Hilfe Substanz verliehen hätten.

Bereits einen Tag nach Unterzeichnung des Kommuniques setzte Premier Barak die Verhandlungen mit der Autonomieführung bis zu den Premierministerwahlen am 6. Februar aus. Allerdings blieben die Kontakte im Bereich der Sicherheitszusammenarbeit aufrechterhalten. Präsident Arafat und seine Landsleute sollen zunächst der Bekämpfung des Terrorismus widmen, ehe weiter über die politischen Aspekte verhandelt werden könne. Damit war klar, daß bis zu den angesetzten Neuwahlen am 6. Februar keine Friedenslösung zu erreichen war.

---

[350] Zit. nach: FTD vom 26./27.1.2001, S. 13.
[351] Zit. nach: Israel Ministry of Foreign Affairs: Israeli-Palestinian Joint Statement, January 27, 2001, S. 1, in: *(http://www.israel.de)*.
[352] Zit. nach: Ebd., S. 2.
[353] Zit. nach: Ebd.
[354] Zit. nach: Ebd.

7. Folgen der Regierungswechsels in Israel 2001 für den nahöstlichen Friedensprozeß

7.1. Die Premierministerwahlen 2001

„Sharon-Shalom". So lautete während des Wahlkampfs der Slogan des *Likud*-Blocks. Am Abend des 6. Februar stand der Wahlsieg des konservativen Oppositionsführers fest, und die Wähler hatten sich so eindeutig wie noch nie zuvor seit der Einführung der Direktwahl des Ministerpräsidenten entschieden. Der Jubel hielt sich in Grenzen, obwohl die Stimmung an die politische Lage nach dem Wahlsieg der Arbeitspartei Yitzhak Rabins im Juni 1992 erinnerte. Wenngleich mit Unterschieden.

Sharon bekundete in seiner ersten Äußerung nach dem triumphalen Wahlsieg, daß nur ein geeintes Israel stark sein kann. Er wolle ein guter Premierminister für alle Israelis sein. *„Die von der Zick-Zack-Politik des amtierenden Premiers Ehud Barak tief enttäuschten Israelis honorierten Scharons Versprechen, für Frieden und Sicherheit gleichermaßen zu sorgen mit Umfragewerten von mehr als 50 Prozent".*[355] Zugleich bleibt aber auch festzustellen, daß *„mit dem beinahe sicheren Wahlsieg des Likud-Politikers [...] die Angst vor einer Destabilisierung des Nahen und Mittleren Ostens"*[356] zurückkehrt. *„Außer einer neuen Ölkrise – und seien es nur psychologisch bedingte Preissteigerungen und Marktturbulenzen – fürchten einige Beobachter kriegerische Konflikte."*[357]

Und die Analyse der Stimmenresultate zeigt, wie eindeutig das Resultat ausfiel. Bei 4,504,769 wahlberechtigten Israelis gaben 2,805,938 ihre Stimme ab. 2,722,021 Stimmen waren gültig, 83,917 Stimmen ungültig. Die Wahlbeteiligung lag bei 62,28 %. Auf den Likud-Politiker Ariel Sharon entfielen 1,698,077 Stimmen, das sind 62,39 %. Ehud Barak erhielt 1,023,944 Stimmen, dies entspricht 37,61 %. So deutlich hatte die israelische Bevölkerung noch nie für einen Politiker gestimmt.[358]

Viele Israelis setzten in den neuen Premierminister große Hoffnungen. Insbesondere die jüngeren Menschen waren des Lavierens des Amtsvorgängers Barak leid. Stattdessen wünschten sie sich eine Rückkehr des Konzepts *Frieden in Sicherheit*, das bereits Benjamin Netanyahu verfolgt hatte. Ins Zentrum seiner Politik stellte Sharon

---

[355] Zit. nach: FTD vom 2.2.2001, S. 29.
[356] Zit. nach: Ebd.
[357] Ebd.
[358] Vgl. die Angaben in: FTD vom 7.2.2001, S. 1.

von Beginn an die Politik der Stärke gegenüber den Palästinensern bei Fortsetzung des *Friedensprozesses von Oslo*, der unter Barak vollständig zum Erliegen gekommen war. Sharons blutige Vergangenheit aus dem Libanon-Krieg war dabei ebenso wenig vergessen wie seine feindselige Haltung gegenüber den arabischen Staaten.

Schon deshalb wird nicht zuletzt vom Risikofaktor Sharon gesprochen. Einerseits löste Sharon mit seinem provokativen Besuch auf dem Jerusalemer Tempelberg die jüngste *Al-Aksa-Intifada* aus. *"Scharon war es auch, der mit seinem Schlachtruf 'Greift Euch die Hügel' den systematischen Ausbau jüdischer Siedlungen in den Palästinensergebieten vorantrieb."*[359] Doch auf der anderen Seite war Sharon maßgeblich am Frieden mit Ägypten in den 70er Jahren beteiligt. *"Die Siedlungen auf der Sinai-Halbinsel wurden gewaltsam geräumt. Auch die Notwendigkeit eines palästinensischen Staates erkennt er im Prinzip längst an."*[360]

Die Widersprüchlichkeit des Ariel Sharon verbindet den *Likud*-Chef weitgehend mit Shimon Peres, den Matadoren des Friedensprozesses. Schon deshalb plädierte Sharon frühzeitig für die Bildung einer Großen Koalition, die sowohl in Israel als auch in Amerika, Europa und in der arabischen Welt als ein Signal für die Fortsetzung des Friedensprozesses betrachtet wurde. Skepsis blieb dennoch erhalten. Besonders das Zaudern Ehud Baraks nach seiner Abwahl verdeutlichte signifikant den Zustand des israelischen Parteiensystems und ließ nichts Gutes erwarten. Das Ein-Mann-Regime in der Arbeitspartei, das Barak errichtet hatte, habe die schlimmste Niederlage in der Geschichte der israelischen Arbeitspartei ausgelöst. *"Ohne mich als Verteidigungsminister wird es keine Koalition geben"*[361], so Barak vollmundig vor der Presse in Jerusalem. Doch der an den Zick-Zack-Kurs gewöhnte Rabin-Zögling täuschte sich.

Nach einer ganzen Reihe von Intrigen in der eigenen Partei verzichtete Barak schließlich auf das ihm angebotene Verteidigungsressort, legte den Vorsitz der Arbeitspartei nieder und trat auch auf das Mandat in der Knesset nicht an. Der Weg war frei für die Bildung der anvisierten Großen Koalition. Shimon Peres äußerte sich wenig verständnisvoll für das Bild, das von Sharon als einem Hardliner gezeichnet wurde. *"Scharon glaubt an die Macht und versteht die Grenzen der Macht*

---

[359] Zit. nach: FTD vom 2.2.2001, S. 29.
[360] Zit. nach: Ebd.
[361] Zit. nach: FTD vom 21.2.2001, S. 18.

nicht, [...] aber heute gewinnt man Kriege nicht mehr auf dem Schlachtfeld, sondern auf den TV-Bildschirmen."[362]

Schuld an der vertrakten Verhandlungssituation habe besonders Ehud Barak, weil er die Gespräche über den *Endstatus* zu sehr beschleunigte. *„Das sind zwei Völker wütend aufeiander, beschuldigen sich gegenseitig. Wir müssen uns zusammensetzen und darüber reden, wie man die Wut- und Gewaltausbrüche eindämmen kann.*"[363] Auf der Tagesordnung stünden nunmehr Gespräche über die Bedinungen, über die man überhaupt verhandeln könne. Die Verhandlungen mit den Palästinensern gängen weiter: *„ Wir haben keine Wahl. Wir nicht, und sie auch nicht.*"[364] Deshalb verständigten er und Sharon sich in den Regierungsrichtlinien auf die Fortsetzung des Friedensprozesses in einem langsameren Verfahren. Die Aussagen sind aber so widersprüchlich, daß ein Blick auf die israelische Kabinettsliste genügt, um sich ein Bild von der komplizierten Situation zu machen.

Die Arithmetik, die in der neuen israelischen Koalitionsregierung gefunden wurde, versinnbildlicht diesen Kompromiß. Das Kabinett wird flankiert von der Arbeitspartei auf der linken Mitte und dem *Likud* auf der rechten Mitte. Die Schas-Partei bildet das *„Zünglein an der Waage“*, ergänzt durch die Zentrum-Partei. Durch die Beteiligung der russischen Einwandererpartei *Israel B'Aliya* an der Sharon-Regierung sicherte sich diese mittlerweile stark angestiegene Bevölkerungsgruppe im jüdischen Staat ihren Einfluß. Desweiteren entsendet die als rechtsextrem eingestufte Partei Nationale Union-Unser Haus einen Minister in die Koalition.

Personell bedeutet die Bildung der Großen Koalition eine Verbindung altbewährter Politprominenz mit den Neuerungen, die sich seit einem Jahrzehnt in der israelischen Politik ergeben hatten. Premier Sharon und Außenminister Peres sorgten für die Kontinuität in der israelischen Politik. Das Verteidigungsressort übernahm der als Hardliner in der israelischen Arbeitspartei geltende bisherige Kommunikationsminister Benjamin Ben-Eliser. Bemerkenswert war die Berufung der Rabin-Tochter, Dalia Rabin-Peelosof, zu dessen Stellvertreterin. Finanzminister Silvan Shalom und vor allem der Minister für innere Sicherheit, Uzi Landau, stehen für eine harte Haltung gegenüber den Palästinensern. Ebenso tendiert der neue Infrastrukturminister, Avigdor Liberman, deutlich zur Verschärfung des Kurses gegenüber den Palästinensern. Auch die Berufung von Nathan Scharanski (*Israel*

---

[362] Zit. nach: FTD vom 7.2.2001, S. 14.

[363] Zit. nach: Ebd.

[364] Zit. nach: Ebd.

B'Aliya) zum Wohnungsbau- und Eli Suissa (*Schas*) zum Jerusalem-Minister spricht für eine härtere Gangart in den israelisch-palästinensischen Beziehungen. Geradezu bemerkenswert war die Ernennung des arabischen Israelis Salach Tarif zum Minister für arabische Angelegenheiten. Erstmals ist damit der Vertreter der arabischen Minderheit in einem Kabinett vertreten.[365]

7.2. Veränderungen im Friedensprozeß durch die Bildung der Großen Koalition in Israel
Die Heterogenität und Widersprüchlichkeit der neuen Kabinettsarithmetik widerspiegelte auch die komplizierte Ausgangslage für das weitere israelisch-palästinensische Verhältnis.

Im Unterschied zu Premierminister Barak legte sich der von den meisten als Hardliner gehandelte Sharon auf das folgende Verhaltensmuster fest: *„Da keine entsprechenden Dokumente unterzeichnet werden, versteht es sich eigentlich von selbst, dass Israel de iure zu keinerlei Abmachungen verpflichtet ist."*[366] Die Gespräche mit der PLO-Führung bleiben unterbrochen, bis sich die Autonomiebehörde klar von Terror und Gewalt verabschiedet. Israel wird alle von der Knesset verabschiedeten Verträge und Abmachungen einhalten, die bereits umgesetzt worden waren oder zur Umsetzung geplant sind. Andererseits hat der jüdische Staat das Recht, bei palästinensischen Angriffen künftig ohne Vorwarnung zurückzuschlagen. Dies werde er dann auch noch mit größerer Härte durchgesetzt als unter den früheren Regierungen.

Die neue Konstellation bedeutet friedenspolitisch eine Wiederholung des *no-war/no-peace*-Zustandes aus den 80er Jahren. Die bis zum Juni 2000 im Friedensprozeß erreichten Fortschritte werden nicht angetastet, der *Osloer Prozeß* also fortgesetzt. Zugleich könne nur größere Härte gegenüber den Palästinensern zu einer Veränderung in deren Denken führen. Zuerst sind Terror und Gewalt zu stoppen, beginnen die Verhandlungen. Sharon hat mit Shimon Peres als Außenminister einen Mann an seiner Seite, der ihn durch die Jahre in der israelischen Politik begleitete. Beide Politiker verbindet eine Männerfreundschaft, die alles verkörpert, was die israelische Politik an Gemeinsamkeiten, aber auch an Widersprüchen aufzubieten hat. Über verschiedene politische Lager hinweg korrespondierten sowohl der *Likud*-Chef als auch der *„temporäre"* Vorsitzende der *MifligethaAwoda* seit Jahrzehnten über die Tagespolitik wie über künftige Strategien für den jüdischen

---

[365] Vgl. die Angaben in: FTD vom 8.3.2001, S. 16.
[366] Zit. nach NZZ vom 12.2.2001, S. 1. Die Abmachungen beziehen sich auf die informellen Absprachen des Gipfeltreffens von Taba.

Staat. Bei allen Unterschieden: Das gemeinsame Anliegen – der Staat Israel – verbindet die äußerlich so verschiedenen Politiker. Dem Tandem Rabin/Peres der Jahre 1992-95 folgt das Tandem Sharon/Peres.

Für den *Nahost-Friedensprozeß* wie für die Zukunft der israelischen Wirtschaft hatte Sharon von Beginn an jedoch eigene Vorstellungen entwickelt. Realistische politische Abkommen stünden im Blickpunkt, die die *„existentiellen und historischen Interessen Israels"* berücksichtigten.[367] Von den Palästinern kamen von Beginn an unterschiedliche Signale auf die Wahl des *Likud*-Politikers. Während Palästinserführer Arafat die Sharon-Wahl begrüßte, äußerten sich führende PLO-Politiker reserviert bis ablehnend. Planungsminister Nabil Schaath erinnerte Sharon daran, daß es *„internationale Verträge einzuhalten"* gilt.[368]

Die neue US-Administration äußerte sich von Beginn an reservierter gegenüber den von Clinton unterstützten Friedensprozeß: *„ George W. Bush wird die Dinge behutsamer angehen als sein Vorgänger und sich nicht in gleicher Massen persönlich engagieren. [...] Die Grundlinie der republikanischen Aussenpolitik besteht darin, Konflikte nach Möglichkeit zu vermeiden, um nicht Fuerwehr spielen zu müssen.*[369] Auf eine stärkere Einbindung der Europäer brauchen die Nahost-Konfliktparteien kaum zu hoffen: *Sie* (die Außenminister der Europäischen Union, der Autor) *wollen zudem aus politischen Gründen ihre Akzeptanz beider Konfliktparteien, aber auch aus finanziellen Erwägungen die Situation vermeiden, in der sie die Parteien praktisch allein finanzieren müssen.*[370]

7.3. Wirtschaftliche Folgen des Regierungswechsels in Israel
Auch die israelische Wirtschaft hatte allein die Aussicht eines Wahlsiegs von Sharon den Friedensprozeß ins Stocken gebracht: *„Die Kursen sanken am Wahltag auf ein 14-Monats-Tief"* und auch die Analysten begründeten *„die deutliche Unruhe auf den Märkten mit den schlechten Verhandlungsaussichten und der Befürchtung"*, daß *„Sharon die Haushaltsdisziplin der Regierung Barak möglicherweise nicht fortsetzen wird: mehr Sicherheit á la Sharon werde mehr Geld kosten.*[371]

---

[367] Zit. nach: FTD vom 8.2.2001, S. 11.
[368] Zit. nach: Ebd.
[369] Zit. nach: NZZ vom 13.2.2001, S. 1.
[370] Zit. nach: NZZ vom 27.2.2001, S. 1.
[371] Zit. nach: FTD vom 8.2.2001, S. 11.

Da eine funktionierende Volkswirtschaft aber einen Friedensfaktor darstellt, mußte auch Sharon diesem Faktor Rechnung tragen: Sein Konzept einer *„modernen Wirtschaft"* stand im Einklang mit der Haushaltspolitik konservativ dominierter Regierungen: Eine restriktive Haushaltsdisziplin sowie Preisstabilität versprach der *Likud*-Chef. Über den Faktor Wirtschaft lasse sich sehr wohl auch der Frieden mit den Palästinensern und den arabischen Nachbarn ankurbeln. Seine Vision ist verblüffend: *„Ohne einen staatlichen Schekel zu investieren, können Entsalzungsanlagen errichtet werden."*[372] Wirtschaftliche Kooperation wirke zudem friedenssichernd: *„Ich glaube an Projekte, bei denen jede Seite etwas zu verlieren hat."*[373] Kontakte nach Ägypten, Jordanien und zu den Palästinensern bestünden bereits. Nur so könne eine staatliche Kooperation wirken. Wichtig sei ihm die Aufhebung der politischen Bewegungslosigkeit.

Dies ist auch in Hinsicht auf die israelische wie die palästinensische Volkswirtschaft zu beachten. Infolge des stagnierenden Friedensprozesses schrumpft das palästinensische Bruttoinlandsprodukt 2001 um mindestens 11 %, wenn die Blockade der palästinensischen Territorien bestehen bleibt. Bevor weitere 60 Millionen Euro ausgezahlt werden, müßten die Palästinenser zunächst einen Sparhaushalt verabschieden. Vor den Unruhen waren bereits 75 Millionen Euro an die Autonomiebehörde Arafats ausgezahlt worden. Sharons erste Schritte berücksichtigten auch auf die wirtschaftliche Situation ein. Die israelische Armee lockerte die Absperrungen. Die bisher wegen der *Al-Aksa-Intifada* zurückgehaltenen Steuer- und Zollgelder stünden den Palästinenser ohne Zweifel zu. Doch zunächst müsse sich Palästinenserführer Arafat vom Terrorismus lossagen, andernfalls flössen keine Transferleistungen.[374]

Die Außenminister der Arabischen Liga reagierten prompt: Sie stellten sich hinter die Forderungen der Palästinenser und beschlossen eine Finanzhilfe in Millionenhöhe. Doch nicht einmal ein Bruchteil der versprochenen *„Soforthilfe"* spendeten die arabischen Staaten. Nach Angaben des Palästinenservertreters bei der Arabischen Liga zahlten sie von der im Oktober versprochenen 1 Mrd. US-$ gerade einmal 10 Mio. US-$.[375] Zwar versprachen die Europäer die Einberufung einer Geberkonferenz, gleichwohl war nicht ersichtlich, daß in den nächsten zehn bis zwölf Monaten eine derartige Zusammenkunft geplant war.

---

[372] Zit. nach: FTD vom 31.1.2001, S. 15.
[373] Zit. nach: Ebd.
[374] Zit. nach: Ebd.
[375] Vgl. die Angaben in: FTD vom 14.3.2001, S. 16.

7.4. Eskalation und politischer Stillstand

Die politische Lage im Nahen Osten ist zum Ende der Regierungszeit von Ehud Barak und der Übernahme der Regierungsgeschäfte durch Ariel Sharon sehr unübersichtlich. Einerseits steigt täglich die Kriegsgefahr, verdichten sich die Meldungen über einen bevorstehenden *Krieg* in der Nahost-Region. Andererseits suchen die wenigen noch verbliebenen moderate Kräfte auf beiden Seiten nach einem tragfähigen Kompromiß für eine *dauerhafte Friedensregelung,* die jedoch im Augenblick nicht absehbar ist.

Die Intensität der Gewaltanwendung auf beiden Seiten verschärfte sich infolge des Regierungswechsels in Israel drastisch. Die Angriffe auf eine syrische Radarstation im Libanon birgt zudem die Gefahr in sich, daß der *Palästina-Konflikt* zu einer militärischen Eskalation im gesamten Nahen Osten beiträgt: *„This military escalation is a vicious attempt to bring out people to their knees, but the world should realize that these people will not give into gangs. "*[376]

Lexikon: Syrische Truppen im Libanon
Syrien hat im Libanon gut 30.000 Soldaten stationiert. Die Stellungen liegen im gesamten Land, allerdings nicht direkt an der Grenze zu Israel. Syrien hatte 1976 in den Bürgerkrieg zwischen christlichen, muslimischen und palästinensischen Milizen im Libanon eingegriffen. Faktisch hat Syrien die Kontrolle über den Libanon. Nach dem Abzug israelischer Truppen aus dem Grenzgebiet im Mai 2000 hat auch Syrien begonnen, die Zahl seiner Soldaten im Libanon zu reduzieren. Militärisch ist Syrien deutlich schwächer als Israel.[377]

Lexikon: Der neue israelische Gaza-Einmarsch
Israel hatte in der Nacht zum 16. April erstmals seit 1994 die Kontrolle über den autonomen Teil des Gaza-Distrikts übernommen. Dem Einmarsch war ein palästinensischer Angriff auf die israelische Stadt Sderot vorausgegangen, für den die Palästinenser-Organisation *Hamas* die Verantwortung übernahm. US-Außenminister Powell bezeichnete den Einmarsch als *„exzessiv und unverhältnismäßig".* Auch die Bundesregierung in Berlin äußerte sich *„außerordentlich besorgt"* über die neue Eskalation der Gewalt im Nahen Osten.[378]

Die Situation erinnert in besonders fataler Weise an die 80er Jahre. Außerdem führt die Abriegelung der von den Palästinensern verwalteten Gebiete zu einem wirtschaftlichen Fiasko. Eine Auflösung

---

[376] Zit. nach: International Herald Tribune vom 18.4.2001, S. 4.
[377] Zit. nach: n-tv-Text vom 16.4.2001, S. 163.
[378] Zit. nach: n-tv-Text vom 17.4.2001, S. 165.

dieses *no-war/no-peace*-Zustandes ist im gegenwärtigen Stadium nicht absehbar. Gleichwohl ist es berechtigt, nach Lösungsoptionen für den *Nahost-Konflikt* zu diskutieren.

X. OPTIONEN FÜR EINE FRIEDENSREGELUNG IM NAHEN OSTEN.

1. Die Lösung der Palästina-Frage

Der *Palästina-Konflikt* ist unter komplizierten historischen und politischen Bedingungen entstanden. Die Konditionen, die zu seiner Beendigung führen können, erscheinen mindestens doppelt so schwierig:
Der bisherige Friedensprozeß zwischen Israel und den Palästinensern
schuf zwar ein vernünftiges *Junktim* von Vertragsvereinbarungen, war
aber zu gleichen Teilen auch auf die Fortsetzung der dem Konflikt
innewohnenden Strukturen ausgerichtet. Sie manifestieren sich im
vorab beschriebenen *Provisorischen Endstatus*.

Die Jahre seit dem Abschluß der *Osloer Verträge* haben jedoch eines
bewiesen: Nur ein *dauerhaftes Friedensabkommen* bringt dem Nahen
Osten wirklich Aussöhnung und führt zu einem Ausgleich der diver-
gierenden Interessen. Die Finalität der *Palästinafrage* ist in einem
vernünftigen Miteinander beider Völker zu suchen, denn beide Parteien brauchen aufgrund ihrer Historie einander, nur schwerlich läßt
sich zudem eine vollständige Trennung durchsetzen. Diese Finalität ist
in einem möglichst raschen Zeitraum zu vollziehen und kann in
mehreren Etappen geschehen. Dabei ist die komplizierte Arithmetik
der Nahost-Region zu beachten.

*„Das regionale Bezugssystem der arabischen Staaten besteht [...] aus
einem inneren Kreis, den sogenannten Konfrontationsstaaten* (oder
auch Frontstaaten, S.L.) *Ägypten, Jordanien, Syrien und Libanon,
sowie dem äußeren Kreis, den sogenannten Tiefenstaaten Saudi-
Arabien, Kuwait, Irak und Libyen".*[379]
Das *Koordinatensystem* im Nahen Osten hat sich inzwischen
verschoben. Die Frontstaaten Ägypten und Jordanien schlossen
Friedensverträge mit dem jüdischen Staat, die Palästinenser sind durch
die brüchigen Zwischenvereinbarungen von Oslo in eine begrenzte
und temporäre Autonomie eingebunden. Syrien und der Libanon ver-
weilen in einem permanenten Waffenstillstand mit Israel, daran ändert
auch der Abzug Israels aus dem Südlibanon nichts. Als Brücke sind
die Beziehungen des jüdischen Staates zu den sogenannten *Tiefenstaaten* einzustufen: Während Israel zu den Golfemiraten und Saudi-
Arabien über ausgezeichnete politische und vor allem wirtschaftliche
Beziehungen verfügt, sind die guten Kontakte nach Marokko und
Tunesien auf unterer diplomatischer Ebene bestens prädestiniert für

---

[379] Zit. nach: Büren, Rainer: Ein palästinensischer Teilstaat? Zur internen,
regionalen und internationalen Dimension der Palästina-Frage, Baden-Baden
1982, S. 263.

eine Achse der Mittelmeeranrainerstaaten. Die Israel feindlich oder zumindestens distanziert gegenüberstehenden Länder Irak und Iran stellen mittelbar eine Bedrohung dar, wenngleich ein Wiederaufleben der aus dem Zweiten Golfkrieg resultierenden Spannungen zu einem Kriegsherd politisch wie wirtschaftlich als gering einzuschätzen ist.

Der Kern der Friedensbemühungen im Nahen Osten liegt aber in der Frage der *Palästinensischen Finalität* begründet. Deshalb kann nur ein rascher Verhandlungsfrieden zwischen den beiden Völkern des Mandatsgebiets Israel/Palästina den Konflikt beenden. Auf der Ebene der Gleichberechtigung verwirklicht sich dieser Friedensschluß genauso, wie es bereits in Oslo zwischen der damaligen Regierung Rabin/Peres und der PLO-Führung geschehen ist.

Der Vorteil einer jederzeit verfügbaren Kommunikation zwischen Tel Aviv und Gaza liegt in der Aushandlung eines dauerhaften Friedensabkommens auf höchster Ebene, wobei Israel anerkennt, daß die Existenz des Staates Palästina mit einer auf 100 % gründenden *Territorialformel* auf der Basis des Prinzips *„Land für Frieden"* respektiert, die jüdischen Siedlungen im Westjordanland und im Distrikt Gaza auflöst und seine Truppen auf die Grenzen vor 1967 zurückzieht. Es anerkennt alle den Palästinensern zustehenden Freiheitsrechte, akzeptiert die palästinensische Vollmitgliedschaft bei den Vereinten Nationen und baut eine den völkerrechtlichen Normen entsprechende, überschaubare Grenze zum Staat Palästina auf. Die Palästinenser anerkennen endgültig die Existenz des Staates Israel in seinen gegenwärtigen Grenzen. Sie unterlassen Handlungen, die auf Schäden für israelische Staatsbürger hinwirken, verpflichten sich zur bedingungslosen Gewährung von Sicherheitsvoraussetzungen für israelische Staatsbürger und respektieren alle aus dem Völkerrecht resultierenden demokratischen Normen.
An neuralgischen Brennpunkten, z.B. Hebron, Bethlehem oder Ramallah, bilden sich *Schnittmengen* der jüdischen und der islamischen Gemeinschaft. Beide Völker brauchen möglichst viele Begegnungspunkte und -stätten. Deshalb kommt den Zwischenmenschlichen Beziehungen die tragende Säule dieses Friedensschlusses zu. Überschaubare militärische Dislozierungs-Abkommen stehen in engem Zusammenhang zu den modernen bürgernahen Konzeptionen des künftigen israelisch/palästinensischen Gemeinwesens.

Bei Notwendigkeit können sich Israelis und Palästinenser auf einen *Stufenplan* einigen. In einer Prinzipienerklärung stellen beide Parteien ihre Vorschläge in den Raum: die Bildung einer Vertragsgemeinschaft als Primärziel, die Bildung konföderativer Strukturen und als Endziel ein *binationaler Staat*, wie er bereits seit 1995 in Bosnien-Herzegowina erfolgreich praktiziert wurde. Unter völkerrechtlichen Erwägungen kommt eine wirtschaftliche *Freihandels*zone mit zwei politischen Gemeinwesen in Frage, das sich auf zwei mental differierende soziale Gemeinschaften stützt. Die *Freihandelszone* kooperiert eng mit dem jordanischen Gemeinwesen und kann weitere arabische Staaten einschließen. Ihr Gehalt ist vom politischen Willen der beteiligten Konfliktparteien abhängig. Der Kernbereich einer stabilen Regelung bleibt jedoch die *Palästinensische Finalität*, die sich vor allem auf die Aspekte des *Sechs-Tage-Krieges* von 1967 konzentriert.

Sehr viel defiziler sind die Problemfelder des Unabhängigkeitskrieges aus dem Jahre 1948 und damit die Wurzeln des *israelisch-arabischen Konflikts*. Dazu gehören die Flüchtlingsfrage ebenso wie die Jerusalem-Problematik. Hinsichtlich der Rückkehr der palästinensischen Flüchtlinge kann das Recht auf Rückkehr wohl nicht vollständig verwirklicht werden. Die Option auf eine Umsetzung der Rückkehr gebietet gleichzeitig das politische Tagesgeschäft. Finanzielle Entschädigung und humanitäre Wiedergutmachung liegt im Interesse beider Seiten und bedarf keiner gesonderten völkerrechtlichen Vereinbarungen. Ein gewisses *Junktim* bilden die Abmachungen aus der Flüchtlingsproblematik mit der Lösung der komplizierten *Jerusalem-Frage*.

Sie wird wohl am Ende der Lösung der *Palästina-Frage* stehen und kann nur in einer Formel münden: Jerusalem wird zur offenen Stadt erklärt, die Juden, Arabern und Christen zugleich offen steht. Sie fungiert als Hauptstadt zweier Gemeinwesen, des jüdisch-israelischen und des palästinensischen. Die Verwaltung des Tempelbergs bedarf einer gesonderten Regelung: Sie untersteht einem Komitee Israels, der Palästinenser und der arabischen Staaten und legt den Vereinten Nationen jährlich Berichte vor. Israelis und Palästinenser übernehmen gemeinsam die Sicherheitszusammenarbeit für die *Heiligen Stätten* in Jerusalem. Völkerrechtlich gründet diese Regelung auf der Souveränität Gottes, womit beide Seiten eine vernünftige Regelung gefunden haben. Doch die Lösung der *Palästina-Frage* ist eng an die künftige politische Architektur der Nahost-Region gebunden.

2. Multilateralismus als regionale Kooperationsform

2.1. Historie, Absichten und Strukturen der multilateralen Verhandlungen

Der *multilaterale Friedensprozeß* wurde als parallele Ebene zu den bilateralen Verhandlungen auf der Madrider Konferenz am 30. Oktober 1991 ins Leben gerufen. Während auf bilateraler Ebene die *Konflikte der Vergangenheit* gelöst werden sollen, konzentriert sich die *multilaterale Ebene* auf die zukünftige Gestalt des Nahen Ostens und beschäftigt sich mit Themen von regionaler, grenzüberschreitender Relevanz, wie z.B. der langfristigen regionalen Entwicklung und Sicherheit.

Die *Verhandlungen auf multilateraler Ebene* verfolgen ein doppeltes Ziel: Zum einen erarbeiten Lösungen für regionale Schlüsselfragen, und zum anderen wirkt der *multilaterale Rahmen* als *vertrauensbildende Maßnahme*, um so zur Normalisierung der Beziehungen zwischen den Staaten des Nahen Ostens beizutragen. Fragen von regionalem Belang erörtern die Parteien mit dem Ziel, Zusammenarbeit und Vertrauen zwischen den Parteien zu fördern. Eine gemeinsame Infrastruktur, wie z.B. Fernstraßen und Wasserleitungen, die gemeinsame Entwicklung von Tourismus und Handel sowie eine Zusammenarbeit zur Erhaltung der Qualität natürlicher Ressourcen und der Umwelt gehören zu den realisierbaren Möglichkeiten. Offene Grenzen und eine wirtschaftliche Partnerschaft werden einen Wohlstand mit sich bringen, der die Grundlage für einen Frieden bildet, der mehr als bloß das Ende vom *Krieg* ist.[380]

Die multilateralen Verhandlungen begannen am 28. und 29. Januar 1992 auf der multilateralen *Nahost-Konferenz* in Moskau. Nach den Eröffnungserklärungen der Schirmherren und der Teilnehmer teilten sich die Delegationen in fünf konkrete Arbeitsgruppen auf. Sie befassen sich jeweils mit einem Bereich von gemeinsamen regionalem Interesse:

1) Umwelt,
2) Rüstungskontrolle und regionale Sicherheit,
3) Flüchtlinge,
4) Wasser,
5) wirtschaftliche Entwicklung.

Der *Lenkungsausschuß*, der sich aus Vertretern der wichtigsten Delegationen zusammensetzt, koordiniert die *multilateralen Gespräche* und legt Zeitpunkt und Ort für die verschiedenen Arbeitsgruppen fest. Der Ausschuß läßt sich von den Arbeitsgruppen berichten, bestätigt ihre Beschlüsse und setzt Finanzierungsschwerpunkte. Der *Lenkungsausschuß* erörtert weitreichende Fragen, z.B. die Gesamtperspektive

---

[380] Vgl. dazu, Schreiber, Friedrich/Wolffsohn, Michael: Nahost. Geschichte und Struktur des Konflikts, 4. erweiterte Auflage, Opladen 1996, S. 357.

der Zukunft im Nahen Osten. Hierbei wird die in den einzelnen Arbeitsgruppen bereits geleistete Arbeit mit einbezogen.[381]

2.2. Arbeitsgruppe Umwelt

Die Arbeitsgruppe Umwelt bemüht sich, die Möglichkeiten der regionalen Parteien im Umgang mit Meerwasserverschmutzung, Abwasserbehandlung, Umweltmanagement und Austrocknung zu verbessern. Das siebte Treffen fand vom 19. bis 21. Juni 1995 in Amman in Verbindung mit der Arbeitsgruppe Wasser statt. 47 Delegationen nahmen teil und setzten die Diskussion über folgende Projekte fort, die in den vorausgegangenen Treffen begonnen wurden.

Bedeutende Fortschritte wurden bei der Umsetzung des Projekts zur Bekämpfung der Verschmutzung des Golfs von Eilat-Aqaba erzielt. Im Rahmen dieses Projekts wurden drei Stationen in Aqaba, Eilat und Nuweiba errichtet, die über ein gemeinsames Kommunikationsnetzwerk miteinander verbunden wurden. Dieses Projekt wurde von der Europäischen Union und der japanischen Regierung finanziert. Gemischte Teams aus Israel, Ägypten und Jordanien fuhren für eine intensive Ausbildung nach Norwegen.[382]

Die Weltbank beaufsichtigte ein Projekt, welches sich mit dem Rückgang der natürlichen Ressourcen in Dürregebieten des Nahen Ostens beschäftigt und das von der Arbeitsgruppe auf dem Treffen in Kairo diskutiert und in die Wege geleitet wurde. Dieses Projekt beinhaltete die Schaffung von Weideland, Bestand wildlebender Tiere, Aufforstung und das Anlegen von Obstgärten mit einer für das trockene Klima geeigneten Vegetationsvielfalt sowie die Reinigung von Brackwasser. Diese Maßnahmen wurden durch fünf regionale Zentren umgesetzt, von denen sich jedes mit einem speziellen Aspekt beschäftigt.

Auf dem Informationstreffen im Juni 1996 in Oman kamen die Vertragsparteien überein, ein *regionales Ausbildungszentrum für Umweltmanagement* in Amman einzurichten. Die regionalen Parteien versammelten sich dort im November 1998 und stellten einen vereinbarten Arbeitsplan für dieses Zentrum auf, welcher die Formulierung eines gemeinsamen Ausbildungsprogramms beinhaltet, das die Anforderungen an die regionalen Fachkräfte erfüllt. Die Parteien wandten sich an die internationale Gebergemeinschaft mit der Bitte, die Um-

---

[381] Vgl. Ebd.
[382] Vgl. die Ergebnisse der Arbeitsgruppe in: Israel Ministry of Foreign Affairs: Environment Working Group, (*http://www.israel.de*).

setzung des Ausbildungsprogramms im Rahmen eines regionalen Ausbildungszentrums zu unterstützen.

Das Ziel des Projekts zur Anwendung von Pestiziden bestand darin, die Gefahren für die Bevölkerung durch die Anwendung von Pestiziden zu reduzieren. Das Projekt beschäftigt sich mit der Überwachung von Pestizid-Standards, die in bestimmten Gebieten verwendet werden, und mit der Kontrolle der Auswirkungen auf die Gesundheit der Einwohner in benachbarten Gemeinden. Zusätzlich hatte es zum Ziel, die Methoden für die Verteilung von Pestiziden durch die Reduzierung von deren Quantität und ihren Ersatz durch umweltfreundlichere Mittel zu verbessern. Das Projekt wird vom US-Landwirtschaftsministerium der USA unter Beteiligung von Jordanien, Israel und der Palästinensischen Autonomiebehörde geleitet.

Eine bedeutende Errungenschaft der Arbeitsgruppe war die Bestätigung eines *Umweltverhaltenskodex* für den Nahen Osten am 25. Oktober 1994 in Bahrain. In diesem Dokument wurden die folgenden Grundsätze von allen regionalen Parteien vereinbart: Die Bodenschätze der Region müssen geschützt und alle Handlungen, die negative Auswirkungen auf sie haben könnten, vermieden werden. Ein umfassender Frieden in dieser Region und der Umweltschutz waren unabhängig voneinander, und die regionalen Parteien werden in Umweltfragen zusammenarbeiten. Die Parteien fördern das öffentliche Bewußtsein und die Teilnahme an Umweltaktivitäten durch Ausbildung und Schulung.

2.3. Arbeitsgruppe Rüstungskontrolle und regionale Sicherheit

Diese Gruppe konzentriert sich sowohl auf praktische und inhaltliche Fragen, die *vertrauens- und sicherheitsbildende Maßnahmen* betreffen, als auch auf Fragen der *regionalen Sicherheit* und der *Rüstungskontrolle*. Die letzte Plenartagung wurde vom 13.-15. Dezember 1994 mit 43 Teilnehmern, davon 15 aus der Region, abgehalten. Seit der letzten Plenartagung hielt die Arbeitsgruppe in Vorbereitung der nächsten Plenartagung drei Zwischentreffen, sowohl zu praktischen als auch zu inhaltlichen Fragen, ab.[383]

Ein Treffen zu innerorganisatorischen Fragen wurde vom 4. bis 6. April 1995 im türkischen Antalya abgehalten, und die Teilnehmer diskutierten die folgenden vertrauensbildenden Maßnahmen:

---

[383] Vgl. die Ergebnisse der Arbeitsgruppe in: Israel Ministry of Foreign Affairs: Arms Control and Regional security Working Group, (*http://www.israel.de*).

Das zeitweilige Kommunikationsnetzwerk nahm seinen Betrieb im März 1995 in Den Haag auf. Es wurde über die Bestandteile des ständigen Zentrums, das in Ägypten errichtet wird, debattiert. Um die Datenbasis zu erweitern und folglich die Nutzung des Netzwerkes, wurde eine Liste von Hauptpunkten verteilt. Dazu gehören administrative Fragen, Dokumente der Arbeitsgruppen, vertrauensbildende Maßnahmen und allgemeine Informationen zur Rüstungskontrolle. Die Verhandlungspartner kamen überein, die Diskussion auf der nächsten Plenartagung fortzusetzen. Der Entwurf über die Vereinbarung zur Verhinderung von Zwischenfällen auf dem Meer wurde fertiggestellt. Eine Reihe von Aktivitäten innerhalb dieser Vereinbarung, im Bereich Suchen und Retten grundsätzlich zusammenzuarbeiten, wurden diskutiert. Marineoffiziere vereinbarten eine Tagesordnung für ein Treffen. Tunesien wiederholte seine Zustimmung für eine Marineübung.

Zu verschiedenen Fragen und Aktivitäten des Informationsaustauschs und der Vorabinformationen über miltärische Übungen erzielten die Gesprächspartner eine Übereinkunft, deren Umsetzung innerhalb eines Monats nach der nächsten Plenarsitzung beginnen kann. Es betraf die Vorabinformation von bestimmten militärischen Übungen, den Austausch der Lebensläufe von Offizieren des Militärs, den Austausch von nicht geheimen militärischen Veröffentlichungen, militärischer Ausbildung und Schulung sowie freiwillige Einladungen zum Besuch von Verteidigungsanlagen.

Vom 29. Mai bis 1. Juni 1995 erzielten die Beteiligten in Helsinki eine Einigung unter Teilnahme von Delegationen aller Staaten der Region, die in der Arbeitsgruppe mitarbeiten, des Gastgebers Finnland, wie auch Experten aus Australien, Indien, Frankreich und den Vereinten Nationen, begriffliche Fragen. Während des Treffens erörtern sie folgende Punkte: eine Erklärung zur Rüstungskontrolle und regionalen Sicherheit, die Definition von langfristigen Zielen in der Rüstungskontrolle und regionalen Sicherheit, die Kennzeichnung der Region Naher Osten zu Zwecken der regionalen Sicherheit und Rüstungskontrolle, Voraussetzungen, um mit den Verhandlungen über die Rüstungskontrolle beginnen zu können. Sie entschieden, ein Seminar zu Militärdoktrinen abzuhalten, organisiert von den Franzosen, das Ende Dezember 1995 in Amman stattfand.

Ein Expertentreffen wurde vom 20. bis 21. September 1995 in Amman abgehalten, um die Einrichtung eines *Regionalen Sicherheitszentrums (RSC)* zu diskutieren. Dieser Debatte folgte die auf der Plenartagung in Tunis getroffene Entscheidung, ein Regionales

Sicherheitszentrum in Jordanien mit Zweigstellen in Katar und Tunesien einzurichten. Die Parteien einigten sich darauf, daß es das vorrangige Ziel des RSC sei, die Sicherheit und Stabilität im Nahen Osten zu erhöhen. Die Zentren werden an einer Reihe von Aktivitäten beteiligt sein, darunter: die Organisation von Seminaren zur Rüstungskontrolle und regionalen Sicherheit, die Förderung von Schulung und Ausbildung zu Themen, die mit dem Friedensprozeß verbunden sind, die Unterstützung von Themen, die mit Vereinbarungen zur Rüstungskontrolle und regionalen Sicherheit in Verbindung stehen und die Funktion der drei Zentren als einem integrierten Bestandteil des regionalen Kommunikationsnetzwerkes, das im März 1995 in Betrieb ging.

2.4. Arbeitsgruppe Flüchtlinge

Diese Arbeitsgruppe beschäftigt sich mit der Frage der Flüchtlinge im Nahen Osten. Familienzusammenführung, Ausbildung und Arbeitsplatzbeschaffung, öffentliches Gesundheitswesen, Fürsorge für Kinder sowie soziale und wirtschaftliche Infrastruktur gehören zu den Themen dieses Forums.[384] Ziel der Arbeitsgruppe ist die Verbesserung der Lebensbedingungen für Flüchtlinge an ihrem gegenwärtigen Aufenthaltsort.

In Übereinstimmung mit der von Israel und der PLO unterzeichneten Prinzipienerklärung sowie der im September 1993 ausgehandelten israelisch-jordanischen *Gemeinsamen Agenda* einigten sich die Mitglieder der Arbeitsgruppe Flüchtlinge auf einen geeigneten Rahmen geeinigt. In diesem Rahmen erörterten beide Seiten verschiedene Aspekte des palästinensischen Flüchtlingsproblems wie folgt erörtert: Die Frage der Flüchtlinge von 1948 zum endgültigen Status zwischen Israel und den Palästinensern wird verhandelt. Über die Rückkehrmöglichkeit von Personen, die 1967 aus dem Westjordanland und dem Gazastreifen geflüchtet sind, wird von einem Ausschuß aus Israelis, Palästinensern, Jordaniern und Ägyptern entschieden.

Das erste Treffen der Expertengruppe aus vier Ländern zum Thema der Flüchtlinge von 1967 fand am 7. Juni 1995 in Be'er Sheva statt: Die Wiedereinreise von ehemaligen palästinensischen Bewohnern des Westjordanlands und des Distrikts Gaza, deren Einreiseerlaubnis während eines Auslandsaufenthaltes abgelaufen war, wurde in den bilateralen Verhandlungen mit Jordanien erörtert. Das in Tunis bei der vierten Gesprächsrunde erzielte Einvernehmen versetzte die Arbeits-

---

[384] Vgl. die Ergebnisse der Arbeitsgruppe in: Israel Ministry of Foreign Affairs: The Refugee Working Group, (*http://www.israel.de*).

gruppe in die Lage, sich auf die humanitären Aspekte der Flüchtlingsfrage, wie z.B. Familienzusammenführung und Verbesserung der Lebensbedingungen, zu konzentrieren. In diesem Zusammenhang erklärte sich Israel bereit, jährlich 2000 Anträgen auf Familienzusammenführung zu entsprechen, wodurch somit weiteren 6000 Personen, die als Besucher in die Gebiete eingereist sind, die dauerhafte Aufenthaltserlaubnis gewährt wird. Als weiterer humanitären Akt hat Israel einer Reihe von Personen, die Anfang der 70er Jahre aufgrund terroristischer Aktivitäten ausgewiesen worden waren, die Rückkehr in die Gebiete zusammen mit ihren Familien erlaubt.

In der letzten Gesprächsrunde, die vom 10. bis 12. Mai 1997 in Kairo stattfand, wurden konkrete Pläne erarbeitet, um positive Auswirkungen auf das Leben der Flüchtlinge zu gewährleisten. Ein beträchtlicher Teil des Krisenhilfsprogramms der Weltbank kam diesen Bemühungen zugute.

Einige Länder, darunter Israel, die Vereinigten Staaten, die Niederlande, Deutschland, die Türkei und China, führten folgende Kurse für die Flüchtlinge durch: Ausbildung von Sanitätern, ein Seminar über die Landwirtschaft in trockenen Regionen, ein Managementkursus für Dienstleistungsbereiche, ein Workshop für Tiermedizin, ein Berufsbildungsprogramm mit *„Beschäftigungs-garantie"* zur Förderung kleiner und mittlerer Unternehmen im Gazadistrikt und im Westjordanland sowie Fortbildung auf den Gebieten Landwirtschaft, Gesundheitswesen, kommunale Planung und Erziehung.

Schweden erklärte, zwei Millionen US-$ für die soziale Unterstützung von Kindern zur Verfügung zu stellen. Eine Konferenz über die Hilfe für palästinensische Kinder im Westjordanland, dem Gazadistrikt und in den angrenzenden Ländern wird ebenfalls einberufen. Die Vereinigten Staaten stellten Hilfe zur Beschaffung von Wohnraum und die Eingliederung von Flüchtlingen in Syrien und Libanon zur Verfügung. Ein bereits bestehendes medizinisches Zentrum soll durch ein regionales Labor in einem Ort im Westjordanland weiter ausgebaut werden.

2.5. Arbeitsgruppe Wasser

Die Ziele der Arbeitsgruppe Wasser sind, wie es auf dem Treffen der Lenkungsgruppe in Moskau im Januar 1992 zum Ausdruck gebracht wurde, die Förderung der Zusammenarbeit im Bereich Wasser, während *vertrauensbildende Maßnahmen* und *gemeinsame Anstrengungen* unternommen werden, um einen *Wassermangel* für die Parteien niedrig zu halten, durch die Verbesserung der Datenverfügbarkeit, die Steigerung der Wasserversorgung, Wasserhaushalt und -schutz sowie Konzepte für eine regionale Zusammenarbeit.[385]

Unter Berücksichtigung, daß die Wasservorräte dieser Region bereits völlig ausgeschöpft sind und die Nachfrage nach Wasser rapide steigt, ist das Thema Wasser eines der dringlichsten geworden. Auf Grund der Bedeutung für die Erhaltung der Lebensqualität und die zukünftige wirtschaftliche Entwicklung wird besonderer Wert auf die Erhöhung der bestehenden Vorräte und die Erschließung neuer, zusätzlicher Vorräte gelegt, einschließlich der Entsalzung und Abwasserbehandlung. Die Aktivitäten der Arbeitsgruppe beinhalten verschiedene Projekte und Workshops und die Ausbildung von Fachpersonal. Die Lenkungsgruppe der Arbeitsgruppe Wasser tagte zuletzt im März 2000 In Moskau. Auf die Resultate der Moskauer Beratung wird zum Abschluß noch eingegangen.

Zu den oben bezeichneten vier Kategorien wurden folgende Aktivitäten durchgeführt:

Kern ist der Plan für eine *Wasserdatenbank* im Nahen Osten. Die USA und die EU leiteten ein Projekt für die Einrichtung von Datenbanken für hydrologische Daten. Von 40 vorrangigen Vorschlägen wurden oder werden mehr als die Hälfte darin aufgenommen. Diese beinhalten die Einrichtung von regionalen Verzeichnissen über Experten im Bereich Wasserressourcen, Wasserinstitutionen, Publikationen, Projekten und Studien, die Einrichtung eines geographischen Referenzsystems, die Aufstellung vereinbarter Wasserstandards und mehr. Zu den Geberländern, die an dieser Initiative teilnehmen, gehören Kanada, Frankreich, die Niederlande und Australien.

Eine regionale Nahoststudie über die Wasserversorgung und die Entwicklung des Bedarfs wurde erstellt. Das von der deutschen Bundesregierung finanzierte Projekt beinhaltete das Zusammentragen von Daten aus den drei Hauptländern bezüglich des gegenwärtigen und des voraussichtlichen Bedarfs für die Jahre 2010, 2020 und 2040. Diese Informationen wurden dann mit den Daten über die verfügbaren Wasservorräte in dieser Region verglichen, und die zu erwartende Lücke zwischen Angebot und Nachfrage berechnete sich für diese drei Zeitspannen. Die zweite Stufe des Projekts bestand darin, verschiedene Lösungen zur Überbrückung dieser Lücken zu finden. Die für diese Region sinnvollste Lösung schien die *Wasser-Entsalzung*. Die dritte Stufe, die das Projekt im Februar 1998 beendete, hob vor-

---

[385] Vgl. die Ergebnisse der Arbeitsgruppe in: Israel Ministry of Foreign Affairs: The Water Ressources Working Group, (*http://www.israel.de*).

rangige Aktivitäten für diese Region hervor, die kurzfristig umgesetzt werden müssen. Diese beinhalten die gemeinsame Entwicklung eines Prototyps einer Entsalzungsanlage und Vergleichsstudien über *Entsalzungssysteme*. Das *Entsalzungs-Forschungszentrum* im Nahen Osten wurde im Dezember 1996 in Oman gegründet und koordiniert und unterstützt die Grundlagen- und angewandte Forschung auf dem Gebiet der Entsalzung. Zusätzlich fördert und organisiert das Zentrum verschiedene Ausbildungskurse auf diesem Gebiet. Die USA, Israel, Japan, Oman, die EU und Korea sind die Gründungsmitglieder dieses ersten regionalen Zentrums und stellen dessen Vorstand. Ca. 1,5 Millionen US-$ erhielten Forschungsprojektpartner im Nahen Osten und der Persischen Golfregion. Eine Reihe von Ausbildungskursen führten regionale Teilnehmer durch. Im Februar 1996 wurde in Eilat ein *Workshop über Entsalzung* abgehalten.

Die USA finanzierten ein Projekt zum Wasserhaushalt und Wasserschutz, das darauf abzielt, das Bewußtsein, insbesondere das von Kindern, für den *Wassermangel* in der Nahost-Region und für die kluge Nutzung der Wasservorräte zu stärken. Sieben Parteien nahmen an diesem Projekt teil: Jordanien, Tunesien, Marokko, die Palästinensische Autonomiebehörde, Israel, Oman und Ägypten. Auf dem letzten Treffen wurde ein lokaler Arbeitsplan für Kinder aufgestellt, wovon Teile zu einem regionalen Programm für das öffentliche Bewußtsein bilden. Ein Videofilm über die Erfolge dieses Projekts wurde über die regionalen Fernsehkanäle ausgestrahlt.

Eine Vergleichsstudie über regelnde und gesetzliche Rahmen von Wasserschutzgesetzen, Preisgestaltung und Management wurde von der norwegischen Regierung durchgeführt. Im Anschluß daran kam ein Entwurf, der die Grundsätze für eine regionale Zusammenarbeit feststellt. Diese Erklärung unterzeichneten die Vertragsparteien im Juni 1996. Das erste daraus resultierende Projekt war die Einrichtung des *Wassernetz-Projekts*, einem computerisierten Informationssystem zu wasserverwandten Themen, was Forschern dieser Region als Werkzeug dienen und die regionale Zusammenarbeit verbessern sollte. Computerknoten werden derzeit zwischen allen Parteien miteinander verbunden. Die nächste Stufe bestand in der Errichtung eines regionalen Netzwerks. Nach Schätzungen belaufen sich die Gesamtinvestitionen für die Projekte der Arbeitsgruppe auf annähernd 45 Millionen US-$.[386]

---

[386] Vgl. dazu, Renger, Jochen: Die multilateralen Friedensverhandlungen der Arbeitsgruppe „Wasser". Ein dokumentarischer Beitrag, in: asien arika lateinamerika, 23 (1995), S. 149-157.

2.6. Arbeitsgruppe Regionale Wirtschaftsentwicklung
Diese Gruppe beschäftigt sich mit Fragen der Infrastruktur, der
Ausbildung und der Entwicklung des Fremdenverkehrs in der Region,
einschließlich im Westjordanland und im Gazadistrikt. Im November
1993 verabschiedete die Arbeitsgruppe den *Kopenhagener Aktions-
plan*, der 35 Projekte in Bereichen wie Kommunikationswesen,
Verkehr, Energie, Tourismus, Landwirtschaft, Finanzmärkte und Investitionen, Handel, Ausbildung regionale Netze umfaßt.[387]

Die Gesprächsrunde, die im Juni 1994 in Rabat stattfand, befaßte sich
mit zwei Hauptthemen: der Förderung der Umsetzung des Kopenhagener Aktionsplans und der Einsetzung eines Überwachungsaus-
schusses, der eine regionale Agenda formulieren und Schwerpunkte
für die Arbeitsgruppe festlegen soll. Die Aufgaben des Über-
wachungsausschusses wurden wie folgt festgelegt: Überwachung der
Umsetzung des Kopenhagener Aktionsplans, Expertentreffen und
Organisation von Unterausschüssen in den verschiedenen Bereichen
der regionalen wirtschaftlichen Zusammenarbeit auf Anfrage, Bestim-
mung und Förderung von Schwerpunktprojekten, die der Arbeitsgruppe zu unterbreiten sind.

Weiterhin vereinbarte der Überwachungsausschuß folgende Ziele:
Förderung des freien Personen-, Waren-, Dienstleistungs- und Kapi-
talverkehrs sowie des Informationsaustauschs zwischen den Partnern,
Ankurbelung der wirtschaftlichen Entwicklung und Verringerung der
regionalen wirtschaftlichen Ungleichgewichte, Förderung der Integration der Region in globale Märkte, Ausbau der gegebenen Vorteile
durch Förderung des regionalen Handels, Erleichterung von Investitionen und Verbesserung der Infrastruktur.

Der Überwachungsausschuß stellt eine Verbesserung bei der *Insti-
tutionalisierung des regionalen Dialogs* dar. Mit der Schaffung dieses
Ausschusses verankerte sich das Prinzip der regionalen Zusammenarbeit in konkreten Unterausschüssen in den verschiedenen Bereichen
der Wirtschaftstätigkeit.[388]

Die institutionelle Form der Wirtschaftskonferenz erwuchs zu einem
integrativem Forum der *intergouvernementalen Kooperation*. Auf den

---

[387] Vgl. die Ergebnisse der Arbeitsgruppe in: Israel Ministry of Foreign Affairs:
The Regional Economic Develpoment Working Group, (*http://www.israel.de*).
[388] Vgl. dazu, Botschaft des Staates Israel in der Bundesrepublik Deutschland:
Wirtschaftsgipfel Naher Osten/Nord-Afrika, Kairo 12.-14. November 1994,
(*http://www.israel.de*).

Nahost- und Nordafrika-Wirtschaftsgipfeln diskutierten alljährlich die wichtigsten Aspekte.

Auf Einladung des marokkanischen Königs Hassan II. und mit Unterstützung und Billigung des amerikanischen Präsidenten Bill Clinton sowie des russischen Präsidenten Boris N. Jelzin kamen die Vertreter aus 61 Ländern und 1114 führende Repräsentanten der Wirtschaft aus allen Regionen der Welt vom 30. Oktober bis zum 1. November 1994 zu einem Wirtschaftsgipfel für den Nahen Osten und Nordafrika in Casablanca zusammen. Auf der Konferenz erzielten die Parteien u.a. die folgenden Ergebnisse: Der Zusatz zum Beschluß des Golf-Kooperationsrats, die sekundären und tertiären Aspekte des arabischen Boykotts wurden außer acht gelassen. Die arabischen Parteien verständigten sich auf die Beendigung des primären Boykotts israelischer Waren. Sie erzielten eine Vereinbarung, vier regionale Zentren zu schaffen: eine Entwicklungsbank für den Nahen Osten und Nordafrika, ein Fremdenverkehrsamt, eine regionale Handelskammer sowie ein regionaler Wirtschaftsrat zur Erleichterung der intraregionalen Handelsbeziehungen, ein Lenkungsausschuß zur Weiterverfolgung der Fragen, die auf der Konferenz aufgeworfen worden sind.

Vom 29. bis 31. Oktober 1995 fand in Amman unter der Schirmherrschaft des jordanischen Königs Hussein II. der zweite Nahost- und Nordafrika-Wirtschaftsgipfel statt. Der Gipfel, mitgetragen von den Vereinigten Staaten und der Russischen Föderation, mit Unterstützung der Europäischen Union, Kanadas und Japans, brachte Regierungs- und Wirtschaftschefs aus dem Nahen Osten und Nordafrika, Europa, Amerika und Asien zusammen. Die Ziele des Gipfels bestanden darin, die Expansion von Investitionen des privaten Sektors in der Region zu erleichtern, eine öffentlich-private Partnerschaft zu festigen, die letztendlich die regionale Zusammenarbeit und Entwicklung sichern und für deren Förderung arbeiten wird. In dieser Atmosphäre waren die Wirtschafts- und Finanzminister aus dem Nahen Osten, Nordafrika und den anderen Regionen in der Lage, während des Gipfels eine Reihe bedeutender wirtschaftlicher und geschäftlicher Transaktionen abzuschließen, die die Erhöhung der Produktivität in dieser Region unterstützen und zu ihrer breiten wirtschaftlichen Entwicklung beitragen werden. Diese Unternehmungen schlossen Projekte in den Bereichen Tourismus, Telekommunikation und Verkehr ein. Eine Reihe von Unternehmungen, die diese öffentlich-private Partnerschaft widerspiegeln, werden von staatlichen Garantien, technischer Hilfe und anderer Unterstützung der internationalen Gemeinschaft profitieren.

Regierungsvertreter führten eine Reihe von Verhandlungen zu institutionellen Vereinbarungen durch, wie sie in der *Casablanca-Erklärung* verlangt werden, die helfen werden, den Friedensprozeß zu untermauern. In diesem Zusammenhang wurden folgende Übereinkünfte erzielt:

Eine *Bank für wirtschaftliche Zusammenarbeit und Entwicklung im Nahen Osten und Nordafrika* wurde in Kairo eingerichtet. Diese Bank zielte darauf ab, daß sie die Entwicklung des privaten Sektors fördert, regionale Infrastrukturprojekte unterstützt, und ein Forum für die Förderung der regionalen wirtschaftlichen Zusammenarbeit darstellt. Die Einrichtung einer *Regionalen Tourismusbehörde*, der *Middle East-Mediterranean Trappel ad Tourist Assoziation (MEMTTA)*, um den Tourismus zu erleichtern, und um für die Region als ein einmaliges und attraktives Tourismusziel zu werben.

Die Behörde setzte sich sowohl aus öffentlichen als auch privaten Vertretern zusammen. Im Mittelpunkt stand die Einrichtung eines Regionalen Wirtschaftsrates zur Förderung der Zusammenarbeit und des Handels zwischen den privaten Sektoren der Länder der Region und die formale Einsetzung eines Exekutivsekretariats für den Wirtschaftsgipfel mit Sitz in Rabat. Dessen Aufgabe ist es, die öffentlich-private Partnerschaft und Kontakte zu fördern, Daten auszutauschen und Investitionen des privaten Sektors in der Region zu unterstützen. Als Ergänzung der regionalen Institutionen, die in Casablanca verlangt wurden, hat die *Lenkungsgruppe* für die multilateralen Friedensverhandlungen beschlossen, ein Sekretariat für den Kontrollausschuß als eine permanente regionale wirtschaftliche Institution mit Sitz in Amman einzurichten, um die regionale wirtschaftliche Zusammenarbeit im Nahen Osten und in Nordafrika zu fördern und zu festigen.

Die Teilnehmer des Gipfels brachten ihre volle Unterstützung für den weiteren Fortschritt im Friedensprozeß, der genau vor vier Jahren in Madrid eingeleitet wurde, für die Bedeutung des Zustandekommens eines umfangreichen Friedens und für die Fortschritte, die im letzten Jahr erzielt wurden, zum Ausdruck. Der Gipfel begrüßte auch die bedeutenden Schritte, die von regionalen Parteien für die *Taba-Erklärung* hinsichtlich der Aufhebung des Boykotts gegen Israel unternommen wurden und brachten ihre Unterstützung für weitere Anstrengungen zur Beendigung des Boykotts zum Ausdruck.

Wie auf den zwei vorangegangenen Treffen wohnten dem MENA-Gipfel in Kairo vom 12. bis 14. November Geschäftsleute aus den arabischen Ländern, Israel, Westeuropa, Nordamerika und anderen

Teilen der Welt bei, mit einer ausgezeichneten Gelegenheit, sich zu treffen, berufliche und private Kontakte zu knüpfen, Geschäftskontakte aufzubauen und Sonderprojekte in Gang zu bringen.

Die vierte MENA-Konferenz fand in Doha (Katar) unter Teilnahme von Geschäftsleuten, Regierungsbeamten und Journalisten abgehalten. Eines der konkreten Ergebnisse dieser Konferenz war die Unterzeichnung einer Vereinbarung zwischen Israel und Jordanien zur Errichtung des Industriegebiets Irbid.

Die *MENA-Konferenzen* sind ein integrierter Bestandteil des Friedensprozesses. Auch wenn es in anderen Aspekten des Prozesses keine Fortschritte gibt, so kann der Betrachter nicht von einem Versagen bei Fortschritten in seinen nicht-politischen Bereichen sprechen. Wie alle regionalen Aktivitäten, so reflektiert die Teilnahme an diesen Konferenzen eher gemeinsame als private Interessen und spricht die wirtschaftlichen Interessen aller Teilnehmer an. Dies wurde durch die geschäftsmäßige Atmosphäre auf den Konferenzen und durch die zahlreichen multinationalen Zusammenschlüsse und leitenden internationalen Geschäftsleute deutlich, die sich entschieden hatten, an ihnen teilzunehmen.

In einem *Übergangsprozeß vom Konflikt zur Versöhnung* ist es von großer Bedeutung, daß zwischen Menschen aus dern verschiedensten Sektoren, z.B. wirtschaftlichen, sozialen oder zwischenmenschlichen, normale Verbindungen geknüpft werden.

3. „Dreiecksbeziehungen" der nahöstlichen Frontstaaten

Zwei Dreiecke könnten im Nahen Osten entstehen: ein israelisch-jordanisch-palästinensisches und ein israelisch-syrisch-libanesisches. Ägypten wäre *Außenposten* und Regulativ zugleich in dieser Konstellation.

3.1. Das „südliche" Dreieck Israel-Jordanien-Palästina

Was den *fiktiven Dreibund* Israel, Jordanien und Palästinenser betrifft, so hat dieser den Vorteil, verschiedene politische, wirtschaftliche, soziale und kulturelle Komponenten zu vereinen. Alle drei Partner waren in der Geschichte tief verfeindet, alle drei haben untereinander bilateral ihren Frieden geschlossen. Und sie vereinen die *politische Zentralposition* im Nahen Osten ineinander.[389]

---

[389] Vgl. dazu, Franz, Erhard: Jordanien, die palästinensischen Gebiete und Israel. Sicherheitspolitik durch Wirtschaftsintegration, in: Sicherheit und Frieden, 14 (1996) 2, S. 97-101.

Israel als die starke politische, militärische, aber auch wirtschaftliche Macht ist aus dem Nahen Osten nicht mehr wegzudenken. Es vereint nicht nur enorme personale und funktionale Elemente, sondern auch große mentale Kräfte. Jordanien hat sich diesem Beispiel 1994 mit dem Friedensschluß angeschlossen und ist mit König Hussein II. und seinem Nachfolger, König Abdullah II., zur *führenden Vermittlerstelle* geworden. Und die Palästinenser halten für Israel den *Schlüssel* für einen Frieden im Nahen Osten in der Hand, da die *Palästinensische Finalität* die *Kernfrage* des *Nahostkonfliktes* ist. Vereinen diese Parteien ihre Kräfte nach einem *dauerhaften israelisch-palästinensischen Friedensabkommen* mit der möglichen Gründung eines binationalen Staates miteinander, so kann der Nahostregion daraus ein *Nahostmarkt* und ein *politisches Sicherheitsbündnis* erwachsen. Dieses erste Dreieck erweitert sich um das *zweite Dreieck Israel-Syrien-Libanon* erweitert werden, das aber erst noch seinen Frieden mit Israel finden muß.

3.2. Das „nördliche" Dreieck Israel-Syrien-Libanon
Wegen der immer noch ungeklärten *Territorialfrage* auf den *Golanhöhen* ist das Verhältnis dieser möglichen *Triade* immer noch stark belastet. Dabei würde eine Abmachung zwischen Israel-Syrien einerseits und Israel-Libanon andererseits das *doppelte Dreiecksverhältnis* im Nahen Osten perfekt gestalten.

Israel hätte endlich gesicherte Staatsgrenzen und *Frieden in Sicherheit für Land* an allen arabischen Fronten erreicht. Syrien wäre im Karussell der nahöstlichen Giganten nicht mehr ganz so stark isoliert, und sein *Vasallenstaat* Libanon erreichte seinen Frieden und in Israel vermutlich einen ebenbürtigen Handelspartner. Denn schon im Mittelalter fluriete der Handel im Gebiet des heutigen Libanon, war Beirut die *Perle* des Nahen Ostens im Handel mit Europa. Der *Nahostmarkt* kann von Israel, Jordanien und den Palästinen-sergebieten auf Syrien und den Libanon ausgedehnt werden.

Die Chancen, daß dieses *„nördliche Dreieck"* entsteht, sind gewachsen, seit sich der neue Ministerpräsident Ehud Barak für einen echten Versöhnungsprozeß mit Syrien und dem Libanon aussprach, eine Rückgabe der Golanhöhen *„im Prinzip"* zusagte und die israelischen Truppen aus dem Südlibanon zurückzog. Doch es bedarf es auch auf arabischer Seite einer (noch) größeren Kompromißbereitschaft. Durch den Tod des syrischen Präsidenten Hafiz el-Assad und die Nachfolge durch seinen Sohn Baschar verbesserte sich das Klima zwischen Tel Aviv und Damaskus deutlich. Erstmals seit der Erfolglosigkeit der Gipfeltreffen von Sheperdstown und Genf schien sich das Wirrwarr langsam aufzulösen. Doch für einen Durchbruch müssen wohl neben *territorialen Kompromissen* auch andere Probleme gelöst werden, die nicht nur im bilateralen Verhältnis der Staaten, sondern auch im multilateralen Geflecht anzusiedeln sind.

Die Wahl Ariel Sharons zum neuen israelischen Ministerpräsidenten und die sich abzeichnende Bildung des neuen Tandems Sharon/Peres verbessert deutlich die Aussichten auf einen *Verhandlungsfrieden* mit Syrien, da Sharon als General im *Yom-Kippur-Krieg* sich wohl am besten in die Lage seines Conterparts Assad hineinversetzen kann. Er folgt in diesem Sinne Yitzhak Rabin, über den Berater im letzten Abschnitt seines Lebens berichteten, er habe die Rückgabe des *Golan* gegen *Frieden* und *Sicherheit* vollziehen wollen. Dazu gebe es keine Alternative, nur müsse dieser Prozeß in einem überschaubaren *Stufenplan* geschehen. Das Tandem Sharon/Peres ergänzt sich insofern recht gut, als daß Sharon mit seiner harten Haltung die Rolle des Erzfeindes übernimmt, während Peres die Friedenslösung vorgibt und Sharon sie im Lande durchsetzt. Die Auflösung der jüdischen Siedlungen auf den *Golanhöhen* ist nur im Rahmen eines von der israelischen Bevölkerung gebilligten Friedensvertrages möglich. Sharon muß also sein Volk erst noch vom Frieden mit den Arabern überzeugen.

4. Künftige Gefahrenpotentiale im Nahen Osten
Doch bis zur Etablierung einer *dauerhaften Friedensordnung* im Nahen Osten ist es noch ein weiter Weg, den Israel und die arabischen Staaten hinter sich bringen müssen, möglicherweise eine Wegstrecke von mehreren Jahrzehnten. Gerade die letzten Monate haben dies gezeigt. Zahlreiche Konfliktpotentiale existieren in dieser Nahostregion, die sich als „*Fallstricke*"[390] erweisen können.
Es besteht eine große Gefahr vom *islamischen Fundamentalismus* im Mittleren Osten. Trotz seiner Reformbereitschaft ist der Iran immer noch ein Hort radikaler Kräfte, die den Staat Israel nach 52 Jahren auslöschen wollen. Das Bild des „*zionistischen Feindes*" ist in den Köpfen der meisten Menschen wie ein wirkliches Bild, das bei jeder sich bietenden Gelegenheit zu purem Haß umschlagen kann. Zwar strebt die iranische Führung gewiß nicht an, den jüdischen Staat in der politischen Realität zu vernichten, doch die Unterstützung und Finanzierung islamischer Terrorgruppen zeigt, daß Israel zumindestens in den Ländern der *mittelöstlichen Hemisphäre* nach wie vor als Fremdkörper empfunden wird. Auch im Irak besteht eine breite

[390] Vgl. dazu, Tibi, Bassam: Drei Hinder nisse für den Friedensprozeß im Nahen Osten. Die jüdischen Siedler, Hamas und wirtschaftliche Engpässe, in: Europa-Archiv, (1994) 12, S. 357-364.

Ablehnungsfront gegen Israel. Der irakische Präsident Saddam Hussein gilt als ein *Hardliner* hinsichtlich der Anerkennung des jüdischen Staates. Aber auch er hat begriffen, daß zumindestens eine Duldung des jüdischen Staates unumgänglich für die Zukunft des eigenen Staatswesens ist. Seitdem Israel 1981 mit einem Luftangriff den Bau einer Chemiewaffenfabrik bei Bagdad verhinderte, gilt der Schrecken des *„zionistischen Feindes"* immer deutlicher. Überdies hat aber die Gefahr einer fundamentalistischen Explosion nachgelassen, seitdem der Friedensprozeß mit den arabischen Frontstaaten und den Palästinensern begann. Die Zugeständnisse Israels an die arabische Welt, besonders die Rückgabe der besetzten Gebiete, hat die Wahrscheinlichkeit eines bewaffneten Konflikts minimiert.

Ein ganz deutlicher *„Fallstrick"* kann jederzeit in Verbindung mit der *Wasserfrage* entstehen.[391] Die immer noch ungeklärte Verteilung dieser Ressource belastet nicht nur die israelisch-arabischen, sondern zunehmend auch die innerarabischen Beziehungen. Und auch die Randgebiete werden immer stärker in die Konflikte eingebunden. So streiten z.B. die Türkei und Syrien um die Wasserrechte in ihrem Grenzgebiet. Der Bau von Stauanlagen im NATO-Mitgliedsland Türkei erschwert den Zugang Syriens dazu. Zudem entsteht im Assad-Land zunehmend *Wasserknappheit*, was wiederum die Gefahr innerer Unruhen und eine militärische Konfrontation an der syrischen Nordgrenze in sich birgt. Die engen politischen und militärischen Kontakte der Türkei zum jüdischen Staat verstärken den Druck auf Ankara.[392]

Doch nicht nur die Türkei und Syrien sind die *Wasser-Konflikttraktanden* in dieser Gegend. Über *Wasserknappheit* klagen zunehmend die Palästinenser ebenso wie die Jordanier. Israel kam im Rahmen des Friedensvertrages bzw. der *Interimsabkommen* mit der PLO in entscheidenden Punkten des *Wassermanagements* entgegen. Die Festlegung von Wasserquoten ist ein erster, wenngleich nicht ausreichender Schritt auf dem Weg zu einer neuen, diesmal multilateralen Lösung der Komponente Wasser. Die fünf Anrainerstaaten – Israel, Jordanien, Syrien, der Libanon und die Palästinenser – müssen langfristig an der Erarbeitung eines *Wasserabkommens* arbeiten, um sich nicht der Gefahr einer neuen Konfrontation um die Ressource Wasser auszusetzen.

---

[391] Vgl. dazu, Spillmann, Kurt R.: Kriegsursache der kommenden Generation?. Der Kampf um das Wasser, in: Internationale Politik, (2000) 12, S. 47-56.
[392] Vgl. dazu, Schulz, Michael: Turkey, Syria and Iraq - A Hydrological Security Complex, in: Kliot, Nurit: Water ressources and conflict in the Middle East, London 1994, S. 91-122.

Die zunehmende Aufrüstung in den Anrainerstaaten des Mittelmeeres, der sogenannten Südflanke, erfordert die Etablierung weitreichender vertrauensbildender Schritte. Die Beobachtung von Manövern, die Schaffung gemeinsamer Generalsekretariate, die Errichtung von Frühwarnsystemen zur Kriegsverhütung sowie die Durchführung gemeinsamer Regierungskonferenzen und sicherheitspolitische Gipfeltreffen ist angesichts der Aufrüstung dieses kleinen Flecken Landes erstrebenswert. Dazu gehört natürlich auch die absolute Akzeptanz der territorialen Integrität eines jeden Staates im Nahen Osten.

Die Beachtung der drei Konfliktpotentiale in der Nahostregion ist die entscheidende Voraussetzung für ein Modell, das in den multilateralen Verhandlungen seit längerem diskutiert wurde, das der Errichtung einer *regionalen politischen Dachorganisation* für den Nahen Osten.

5. Das KSZNO-Modell

Diese *regionale Dachorganisation könnte Konferenz für Sicherheit und Zusammenarbeit im Nahen Osten* (KSZNO) heißen und nach dem Vorbild der am 1. August 1975 unterzeichneten Schlußakte der *Konferenz für Sicherheit und Zusammenarbeit in Europa* (KSZE) einen entscheidenden Beitrag zur Stabilisierung der immer noch sehr labilen sicherheitspolitischen Lage im Nahen Osten leisten. Das Vorbild der KSZE, seit 1. Januar *1996 Organisation für Sicherheit und Zusammenarbeit in Europa* (OSZE), kann aber nur von der Titulatur angewandt werden, denn in inhaltlicher Hinsicht existieren zahlreiche, wenn nicht gravierende Unterschiede.[393]

In Artikel 4, Absatz 1b des israelisch-jordanischen Friedensvertrages vom 26. Oktober 1994 heißt es: *„Angesichts dieses Ziels* (des Lebens in Sicherheit, S.L.) *würdigen die Vertragsparteien die Leistungen der Europäischen Union bei der Verwirklichung der Konferenz für Sicherheit und Zusammenarbeit in Europa (KSZE) und verpflichten sich zur Schaffung einer Konferenz für Sicherheit und Zusammenarbeit im Nahen Osten (KSZNO)"*.[394] Das Vorbild und die Leistungen der Europäischen Union bei der Vertiefung der Integration und der Schaffung einer politischen Union sind auch für die Staaten des Nahen Osten von unschätzbarer Tragweite. Zwar ist in den kommenden Jahren eine solch enge Kooperationsform noch nicht in dieser Region vorstellbar, aber sehr wohl der Ansatzpunkt für eine lang-

---

[393] Vgl. das Modell in, Weidenfeld, Werner: Europa und der Nahe Osten. Auf dem Wege zu einer neuen Ordnung, in: Internationale Politik, 50 (1995) 7, S. 29-35.

[394] Zit. nach: Friedensvertrag zwischen dem Staat Israel und dem Haschemitischen Königreich Jordanien, unterzeichnet in Ein Avrona am 26. Oktober 1994, in: Internationale Politik, 50 (1995) 7, S. 88.

fristige Planung. Prinzipiell ist vorstellbar, daß in einigen Jahren *offene Grenzen* existieren, die ehemaligen Konfliktparteien gemeinsame Wirtschafts-, Sozial- und Umweltprogramme diskutieren und auf kulturellem Gebiet ein umfassender Transfer stattfindet. Erste Ansätze sind schon erkennbar – die Schaffung gemeinsamer *Kodici* (Umweltbereich), eine *Nahost-Entwicklungsbank* und ein *Nahost-Markt* können eine vertikale ökonomisch-zivile Schiene schaffen, die durch den politischen und miltärischen Sektor erweitert wird:

Nahost-Markt==================➔ **Nahost-**
                                      Entwicklungsbank
|---➔ **gemeinsame**
                                      Kodici

Nahost-Koordinationskomitee ======== **Regierungskonferenzen**
            * Ministerkonferenzen
            * Nahost-Versammlung

Abbildung 5: Modell der Ausgestaltung einer regionalen Dachorganisation im Nahen Osten (Quelle: Eigene Zusammenstellung)

Auf dem politisch-militärischen Sektor ist die Etablierung eines *gemeinsamen Nahost-Koordinationskomitees* vorstellbar. In enger Abstimmung mit den Regierungen und den turnusmäßig tagenden Ministerkonferenzen ergäbe sich eine *horizontale Plattform* für die Durchführung gemeinsamer Projekte und Absprachen. Die exekutive Ebene, also die Konferenzen und Gipfeltreffen der Staats- und Regierungschefs sowie der Fachminister, steht im Einklang mit der Schaffung einer *Nahost-Versammlung*, die die wesentlichen regionalen und übernationalen Absprachen ermöglicht.

Dieses zweisäulige Modell kann das Grundgerüst für die einzelnen *„Körbe"* oder Unterorganisationen sein. Diese wären: ein multilaterales *Wasserkomitee*, ein *Umweltmanagement*, ein regionales *Flüchtlingshilfswerk* und ein *Sozialkomitee*. Die KSZNO böte die Möglichkeit, über *Assoziierungsverträge* die Staaten des Mittleren Ostens und Nordafrikas regional anzubinden, so daß sich zwischen den Mittelmeeranrainern bis zum Mittleren Osten ein breiter *regionalpolitischer Gürtel* für die Kooperation mit den Europäern und Amerikanern bildet.[395] Nicht zuletzt die Assoziierung der Nahostregion im Mittelmeerraum an die Europäische Union spielt eine ganz entscheidende Rolle bei der Gestaltung neuer ökonomischer Verflechtungen. Interessant für Israel ist eine enge Kooperation mit den Golfemiraten und Saudi-Arabien, wo sich eine enge wirtschaftliche und kulturelle Verflechtung ergäbe. Zu den Staaten des *Maghreb*, vor allem zu Marokko und Tunesien, unterhält Israel jetzt schon diplomatische Beziehungen, mit Algerien besteht ein enges Geflecht an politischer und wirtschaftlicher Zusammenarbeit. Mauretanien nahm im Oktober 1999 offiziell diplomatische Be-ziehungen zum jüdischen Staat auf. Vorstellbar ist ein *Status quo* gegenüber Libyen, falls die Ghadaffi-Regierung in Tripolis abgelöst wird. Irak und Iran werden zwar auf absehbare Zeit schwerlich in den Kreis der assoziierten Staaten aufgenommen werden können, aber eine zumindestens faktische Anerkennung des *Existenzrechts* des jüdischen Staates erscheint möglich.

Um diese Vorstellungen umzusetzen, sind jedoch die folgenden *ordnungspolitischen Kriterien* zu beachten:

Erstens: Als prinzipielle Restriktion muß die Rüstungskontrolle in den Kontext der politischen Beziehungen eingebunden werden.

Zweitens: Die strukturelle Eingebundenheit der Region in übergeordnete Ordnungsprobleme ist unverzichtbar, z.B. die Integrationsmechanismen der Subregion Vorderer Orient ins internationale System und die bilateralen Friedensvereinbarungen sowie die Achtung der Menschenrechte sind für die Asymetrie von größter Bedeutung.

Drittens: Situations- und kontextgebundene Faktoren bei der Rüstungssteuerung spielen eine wichtige Rolle. Dabei gelten folgende Aspekte: Multipolarität in der Konfliktregion, geographische Parameter der Region, Heterogenität der Konfliktregion, Asymmetrie, Veränderung des *Status quo* in der Region.

Viertens: Das hydrologische Sicherheitsdilemma, also die Wasserverlaufsfrage, muß geregelt werden, weil Wasserpolitik eng mit militärischer Sicherheit verbunden ist. Deshalb müßte ein international

---

[395] Vgl. die Dokumente in: Abschlußerklärung der Mittelmeer-Konferenz der Europäischen Union am 27. und 28. November 1995 in Barcelona, in: Internationale Politik, (1996) 2, S. 107-22.

bindendes Wasserrecht bei regionaler Differenzierung entworfen werden.[396]

---

[396] Vgl. die Strukturmerkmale in, Schmid, Claudia: Der Israel-Palästina-Konflikt und die Bedeutung des Vorderen Orient als sicherheitspolitische Region nach dem Ost-West-Konflikt, Baden Baden 1993, S. 13.

XI. SCHLUSSTEIL.

1. Der Nahe Osten am Scheideweg

Nach Jahrzehnten der Auseinandersetzung in einer Region, die als *„Drehscheibe dreier Kontinente"* fungierte und fungiert, hat das Ende des *Ost-West-Konflikts*, des globalen Rahmens der Nachkriegs-ordnung, auch eine Annäherung der Positionen zwischen dem jüdi-schen Staat und seinen arabischen Nachbarn gebracht. Israel mit seinen 4,5 Millionen Einwohnern stellt eine Art *Stachel* im Fleisch der über 300 Millionen Araber dar, die jedoch nach der Gründung des Staates 1948 dessen Existenzberechtigung verweigerten und fünfmal vereint Krieg führten, um die *„Heimstätte des Zionismus"* auszu-schalten. Israel verteidigte sich im *Sechs-Tage-Krieg* vom Juni 1967, als es die Landkarte mit der Besetzung des Sinai, des Westjordan-landes, des Gaza-Distrikts und der Golanhöhen gewaltig veränderte. Diese Territorien umfaßten insgesamt doppelt so viel Raum wie das *Kernland Israel* selbst.

Doch der Besitz an Territorien brachte dem jüdischen Staat keinen Frieden, vor allem Serien von Bombenanschlägen, Unruhen unter der arabischen Bevölkerung und enorme finanzielle Transaktionen. Nicht zuletzt deshalb – vom *Golan* einmal abgesehen – wurde 1991 unter der Vermittlung der USA und der Sowjetunion mit der Konferenz von Madrid ein Gesprächsfaden aufgenommen, der die Grundlagen für die multi- und bilateralen Gespräche und Problemkreise bildete, die in den Folgejahren zu den ersten Abmachungen und Friedensverträgen führ-ten. Der *Nahost-Friedensprozeß*, die Lösung des *Nahost-Konflikts*, ist seit seinem Beginn 1978 aus der Weltpolitik wie aus dem regionalen Umfeld nicht mehr wegzudenken, doch ist er umstritten und zugleich und steht ständig am Scheidweg, ja sogar vom Scheitern bedroht. Sein Gelingen hängt vom guten Willen der Konfliktparteien ab. Die *Finali-tät* der *Palästina-Frage* als das Kernproblem des *Nahost-Konflikts* erscheint auf den ersten Blick als ein unauflösbares Geflecht an Widersprüchen. Achten Israel und die Palästinenser jedoch gegen-seitig ihren souveränen Anspruch auf das gleiche Land Israel/Palä-stina, finden sie im Tausch nach der Formel *„Land für Frieden"* den tragfähigen Kompromiß und erweitern den friedensschaffenden und -sichernden Aspekt der *Sicherheit*, dann wird die Spirale von Gewalt und Gegengewalt durchbrochen.

Politische Fortschritte und Rückschläge wechselten einander ab, wirt-schaftlich ein Auf- und ein Abschwung in Israel und in den arabischen Ländern.

Die bisherigen Ergebnisse des Friedensprozesses bis zum Regierungswechsel im Februar 2001 werden unter den folgenden drei Kriterien untersucht:

erstens, nach der politischen Wirksamkeit des Prozesses;
zweitens, nach den wirtschaftlichen Abläufen und seinen Folgewirkungen;
drittens, nach der Chance einer besseren Zukunft für die Nahost-Region, den Früchten des Friedens.

Erstens: Zunächst bleibt zu konstatieren, daß der Friedensprozeß nicht nur die Beziehungen Israels zur arabischen Welt beeinflußt hat, sondern auch in großen Maße die Stellung Israels innerhalb der internationalen Gemeinschaft verbesserte. Das gleiche gilt für die beschränkte palästinensische Souveränität, die allerdings über keine diplomatischen Beziehungen zu modernen Nationalstaaten verfügt. In quantitativer Hinsicht bedeutet dies, daß Israel heute diplomatische Beziehungen zu 162 Staaten unterhält, eine Zunahme um 70 seit der Madrider Konferenz aus dem Jahre 1991. Die Palästinenser sind kein Vollmitglied, aber durch die PLO als ihre Vertretung doch auf internationalem Parkett mittlerweile legitimiert. Die führenden westlichen Industriestaaten, aber auch viele osteuropäische Staaten und Rußland haben die PLO als eine quasi-Staatsapparat in Westbank und Gaza-Distrikt respektiert. Für einen Verhandlungsfrieden kann freilich ein Wechsel an der Spitze der Palästinensischen Autonomie nur dienlich sein, wenngleich nicht absehbar ist, was ein Wechsel in der PLO-Hierarchie für Folgen hätte.

Ägypten, das 1978/79 durch seinen Friedensschluß mit dem jüdischen Staat weitgehend isoliert war, steht mittlerweile als Vorreiter in der arabischen Welt da, denn es hatte eine Schneise in die *Ablehnungsfront* gegen Israel geschlagen und zugleich den *back chanell* für den *Friedensprozeß von Oslo* zwischen Israel und den Palästinensern geöffnet. In der Sogwirkung dieses *back chanell* brach diese Ablehnungsfront weiter, als Israel mit sehr weitreichenden Zugeständnissen den Palästinensern entgegenkam und in Jordanien einen weiteren Friedenspartner fand, der in noch viel stärkerem Maße als Ägypten an engen politischen Beziehungen und einer Ausweitung des Außenhandels interessiert war. Besonders durch den Haschemiten-König Hussein II. kam der Aussöhnungsprozeß mit dem *zionistischen Erzfeind* um Längen voran. Das fast schon freundschaftliche Verhältnis Tel Avivs zu Amman ergänzt die stabilen, etwas kühleren Kontakte zum *Nil-Land*, die aber für die Stabilität in der arabischen Welt von existenzieller Bedeutung sind. Aus diesem Korso an bilateralen Beziehungen läßt sich ein politisches Geflecht für den ungeregelten *Dauerstatus* der palästinensischen Territorien und den Friedensschluß mit Damaskus und Beirut strukturieren, das ein Ende des *Nahost-Konflikts (bilateraler Sektor)* und die Herausbildung regionaler Kooperationsstrukturen *(multilateraler Sektor)* bewirkt. In diesem Zusammenhang bietet sich im Rahmen der seit 1992 mit Unterbrechungen stattfindenden *multilateralen Gespräche* ein breites Spektrum an Themen, das von den kleinen praktischen Aspekten der Wirtschaftsförderung bis zu den sensiblen Bereichen der Wasserversorgung und Rüstungskontrolle reicht.

Im gleichen Zusammenhang wie die Umstrukturierungen innerhalb des *Vorderen Orients* sind die Veränderungen zu beachten, die im gesamten euroasiatischen Bereich vor sich gegangen ist. Auf dem riesigen Territorium, vom früheren Ostdeutschland im Westen bis nach Wladiwostok im Osten und Indien im Süden, hatte Israel zu Beginn des Jahres 1991 nur zwei israelische Botschaften, in Rumänien und Nepal sowie ein Konsulat in Bombay. Heute hat Israel diplomatische Missionen in allen Ländern dieses Gebietes, außer in Nordkorea, Pakistan, Afghanistan, Bangladesch und Bhutan. Die Palästinenser konnten besser ausgestattete Generalvertretungen in diesen Staaten in Besitz nehmen und somit auch ihren Stellenwert im internationalen Bereich verstärken.

Ein Durchbruch wurde ebenso in den Beziehungen Israels zu den nichtarabischen moslemischen Ländern erzielt. Es gibt auch eine deutliche Verbesserung in den Beziehungen zur Türkei, was sich in mehreren militärpolitischen und ökonomischen Abkommen symbolisiert. Die Palästinensische Autonomiebehörde konnte dafür in der westlichen Welt deutlich an Vertrauen und Prestige hinzugewinnen.

Im Dezember 1993 unterzeichnete Israel eine Grundlegende Vereinbarung mit dem Zentrum der katholischen Welt, dem *Heiligen Stuhl*. Dies geschah nach jahrzehntelanger Ablehnung seitens der Kirche sowohl aus theologischen als auch aus politischen Gründen, diplomatische Beziehungen zum jüdischen Staat aufzunehmen. Ein ähnliches *Kooperationsabkommen* existiert zwischen der Palästinensischen Autonomiebehörde und dem *Heiligen Stuhl*, das mit dem Ziel abgeschlossen wurde, hinsichtlich einer *dauerhaften Regelung* des Status der *Heiligen Stätten* in Jerusalem seinen Einfluß geltend zu machen.

Der Friedensprozeß hat den Abschluß einer Vereinbarung erleichtert, welche die Bedingungen des Freihandelsabkommens Israels wie der palästinensischen Gemeinwesens mit der Europäischen Union verbessert, die es israelischen Firmen ermöglicht, auf den attraktiven EU-Märkten konkurrenzfähiger aufzutreten und der an Israel gekoppelten palästinensischen Volkswirtschaft, Fuß zu fassen. In Afrika hat Israel heute Beziehungen zu 33 von 43 Staaten südlich der Sahara, die nicht Mitglieder der Arabischen Liga sind. Von diesen 33 wurden 24 Kontakte seit 1991 erneuert. Israel unterhält Kontakte zu den 10 Staaten, die bis jetzt ihre diplomatischen Beziehungen noch nicht erneuert haben. Die Palästinenser haben infolge des Friedensprozesses diplomatische Kontakte zu allen Staaten der Europäischen Union und weiteren Mitgliedsstaaten der Organisation für Sicherheit und Zusammenarbeit in Europa (OSZE) aufgenommen, die vor allem hinsichtlich der *regionalen Kooperation* im Nahen Osten von entscheidender Tragweite sind. Das Modell der KSZE bzw. OSZE hat sich für seine Anwendung im Nahen Osten als praktikabel erwiesen, so daß dessen positive Erfahrungen übernehmenswert sind. Der Friedensprozeß führte auch zu einer Verbesserung des israelischen Status in den internationalen Organisationen, was sich z.B. in einem Rückgang der Debatten und Resolutionen widerspiegelt, die Israel und den Nahen Osten betreffen. Es war ebenfalls zu beobachten, daß Israelis in leitende Positionen von Organisationen und Vertretungen der Vereinten Nationen gewählt wurden. In Zukunft wird jedoch der Zugeständnisse des jüdischen Staates maßgebend über Erfolg oder Mißerfolg sein.

Trotz alledem, die grundlegendste Veränderung in der internationalen Stellung Israels wird in den wachsenden Beziehungen zur arabischen Welt sichtbar. Zusätzlich zu den vollen diplomatischen Beziehungen zu zwei seinen Nachbarn Ägypten, Jordanien sowie zu Mauretanien, arbeitete ein israelisches Verbindungsbüro in Marokko, ein Interessenbüro in Tunesien sowie Handelsbüros in Oman und Katar. Mit der Beibehaltung des Friedensprozesses durch die Premierminister Benjamin Netanyahu (*Likud*) und seiner Wiederbelebung durch Premierminister Ehud Barak (*MifligethaAwoda*) ist die Rede von einer Verbesserung dieser Beziehungen. Zu Beginn der Amtszeit von Premierminister Sharon zeichnete sich eine Verschärfung der Konfrontation zwischen Israel und den Palästinensern ab. Die Bildung der Großen Koalition zwischen Likud-Block und Arbeitspartei läßt Erfolge in Friedensgesprächen offen.[397]

Zweitens: Der Friedensprozeß, wie er sich seit der Madrider Konferenz im Oktober 1991 entwickelt hat, gab der regionalen wie auch

---

[397] Vgl. zu den aktuellen Entwicklungen im jüdischen Staat, Freudenthal, Gideon/Beischler, Susanne: Israels Zukunft mit Sharon, in: Internationale Politik, 56 (2001) 3, S. 43-45.

der israelischen Wirtschaft und der an sie gekoppelten palästinensischen Volkswirtschaft nennenswerte Impulse.

Eine der ersten konkret erkennbaren Veränderungen, die in der Region als Ergebnis des Friedensprozesses zu erkennen ist, war die öffentliche Erklärung der Golfstaaten am 1. Oktober 1994, eine Überprüfung des *arabischen Boykotts* gegen Israel zu unterstützen, in deren Folge der zweite und dritte Boykott gegen Israel aufgehoben wurde. In Folge des Friedensprozesses und des Zusammenbruchs der kommunistischen Regime in Osteuropa und in Zentralasien errichtete Israel wirtschaftliche Beziehungen zu Staaten in Asien, im Nahen Osten und Europa, wodurch sich neue Märkte und Geschäftsfelder für die Wirtschaft Israels öffneten. Auf internationalen *Geberkonferenzen* wurden zudem der Palästinenserverwaltung im Gaza-Distrikt und im Westjordanland zahlreiche Hilfsgelder und konkrete Projekte zur Verbesserung ihrer Infrastruktur zugewiesen, die zwar noch keine grundlegende Wende, aber sehr wohl eine Linderung der sozial-ökonomischen Situation der Palästinenser bewirkte. Schon allein die ökonomische Verflechtung der Region zeigt die prinzipielle Notwendigkeit grenzüberschreitender Kooperation zwischen Israel und seinen arabischen Nachbarstaaten.

Ein hervorstechendes Beispiel ist die Zunahme der israelischen Exporte nach Asien: 1991 gingen die Exporte nach Asien um 4,1 % zurück, gefolgt von einem erfolgreichen Anstieg um 52 % in 1992, 49,6 % in 1993, 25,8 % in 1994, 24,4 % in 1995 und 6,5 % in 1996.[398] Es war eine deutliche Verbesserung der wirtschaftlichen Beziehungen Israels zu Ägypten zu konstatieren. Die ägyptischen Behörden haben die Bewegungen von Geschäftsleuten in beiden Richtungen erleichtert, und *Joint Ventures* zwischen Industrieunternehmen beider Länder beginnen sich zu entwickeln.

Nach dem israelisch-jordanischen Friedensvertrag 1994 unterzeichneten beide Seiten ein Handelsabkommen. Wie bereits eingangs erwähnt, haben Kontakte zwischen Industriellen und wirtschaftlichen Organisationen beider Länder begonnen. Trotz des Fehlens voller diplomatischer Beziehungen wurden Geschäftskontakte mit Marokko und in mehreren Golfstaaten errichtet.

Der Friedensprozeß hat in der internationalen Geschäftswelt in Bezug auf das *regionale Potential* des *Nahen Ostens* in Friedenszeiten großes

---

[398] Vgl. die Angaben in: Israel Ministry of Foreign Affairs: Fruits of peace, (*http://www.israel.de*).

Interesse hervorgerufen. Dieses Interesse spiegelt sich in zahlreichen Besuchen Israels von Vertretern des Privatsektors und Delegationen aus vielen Ländern wieder. Es können viele Beispiele für die Zusammenarbeit mit ausländischen Firmen genannt werden, die über viele Jahre Abstand zum israelischen Markt gehalten haben, entweder auf Grund des arabischen Boykotts oder der Instabilität in dieser Region. Ein herausragendes Beispiel für die qualitative Veränderung in diesem Bereich im Zuge des Friedensprozesses ist die Genehmigung, die Ende 1994 von der Tokioter Börse japanischen Firmen erteilt wurde, auf dem israelischen Aktienmarkt zu investieren. Die im September 2000 ausgebrochene *Al-Aksa-Intifada* in den Palästinensergebieten gefährdet diese Fortschritte jedoch

Drittens: Über zehn Jahre sind seit der *Madrider Konferenz* und dem Beginn des bilateralen und multilateralen Friedensprozesses im Nahen Osten vergangen. Während dieser Zeit hat der Friedensprozeß die Art und Weise des Umgangs von Israelis und Arabern miteinander deutlich verändert, die Motive und Feindbilder aus den Konfliktstrukturen aber nur marginal verändert. Verhandlungen, Kompromisse, Kommunikation und Versöhnung geben die Richtung für die gesamte Region vor, weg vom *offenen Krieg* und trotziger *Feindseligkeit*, hin zu *Frieden* und *Wohlstand* – eine *Vision*, die nur ein Traum war in den über fünf Jahrzehnten von Blutvergießen und Haß, die aber in einigen Jahrzehnten greifbar sein wird. Der Wechsel von Krieg und Frieden bestimmt noch immer den Alltag im Nahen Osten, wenngleich Ansätze zu Verhandlungslösungen greifbar erscheinen.

Die weitgehend reibungslose Umsetzung der Friedensverträge zwischen Israel und Ägypten sowie Israel und Jordanien bestätigen die Durchführbarkeit dieses Prozesses, wenngleich die wirtschaftliche *Friedensdividende* ausbleibt. Israel und die Palästinenser befinden sich am Scheideweg. Sie müssen sich für *Krieg* oder *Frieden* entscheiden. Damit der Frieden aber von Dauer sein kann, muß er sich auf zwei Grundsätze gründen: *Sicherheit* und *Gegenseitigkeit*. Nur Vereinbarungen, die von beiden Seiten getragen werden, können erfolgreich sein. Es ist nicht akzeptabel, daß eine Seite der anderen Verhandlungslösungen diktiert. Damit dies möglich ist, muß sich das *Koordinatensystem* im Nahen Osten entscheidend wandeln.

2. Quo vadis, Naher Osten?
Die Region des Nahen Ostens, *Wiege* der Menschheitsgeschichte und der drei alten Kontinente Europa, Asien und Afrika, steht im Frühjahr 2001 am Scheideweg. Nicht mehr nur der ungelöste *Territorialkonflikt* zwischen Juden und den Arabern um das *Heilige Land*, sondern auch

der Streit zwischen ihnen um die knappen Zukunfts-Ressourcen wie Wasser, Öl oder Gas, wird den künftigen Weg der Völker dieser *„Drehscheibe"* bestimmen.

Der *Kampf der Kulturen, Wettstreit der Zivilisationen*, kann zu grenz-überschreitenden Formen der *Kooperation* beitragen, aber auch inner-halb der einzelnen Staaten zu *Konflikten* führen. Sowohl in den arabi-schen Ländern als auch in Israel wächst die Zahl der Extremisten bzw. Fundamentalisten stetig an, die nicht in einer modernen, zivilen Ord-nung ihr Heil suchen, sondern in der untrennbaren *Einheit von Religion und Staat*. Damit wird nicht nur die Wahrscheinlichkeit von inneren Konflikten oder Bürgerkriegen größer, sondern auch die Ent-stehung eines neuen gesellschaftlichen Vakuums. Die regionale Ko-operation muß *Frieden* nicht nur als *Abwesenheit vom Krieg*, sondern auch als Überwindung des *bellum* durch *koexistenzfördernde* Denk-weisen begreifen.

Welche konkreten Schritte sind zu beachten, um den Nahost-Friedens-prozeß wiederaufzunehmen?

Erstens: Israel und seine arabischen Partner müssen bereits bestehende Verträge einhalten. Die Abkommen von Oslo zwischen Israel und den Palästinensern müssen gemäß des Prinzips *„Land für Frieden"* geach-tet und zügig weiter verwirklicht werden. Bereits getroffene Vereinba-rungen sind als geltendes Völkerrecht zu betrachten. Die guten Be-ziehungen zu Ägypten, Jordanien, Marokko, Tunesien und den Golf-staaten sollen wiederhergestellt und ausgebaut werden.

Zweitens: Der bilaterale Dialog ist ohne Vorbedingungen fortzu-setzen. Die noch ausstehende *endgültige Regelung* zwischen Israel und den Palästinensern sowie Friedensvereinbarungen mit Syrien und Libanon sind weitere *Bausteine* auf dem Weg zu einer dauerhaften und stabilen Friedensordnung im Nahen Osten. Weniger wichtig er-scheint mir in diesem Zusammenhang, ob Staaten wie Sy-rien Demo-kratien oder Diktaturen sind, sondern, ob sie bereit sind, im Interesse ihrer Völker Kompromisse in Richtung eines *Kalten Friedens* mit Israel zu schließen. Auch ist eine gezielte Festlegung klarer Eckpfeiler für die bilaterale *Kooperation* nach dem *politischen Friedensschluß* nötig.

Drittens: Die multilateralen Verhandlungen über regionale Themen sind durch eine neue *Nahost-Konferenz*, welche an die *Prinzipien von Madrid* anknüpft, wiederzubeleben und zu intensivieren. Kurzfristig sollen sich Israel und die Vertragsparteien der Araber an gemeinsame Verträge über Wasser- und Ölrechte, Terrorbekämpfung, vertrauensbildende Maßnahmen und Rüstungskontrolle, wirtschaftliche Kooperation, Tourismus und Umweltschutz orientieren, die in einigen Jahren und Jahrzehnten zu einem *gemeinsamen Forum* – der *Konferenz für Sicherheit und Zusammenarbeit im Nahen Osten* (KSZNO) – führen.

Es genügt nicht nur, diplomatische Beziehungen aufzunehmen oder Gebiete zurückzugeben, den Kriegszustand für beendet zu erklären oder sich auf dem Rasen des Weißen Hauses in Washington die Hände zu schütteln. Vielmehr gilt es zwischenmenschliche Beziehungen zu entwickeln, soll es nicht zur totalen Abschottung kommen. Doch dafür ist wohl noch ein großer Zeitraum erforderlich, den Israelis, Palästinenser, Syrer, Libanesen, Jordanier, Ägypter, Iraner, Iraker benötigen.

Das folgende Texzitat über Geschichte und Charakter des jüdischen Gemeinwesens ist auch ohne weiteres auf die Palästinenser anwendbar und ebnet vielleicht einen Weg der Aussöhnung und der gegenseitigen Achtung: „*Über allem Trennenden steht die Einheit von Gott, Volk und Land. [...] So bleibt umstritten, ob jüdisches Volk und Staatsvolk identisch anzusehen sind. Zwar sind historisch und religiös die Juden ein Volk. In dem Jahrhunderte währenden Exil aber haben sich mannigfaltige Gruppen mit voneinander abweichenden kulturellen Lebensstilen entwickelt.*"[399]

Shimon Peres hat dieses Prinzip wohl am besten verstanden, als er vor drei Jahren richtig ausführte: „*Es ist nun Zeit, einen Fehler wiedergutzumachen, den wir begangen haben. Wir haben auf die Existenz eines anderen Volkes keine Rücksicht genommen, und da wir nun einmal Seite an Seite mit ihnen leben, haben wir alle Gründe der Welt, jene geschichtliche Wende zu vollenden, die wir eingeleitet haben: Es muß gelingen, mit dem Nachbarn – einem guten Nachbarn – neue Beziehungen zu knüpfen und auf diese Weise einen umfassenden Frieden im Nahen Osten zu stiften – zum Wohle der ganzen Welt*".[400]
Mögen sich die verantwortlichen Politiker in Israel und bei den Arabern diese pragmatische Vision annehmen, damit der historisch einmalige Friedsprozeß auch in der israelischen und palästinensischen Innenpolitik nach der Eskalation der letzten Monate wieder eine Chance erhält.

---

[399] Zit. nach: Görres-Gesellschaft (Hrsg.): Staatslexikon. Die Staaten der Welt II, Bd. VII, Freiburg im Breisgau 1993, S. 683.
[400] Zit. nach: Peres, Shimon: Israel braucht den Palästinenserstaat, in: LeMonde diplomatique, (1998) 1.

XII. BIBLIOGRAPHIE.

1. Nachschlagewerke

Aktuell '97. Das Lexikon der Gegenwart, Dortmund 1996.

Baratta, Mario von (Hrsg.): Der Fischer Weltalmanach 2000, Frankfurt am Main 1999.

Baratta, Mario von (Hrsg.): Der Fischer Weltalmanach 2001, Frankfurt am Main 2000.

Bibliographisches Institut Leipzig (Hrsg.): Kleine Enzyklopädie Weltgeschichte, Leipzig 1967.

Das Harenberg Länderlexikon '94/95, Dortmund 1994.

Das Harenberg Länderlexikon '95/96, Dortmund 1995.

Dingemann, Rüdiger: Westermann Lexikon – Krisenherde der Welt. Konflikte und Kriege seit 1945, Braunschweig 1996.

Deutsches Orient-Institut (Hrsg.): Nahost-Jahrbuch 1994. Politik, Wirtschaft und Gesellschaft in Nordafrika und dem Nahen und Mittleren Osten, Opladen 1995.

Deutsches Orient-Institut (Hrsg.): Nahost-Jahrbuch 1995. Politik, Wirtschaft und Gesellschaft in Nordafrika und dem Nahen und Mittleren Osten, Opladen 1996.

Deutsches Orient-Institut (Hrsg.): Nahost Jahrbuch 1996. Politik, Wirtschaft und Gesellschaft in Nordafrika und dem Nahen und Mittleren Osten, Opladen 1997.

Görres-Gesellschaft (Hrsg.): Staatslexikon. Recht-Wirtschaft-Gesellschaft in 5 Bde., 7., völlig neu bearbeitete Auflage Bd. 3, Freiburg im Breisgau 1993.

Görres-Gesellschaft (Hrsg.): Staatslexikon. Recht-Wirtschaft-Gesellschaft in 5 Bde., 7., völlig neu bearbeitete Auflage, Bd. 4, Freiburg im Breisgau 1998.

Görres-Gesellschaft (Hrsg.): Staatslexikon. Die Staaten der Welt II, Bd. VII, Freiburg im Breisgau 1993.

Holtmann, Everhard (Hrsg.): Politik-Lexikon. 2., überarbeitete und erweiterte Auflage, München Wien 1994.

Schoeps, Julius H. (Hrsg.): Neues Lexikon des Judentums, Gütersloh/München 1998, S. 638.

2. Monographien

Abu-Amr, Ziad: Fundamentalism in the Westbank and Gaza. Muslim brotherhood and Islamic Jihad, Bloomington 1994.

Albrecht, Ullrich: Internationale Politik. Einführung in das System internationaler Herrschaft, München Wien 1986.

Alpher, Joseph: Settlements and Borders, Tel Aviv 1994.

Antes, Peter: Der Islam als politischer Faktor, 2., erweiterte Auflage, Bonn 1991.

Arazi, Doron: Itzhak Rabin – Held von Krieg und Frieden. Biographie, 3. Auflage, Freiburg im Breisgau 1996.

Arzt, Donna: Refugees into citizens. Palestinians and the end of the Arab-Israeli conflict, New York 1997.

Ashrawi, Hanan: This side of peace. A personal account, New York 1995.

Avnery, Uri/Georg Stein: Zwei Völker. Zwei Staaten. Gespräch über Israel und Palästina, Heidelberg 1995.

Barandat, Jörg: Wasser. Regionaler Konfliktstoff weltweiter Bedeutung, Hamburger Beiträge zur Friedensforschung und Sicherheitspolitik, Heft 96, Hamburg 1995.

Bar-Zohar, Michael: Wenn David zu Goliath wird. Geschichte und Entwicklung des arabisch-israelischen Konflikts, München 1991.

Bathke, Peter/Kulow, Karin: Naher und Mittlerer Osten, Hoffnung auf Frieden?, Berlin 1989.

Becker, Hildegard u.a.: Der schwierige Weg zum Frieden. Der israelisch-arabisch-palästinensische Konflikt. Hintergründe, Positionen und Perspektiven, Gütersloh 1994.

Berger, Johannes/Büttner, Friedemann/Spuler, Bertold: Nahost-Ploetz. Geschichte der arabisch-islamischen Welt zum Nachschlagen, Würzburg 1987.

Beschorner, Natasha: Water and instability in the Middle East. An analysis of enviromental, economic and political factors influencing water management in the Jordan and nile basins and tigris Euphrat region, London 1992.

Brandes, Jörg-Dieter: Der Wille zum Unrecht. Problematisches zum Nahost-Friedensprozeß, Berlin 1995.

Büren, Rainer: Ein palästinensischer Teilstaat?. Zur internen, regionalen und internationalen Dimension der Palästinenserfrage, Baden Baden 1982.

Corbin, Jane: Riskante Annäherung. Die Geheimverhandlungen zwischen den Israelis und der PLO in Norwegen, München 1994.

Dahmer, Kerstin: Der Friedensprozeß im Nahen Osten. Ein historischer Anfang, Frankfurt/Main 1994.

Deutsche Gesellschaft für Vereinte Nationen (Hrsg.): Der Nahost-Konflikt und die Vereinten Nationen, Bonn 1991.

Dierke, Kai W.: Krieg und Ordnung. Eine Studie über regionale Kriege und regionale Ordnung am Beispiel des Nahen Ostens, Frankfurt am Main 1996.

Eberlein, Klaus D.: Die Arabische Liga, Bd. III, Politische Geschichte der Staaten der Arabischen Liga, Frankfurt am Main 1993.

Frankel, Glemm: Beyond the Promised Land. Jews and Arabs on a hard road to a new Israel, New York 1995.

Fraser, T.G.: The Arab-Israel Conflict. War and Peace in the Middle East, Bloomington 1995.

Geipel, Ernst Eberhard/Landmann, Kamillo: Frieden gegen Frieden im Arabisch-Israelischen Konflikt, Hamburg 1997.

Glasneck, Johannes/Timm, Angelika: Israel. Die Geschichte des Staates seit seiner Gründung, Bonn Berlin 1992.

Gollwitzer, Heinz: Geschichte des weltpolitischen Denkens, Bd. I: Vom Zeitalter der Entdeckungen bis zum Beginn des Imperialismus, Göttingen 1972.

Gowers, Andrew: Arafat. Hinter dem Mythos, Hamburg 1994.

Heenen-Wolff, Susann: Erez Palästina. Juden und Palästinenser im Konflikt um ein Land, 3. Auflage, Neuwied 1991.

Heller, Mark A.: The Israel-PLO-Agreement. What if it fails? How will we know?, Tel Aviv 1994.

Hentig, Hans von: Der Friedensschluß. Geist und Technik einer verlorengegangenen Kunst, München 1965.

Hetzke, Ekkehard/Potthoff, Martin/Kössler, Armin: Die Europäische Union und der Friedensprozeß im Nahen Osten – Sicherheitspolitische Chancen und Herausforderungen. Bundesakademie für Sicherheitspolitik – Schriftenreihe zur neuen Sicherheitspolitik 10, Hamburg Berlin Bonn 1995.

Hoffmann, Sabine/Ferhad, Ibrahim: Probleme des Friedensprozesses im Nahen Osten, Stuttgart 1996.

Hornung, Klaus: Krisenherd Naher Osten. Geschichte und Gegenwart einer konfliktreichen Region, München 1993.

Horrovitz, David von (Hrsg.): Yitzhak Rabin – Feldherr und Friedensstifter. Die Biographie, Berlin 1997.

Hottinger, Arnold: Die Araber vor ihrer Zukunft. Geschichte und Problematik der Verwestlichung, 2., nachträglich ergänzte Auflage, Hamburg 1991.

Hubel, Helmut: Das Ende des Kalten Krieges im Orient. Die USA, die Sowjetunion und die Konflikte in Afghanistan, am Golf und im Nahen Osten, 1979 – 1991. Auswirkungen für Europa und für Deutschland, München 1995.

Ibrahim, Ferhad/Wedel, Heidi: Probleme der Zivilgesellschaft im Vorderen Orient, Opladen 1995.

Ibrahim, Waleed: Die palästinensische Selbstregierung nach dem Internationalen Gaza-Jericho-Abkommen vom 13. September 1993, Frankfurt am Main 1998.

Janning, Joseph/Rumberg, Dirk (Eds.): Peace and stability in the Middle East and North Africa, Gütersloh 1996.

Jendges, Hans: Der Nahost-Konflikt, Bonn 1968.

Johannsen, Margret: Frieden und Sicherheit am Beispiel des Nahost-Konflikts, Gütersloh 1994.

King, John: Handshake in Washington. The beginning of Middle East peace?, Reading 1995.

Kläsgen, Michael: Die Siedlungspolitik der israelischen Regierung im Zuge der sowjetischen Einwanderung und ihre Auswirkungen auf den israelisch-palästinensischen Konflikt, Aachen 1996.

Krippendorff, Ekkehart: Probleme der internationalen Beziehungen, Frankfurt am Main 1972.

Kulow, Karin: Libanon heute, Berlin 1988.

Leavitt, Jane: Hebron, Westjordanland – Labyrinth des Terrors. Tagebuch einer jüdischen Siedlerin, Hildesheim 1996.

Lehmkuhl, Ursula: Theorien Internationaler Politik. Einführung und Texte, München Wien 1996.

Lerch, Wolfgang Günther: Brennpunkt Naher Osten. Der lange Weg zum Frieden, München Berlin 1996.

Lübben, Ivesa/Jans, Käthe: Kinder der Steine. Vom Aufstand der Palästinenser, Hamburg 1988.

Massarat, Mohssen (Hrsg.): Mittlerer und Naher Osten. Eine Einführung in Geschichte und Gegenwart der Region, Münster 1996.

Matthies, Volker (Hrsg.): Vom Krieg zum Frieden. Kriegsbeendigung und Friedenskonsolidierung, Bremen 1995.

Müller, Harald: Die Chance der Kooperation. Regime in den internationalen Beziehungen, Darmstadt 1993.

Naor, Mordecai: Eretz Israel. Das 20. Jahrhundert, Tel Aviv 1996.

Netanyahu, Benjamin: Der neue Terror. Wie die demokratischen Staaten den Terrorismus bekämpfen können, München 1996.

Otto, Ingeborg/Schmidt-Dumont, Marianne: Die Wasserfrage im Nahen und Mittleren Osten, o.O. 1995.

Pax Christi – Deutsches Sekretariat (Hrsg.): Naher Osten – ferner Frieden? Probleme des Friedens, Idstein 1997.

Pawelka, Peter: Der Vordere Orient und die Internationale Politik, Stuttgart u.a. 1993.

Peres, Shimon: Die Versöhnung. Der Neue Nahe Osten, München 1996.

Primor, Avi: Der Friedensprozeß im Nahen Osten und die Rolle der Europäischen Union, Bonn 1998.

Reinartz, Ingomar: Nahost-Konflikt. Dokumente, Materialien und Abkommen zur Entstehung und zum Verlauf des Konflikts zwischen Israelis, Arabern und Palästinensern, Opladen 1995.

Sadat, Anwar el: Unterwegs zur Gerechtigkeit. Die Geschichte meines Lebens, Gütersloh 1978.

Said, Edward: Frieden in Nahost?. Essays über Israel und Palästina, Heidelberg 1997.

Schiffler, Manuel: Nachhaltige Wassernutzung in Jordanien. Determinanten, Handlungsfelder und Beiträge zur Entwicklungszusammenarbeit, Berlin 1993.

Schmid, Claudia: Der Israel-Palästina-Konflikt und die Bedeutung des Vorderen Orients als sicherheitspolitische Region nach dem Ost-West-Konflikt, Baden Baden 1993.

Schreiber, Friedrich/Wolffsohn, Michael: Nahost. Geschichte und Struktur des Konflikts, 4. aktualisierte Auflage, Opladen 1996.

Schreiber, Friedrich: Kampf um Palästina, München 1992.

Schreiber, Friedrich: Mit Koran und Kalaschnikow. Die Geschichte der Palästinenser, Berlin 1992.

Sunderbrink, Ute: Die PLO in der Krise. Genese, Strukturmerkmale und Politikmuster der Palästinensischen Befreiungsbewegung und deren Herausforderung durch den politischen Islam in der Intifada, Hamburg 1993.

Tibi, Bassam: Die fundamentalistische Herausforderung. Der Islam und die Weltpolitik, 2., unveränderte Auflage, München 1993.

Tibi, Bassam: Krieg der Zivilisationen. Politik und Religion zwischen Vernunft und Fundamentalismus, Hamburg 1995.

Tibi, Bassam: Der religiöse Fundamentalismus im Übergang zum 21. Jahrhundert, Mannheim Zürich 1995.

Tibi, Bassam: Das arabische Staatensystem. Ein regionales Subsystem der Weltpolitik, Mannheim 1996.

Timm, Angelika und Klaus: Westbank und Gaza, Berlin 1988.

Tophoven, Rolf: Der israelisch-arabische Konflikt, 4., aktualisierte Auflage, Bonn 1990.

Usher, Graham: Palestine in Crisis, London 1995.

Uthmann Jörg V.: Attentat – Mord mit gutem Gewissen. Von Julius Caesar bis Jitzhak Rabin, Berlin 1996.

Weidenfeld, Werner (Hrsg.): Europa und der Nahe Osten, Gütersloh 1995.

Weidenfeld, Werner/Janning, Josef: Transformation im Nahen Osten und Nordafrika. Herausforderung und Potentiale für Europa und seine Partner, Gütersloh 1997.

Weyland, Petra: Die palästinensischen Flüchtlinge im Libanon und der Nahost-Friedensprozeß, Seminar für Geschichte und Kultur des Vorderen Orients, Occasional Papers Nr. 2, o.O. 1999.

Wolffsohn, Michael: Wem gehört das Heilige Land? Die Wurzeln des Streits zwischen Juden und Arabern, München 1992.

Wolffsohn, Michael: Frieden jetzt?. Nahost im Umbruch, München 1995.

Wolffsohn, Michael: Israel. Grundwissen – Länderkunde, 3., überarbeitete und erweiterte Auflage, Opladen 1995.

Wolffsohn, Michael/Bokovay, Douglas: Israel. Grundwissen-Länderkunde. Geschichte-Politik-Gesellschaft-Wirtschaft (1882-1996), 5. erweiterte und überarbeitete Auflage, Opladen 1996.

Zimmermann, Moshe: Wende in Israel. Zwischen Nation und Religion, Berlin 1996.

3. Aufsätze in Sammelbänden und Zeitschriften

Ajami, Fouad: The Summoning. 'But they said, we will not hearken' m in: Foreign Affairs, (1993) 4, S. 1-9.

Ajami, Fouad: The sources of Egypt, in: Foreign Affairs, (1995) 5, S. 72-88.

Alkazaz, Aziz: Ökonomische Aspekte des Nahost-Friedensprozesses, in: Aus Politik und Zeitgeschichte. Beilage zur Wochenzeitung Das Parlament, B 21-22/94, S. 15-20.

Alpher, Joseph: Israel – the Challenges of Peace, in: Foreign Policy, (1995-96) 101, S. 130-145.

Avineri, Shlomo: Sieg der Angst über die Sehnsucht nach Frieden. Das Wahlergebnis in Israel, in: Internationale Politik, 51 (1996) 6, S. 47/48.

Bar-On, Hanan: Frieden und Terror I: Israel, in: Blätter für deutsche und internationale Politik, (1996) 3, S. 395-399.

Bastian, Till: Mangelware Wasser – Kriegsgrund der Zukunft, in: Scheidewege, 21 (1991/92), S. 271 – 285.

Baumgarten, Helga: Das „Gaza-Jericho-Abkommen". Eine Zwischenbilanz des Friedensprozesses im Nahen Osten, in: Aus Politik und Zeitgeschichte. Beilage zur Wochenzeitung Das Parlament, B 11/95, S. 3-12.

Beck, Martin: Der israelisch-palästinensische Friedensprozeß, in: Aus Politik und Zeitgeschichte. Beilage zur Wochenzeitung Das Parlament, B 18/96, S. 3-12.

Ben-Ami, Shlomo: Regionales Gleichgewicht. Der Friedensprozeß aus israelischer Sicht, in: Internationale Politik, 50 (1995) 7, S. 9-16.

Bouillon, Markus/Köndgen, Olaf: Jordaniens Friedensdividende 1994-1998. Eine Bestandsaufnahme, in: KAS-Auslandsinformationen, (1998) 9, S. 30-57.

Brauch, Julia: Zur Situation der israelischen Rechten, in: Die Neue Gesellschaft/Frankfurter Hefte, 43 (1996) 5, S. 1018-1021.

Bravermann, Avishay: Wasser. Element des Friedens und des Konflikts, in: Internationale Politik, 50 (1995) 7, S. 51-54.

Bundesministerium für auswärtige Angelegenheiten der Republik Österreich (Hrsg.): Jahrbuch der österreichischen Außenpolitik. Außenpolitischer Bericht 1994. Der Nahe Osten und Nordafrika, Wien 1995, S. 149 – 164.

Bundesministerium für auswärtige Angelegenheiten der Republik Österreich (Hrsg.): Jahrbuch der österreichischen Außenpolitik. Außenpolitischer Bericht 1995. Der Nahe Osten und Nordafrika, Wien 1996, S. 138-151.

Bundesministerium für auswärtige Angelegenheiten der Republik Österreich (Hrsg.): Jahrbuch der österreichischen Außenpolitik. Außenpolitischer Bericht 1998. Der Nahe Osten und Nordafrika, Wien 1999, S. 192-256.

Calic Marie-Janine/Perthes, Volker: Krieg und Konfliktslösung in Bosnien und Libanon, in: Internationale Politik und Gesellschaft, (1995) 2, S. 141-156.

Canor, Iris: Verfassungsentwicklung und Rechtsprobleme in Israel, in: KAS-Auslandsinformationen, (1996) 11, S. 93-105.

Dietrich, Renate: Die ausbleibende Friedensdividende. Jordaniens Legitimationskrise verschärft sich, in: Internationale Politik und Gesellschaft, (1998) 3, S. 288-298.

322

Dombrowsky, Ines: The Jordan River Basin, in: Scheumann, Waltina/Schiffler, Manuel: Water in the Middle East. Potential for Conflicts and Prospects for Cooperation, Berlin Heidelberg 1998, S. 91-112.

Doron, Gideon: Israel and the Rabin Assassination, in: SWP – Dok. Nr. DSCC 192, S. 6-9.

Ehrlich, Avishai: Der Friedensprozeß und die israelischen Wahlen, in: Sicherheit und Frieden, 14 (1996) 2, S. 80-85.

El-Baz, Osama: Der Friedensprozeß im Nahen Osten. Der ägyptische Standpunkt, in: Internationale Politik, 50 (1995) 7, S. 3-8.

El-Naggar, Said: Kooperation im Nahen Osten, in: Europäische Rundschau, 23 (1995) 3, S. 25-34.

Ferdowski, Mir A.: Naher und Mittlerer Osten vom regionalen Sicherheitssystem zum Bilateralismus?, in: Ferdowski, Mir A. (Hrsg.): Die Welt der 90er Jahre. Das Ende der 90er Jahre, Bonn 1995, S. 171-184.

Flores, Alexander: Libanon-Konflikt, in: Dieter Nohlen (Hrsg.): Lexikon der Politik, Bd. 6: Internationale Politik, München 1994, S. 280-283.

Flores, Alexander: Palästina-Konflikt, in: Dieter Nohlen (Hrsg.): Lexikon der Politik, Bd. 6: Internationale Politik, München 1994, S. 396-405.

Flores, Alexander: Persischer Golf als Konfliktzone, in: Nohlen, Dieter (Hrsg.): Lexikon der Politik, Bd. 6: Internationale Politik, München 1994, S. 405-411.

Franz, Erhard: Jordanien, die palästinensischen Gebiete und Israel. Sicherheitspolitik durch Wirtschaftsintegration, in: Sicherheit und Frieden, 14 (1996) 2, S. 97-101.

Freudenthal, Gideon/Beischler, Susanne: Israels Zukunft mit Sharon, in: Internationale Politik, 56 (2001) 3, S. 43-45.

Gottstein, Peter: Israel und die Palästinenser-Frage. Probleme und Perspektiven, in: Aus Politik und Zeitgeschichte. Beilage zur Wochenzeitschrift Das Parlament, B 15/1990, S. 34-42.

Haas, Richard W.: The Middle East. No more treaties, in: Foreign Affairs, (1996) 5, S. 53-63.

Hacke, Christian: Die Nah- und Mittelostpolitik der USA, in: Robert, Rüdiger/Steinbach, Udo (Hrsg.): Der Nahe und Mittlere Osten. Politik, Gesellschaft, Wirtschaft, Geschichte und Kultur, Bd. 1, Opladen 1988, S. 749-70.

Hausmann, Hartmut: Die Beziehungen der Europäischen Union zu Israel, in: Aus Politik und Zeitgeschichte. Beilage zur Wochenzeitung Das Parlament, B 16/95, S. 31-38.

Heintze, Hans-Joachim: Autonomie und Völkerrecht. Verwirklichung des Selbstbestimmungsrechts der Völker innerhalb bestehender Staaten, in: Friedensgutachten des internationalen Friedensforschungsinstitutes Hamburg, S. 8-26.

Heumann, Pierre: Frieden?. „Nur zu unseren Bedingungen". Staat und Westbank-Siedler rüsten sich für immer härtere Auseinandersetzungen, in: der überblick (1995) 4, S. 16-21.

Hoch, Martin: Frieden im Nahen Osten nach dem Gaza-Jericho-Abkommen, in: Außenpolitik, 45 (1994) 3, S. 279-287.

Hoch, Martin: Konflikte im Nahen/Mittleren Osten und die westliche Politik, in: Außenpolitik, 46 (1993) 3, S. 280-288.

Hofmann, Sabine: Wirtschaftsentwicklung im Westjordanland und im Gazastreifen zwischen politischem Imperativ und wirtschaftlicher Realität, in: in: Aus Politik und Zeitgeschichte. Beilage zur Wochenzeitung Das Parlament, B 39/97, S. 28-38.

Hottinger, Arnold: Wasser als Konfliktstoff. Eine Existenzfrage für Staaten des Nahen Ostens, in: Europaarchiv, 46 (1992) 6, S. 230-239.

Huntington Samuel P.: The Clash of Civilisations?, in: Foreign Affairs, (1993) 5, S. 22-49.

Ibrahim, Ferhad: Jordanien nach dem Friedensschluß mit Israel, in: Aus Politik und Zeitgeschichte. Beilage zur Wochenzeitung Das Parlament, B 16/95, S. 13-24.

Ibrahim, Ferhad: Ägyptens regionalpolitische und wirtschaftliche Orientierung seit dem Beginn des Friedensprozesses, in: Aus Politik und Zeitgeschichte. Beilage zur Wochenzeitung Das Parlament, B 39/97, S. 19-27.

Isaev, Vladimir A.: Die Rolle des neuen Rußlands im Nahen Osten, in: Internationale Politik, 50 (1995) 7, S. 25-30.

Johannsen, Margret: Im Schatten der Gewalt. Die Suche nach Frieden im Nahen Osten, in: Solms, Friedrich u.a. (Hrsg.): Friedensgutachten 1996, Münster 1996, S. 235-247.

Johannsen Margret/Schmid, Claudia: Ende einer Feindschaft?. Der Friedensprozeß im Nahen Osten, in: Solms, Friedrich u.a. (Hrsg.): Friedensgutachten 1994, Münster/Hamburg 1994, S. 243-260.

Johannsen, Margret/Schmid, Claudia: Frieden durch Wohlstand?. Zur politischen Ökonomie des israelisch-palästinensischen Friedensprozesses, in: Nord-Süd aktuell, 9 (1995) 9, S. 435-444.

Johannsen, Margret/Claudia Schmid: Zwischen Hoffnung und Schrekken. Der Friedensprozeß im Nahen Osten, in: Solms, Friedhelm u.a. (Hrsg.): Friedensgutachten 1995, S. 168-183.

Johannsen, Margret: Neue Allianzen in Nah- und Mittelost, in: Blätter für deutsche und internationale Politik, (1998) 5, S. 670-674.

Johannsen, Margret: Israel: Licht am Ende des Tunnels?, in: Blätter für deutsche und internationale Politik, (1998) 8, S. 794-797.

Johannsen, Margret: Wye Plantanion ist nicht Camp David, in: Blätter für deutsche und internationale Politik, (1998) 12, S. 1426-1431.

Johannsen, Margret: Friedenspoker in Nahost, in: Blätter für deutsche und internationale Politik, (2000) 6, S. 658-660.

Khalidi, Ahmad S.: Security in a final Middle East settlement – Some components of Palestinian national security, in: International Affairs, 71 (1995) 1, S. 1-18.

Knauerhase, Ramon: Öl – Grundlage der wirtschaftlichen Entwicklung, in: Robert, Rüdiger/Steinbach, Udo (Hrsg.): Der Nahe und Mittlere Osten. Politik, Gesellschaft, Wirtschaft, Geschichte und Kultur, Bd. 1, Opladen 1988, S. 329-50.

Koch-Weser, Caio Kai: Herausforderung und Vision. Die wirtschaftliche Wiederbelebung des Nahen Ostens und Nordafrikas, in: Internationale Politik, 50 (1995) 7, S. 43-50.

Koszinowski, Thomas: Neue Aliianzen im Nahen Osten?, in: Betz, Joachim/Brüne, Stefan: Jahrbuch Dritte Welt 1997, Hamburg 1996, S. 276-285.

Krämer, Gudrun: Ägypten und Jordanien vor dem Hintergrund des Autonomieabkommens vom September 1993, in: KAS-Auslandsinformationen, (1994) 4, S. 13-26.

Lehmann, Michael: Israel und der Friedensprozeß, in: KAS-Auslandsinformationen, (1991) 9, S. 40-47.

Lehmann, Pedi: Der Golan und der Friede, in: Blätter für deutsche und internationale Politik, (1994) 9, S. 1057-1062.

Lehmann, Pedi: Land für Frieden. Zur innerisraelischen Kontroverse über den Frieden im Nahen Osten, in: Außenpolitik, 47 (1996) 2, S. 165-174.

Lehmann, Pedi: Der Libanon-Deal, in: Blätter für deutsche und internationale Politik, (1999) 10, S. 1181-1185.

Lindholm, Helena: Water and the Arab-Israeli Conflict, in: Ohlsson, Leif: Hydropolitics. Conflicts over Water as a development constraint, London New Jersey 1995, S. 55-90.

Lustick, Ian S.: Zankapfel Jerusalem. Plädoyer für einen neuen Status, in: Europaarchiv (1993) 24, S. 701-711.

Mattes, Norbert: Jerusalem – von der geteilten Stadt zur Hauptstadt Israels, in: Sicherheit und Frieden 14 (1996) 2, S. 107-113.

Mejcher, Helmut: Prospects of an Israeli-Palestinan co-existence. Former attempts at a regional economic integration, in: Orient, 37 (1996) 2, S. 315-328.

Mittleman, Alan: Jüdischer Fundamentalismus. Religion, Politik und die Transformation des Zionismus, in: KAS-Auslandsinformationen, (1996) 9, S. 35-50.

Nahost-Konflikt, in: Die Große Bertelsmann Bibliothek in 15 Bde., Bd. 10, Gütersloh 1989, S. 278/279.

Nahostkonflikt, in: Brockhaus Enzyklopädie in 24 Bde., Bd. 15, 19., vollständig neu bearbeitete Auflage, Mannheim 1991, S. 303-306.

Neustadt, Amnon: Israel und die Normalität des Friedens. Ein schwieriger Anpassungsprozeß, in: Europa-Archiv, (1994) 15, S. 423-430.

Paech, Norman: Das verlorene Territorium des palästinensischen Staates. Israels Siedlungspolitik nach den Oslo-Abkommen, in: Blätter für deutsche und internationale Politik, 21 (1996) 10, S. 1252-1262.

Pawelka, Peter: Der fremde Orient als neues Feindbild des Westens?, in: Müller, Siegfried (Hrsg.): Fremde und Andere in Deutschland, Opladen 1995, S. 75-86.

Perthes, Volker: Integration oder Trennung?. Die Logiken des nahöstlichen Friedensprozesses, in: Internationale Politik, 50 (1995) 7, S. 55-60.

Perthes, Volker: Jerusalem. Die Herausforderungen eines nahöstlichen Neuarrangements, in: Europäische Sicherheit, 43 (1994) 12, S. 630-632.

Perthes, Volker: Die Herausforderungen des Friedens. Syrien, Libanon und die Perspektiven einer neuen regionalen Arbeitsteilung, in: Aus Politik und Zeitgeschichte. Beilage zur Wochenzeitung Das Parlament, B 18/96, S. 25-31.

Perthes, Volker: Frieden oder neue Konfliktordnung? Bestandsaufnahme Naher Osten, in: Blätter für deutsche und internationale Politik, 40 (1995) 3, S. 308-319.

Perthes, Volker: Arab Economic Cooperation – Power versus Efficiency, in: Internationale Politik und Gesellschaft, (1996) 3, S. 265-276.

Perthes, Volker: Israels Wende und die arabische Welt, in: Blätter für deutsche und internationale Politik, (1997) 4, S. 460-471.

Perthes, Volker/Asseburg, Muriel: Palästina auf dem Weg zum Staat, in: Blätter für deutsche und internationale Politik, (1996) 3, S. 266-268.

Pfaff, William: Netanyahu und die Folgen, in: Blätter für deutsche und internationale Politik, (1996) 6, S. 791/792.

Pfaff, William: Israels Dilemma, in: Blätter für deutsche und internationale Politik, (1996) 6, S. 665/666.

Ratsch, Ulrich: Wasserprobleme im Jordanbecken, in: S + F, 14 (1996) 2, S. 101-107.

Renger, Jochen/Thiele, Alfred: Politische Verteilungskonflikte um Wasserresourcen. Wassernutzung und Wasserverteilung, in: Der Bürger im Staat, 46 (1991) 1, S. 74-82.

Renger, Jochen: Die multilateralen Friedensverhandlungen der Arbeitsgruppe „Wasser". Ein dokumentarischer Beitrag, in: asien afrika lateinamerika, 23 (1995), S. 149-157.

Robbe, Martin: Vom Palästina- zum Golfkrieg. Regionales und Internationales im Nahost-Konflikt, in: asien afrika lateinamerika, 21 (1993), S. 45-62.

Ruf, Werner R.: Der Nahost-Konflikt aus der Sicht der nordafrikanischen Regierungen, in: Hessische Gesellschaft Friedens- und Konfliktforschung (Hrsg.): Friedensanalysen für Theorie und Praxis 3. Vierteljahresschrift für Erziehung, Politik und Wissenschaft, Frankfurt/Main 1976, S. 154-171.

Rühl, Lothar: Der Krieg am Golf. Militärischer Verlauf und politisch-strategische Probleme, in: Europaarchiv, 45 (1991) 8, S. 237-246.

Satloff, Robert: The Path of Peace, in: Foreign Policy, (1993) 100, S. 109-116.

Schäfer, Helmut: Die Nahostpolitik der Europäischen Union, in: Sicherheit und Frieden, 14 (1996) 3, S. 76-80.

Scheben, Thomas: Ägypten, der Nahe Osten und der Konflikt mit Israel, in: KAS-Auslandsinformationen, (1997) 2, S. 58-71.

Scheumann, Waltina: Conflicts on the Euphrates. An Analysis of Water and Nonwater Issues, in: Scheumann, Waltina/Schiffler, Manuel: Water in the Middle East. Potential for Conflicts and Prospects for Cooperation, Berlin Heidelberg 1998, S. 113-136.

Schiffler, Manuel: Konflikte um Wasser – ein Fallstrick für den Friedensprozeß im Nahen Osten, in: Aus Politik und Zeitgeschichte. Beilage zur Wochenzeitung Das Parlament, B 11/95, S. 13-21.

Schilling, Walter: Sicherheit im Mittelmeerraum, in: Europäische Rundschau, 23 (1995) 4, S. 55-62.

Schilling, Walter: Israels Nuklearstrategie im Wandel, in: Außenpolitik, 46 (1995) 4, S. 319-327.

Schlichte, Klaus: Das Kriegsgeschehen 1995. Daten und Tendenzen der Kriege und bewaffneten Konflikte im Jahr 1995, in: Friedensgutachten des internationalen Friedensforschungsinstitutes Hamburg, S. 73-76.

Schmid, Claudia: Frieden auf Raten, in: Sicherheit und Frieden, 14 (1996) 3, S. 70-75.

Schmolke, Oliver: Der israelische Staat und seine zivilen Gesellschaften: Nationaler Antagonismus versus friedliche Pluralität, in: Internationale Politik und Gesellschaft, (1994) 3, S. 277-284.

Scholl-Latour, Peter: Der EU-Beitritt der Türkei. Contra: Nicht im Interesse der Türkei, in: Internationale Politik, 55 (2000) 3, S. 59-61.

Schulz, Michael: Turkey, Syria and Iraq. A hydrpolitical Security Complex, in: Ohlsson, Leif: Hydropolitics. Conflicts over Water as a development constraint, London New Jersey 1995, S. 91-122.

Senghaas, Dieter: Hexagon-Variationen. Zivilisierte Konfliktbearbeitung trotz Fundamentalpolitisierung, in: Ropert, Norbert/Debiel, Thomas: Friedliche Konfliktbearbeitung in der Staaten- und Gesellschaftswelt, Bonn 1995, S. 37-54.

Senfft, Andrea: Palästinenser und Gastarbeiter in Israel, in: Blätter für deutsche und internationale Politik, (1998) 8, S. 666-668.

Senkyr, Jan: Der israelische Abzug aus Hebron im Kontext des Friedensprozesses, in: KAS-Auslandsinformationen, (1997) 3, S. 17-26.

Spillmann, Kurt R.: Kriegsursache der kommenden Generation?. Der Kampf um das Wasser, in: Internationale Politik, (2000) 12, S. 47-56.

Steinbach, Udo: Israelisch-arabischer Konflikt, in: Robert, Rüdiger/Steinbach, Udo (Hrsg.): Der Nahe und Mittlere Osten. Politik, Gesellschaft, Wirtschaft, Geschichte und Kultur, Bd. 1, Opladen 1988, S. 639-662.

Steinbach, Udo: Ein neues Sicherungssystem für den Golf, in: Internationale Politik, 50 (1995) 7, S. 35-40.

Steinbach, Udo: Der EU-Beitritt der Türkei. Pro: Sicherheitspolitischer Stabilitätsfaktor, in: Internationale Politik, 55 (2000) 3, S. 55-59.

Stewig, Reinhard: Natürliche und historisch-sozial-ökonomische Grundlagem der Raumstrukturen, in: Robert, Rüdiger/Steinbach, Udo (Hrsg.): Der Nahe und Mittlere Osten. Politik, Gesellschaft, Wirtschaft, Geschichte und Kultur, Bd. 1, Opladen 1988, S. 15-28.

Tibi, Bassam: Drei Hindernisse für den Friedensprozeß im Nahen Osten. Die jüdischen Siedler, Hamas und wirtschaftliche Engpässe, in: Europaarchiv (1994) 12, S. 357-364.

Timm, Angelika: Israel auf dem Weg zur Theokratie?, in: Blätter für deutsche und internationale Politik, (1998) 8, S. 927-931.

Ulbig, Gabriele/Wahlers, Gerhard: Die politische und wirtschaftliche Situation Israels im Frühjahr 1995, in: KAS-Auslandsinformationen, 11 (1995) 5, S. 22-41.

Veit, Winfried: 50 Jahre Israel. Ein Staat auf der Suche nach einer neuen Identität, in: Internationale Politik und Gesellschaft, (1998) 3, S. 275-287.

Veit, Winfried: Der Nahe Osten auf dem Weg zum Frieden, in: Internationale Politik und Gesellschaft, (2000) 2, S. 133-145.

Wahlers, Gerhard/Senkyr, Jan: Israel nach den Wahlen – Likud-Chef Netanyahu neuer Premierminister, in: KAS-Auslandsinformationen (1996) 6, S. 10-30.

Watzal, Ludwig: Die Lage der Menschenrechte im israelisch-palästinensischen Friedensprozeß, in: Sicherheit und Frieden, 14 (1996) 2, S. 91-97.

Watzal, Ludwig: Hilfreiche Konkurrenz?. Die Nahost-Politik der USA und Europas im Vergleich, in: Internationale Politik, 50 (1996) 7, S. 37-42.

Watzal, Ludwig: Die Grenzen des Gaza-Jericho-Abkommens, in: Die Neue Gesellschaft/Frankfurter Hefte, 41 (1994) 11, S. 980-986.

Weidenfeld, Werner: Europa und der Nahe Osten. Auf dem Wege zu einer neuen Ordnung, in: Internationale Politik, 50 (1995) 7, S. 29-35.

Winter, Heinz-Dieter: Region zwischen Maghreb und Golf – Chancen für stabile Friedensordnung?, in: asien afrika lateinamerika, 24 (1996), S. 361-379.

Winter, Heinz-Dieter: Syrien und das Ende des Ost-West-Konflikts, in: Orient, 37 (1996) 3, S. 419-436.

Yorke, Valerie: Der ungewisse Weg zum wahren Frieden im Nahen Osten, in: Europaarchiv, (1994) 8, S. 213-223.

Zimmermann, Moshe: Festungsmentalität und Verfolgungswahn. Die israelische Gesellschaft und der Friedensprozeß, in: Internationale Politik, (1998) 4, S. 49-56.

4. Artikel aus Zeitungen und wissenschaftlichen Journalen

Der Autor verwendete Artikel aus den folgenden Tageszeitungen sowie politik- und geschichtswissenschaftlichen Journalen:

- Allgemeine Jüdische Wochenzeitung;

- DIE WELT;

- DIE ZEIT;

- Financial Times Deutschland (FTD);

- FOCUS;

- Frankfurter Allgemeine Zeitung (FAZ);

- Frankfurter Rundschau (FR);

- Freie Presse (FP);

- Ha'aretz;

- International Herald Tribune;

- Jerusalem Post;

- LeMonde Diplomatique;

- Ma'ariv;

- Nachrichten aus Israel;

- Neue Zürcher Zeitung (NZZ);

- Das Parlament;

- DER SPIEGEL;

- Time;

- The Economist.

5. Quellen

Abkommen zwischen Israel und der Palästinensischen Befreiungsbewegung über befristete Selbstverwaltung, unterzeichnet in Washington am 13. September 1993, in: Europa-Archiv, (1993) 24, S. D 526-D 535.

Abschlußerklärung des Anti-Terror-Gipfels vom 13. März 1996 in Scharm-el-Scheich, in: Internationale Politik, 51 (1996) 2, S. 80-83.

Agreement o the Gaza Strip and the Jericho Area, May 4, 1994, in: (*http://www.israel.de*).

Botschaft des Staates Israel in der Bundesrepublik Deutschland (Hrsg.): Abkommen über die vorbereitende Übertagung von Kompetenzen und Verantwortung vom 29. August 1994. Hauptpunkte, Bonn 1994, (*http://www.israel.de*).

Botschaft des Staates Israel in der Bundesrepublik Deutschland: Wirtschaftsgipfel Naher Osten/Nord-Afrika, Kairo 12.-14. November 1994, (*http://www.israel.de*).

Botschaft des Staates Israel in der Bundesrepublik Deutschland (Hrsg.): Der Hasmonäische Tunnel, Bonn 1997, (*http://www.israel.de*).

Botschaft des Staates Israel in der Bundesrepublik Deutschland (Hrsg.): Har Homa – Bauvorhaben in Jerusalem, Bonn 1997, in: (*http://www.israel.de*).

Botschaft des Staates Israel in der Bundesrepublik Deutschland: Israel und die gegenwärtige Situation im Golf. Stellungnahme von Ministerpräsident Benjamin Netanyahu vom 6.2.1998, Bonn 1998, in: (*http://www.israel.de*).

Botschaft des Staates Israel in der Bundesrepublik Deutschland (Hrsg.): Premierminister Barak – Israel wird jede Möglichkeit für Frieden mit den Palästinensern ausschöpfen. Mitteilungen vom Medienberater des Premierministers, in: (*http://www.israel.de*).

Dokumente: Die Eröffnung der Nahost-Friedenskonferenz im Oktober 1991 in Madrid, in: Europa-Archiv, (1992) 4, S. D 118-D 158.

Dokumentation: Das Grundsatzabkommen vom September 1993 und der Friedensprozeß im Nahen Osten, in: Europa-Archiv, 48 (1993) 24, S. D 521- D 534.

Dokumente zum Zeitgeschehen: Washingtoner Erklärung des israelischen Ministerpräsidenten Yitzhak Rabin und des jordanischen Königs Hussein vom 25. Juli 1994, in: Blätter für deutsche und internationale Politik, 20 (1994) 8, S. 1149-1151.

Dokumente zum Zeitgeschehen: Das israelisch-palästinensische Interimsabkommen über die Westbank und den Gaza-Streifen (Auszüge), in: Blätter für deutsche und internationale Politik, (1995) 12, S. 248-252.

Dokumente zum Zeitgeschehen: Zur Krise des nahöstlichen Friedensprozesses, in: Blätter für deutsche und internationale Politik, (1996) 11, S. 1393-1395.

Dokumentation: Der Fortgang des Friedensprozesses im Nahen Osten, in: Internationale Politik, (1995) 7, S. 70-85.

Dokumentation: Friedensvertrag zwischen dem Staat Israel und dem Haschemitischen Königreich Jordanien, in: Internationale Politik, 50 (1995) 7, S. 86-109.

Dokumentation: Abschlußerklärung der Mittelmeer-Konferenz der Europäischen Union am 27. und 28. November 1995 in Barcelona, in: Internationale Politik, (1996) 2, S. 107-122.

Friedensvertrag zwischen dem Staat Israel und dem Haschemitischen Königreich Jordanien, unterzeichnet in Ein Avrona am 26. Oktober 1994, in: Internationale Politik, 52 (1995) 7, S. 86-109.

Interimsabkommen zwischen Israel und der Palästinensischen Befrei-ungsbewegung (PLO), unterzeichnet am 28. September 1995 in Washington (Zusammenfasung und Hauptpunkte), in: Internationale Politik, 52 (1997) 8, S. 80-85.

Israelisch-jordanische Agenda, unterzeichnet am 14. September 1993 in Washington, in: Volle, Angelika/Weidenfeld, Werner (Hrsg.): Frieden im Nahen Osten?. Chancen, Gefahren, Perspektiven, Bonn 1997, S. 183/84.

Israel Ministry of Foreign Affairs: The Palestinian National Charter, July 17, 1968, (*http://www.israel.de*).

Israel Ministry of Foreign Affairs: Cabinet Approves Sharm Agree-ment Map. Communicated by Prime Minister's Media Adviser, Sep-tember 8, 1999 (*http://www.israel.org*).

Israel Ministry of Foreign Affairs: Camp David Accords, September 17, 1978 (*http://www.israel.de*).

Israel Ministry of Foreign Affairs: Peace treaty between Israel and Egypt, March 26, 1979 (*http://www.israel.de*).

Israel Ministry of Foreign Affairs: Israel's Peace Initiative, May 14, 1989, (*http://www.israel.de*).

Israel Ministry of Foreign Affairs: The Multilateral Framework (*http: //www.israel.de*).

Israel Ministry of Foreign Affairs: Agreement on the Gaza Strip and the Jericho Area, May 4, 1994 (*http://www.israel.de*).

Israel Ministry of Foreign Affairs: Agreement on Preparatory transfer of powers and responsibilities, August 29, 1994 (*http://www.israel.de*).

Israel Ministry of Foreign Affairs: Protocol on further transfer of powers and responsibilities, August 27, 1995 (*http:/www.israel.org*).

Israel Ministry of Foreign Affairs: Text of Caesefire Understanding between Israel and Lebanon, April 26, 1996 (*http://www.israel.de*).

Israel Ministry of Foreign Affairs: Israel – PLO Permanent Status Negotations – First Session Taba, May 5-6, 1996. Joint Communique (*http://www.israel.de*).

Israel Ministry of Foreign Affairs: Agreement on the temporary international presence in the city of Hebron, May 9, 1996 (*http://www.israel.de*).

Israel Ministry of Foreign Affairs: Protocol Concerning the redeployment in Hebron, January 17, 1997 (*http://www.israel.de*).

Israel Ministry of Foreign Affairs: Letter to be provided by U.S. Secretary of State Christopher to Benjamin Netanyahu at the time of signing of the Hebron Protocol, January 17, 1997 (*http://www.israel.de*).

Israel Ministry of Foreign Affairs: Agreed Minute (Article 7), January 17, 1997 (*http://www.israel.de*).

Israel Ministry of Foreign Affairs: Note for the Record, January 17, 1997 (*http://www.israel.de*).

Israel Ministry of Foreign Affairs: Protocol Concerning the redeployment in Hebron. Main points, January 17, 1997 (*http://www.israel.de*).

Israel Ministry of Foreign Affairs: Agreement on the temporary international presence in the city of Hebron, January 20, 1997 (*http://www.israel.de*).

Israel Ministry of Foreign Affairs: Secretary of State Madeleine K. Albright – Statement following meeting with Israeli FM Levy and Abu Mazen, September 29, 1997 (*http://www.israel.de*).

Israel Ministry of Foreign Affairs: Wye River Memorandum, October 23, 1998 (*http://www.israel.de*).

Israel Mnistry of Foreign Affairs: Wye River Memorandum, October 23, 1998. Main points (*http://www.israel.de*).

Israel Ministry of Foreign Affairs: Secretary of State Madeleine K. Albright – Statement following meeting with Israeli FM Levy and Abu Mazen, September 29, 1997, in: (*http://www.israel.de*).

Israel Ministry of Foreign Affairs: Israel-Palestinian Interim Comittees, December 17, 1998 (*http://www.israel.de*).

Israel Ministry of Foreign Affairs: The Sharm-el-Sheikh-Memorandum on Implementation Timeline of Outstanding Commitments of Agreements Signed and the Resumption of Permanent Status Negotations, September 4, 1999 (*http://www.israel.de*).

Israel Ministry of Foreign Affairs: The Sharm-el-Sheikh-Memorandum on Implementation Timeline of Outstanding Commitments of Agreements Signed and the Resumption of Permanent Status Negotations, Main points, September 4, 1999 (*http://www.israel.de*).

Israel Ministry of Foreign Affairs: Permanent Status Negotations Resumption, September 13, 1999 (*http://www.israel.de*).

Israel Ministry of Foreign Affairs: Protocol Concerning Safe Passage between the Gaza Strip and the West Bank, October 5, 1999 (*http://www.israel.de*).

Israel Ministry of Foreign Affairs: Key Points Following the Barak-Arafat-Meeting, Erez, July 27, 1999. (*http://www.israel.de*).

Israel Ministry of Foreign Affairs: Agreement Signed Arranging Relationship between Israeli and PA Postal service, Jerusalem, August 19, 1999 (*http://www.israel.de*).

Israel Ministry of Foreign Affairs: Safe Passage to Begin Operation, Communicated by Coordinator of Governement Activities in the Territories, October 5, 1999 (*http://www.israel.de*).

Israel Ministry of Foreign Affairs: The implementation of building Gaza International Airport (GZA) (*http://www.israel.de*).

Israel Ministry of Foreign Affairs: The Further Redeployment (*http: //www.israel.de*).

Israel Ministry of Foreign Affairs: The Gaza Airport are opened (*http: //www.israel.de*).

Israel Ministry of Foreign Affairs: The Karni Industrial Zone (*http ://www.israel.de*).

Israel Ministry of Foreign Affairs: Israel and Mauretania to establish Diplomatic Relations, October 27, 1999 (*http://www.israel.de*).

Israel Ministry of Foreign Affairs: Ambassador Eran to Head Israeli Team to Talks. Communicated by Prime Minister's Media Adviser, October 29, 1999 (*http://www.israel.de*).

Israel Ministry of Foreign Affairs: Press Programme Commemoration Ceremony for the late Prime Minister Yitzhak Rabin, November 1-2, 1999 (*http: //www.du.dep.nolrabin.de*).

Israel Ministry of Foreign Affairs: Speech by Prime Minister Kjell Magne Bondevik on luncheon given on the Government of Norway of the occasion of the Commemoration of Yitzhak Rabin, City Hall Oslo, November 2, 1999 (*http://www.du.dep.nolrabin.de*).

Israel Ministry of Foreign Affairs: Speech by Prime Minister Ehud Barak at the Memorial Ceremony for Yitzhak Rabin, Oslo/Norway, November 2, 1999 (*http://www.israel.de*).

Israel Ministry of Foreign Affairs: Adress of HE President Yassir Arafat, Chairman of the Executive Committee of the Palestine Liberation Organization and President of the Palestine National Authority on the Fourth Anniversy of Passing Way of Yitzhak Rabin (*http://www.du.dep.nolrabin.de*).

Israel Ministry of Foreign Affairs: Chronological List of Bilateral Meetings Commemoration of late Prime Minister Yitzhak Rabin (*http: //www.du.dep.nolrabin.de*).

Israel Ministry of Foreign Affairs: PM Barak: PA must prevent Terrorists from learning Peace Process, November 7, 1999 (*http://www.israel.de*).

Israel Ministry of Foreign Affairs: Statement by Oded Eran at the Opening session to the Negotations to the Framework Agreement on Permanent Status, November 8, 1999 (*http://www.israel.de*).

Israel Ministry of Foreign Affairs: Opening of Negotations of the Framework Agreement on Permanent Status, November 9, 1999 (*http://www.israel.de*).

Israel Ministry of Foreign Affairs: PM Barak meets PA Chairman Arafat, Jerusalem, November 15, 1999 (*http://www.israel.de*).

Israel Ministry of Foreign Affairs: Joint Press Conference by PM Ehud Barak on the Renewal of Israeli-Syrian negotations, December 8, 1999 (*http: //www.israel.de*).

Israel Ministry of Foreign Affairs: Israel and Syria to resume Peace Negotations, December 9, 1999 (*http://www.israel.de*).

Israel Ministry of Foreign Affairs: Statement to the Knesset by Prime Minister Ehud Barak on Renewal of Israeli-Palestinian negotations, December 13, 1999 (*http://www.israel.de*).

Israel Ministry of Foreign Affairs: Remarks by President Clinton, Prime Minister Barak and Foreign Minister el-Shara of Syria. The Rose Garden, December 16, 1999 (*http://www.israel.de*).

Israel Ministry of Foreign Affairs: Statement by President Clinton Meetings by prime Minister Ehud Barak and Foreign Minister Farouk el-Schara on Sheperdstown/Virginia, December 16, 1999 (*http://www.israel.de*).

Israel Ministry of Foreign Affairs: Agreement Reached on Redeployment. Communicated by Prime Minister's Media Adviser, January 4, 2000 (*http://www.israel.de*).

Israel Ministry of Foreign Affairs: Results of Face-to-Face-Meeting between PM Barak and FM el-Schara on Sheperdstown/Virginia, January 4, 2000 (*http://www.israel.de*).

Israel Ministry of Foreign Affairs: US sceleton of a framework for peace between Israel and Syria, January 6, 2000 (*http://www.israel.de*).

Israel Ministry of Foreign Affairs: Sheperdstown talks wind down with the latenight dinner meeting, January 9, 2000 (*http://www.israel.de*).

Israel Ministry of Foreign Affairs: US Timeline für peace Israel and Syria, published in Ha'aretz; January 17, 2000 (*http://www.israel.de*).

Israel Ministry of Foreign Affairs: Press Briefing by Mr. Yoav Biran, Senior Deputy Director General, Ministry of Foreign Affairs, on the Resumption of the Multilateral Talks, January 30, 2000 (*http://www.israel.de*).

Israel Ministry of Foreign Affairs: Displaced Persons – 1967, Update February 2000 (*http://www.israel.de*).

Israel Ministry of Foreign Affairs: Multilateral Track Renewed at Moscow Meeting. Communicated by Foreign Ministry Spokesman, February 1, 2000 (*http://www.israel.de*).

Israel Ministry of Foreign Affairs: Moscow Multilateral Steering Group Ministerial Joint Declaration, Moscow, February 1, 2000 (*http://www.israel.de*).

Israel Ministry of Foreign Affairs: PM Barak orders IDF to strike at Terrorist and Lebanese infrastructure targets. Communicated by the Defense Minister's Media Adviser, February 8, 2000 (*http://www.israel.de*).

Israel Ministry of Foreign Affairs: Air Strikes against infrastructure targets in Lebanon, February 8, 2000 (*http://www.israel.de*).

Israel Ministry of Foreign Affairs: FM Levy briefs foreign diplomats in Israel. Communicated by Foreign Ministry Spokesman, February 9, 2000 (*http: //www.israel.de*).

Israel Ministry of Foreign Affairs: Canada and the Refugee Group Background Document, February 2000 (*http://www.israel.de*).

Israel Ministry of Foreign Affairs: Statement by the Press Secretary the white House. Office of the Press Secretry, Geneva, Switzerland, March 26, 2000 (*http://www.israel.de*).

Israel Ministry of Foreign Affairs: Multilateral Working Group on Water Ressources Middle East Peace Process, Second world Water Forum, March 17-22, 2000, The Hague (*http://www.israel.de*).

Israel Ministry of Foreign Affairs: Israeli-Palestinian Talks at Bolling AFB, March 31, 2000 (*http://www.israel.de*).

Israel Ministry of Foreign Affairs: Issues of the Agreements signed that need to be implemented, March 2000 (*http://www.israel.de*).

Israel Ministry of Foreign Affairs: Cabinet decides to change Status of Abu Dis. Communicated by Prime Minister's Media Adviser, May 15, 2000 (*http ://www.israel.de*).

Israel Ministry of Foreign Affairs: PM Barak: Monday's Events must not be allowed to Rewer. Communicated by Prime Minister's Media Adviser, May 15, 2000 (*http://www.israel.de*).

Israel Ministry of Foreign Affairs: Israel-Palestinian Steering Committee Discusses Prisoners Issue. Communicated by Prime Minister's Media Adviser, May 15, 2000 (*http://www.israel.de*).

Israel Ministry of Foreign Affairs: PM Barak: Israel's Peace Policy Excepts, May 19, 2000 (*http://www.israel.de*).

Israel Ministry of Foreign Affairs: PM Barak directs Minister Ben-Ami to cut short talks with Palestinians. Communicated by Prime Minister's Media Adviser, May 22, 2000 (*http://www.israel.de*).

Israel Ministry of Foreign Affairs: General Affairs Council. Draft Declaration on the Middle East Peace Process, May 22-23, 2000 (*http://www.israel.de*).

Israel Ministry of Foreign Affairs: The Israeli Withdrawal from Southern Lebanon. Background points, May 24, 2000 (*http://www.israel.de*).

Israel Ministry of Foreign Affairs: PM Barak's Remarks at Cabinet Meeting. Comunicated by the Prime Minister's Media Adviser, June 4, 2000 (*http://www.israel.de*).

Israel Ministry of Foreign Affairs: Albright, Barak press availability following June 5 Meeting. Secretary sees opportunity now to end the Arab-Israeli conflict (*http://www.israel.de*).

Israel Ministry of Foreign Affairs: Albright PA Chairman Arafat remarks in Ramallah, June 6, 2000 (*http://www.israel.de*).

Israel Ministry of Foreign Affairs: Remarks by US Secretary of State Madeleine K. Albright and FM David Levy following their meeting at the Foreign Ministry, Jerusalem, June 6, 2000 (*http://www.israel.de*).

Israel Ministry of Foreign Affairs: PM Barak meets US Secretary of State Albright. Communicated by the Prime Minister's Media Adviser, Jerusalem, June 7, 2000 (*http://www.israel.de*).

Israel Ministry of Foreign Affairs: Agreement signed Implementation Economic Issues of Wye-Sharm Memoranda. Communicated by Finance Ministry Spokesman, June 7, 2000 (*http://www.israel.de*).

Israel Ministry of Foreign Affairs: Reactions by PM Barak and FM Levy to Assad's death, June 10, 2000 (*http://www.israel.de*).

Israel Ministry of Foreign Affairs: PM Barak: Assad's death – End of an Era. Communicated by the Cabinet Secretariat, June 11, 2000 (*http://www.israel.de*).

Israel Ministry of Foreign Affairs: Secretary General Receives Confirmation from UNIFIL of full withdrawal of Israel from Lebanon, June 16, 2000 (*http ://www.israel.de*).

Israel Ministry of Foreign Affairs: Transcript: Boucher Briefing on Israeli-Palestinian Negotations, June 16, 2000 (*http://www.israel.de*).

Israel Ministry of Foreign Affairs: PM Barak: Palestinian Leadership must genuiely desire agreement. Communicated by Prime Minister's Media Adviser, June 18, 2000 (*http://www.israel.de*).

Israel Ministry of Foreign Affairs: The Third Phase of Redeployment. Process: Legal Aspects, June 18, 2000 (*http://www.israel.de*).

Israel Ministry of Foreign Affairs: Foreign Minister Levy welcomes Security Council Endorsement of Implementation on Resolution 425. Communicated by Foreign Ministry Spokesman, June 19, 2000 (*http://www.israel.de*).

Israel Ministry of Foreign Affairs: Joint Press Conference by Prime Minister Ehud Barak and UN Secretary General Koffi Annan, June 21, 2000 (*http: //www.israel.de*).

Israel Ministry of Foreign Affairs: PM Barak meets UN Secretary General. Communicated by Prime Minister's Media Adviser, June 22, 2000 (*http: //www.israel.de*).

Israel Ministry of Foreign Affairs: Briefings and statements at the visit of US Secretary Albright in the Middle East, June 28, 2000 (*http://www.israel.de*).

Israel Ministry of Foreign Affairs: Clinton announces Middle East Summit at Camp David. Says this is the only way to move forward in the peace process, July 5, 2000 (*http://www.israel.de*).

Israel Ministry of Foreign Affairs: Statement by President Clinton to Camp David Summit, July 5, 2000 (*http://www.israel.de*).

Israel Ministry of Foreign Affairs: PM Barak accepts US President Clinton's Invitation to Summit. Communicated by Prime Minister's Media Adviser, July 5, 2000 (*http://www.israel.de*).

Israel Ministry of Foreign Affairs: PM Baraks Briefs Cabinet Prior to Camp David Summit, July 9, 2000 (*http://www.israel.de*).

Israel Ministry of Foreign Affairs: Statement by Prime Minister Ehud Barak prior to his Departure for the Departure for the Camp David Summit, July 10, 2000 (*http://www.israel.de*).

Israel Ministry of Foreign Affairs: PM Barak meets Egyptian President Mubarak, July 11, 2000 (*http://www.israel.de*).

Israel Ministry of Foreign Affairs: Press Briefing by US Presidents speaker Joe Lockart to Camp David Summit, July 11, 2000 (*http://www.israel.de*).

Israel Ministry of Foreign Affairs: Remarks upon Departure for Camp David Peace Summit, South Portico, July 11, 2000 (*http://www.israel.de*).

Israel Ministry of Foreign Affairs: Trilateral Statement on the Middle East Peace Summit at Camp David, July 25, 2000 (*http://www.israel.de*).

Israel Ministry of Foreign Affairs: The Conclusion of the Camp David Summit. Key Points, July 25, 2000 (*http://www.israel.de*).

Israel Ministry of Foreign Affairs: Statement by Prime Minister Barak at Press Conference upon the Conclusion of the Camp David Summit, July 25, 2000 (*http://www.israel.de*).

Israel Ministry of Foreign Affairs: Full Israeli Implementation of Resolution 425, July 25, 2000 (*http://www.israel.de*).

Israel Ministry of Foreign Affairs: Israel expects the Lebanese Government to deploy ist Army in South Lebanon. Letter from Foreign Minister Levy to UN Secretary General. Communicated by Foreign Ministry Spokesman, July 26, 2000 (*http://www.israel.de*).

Israel Ministry of Foreign Affairs: Press Conference with Foreign Journalists ny Acting Foreign Minister Ben-Ami, August 23, 2000 (*http://www.israel.de*).

Israel Ministry of Foreign Affairs: Visits from Acting FM Ben-Ami in European Capitals, August 28-30, 2000 (*http://www.israel.de*).

Israel Ministry of Foreign Affairs: Transcript – Ross Briefs on Clinton/Mubarak-Meeting at Cairo Airport, August 29, 2000 (*http://www.israel.de*).

Israel Ministry of Foreign Affairs: PM Barak: We have to hear any openness or flexibility on Chairman Arafat's part. Communicated by the Prime Minister's Media Adviser, Jerusalem, August 30, 2000 (*http://www.israel.de*).

Israel Ministry of Foreign Affairs: Acting FM Ben-Ami meets with the King of Morocco Mohammed VI. Communicated by Foreign Ministry Spokesman, September 5, 2000 (*http://www.israel.de*).

Israel Ministry of Foreign Affairs: Press Conference with Prime Minister Ehud Barak on the UN Millenium Summit and the Middle East Peace Process, New York, September 7, 2000 (*http://www.israel.de*).

Israel Ministry of Foreign Affairs: Interview with Prime Minister Ehud Barak on ABC News – This Week, September 10, 2000 (*http://www.israel.de*).

Israel Ministry of Foreign Affairs: Press Conference with Foreign Journalists by Acting Foreign Minister Shlomo Ben-Ami, Jerusalem, September 11, 2000, (*http://www.israel.de*).

Israel Ministry of Foreign Affairs: Excerpts from an interview with Israel Acting Foreign Minister Shlomo Ben-Ami and Egyptian Foreign Minister Amre Moussa on the Charlie Rose Show, September 12, 2000 (*http://www.israel.de*).

Israel Ministry of Foreign Affairs: Transcript of Acting Minister of Foreign Affairs Shlomo Ben-Ami's comments at a meeting with senior members of the media, New York, September 14, 2000 (*http://www.israel.de*).

Israel Ministry of Foreign Affairs: Speech by Acting Foreign Minister Ben-Ami at the Council for Foreign Relations, September 18, 2000 (*http://www.israel.de*).

Israel Ministry of Foreign Affairs: Press Conference by Shlomo Ben-Ami at the General Debate of 55th General Assembly of the United Nations, September 18, 2000 (*http://www.israel.de*).

Israel Ministry of Foreign Affairs: Press Conference with Foreign Journalists by Acting Foreign Minister Shlomo Ben-Ami, Tel-Aviv, October 1, 2000 (*http: //www.israel.de*).

Israel Ministry of Foreign Affairs: Cabinet Commuinque. Communicated by the Prime Minister's Media Adviser, October 2, 2000 (*http://www.israel.de*).

Israel Ministry of Foreign Affairs: Hostility on Lebanese Border. Communicated by the Prime Minister's Office, October 7, 2000 (*http://www.israel.de*).

Israel Ministry of Foreign Affairs: IDF Soldiers Kidnapped on Northern Border. Communicated by the IDF Spokesman, October 7, 2000 (*http://www.israel.de*).

Israel Ministry of Foreign Affairs: Israel submits Protest to UN Security Council, October 7, 2000 (*http://www.israel.de*).

Israel Ministry of Foreign Affairs: Cabinet Communique. Communicated by the Prime Minister's Media Adviser, October 10, 2000 (*http://www.israel.de*).

Israel Ministry of Foreign Affairs: Briefing by Acting Foreign Minister Shlomo Ben-Ami to the Foreign Press, October 10, 2000 (*http://www.israel.de*).

Israel Ministry of Foreign Affairs: Coverage of the October 12 Lynch in Ramallah by Italian TV Station, October 12, 2000 (*http://www.israel.de*).

Israel Ministry of Foreign Affairs: Briefing by Acting Foreign Minister Shlomo Ben-Ami to the Diplomatic Corps, Tel-Aviv, October 12, 2000 (*http://www.israel.de*).

Israel Ministry of Foreign Affairs: Press Briefing by Nachman Shai, Jerusalem, October 14, 2000 (*http://www.israel.de*).

Israel Ministry of Foreign Affairs: Acting FM Ben-Ami – Israel continues to transfer humanitarian aid to PA. Communicated by Foreign Ministry Spokesman, October 14, 2000 (*http://www.israel.de*).

Israel Ministry of Foreign Affairs: Cabinet Communique. Communicated by the Cabinet Secretariat, October 15, 2000 (*http://www.israel.de*).

Israel Ministry of Foreign Affairs: Clinton on Mideast Diplomaty. Announces summit with Barak, Arafat, Mubarak in Egypt, October 16, 2000 (*http://www.israel.de*).

Israel Ministry of Foreign Affairs: PM Barak – Sharm summit designed to stop violence; No knowledge of Israeli officer being held by Hizballah. Communicated by the Prime Minister's Media Adviser, October 16, 2000 (*http://www.israel.de*).

Israel Ministry of Foreign Affairs: Transcript Clinton-Mubarak Statement at End of Mideast Summit, October 17, 2000 (*http://www.israel.de*).

Israel Ministry of Foreign Affairs: Agreement reached in Sharm-el-Sheikh, October 17, 2000 (*http://www.israel.de*).

Israel Ministry of Foreign Affairs: Excerpts from Remarks by Prime Minister Barak after the Coclusion of the Sharm-el-Sheikh Summit, Sharm-el-Sheikh Airport, October 17, 2000 (*http://www.israel.de*).

Israel Ministry of Foreign Affairs: Violation of Agreements by the Palestianians since the outbreak of violence, October 17, 2000 (*http://www.israel.de*).

Israel Ministry of Foreign Affairs: Israel's Reaction to UN General Assembly Resolution. Communicated by Foreign Ministry Spokesman, October 21, 2000 (*http://www.israel.de*).

Israel Ministry of Foreign Affairs: Arab Summit decisions distort reality, disregard Israel's willingness to reach agreement and damage the efforts to achieve peace. Communicated by Foreign Ministry Spokesman, October 22, 2000 (*http://www.israel.de*).

Israel Ministry of Foreign Affairs: PM Barak – Palestianian not honoring Sharm understandings; Time-out reassess diplomatic process in light of recent events. Communicated by the Prime Minister's Media Adviser, October 22, 2000 (*http://www.israel.de*).

Israel Ministry of Foreign Affairs: Israel-Tunisia Relations. Communicated by the Prime Minister's Media Adviser, October 22, 2000 (*http://www.israel.de*).

Israel Ministry of Foreign Affairs: Press Briefing by Yitzhak Herzog, Cabinet Secretary, October 23, 2000 (*http://www.israel.de*).

Israel Ministry of Foreign Affairs: Israel-Morocco – Closig of Liaison Offices. Communicated by Foreign Ministry Spokesman, October 24, 2000 (*http://www.israel.de*).

Israel Ministry of Foreign Affairs: PM Barak – Time-Out in Peace Process to reassess diplomatic process in light of recent events. Communicated by Prime Minister's Media Adviser, Jerusalem October 22, 2000, in: (*http://www.israel.de*).

Israel Ministry of Foreign Affairs: Israel submitts protest to UN Security Council, in: (*http://www.israel.de*).

Israel Ministry of Foreign Affairs: New final Peace Talks begin in Washington, December 19, 2000, in: (*http://www.israel.de*).

Israel Ministry of Foreign Affairs: Israeli-Palestinian Joint Statement, January 27, 2001, in: (*http://www.israel.de*).

Israel Ministry of Foreign Affairs: Environment Working Group, (*http://www.israel.de*).

Israel Ministry of Foreign Affairs: Arms Control and Regional security Working Group, (*http://www.israel.de*).

Israel Ministry of Foreign Affairs: The Refugee Working Group, (*http://www.israel.de*).

Israel Ministry of Foreign Affairs: The Regional Economic Develpoment Working Group, (*http://www.israel.de*).

Israel Ministry of Foreign Affairs: Fruits of peace, (*http://www.israel.de*).

Kommunique über das Gipfeltreffen zwischen dem ägyptischen Staatspräsidenten, Hosni Mubarak, König Hussein von Jordanien, dem israelischen Ministerpräsidenten, Yitzhak Rabin, und dem PLO-Vorsitzenden, Yasser Arafat, am 2. Februar 1995 in Kairo, in: Internationale Politik, 50 (1995) 7, S. 109/10.

Leitlinien der israelischen Regierung (Auszüge), in: Internationale Politik, 51 (1996) 9, S. 114-17.

Mantzke, Martin: Das Gaza-Jericho-Abkommen vom September 1993. Der Friedensprozeß im Nahen Osten, in: Volle, Angelika/Weidenfeld, Werner: Frieden im Nahen Osten?. Chancen, Risiken, Perspektiven, Bonn 1997, S. 162.

Memorandum vom Wye River, vereinbart von Israel und der Palästinensischen Autonomiebehörde am 23. Oktober 1998 in Washington, DC (gekürzt), in: Internationale Politik, 59 (1999) 7, S. 67-70.

Mitteilung von Premier Barak nach seiner Rückkehr vom Gipfel in Camp David am 26. Juli 2000 (*http://www.israel.de*).

Office of the bureau of the Prime Ministers of the State of Israel: Cabinet Communique, March 7, 1997, in: (*http://www.israel.de*).

Palestine National Authority: Interview with PLO-Leader Abu Mazen, Gaza, September 8, 2000 (*http://www.pna.net*).

Presse- und Informationsabteilung der Botschaft des Staates Israel in der Bundesrepublik Deutschland: Prinzipienerklärung über vorübergehende Selbstverwaltung. Vereinbarter endgültiger Entwurf (*http://www.israel.de*).

Presse- und Informationsabteilung der Botschaft des Staates Israel in der Bundesrepublik Deutschland: Das Interimsabkommen zwischen Israel und der PLO (*http://www.israel.de*).

Presse- und Informationsabteilung der Botschaft des Staates Israel in der Bundesrepublik Deutschland: Das Hebron-Abkommen und der weitere Friedensprozeß im Nahen Osten (*http://www.israel.de*).

Presse- und Informationsabteilung der Botschaft des Staates Israel in der Bundesrepublik Deutschland: Das Wye River Memorandum (*http: //www.israel.de*).

Presse- und Informationsabteilung der Botschaft des Staates Israel in der Bundesrepublik Deutschland: Das Wye River Memorandum. Status der Umsetzung März 1999 (*http://www.israel.de*).

Presse- und Informationsabteilung der Botschaft des Staates Israel in der Bundesrepublik Deutschland: Har Homa. Bauvorhaben in Jerusalem (*http://www.israel.de*).

Presse- und Informationsabteilung der Botschaft des Staates Israel in der Bundesrepublik Deutschland: Wasserversorgung in der Westbank und in Gaza (*http://www.israel.de*).

Presse- und Informationsabteilung der Botschaft des Staates Israel in der Bundesrepublik Deutschland: Stellungnahme zum Rückzug aus dem Libanon. Mitteilung des Medienbeauftragten des Verteidigungsministers, Jerusalem, 24. Mai 2000 (*http://www.israel.de*).

Presse- und Informationsabteilung der Botschaft des Staates Israel in der Bundesrepublik Deutschland (Hrsg.): Auszüge aus den Regierungsrichtlinien der Regierung des Staates Israel (unautorisierte Übersetzung), Jerusalem, im Juli 1999, S. 1, (*http://www.israel.de*).

Protokoll über den Truppenabzug aus Hebron, unterzeichnet von Israel und der Palästinensischen Befreiungsbewegung (PLO) am 17. Januar 1997 in Jerusalem (Wesentliche Punkte), in: Internationale Politik, 52 (1997) 8, S. 91/92.

Schreiben des PLO-Vorsitzenden, Yasser Arafat, an den israelischen Ministerpräsidenten, Yitzhak Rabin, vom 9. September 1993, in: Europa-Archiv, (1993) 24, S. D 525.

United Nations (Ed.): Die VN-Resolutionen, Berlin 1978.

United Nations: Die VN-Resolutionen zum Nahost-Konflikt, Bd. 2: 1978 – 1990. Berlin 1991.